Die Liebe ist die Antwort,
doch während man auf die Antwort wartet, wirft der Sex
einige ziemlich gute Fragen auf.
(Woody Allen)

Prolog

Ich sollte Vivian, so schnell es geht, loswerden. Was, wenn sie sich gleich die Kleider vom Leib reißt, ihre Arme zerkratzt und behauptet, ich hätte sie zu sexuellen Handlungen genötigt?

Bei dem Gedanken wird mir regelrecht schlecht. Ein derartiger Vorfall würde ohne Zweifel das Ende meiner Karriere als Anwalt bedeuten. Ich muss schlucken und werfe Vivian einen prüfenden Blick zu. Würde ich ihr ein solches Verhalten zutrauen?

Absolut.

Wer sich eigenmächtig bei fremden Männern zum Pfannkuchenessen einlädt, ist mit allen Wassern gewaschen. Gerade Teenager sind heutzutage unberechenbar. Wie alt ist sie eigentlich? Fünfzehn? Sechzehn? Möchte mal wissen, warum ich sie überhaupt reingelassen habe. Okay, draußen wäre eine Wintergrippe die logische Konsequenz gewesen, doch so ein kleiner Schnupfen erscheint mir momentan geradezu lächerlich im Vergleich dazu, seinen Job zu verlieren. Aber im Nachhinein ist man bekanntlich immer klüger.

Als es an der Haustür klingelt, atme ich erleichtert auf. Wer auch immer das ist, er wird die Situation entschärfen.

Vivian, die vom Teigrühren erhitzt und außerdem ziemlich zerzaust aussieht, schaut mich überrascht an.

«Erwartest du jemanden?», fragt sie, als wäre es vollkommen abwegig, dass ausgerechnet ich Besuch bekommen sollte. Dann stößt sie sich vom Küchentresen ab und erklärt: «Ich schau mal, wer es ist.»

Noch ehe ich etwas erwidern kann, hüpft sie gut gelaunt in Richtung Eingangstür und ist Sekunden später schon wieder zurück. Mit zwei Polizeibeamten im Schlepptau.

«Herr Mirko Dragić?», richtet einer von ihnen das Wort an mich. Ich schüttele den Kopf. «Nein, ich bin Tobias Voss. Mirko Dragić gehört zwar diese Wohnung, aber er ist zurzeit nicht zu Hause.»

Die Gesichter der beiden Beamten verdüstern sich. Aus zusammengekniffenen Augen werde ich abschätzend gemustert.

Vivian hopst ein paar Schritte auf mich zu und lehnt sich mit scheinbar vertrauter Geste an meine Hüfte. Entgeistert weiche ich zurück und starre sie an. Was, bitte schön, soll das? Wir kennen uns doch kaum. Ein derart intimes Verhalten zwischen uns könnte Außenstehenden ein vollkommen falsches Bild vermitteln. Vor allem von mir.

«Ist das Ihre Tochter?», werde ich prompt gefragt.

Ich verneine ordnungsgemäß. Der Beamte zieht die Augenbrauen hoch, als ließe dies nur einen Rückschluss zu.

«Können Sie sich ausweisen?», prasselt sogleich die nächste Frage auf mich ein. Sie kommt von dem anderen Beamten. Er sieht ein wenig derb aus, wie ein echter Knochenbrecher.

Erst jetzt fällt mir auf, dass die beiden zwar eine Weste mit dem Aufdruck «Polizei» tragen, offenbar aber nicht zur Streife zählen, sondern eher einer Spezialeinheit angehören. MEK? Soko Kinderschänder? Sie sind komplett in Dunkelblau gekleidet, tragen Waffen, Springerstiefel und sehen ziemlich martialisch aus. Zum Plaudern scheinen sie jedenfalls nicht vorbeigekommen zu sein.

Während ich in meiner Jacke nach der Geldbörse suche, in der sich mein Personalausweis befindet, versuche ich, Herr über meine zitternden Finger zu werden. Wie immer, wenn ein Polizeibeamter auch nur in Sichtweite auftaucht, keimt in mir das schlechte Gewissen. Und jetzt, da ich das Portemonnaie nicht finden kann, werde ich geradezu panisch.

«Einen Moment», flöte ich verlegen und will gerade ins Schlafzimmer gehen, um dort zu suchen, als einer der Beamten sich mir in den Weg stellt.

«Nicht so schnell!»

«Ich wollte doch nur –»

Schon drängt er sich an mir vorbei. «Ich geh vor, Sie sagen mir, wo's langgeht.» Vorsichtig öffnet er die erstbeste Tür.

Keine Ahnung, ob er dahinter den gevierteilten Wohnungseigentümer oder eine illegale Pokerrunde erwartet hat, auf jeden Fall scheint er fast ein wenig enttäuscht zu sein, als er nur auf mein zerwühltes Bett blickt.

Hektisch drängele ich mich an ihm vorbei, öffne den Kleiderschrank und wühle meine Sakkos durch. Fehlanzeige. Die Geldbörse ist nicht zu finden.

«Ich bin Anwalt», versuche ich stellvertretend, den möglicherweise etwas unseriösen Eindruck wettzumachen, den ich angesichts des ungemachten Betts und der Minderjährigen in meiner Küche erweckt haben mag. «Ich arbeite bei Steinfels & Partner.»

Der Beamte ignoriert meine Worte, hält sie womöglich für einstudiert. Mit raumgreifender Geste, die Fernseher und zerwühlte Laken gleichermaßen einschließt, erklärt er: «Sie haben offenbar ein ausgeprägtes Unterhaltungsbedürfnis.» Dabei vergisst er nicht, Vivian, die für meinen Geschmack etwas zu lasziv im Türrahmen lehnt, in seinen Blick mit zu involvieren.

Himmel! Der zieht doch glatt die falschen Schlüsse. «Also ich...»

«Kannst *du* dich wenigstens ausweisen?», richtet sich der Beamte jetzt an das Mädchen.

«Nö.»

Nö? Ich fasse es nicht! Vivian hat offenbar zu viel Tatort geguckt. Denn obwohl man ihr ansieht, dass ihr das Herz in die Hose gerutscht ist, gibt sie sich bockig.

«Wie alt bist du denn?»

«Achtzehn.»

«Interessant. In wie vielen Jahren? In sechs?»

Sie geht ihm auf den Leim. «Ey, ich bin doch keine zwölf. Ich bin fünfzehn!»

Na bravo.

Einer der Beamten spricht etwas in sein Funkgerät. Sekunden später erscheinen zwei weitere Kerle in demselben furchteinflößenden Aufzug. Sie durchsuchen die Wohnung und hinterlassen eine Schneise der Verwüstung.

«Hallo?!», rufe ich erbost. «Ich bin Anwalt, ich kenne die Gesetze. Für so was brauchen Sie einen Durchsuchungsbeschluss.»

Der Knochenbrecher stößt geräuschvoll Luft aus. «Wenn Sie Anwalt sind, wissen Sie sicher auch, dass wir dieses Papier nicht benötigen, wenn Gefahr im Verzug ist.»

Bitte? Gefahr im Verzug? «Wie Sie in der Küche sehen konnten, backen wir gerade Pfannkuchen. Was soll daran bitte schön gefährlich sein?»

Statt einer Antwort lacht der Kerl mich aus. «Schon klar. Pfannkuchen ...» Er tauscht mit seinem Kollegen einen vielsagenden Blick aus. «Ich denke, Sie wissen genau, was hier los ist. Sie können sich nicht ausweisen, sind stark alkoholisiert und befinden sich in Gegenwart einer leicht bekleideten Minderjährigen, die Ihren Angaben zufolge nicht Ihre Tochter ist, sich aber ebenfalls nicht ausweisen kann. Außerdem –»

Er wird von einem seiner Durchsuchungskollegen unterbrochen, der in der Tür zum Flur steht: «Außerdem haben wir in Ihrem Badezimmer eine Würgeschlange gefunden, die unter das Artenschutzgesetz fällt und höchstwahrscheinlich illegal ins Land geschmuggelt wurde. Und von den Kartons ...» Er tritt mit dem Fuß gegen eine Kiste im Flur. «... will ich gar nicht erst anfangen.»

Das mit der illegalen Schlange kann ich auch nicht erklären. Und die Kartons, tja, also das ist eine längere Geschichte.

«Uaaaa!» Für Vivian ist das auf einmal alles zu viel. Sie schluchzt laut auf und wirft sich theatralisch in meine Arme. Was die Sache keinen Deut besser macht. Inzwischen komme ich mir schon selbst vor wie der Kopf eines Mädchenhändlerrings, der nebenbei mit geklauter Ware und exotischen Reptilien dealt. Dabei habe ich mir rein gar nichts vorzuwerfen.

Okay, fast nichts. Nur das Attentat auf Dr. Klingenberg. Und die Bespitzelung meines Kollegen. Außerdem habe ich mich als Kunstkenner ausgegeben und einer jungen Frau einen Job in einem Sexshop vermittelt. Und dass Alice mich mit Millie im Bett erwischt hat, war mit Sicherheit auch keine Meisterleistung. Aber das klingt jetzt irgendwie alles schlimmer, als es ist.

Der Beamte räuspert sich. «Ich würde vorschlagen, Sie beide begleiten uns jetzt erst einmal auf die Wache.»

1. Kapitel
Einen Monat vorher

«Noch Marmelade?» Ich hebe ein randvolles Glas mit kariertem Deckel und farblich abgestimmtem Etikett in die Höhe. Ein Geschenk von Birtes Mutter: selbstgemachtes Quittengelee. Keiner von uns beiden mag Quitten. Und nur einer von uns mag Birtes Mutter. Zum Glück besuchen meine Schwiegereltern uns nur zweimal im Jahr: Weihnachten und einmal im Sommer, an einem Tag, der von ihnen Monate im Voraus ausgeguckt und strategisch geschickt in ihre Urlaubsplanung eingepasst wird. Trotzdem bleiben sie dann nur exakt so lange, wie es dauert, zehn Marmeladengläser abzuliefern, einen entkoffeinierten Kaffee zu trinken und sich darüber auszulassen, wie bedauerlich es sei, sich so gut wie nie zu sehen. Auch Birte findet das schade, unternimmt aber ihrerseits keinerlei Anstrengungen, ihre Eltern zu besuchen. Und das, obwohl die beiden im Harz leben, also gerade mal zweieinhalb Autostunden entfernt von Hamburg, Birtes und meiner Heimatstadt. Ich fungiere in dieser Viererbeziehung seit Jahren zum Glück lediglich als stummer Beobachter und Marmeladenglas-in-Empfang-Nehmer. Denn auch wenn ich den Harz sehr mag, vor allem jetzt im Winter, möchte ich die Frequenz unserer Treffen keinesfalls steigern.

«Du weißt, ich esse keinen Zucker.» Birte sagt es, ohne von ihrer Zeitung aufzusehen.

«Klar weiß ich das. Ich denke bloß immer, dass man seine Meinung ja auch mal ändern kann.» Und in diesem Fall wäre ich zur Stelle. Mit Quittengelee.

«Ich nicht.» Als Birte jetzt nach ihrem Kaffeebecher greift, ernte ich zumindest ein kurzes Zwinkern. Gleich darauf ist sie wieder in die Wirtschaftsnachrichten vertieft.

Ich habe ehrlich gesagt nie verstanden, warum Birte so immensen Wert auf ein gemeinsames Frühstück legt, um in den dreißig Minuten doch nur stumm hinter der Tageszeitung zu verschwinden. Nicht, dass ich es nicht genießen würde, beim Essen zu lesen. Ich muss auch nicht zwangsläufig ein Gespräch führen. Männer können sehr gut eine Weile schweigen. Nur würde ich beim Schweigen lieber schlafen, also einfach eine halbe Stunde länger im Bett liegen bleiben. Doch Birte besteht morgens zwischen halb acht und acht auf diesem Frühstücksritual. Warum, ist mir schleierhaft.

Mittlerweile mache ich mir einen Spaß daraus meine dreißig Schweigeminuten dafür zu nutzen, einen stillen Dialog mit mir selber zu führen. Ich sage dann zum Beispiel: «Ist es so abwegig, dass man sich mit seiner Frau am Tisch austauschen möchte?» Birte gibt dann in meiner Vorstellung abwechselnd einen Zisch- oder einen Pfeiflaut von sich, legt kurz die Zeitung nieder und kontert mit der für sie typischen Nüchternheit: «Ich habe aber in den letzten acht Stunden nichts erlebt, wovon ich dir berichten könnte.» An dieser Stelle erwidere ich – mal mit verruchtem Unterton, mal mit überbordender Leidenschaft in der Stimme: «Dann erzähl mir von deinen Träumen oder lass uns über vergangene Nacht reden, die wirklich ausgesprochen heiß gewesen ist.» Leider erreichen wir damit auch bereits das Ende dieses imaginären Dialogs, weil mir dessen Absurdität sogar auf der Metaebene bewusst wird. Denn heiße Nächte sind in unserer Beziehung selten geworden. Da gehen wir konform mit den Hamburger Sommern.

Ansonsten sind wir ein super Team, meine Frau und ich. Wir sind zwar nicht verheiratet, aber ich sage trotzdem *meine Frau*, wenn ich von Birte spreche. Wie sollte ich sie auch sonst bezeichnen? Freundin? Feste Partnerin? Lebensgefährtin? So etwas sagen doch nur Osteopathen und überdrehte Fernsehköche, die mit ihrem Alter nicht klarkommen. Ich sage *meine Frau*. Birte hingegen nennt mich schlicht und einfach Toby, was ich irgendwie schade finde. Lieber würde ich *mein Mann* genannt werden. Trotz des morgendlichen Schweigefrühstücks.

Birte ist 38, dunkelhaarig, hat ein schmales, markantes Gesicht mit wachen, braunen Augen und einem zu jeder Jahreszeit leicht gebräunten Teint. Sie ist nur unwesentlich kleiner als ich, dafür umso sportlicher. Dreimal die Woche geht sie morgens um sechs in einem angrenzenden Waldstück joggen. Zudem nutzt sie ihre Mittagspause, um sich bei einer Yogastunde zu entspannen, und zieht am Wochenende zwanzig Bahnen im Schwimmbad. Ohne komplett unsportlich zu sein, finde ich dennoch, dass dieses Programm krankhafte Züge aufweist. Gleichzeitig spiegelt es Birtes vorherrschende Charaktereigenschaften wider: Selbstdisziplin und eine gewisse Verbissenheit.

Seit ihrem 35. Geburtstag leidet sie außerdem unter dem Karin-Behrend-Syndrom. Der Begriff wurde von mir ins Leben gerufen und nach meiner Sekretärin benannt.: Karin Behrend, 55, Rechtsanwaltsfachangestellte, verheiratet, aber kinderlos, hat sich vor fünf Jahren, anlässlich ihres runden Jubeltags, ihre bis dato schulterlangen Haare zu einem praktischen Bob schneiden lassen. Sie nennt es «peppig», ich nenne es altbacken. Überhaupt kann ich nicht nachvollziehen, warum manche Frauen im reifen Alter glauben, mit kurzen Haaren jünger zu wirken. Möglicherweise kommt es auf den Frauentyp und die Frisur an, aber Frau Behrend hätte nun wirklich kein eindeutigeres Signal setzen können, über fünfzig zu sein. Birte hat diesen Weg bereits mit 35 gewählt und spart seitdem, eigenen Angaben zufolge, beim Haareföhnen glatte acht Minuten. Halleluja. Die erwirtschaftete Zeit nutzt sie zu gleichen Teilen zum Schweigen und dazu, vor dem Frühstück ein erstes Mal ihre E-Mails zu checken. Ein straffes Zeitmanagement, das ihr, als gelernte Brokerin, im Blut liegt.

Da Birtes Wecker morgens um sechs wie eine Sturmflutsirene durch unser Haus gellt, werde auch ich geweckt. Kollateralschaden. Unmöglich, danach den Puls in den aeroben Bereich herunterzufahren und weiterzuschlafen. Also stehe ich ebenfalls auf. Im täglichen Miteinander gewöhnt man sich an vieles.

Birte und ich sind seit zwölf Jahren ein Paar, keine Kinder, kein Trauschein. Das, so findet sie, hätten wir nicht nötig. Sie meint damit die eheliche Steuerersparnis nach der Hochzeit. Denn Birte kennt sich aus mit Geld. Schließlich macht sie Karriere bei einer angesehenen Hamburger Privatbank.

Wie auf Bestellung lässt sie jetzt die Zeitung sinken und schaut auf ihre Armbanduhr. Ein weiteres Ritual. Anhand dieser Geste weiß ich, dass wir es exakt zehn vor acht haben. Keine Ahnung, wie sie es schafft, aber um genau zehn vor acht ist Birte am Sportteil angelangt. Und weil der sie nicht interessiert, werden wir jetzt gleich den Tisch abräumen und uns auf den Weg zur Arbeit machen. Sie zur Bank, ich zur Anwaltskanzlei. Alles ist eingespielt. Wie ein Schweizer Uhrwerk funktionieren wir.

«Hast du dich um das Gartenzelt und die Heizpilze für die Party gekümmert?», fragt Birte und stellt klappernd Teller und Tassen auf einem Tablett zusammen.

«Äh ...»

Bevor ich antworten kann, rattert sie weiter aus dem Gedächtnis eine von ihr verfasste Liste herunter, die ich abarbeiten soll. Mein vierzigster Geburtstag steht an. Freitag in zwei Wochen. Die runde Zahl und der Umstand, dass dieser Tag auf ein Wochenende fällt, ist selbst für Birte, die weder Alkohol trinkt noch ein Freund ausschweifender Feste ist, Grund zum Feiern. Eine Gartenparty findet sie passend, trotz des fortgeschrittenen Novembers, und hat mit altbekannter Verbissenheit bereits vor Wochen deren theoretische Organisation inklusive Erstellung eines persönlichen Aufgabenplans für mich übernommen. Und da Männer in Birtes Augen zwar für passable Ideen und großmäuliges Herausposaunen derselben bekannt sind, sich jedoch gern mal verzetteln, hat sie außerdem einen Zeitplan erstellt, dem ich mit heutigem Datum amtliche fünf Tage hinterherhinke.

«Statt eine Party zu feiern, hätten wir auch wunderbar wegfahren können», bringe ich noch einmal jenen Vorschlag ins Spiel, den ich immer anführe, wenn ich an Punkt 7 ihrer Liste angelangt bin: das Kärchern der Terrasse. Den gesamten Sommer war Birte entspannt, doch plötzlich stört sie sich an den vermoosten Steinen. Punkt 7 sieht außerdem vor, sich beim Nachbarn dafür das geeignete Gerät zu leihen. Leider verhält es sich aber so, dass ich – entgegen der weitläufig verbreiteten Meinung, alle Männer wären versessen darauf, mit viel Getöse tagelang Böden, Autos oder Gartenzäune zu kärchern – diese Tätigkeit abgrundtief verabscheue. Etwa so abgrundtief, wie ich unseren muffeligen Nachbarn verabscheue, den ich aus diesem Grund auch nicht beabsichtige, zur Feier einzuladen. Logischerweise möchte ich mir deshalb im Vorfeld auch nichts von ihm ausleihen. Noch weniger beabsichtige ich allerdings, mir ein eigenes Kärchergerät zuzulegen. Zumal ich stark annehme, dass eine derartige Ausgabe ebenfalls nicht im Sinne der Anlageberaterin wäre, aber sicher bin ich mir da nicht. Ich stecke somit an Punkt 7 der Aufgabenliste fest.

«Noch ist es nicht zu spät», komme ich halbherzig noch einmal auf die Reise zu sprechen. Im Grunde genommen freue ich mich zwar auf die Geburtstagsfeier. Eine bessere Gelegenheit, meine Kumpels wiederzusehen, würde sich auf absehbare Zeit kaum bieten. Trotzdem bin ich ein wenig genervt, nicht nur wegen der Terrassenreinigung, sondern auch weil ich Birtes Worten sowie ihrem Tonfall entnehme, dass es für sie nicht einmal ansatzweise in Betracht kommt zu verreisen. Wäre ja immerhin denkbar, *nach* der Party noch eine Woche Urlaub dranzuhängen, also beides zu haben. Das würde mir bei der Bearbeitung von Punkt 7 zwar nicht weiterhelfen, mir aber das einschneidende Ereignis, in eine neue Dekade überzuwechseln, zusätzlich ein wenig versüßen. Denn mal ganz ehrlich: Niemand ist wild darauf, vierzig zu werden. Ausgenommen diejenigen, die bereits einundvierzig sind.

«Wir könnten irgendwohin fahren, wo wir noch nie waren», insistiere ich, um Birte aus der Reserve zu locken. «An einen außergewöhnlichen Ort. Auf die Malediven zum Beispiel.»

Birte starrt mich an, als hätte ich vorgeschlagen, meinen Jubeltag mit ihr in einem Iglu nördlich des Polarkreises zu begehen.

«Auf die Malediven», wiederholt sie emotionslos und steuert mit dem vollen Tablett die offene Küche an. «Weißt du, was das kostet?» Der Finanzexpertin stehen die Nackenhaare zu Berge.

«Ja, das weiß ich. Aber man wird schließlich nur einmal vierzig. Und wir haben doch das Geld.»

Wenn man keine Kinder, aber ein abbezahltes Haus und einen guten Job hat, kann man sich durchaus ab und zu eine Fernreise gönnen. Herausfordernd schaue ich sie an. «Endlich mal wieder ein paar entspannte Tage zu zweit. Wäre das nicht toll? Es ist eine Ewigkeit her, dass wir uns eine Auszeit genommen haben.»

Wenn man keine Kinder, aber ein abbezahltes Haus und einen guten Job hat, heißt das nämlich leider auch, dass man seine Zeit mit Arbeiten verbringt. Oder damit, das Haus nebst Garten in Schuss zu halten.

Birte macht eine wegwerfende Geste. «Sei nicht albern, Toby. Die Malediven werden total überschätzt. Da ist nichts. Nur Wasser und vielleicht zwei, drei Restaurants. Spätestens nach drei Tagen fällt uns dort vor Langeweile der Himmel auf den Kopf.»

Schon klar. Also Gartenparty. Ich seufze leise. Wie es aussieht, bleibt mir Punkt 7 nicht erspart.

«Was ist denn nun mit dem Zelt?», ruft sie und verteilt lautstark das schmutzige Geschirr in der Spülmaschine. «Ohne wird es definitiv zu kalt.»

Ich marschiere hinterher, um Aufschnitt und Quittengelee in den Kühlschrank zu stellen.

Birte taucht aus dem Geschirrspüler auf. «Und hast du mit dem Caterer gesprochen?»

«Jep. Ist abgearbeitet.» Catering war Punkt 4. Ich werfe mit Schwung die Eisschranktür zu. «Jedenfalls so halb. Er hat eine Liste zum Ankreuzen des Menüs gemailt. Ich hätte gern, dass du mal draufschaust.» Weiß ja jedes Kind, dass Männer zwar angehalten werden, Dinge eigenständig zu erledigen, sie es ihren Frauen am Ende aber nur selten recht machen können.

Birte legt einen Tab in den Geschirrspüler, schließt die Klappe und schaltet das Gerät ein. «Okay. Wann?»

«Heute Abend?»

Ich ernte ein Kopfschütteln. «Heute Abend geht nicht. Ich muss zu einer Schulung. Ein neues Computerprogramm.» Sie schaut zu Boden, scheint nachzudenken. «Gib mir am besten die Liste mit, ich sehe sie mir im Laufe des Tages an und schreib dir später eine Mail.»

Während sie kurz noch einmal über die Arbeitsplatte wischt, trabe ich in den Flur, um den Ausdruck zu holen, den ich vorausschauend auf der Kommode deponiert habe.

Birte folgt mir. Als wir uns gemeinsam über die Liste auf der Ablage beugen, blinkt links neben dem Zettel Birtes Handy mit einer eingehenden SMS. Irritiert von dem Leuchten, schaue ich auf das Display. Nur eine oder zwei Sekunden, doch während dieser kurzen Zeit lese ich reflexartig die Message. Und das hätte ich besser nicht tun sollen.

Heute um 18 Uhr bei mir. Ich küsse dich und deine Brüste.
In gieriger Vorfreude, dein N.

In Filmen wäre dies vermutlich der Moment, von dem der Held später sagen würde: *Es traf mich wie ein Schlag in der Magengrube* oder *Mir fiel es wie Schuppen von den Augen.* Vorausgesetzt, er begreift, was gerade vor sich geht. Ich begreife leider nichts. Gar nichts. Weder sagt mir der Text etwas, noch fühle ich, wie sich eine Faust in meinen Magen rammt. Ich starre einfach nur stumm auf das sich langsam verdunkelnde Display und versuche, die gelesenen Worte richtig einzuordnen. Einen kurzen Moment glaube ich, einer von Birtes Kollegen habe sich einen Scherz erlaubt. Tatsächlich arbeitet sie mit einer Handvoll vermeintlich witziger Leute zusammen, die sich gerne mal mit «Schätzchen» oder «Zuckerschnecke» anreden. Auf dem letzten Sommerfest der Bank eröffnete mir einer ihrer Kollegen zwischen Thüringer und Melonenbowle sogar: «Ach, ich liebe Birte! Sie hat einen so trockenen Humor!» Was mich damals am allermeisten ins Grübeln brachte, war die Frage, welchen Humor er meinte. Denn mit mir scherzt Birte praktisch nie. Eifersüchtig war ich jedoch nicht.

Diese Geschichte und andere wirre Gedanken schwirren mir durch den Kopf, ehe mir dämmert, dass der Absender dieser SMS aller Wahrscheinlichkeit nach kein Arbeitskollege mit fragwürdigem Witz gewesen sein wird. *Ich küsse dich und deine Brüste* klingt doch irgendwie arg intim. In meinem gesamten Leben habe ich keiner Frau derartige Zeilen geschrieben. Nicht einmal im Scherz. Auch nicht Birte.

Als ich nach einer gefühlten Ewigkeit hochgucke, sehe ich Birtes schamgerötete Wangen und einen Ausdruck des Bedauerns in ihren Augen, den ich in der Form noch nie bei ihr gesehen habe und der sich nur auf schlimmsten Verrat beziehen kann. Und in dieser Sekunde trifft mich der Faustschlag der Erkenntnis. Genau in die Magengrube.

«Ich ... wollte es dir eigentlich erst nach der Geburtstagsfeier sagen», setzt Birte zu einer Erklärung an. Ihr Tonfall ist ebenso mitleidig wie ihr Blick.

Sie stockt und wartet, dass ich etwas sage, doch ich weiß nicht, was. Ich versuche, meine Gedanken zu ordnen. «Du wolltest mir *was* erst nach meinem Geburtstag sagen?», frage ich blöd.

«Das mit Noah. Mit mir und Noah.»

Ihre Worte wollen in meinem Hirn keinen Sinn ergeben. «Mit dir ... und Noah», wiederhole ich mechanisch. «Noah. Ist das ...» Ich deute auf das Handy. «Ist das N? Ist Noah N?»

Ich schwöre, ich habe Birte diesen Namen noch nie zuvor sagen hören.

Sie nickt. «Es tut mir leid, Toby, es ist ...»

«Und wieso küsst er deine Brüste?», unterbreche ich sie. Die Frage war so dämlich wie überflüssig. Wieso wohl schreibt er das? Weil er mit ihr schläft. Jede andere Erklärung wäre Bullshit. Irgendwo tief in meinem Inneren weiß ich das. Trotzdem weigere ich mich zu glauben, was auf der Hand liegt. «Hast du ... habt ihr ... eine Affäre?» Als wäre das vollkommen abwegig, zeige ich mit dem Finger auf sie. «Du hast eine Affäre?»

Meine Frau nickt stumm.

Seltsamerweise überkommt mich urplötzlich eine stoische Ruhe. Es ist, als habe jemand einen Schalter umgelegt und das Notfallprogramm gestartet. Mein Hirn wird nun mit den für Ausnahmefälle bestimmten Gedanken versorgt. Birte und ich sind seit zwölf Jahren ein Paar, rattert es in meinem Kopf. Es war somit nur eine Frage der Zeit, bis etwas Derartiges passiert. In unserem Bekanntenkreis kann ich auf Anhieb drei Paare nennen, bei denen wenigstens einer mal fremdgegangen ist. Wenn nicht sogar beide. Es rattert weiter. Wir werden das überstehen, meine Frau und ich. So was kommt vor. Nichts Weltbewegendes. Es schweißt uns zusammen. Irgendwann. Irgendwie.

Um die Richtigkeit meines Gedankengangs bestätigt zu sehen, schaue ich Birte prüfend in die Augen. Doch sie blickt zu Boden, steht noch immer stocksteif vor mir. Einzig ihr Kiefer bewegt sich. Sie kaut auf der Unterlippe.

«Wie lange geht das schon?» Die Frage taucht ganz automatisch auf, dabei interessiert es mich im Grunde genommen gar nicht.

Doch. Es interessiert mich, aber ich will die Antwort nicht hören. Andererseits wäre dies für Birte die Möglichkeit, etwas Versöhnliches zu sagen. Ein Signal zu setzen. Mir zu bestätigen, dass wir diese Krise meistern werden. Beispielsweise könnte sie sagen: «Das ist doch nicht wichtig. Es war ein Fehler und hat nichts zu bedeuten. Ich beende die Sache. Noch heute. Dann fangen wir von vorn an. Wir fahren auf die Malediven und –»

Sie räuspert sich. «Ziemlich genau ein Jahr.»

«Ein Jahr?» Ich fühle eine Hitzewelle in mir aufsteigen. Damit hatte ich nicht gerechnet. Mit der stoischen Ruhe ist es jetzt vorbei. Ein Jahr!

Komischerweise ist das Erste, das mir in den Sinn kommt, die Tatsache, dass Birte und ich somit nur elf Jahre ein Paar sind. Und nicht zwölf. Das letzte kann man wohl kaum mehr dazuzählen.

Sie stockt. «Letztes Jahr an deinem Geburtstag ... Du weißt doch, ich konnte nicht mit dir feiern, weil ich auf dieses Wochenendseminar in die Heide musste. Also ... In dem Hotel, in dem wir wohnten, stieg auch eine Gruppe von Motorradfahrern ab. Sie machten einen Männerurlaub. Einer davon war Noah.»

«Ach.»

Sag ich ja, ich hatte es nicht wissen wollen. Und ich weiß auch gar nicht, was mich an ihrer Erklärung am meisten kränkt. Die Tatsache, dass es an meinem Geburtstag geschehen ist, während ich friedlich zu Hause mit Lars ein Bier gezischt habe? Der Umstand, dass der Kerl Motorrad fährt? Oder dass er Noah heißt? *Noah.* Hört sich verdammt jung an. Jedenfalls nicht wie vierzig.

«Wie alt ist Noah denn?», blaffe ich sie an.

«Dreißig.» Birte klingt trotzig, als wolle sie sich für ihren jugendlichen Lover rechtfertigen.

«Ich dachte, du hasst Motorradfahren.»

Sie schweigt. Ich mache eine auffordernde Geste, um sie zum Reden zu animieren.

«Na ja ...»

«Wie na ja?» Ich muss mich beherrschen, nicht loszubrüllen.

«Wenn man es einmal ausprobiert hat, ist es eigentlich ganz schön.»

Augenblicklich trifft mich ein weiterer Schlag in die Magengrube. «Mit mir wolltest du komischerweise nie einen Versuch wagen.»

Birte ist sichtlich bemüht, sich nicht aus der Reserve locken zu lassen, was mich umso wütender werden lässt. «War doch so, oder?»

«Toby. Mach es doch bitte nicht noch schlimmer.» Ihre Stimme wird sanft in dem Bemühen, mich zu beruhigen. «Müssen wir denn jetzt alles gegeneinander aufrechnen?»

Ich verschanze mich hinter einer Fassade aus Ironie. «Nein, natürlich nicht, Liebes. Wir gehen jetzt entspannt zur Arbeit und tun so, als sei nichts passiert. Sag mir nur schnell, welchen Caterer ich für die Party wählen soll. Und vielleicht möchte Noah ja auch kommen? Dann bräuchte ich seine Adresse wegen der Einladung. Aber nein – halt! Du könntest ihn praktischerweise heute Abend, wenn ihr euch seht, gleich selbst einladen. Bevor er zwischen deinen Brüsten versinkt.» Den letzten Teil des Satzes schreie ich beinahe. Mir reißt der Geduldsfaden, und ich schlage mit der flachen Hand gegen die Wand. Es tut weh und knallt nicht laut genug. Also gehe ich zur Tür, die den Flur von der Küche trennt, und hämmere dagegen. Hier kracht es angemessen.

Birte hat sich gut unter Kontrolle. Sie drängt an mir vorbei in Richtung Haustür. «Vielleicht sollten wir jetzt wirklich jeder zur Arbeit gehen», schlägt sie vor und verstaut Handy und Akten. «Und heute Abend, wenn sich die Gemüter beruhigt haben, reden wir noch einmal über alles.»

«Wird Noah auch dabei sein? Ihr seid ja offenbar verabredet.»

«Das sage ich ab.»

«Oh. Wie gnädig. Wenn das mal keinen Ärger mit der Motorradclique gibt.»

Birte geht zur Garderobe und wirft sich ihren Mantel über. «Ich versteh ja, dass du sauer bist», sagt sie und geht mir mit dem beruhigenden Tonfall weiter auf die Nerven. «Aber lass uns nicht alles kaputt machen, was wir hatten.»

«*Hatten*? Es ist dir also ernst mit dem Jüngelchen?»

Sie dreht sich um und schürzt die Lippen. «Ich bin um 18 Uhr zu Hause. Dann reden wir.»

Überrascht hebe ich eine Augenbraue. Um 18 Uhr war Birte das letzte Mal zu Hause, als der große Tsunami über Südostasien hereinbrach.

Die Lage ist tatsächlich ernst.

2. Kapitel

Die Kanzleiräume von Steinfels & Partner liegen citynah und erstrecken sich über die oberen drei Etagen eines insgesamt sechsstöckigen Gebäudes, das vor etwa zehn Jahren im für Hamburg typischen Kontorhausstil errichtet wurde. Praktischerweise mit einer hochmodernen Tiefgarage, in die ich gerade mit quietschenden Reifen einbiege. Den Weg zur Arbeit lege ich jeden Morgen mit dem Auto zurück und benötige dafür zwischen fünfzehn und fünfunddreißig Minuten, je nach Verkehrslage. Heute ziehe ich den Zündschlüssel nach exakt elf Minuten. Die Wut über das Gespräch mit Birte hat mich wie von Sinnen über die Straßen jagen lassen.

Als ich kurz darauf in der fünften Etage aus dem Fahrstuhl trete und den Weg zu meinem Büro einschlage, laufe ich meiner Sekretärin in die Arme.

«Was machen Sie denn hier, Herr Voss?»

Seit nunmehr sechs Jahren arbeitet Karin Behrend für mich, erledigt Schriftsätze, Korrespondenz und alles, was so anfällt. Dazu gehört auch die Überwachung meiner Termine und deren minutiöser Einhaltung. Die Aufgabe ist ihr auf den Leib geschrieben, und seit ich mich erinnern kann, ist ihr niemals ein Fehler unterlaufen. Immer in ein gut sitzendes Kostüm gekleidet, dessen Rock exakt bis zur Wadenmitte reicht, meist mit farblich passender Bluse oder Pullover kombiniert, spiegelt sie ihre Korrektheit auch nach außen wider. Ich schätze, dass sie bereits zu Grundschulzeiten damit begonnen hat, ihre mütterliche Ausstrahlung zu perfektionieren, und schon damals diejenige war, die immer Taschentücher, Pflaster und einen Schokoriegel gegen Unterzuckerung dabeihatte. Demnach müsste sie eigentlich wissen, was ich hier mache.

«Ich arbeite hier.»

Unruhig tritt sie von einem Bein aufs andere. «Wurde der Gerichtstermin abgesagt?», fragt sie und schüttelt verstört die Bobfrisur.

Einen kurzen Moment starre ich sie an, dann durchzuckt mich die Erkenntnis wie ein Blitz. Mein Puls, der gerade angefangen hatte, sich ein wenig zu beruhigen, schnellt erneut in die Höhe. Mist! Ich hätte heute nicht in die Kanzlei, sondern zum Familiengericht nach Bergedorf gemusst. Schlagartig habe ich auch alle Details dieses Termins wieder parat: Unterhaltsverhandlung der Eheleute Fennemann. Richterin: Britta Köpp. Beginn: 10 Uhr.

Gehetzt werfe ich einen Blick auf die Uhr. 9:30 Uhr. Noch kann ich es schaffen. Geistesgegenwärtig hechte ich zurück zum Fahrstuhl, hämmere auf den Knopf und rufe Frau Behrend über die Schulter zu: «Warnen Sie die Kollegen vor, dass ich mich um fünf Minuten verspäte.» Die Fahrstuhltür öffnet sich, ich springe hinein und ahne, wie meine Sekretärin die Augenbrauen unter den peppigen Pony sausen lässt. Was sie denkt, ist klar: 30 Minuten für 20 km, und das im Berufsverkehr – wie will er das schaffen? Doch sie würde sich eher vereinzelte Haarsträhnen grün färben lassen, als mich in Stressmomenten mit überflüssigen Ratschlägen zu belästigen.

«Wird erledigt!», höre ich sie dumpf durch die Stahltür rufen. Die Skepsis in ihrer Stimme ist auch im Fahrstuhl deutlich vernehmbar. Wüsste sie um meinen Adrenalinspiegel, wäre sie zuversichtlicher.

25 Minuten später nicke ich dem Pförtner des Familiengerichts in Bergedorf zu, werfe mir im Laufschritt meine schwarze Robe über und finde mich kurz darauf vor dem Verhandlungsraum ein. Zweimal wurde ich unterwegs geblitzt, was ärgerlich ist, aber im Verhältnis zu meinen übrigen Sorgen ein vergleichsweise geringes Problem darstellt. Dadurch, dass ich mich seit beinahe einer Stunde

mehr oder weniger auf den Straßenverkehr und die bevorstehende Verhandlung konzentriert habe, konnte ich mich meiner privaten Misere gedanklich kaum widmen. Umso heftiger trifft mich jetzt die Erinnerung, als ich meinem Mandanten, Jörg Fennemann, seiner Noch-Ehefrau Anke sowie deren Anwalt Thies Maholt gegenübertrete. Die Eheleute würdigen sich keines Blickes. Stumm und stocksteif stehen sie im Flur, so weit entfernt voneinander wie irgend möglich. Das Ende von zwölf gemeinsamen Jahren. Ich schiebe den Gedanken von mir, dass Birte und ich ebenfalls so traurig auseinandergehen könnten, begrüße kurz meinen Mandanten und betrete dann mit der kleinen Gruppe den Gerichtssaal.

Eigentlich ist es mehr ein Raum denn ein Saal, in dem heute über Geld verhandelt wird. Frisch gestrichen, hell und freundlich. Fast, als beabsichtige man dadurch, eine Spur Optimismus zwischen den streitenden Paaren zu verbreiten.

Die Richterin trifft ein. Britta Köpp ist eine gepflegte Frau Ende vierzig. Freundlich, aber mit professioneller Distanz versucht sie, die angespannte Atmosphäre durch ein paar unverbindliche Nettigkeiten aufzulockern. Die Fennemanns interessiert das wenig. Regungslos und mit versteinerten Mienen sitzen sie an unterschiedlichen Enden einer langen Tischreihe und warten darauf, dass die Schlacht beginnt. Seit nunmehr einem Jahr kommunizieren die beiden ausschließlich über ihre Anwälte und streiten um alles, um das sich im Rahmen einer Trennung streiten lässt.

Heute wird der eheliche Unterhalt neu verhandelt, ihr Scheidungsverfahren betreue ich ebenfalls, doch das wird sich noch ein wenig in die Länge ziehen. Einen kurzen Gedanken verschwende ich darauf, dass Birte und ich im Falle einer Trennung niemals vor Gericht erscheinen müssten. Es hätte somit auch etwas Gutes, nicht *ihr Mann* gewesen zu sein, vor allem juristisch.

Richterin Köpp räuspert sich. Mit sanfter Stimme begrüßt sie die Anwesenden, trägt noch einmal den Sachverhalt vor und schaut immer wieder abwechselnd zwischen den Noch-Eheleuten hin und her, um sich die komprimiert erörterten Fakten per Kopfnicken vom einen oder anderen Partner bestätigen zu lassen. Anke Fennemann, Minijobberin und Mutter eines gemeinsamen fünfzehnjährigen Sohnes, der bereits vor der Eheschließung geboren wurde, war in einem vorangegangenen, außergerichtlichen Beschluss Unterhalt in kaum nennenswerter Höhe zugesprochen worden. Damit hatte sie sich arrangiert. Und Herr Fennemann war mir dankbar. Aber er hat Blut geleckt. Zunächst hat er den Sohn gegen sie aufgehetzt und zu sich geholt. Nun möchte er Kindesunterhalt von ihr erhalten oder wenigstens die Unterhaltszahlungen einstellen. Für Frau Fennemann eine Katastrophe, psychisch und finanziell. Weshalb sie nun dagegen klagt. Meine Sympathien liegen eindeutig bei ihr, dummerweise vertrete ich aber für Steinfels & Partner ihren Mann.

Herr Fennemann ist ein übergewichtiger Schnauzbartträger, der es gewohnt ist, recht zu haben, und der mit an Sicherheit grenzender Wahrscheinlichkeit irgendwo auf der Welt Geld versteckt. Zudem hat er sein nicht unbeträchtliches Einkommen im Laufe der letzten Jahre durch Kredite, Versicherungsabschlüsse und berufsbedingte Ausgaben so geschickt minimiert, dass es überhaupt zu diesem Verfahren kommen konnte.

Obwohl mir sein Auftreten, sein Äußeres und die abschätzige Art, mit der er Frauen begegnet, gegen den Strich gehen, erledige ich meinen Job gewissenhaft. Privat möchte ich jedoch nichts mit ihm zu tun haben.

Während die Richterin weitere Fakten vorliest, schweifen meine Gedanken wieder zu dem Gespräch mit Birte. Seit einem Jahr betrügt sie mich. Aber warum wollte sie meinen vierzigsten Geburtstag abwarten, um es mir zu sagen? Wollte sie vorher austesten, ob aus ihr und Noah etwas Festes wird? Ob es zwischen ihnen beiden funktioniert? Und wäre sie im Falle eines Scheiterns bei mir geblieben?

Das wäre dann zwar auch nicht gerade der Hauptgewinn, aber allemal besser, als verlassen zu werden.

Langsam frage ich mich, ob unser Gespräch am Abend überhaupt Sinn macht. Offenbar liegt Birte etwas daran, sich auszusprechen, dennoch scheint ihre Entscheidung, mich zu verlassen, bereits felsenfest zu stehen. Vielleicht erwartet sie von mir, dass ich um sie kämpfe, ihr eine Liebeserklärung mache? Dabei ist Birte gar nicht der Typ, der auf säuselnde Worte steht. Aber welcher Mann versteht schon seine Frau? Schließlich scheint sie es neuerdings zu genießen, auf dem Sozius eines Motorrads durch die Gegend zu brausen, wieso sollte sie nicht auch urplötzlich Gefallen an einer kitschigen Liebeserklärung finden? Ob Noah ihr romantische Sätze ins Ohr säuselt? *Noah* ... Allein der Name erscheint mir suspekt. Heißt man heutzutage so? Ist das nicht was Kirchliches? Und heißt nicht ein Kind von Boris Becker so? Zum Glück dürfte der noch keine dreißig sein ...

Bei den Fennemanns geht es jetzt ans Eingemachte. In einer hochkomplizierten Rechnung, bei der Dinge berücksichtigt werden, die kein Laie versteht, deutet sich an, dass Anke Fennemann leer ausgehen wird.

Zwanzig Minuten später, bei der Verkündung des Urteils, soll ich recht behalten: Anke Fennemann, die zum finalen Höhepunkt einer mit Sicherheit nicht immer angenehmen Ehe für eine jüngere Frau verlassen wurde, bekommt nach viel theoretischer Rechnerei und ohne Berücksichtigung jedweder Moral von ihrem Mann in Zukunft nichts mehr. Für sie ein Schlag ins Gesicht. Für meinen Mandanten der kalkulierte Sieg.

Jörg Fennemann schlägt sich lachend auf die Schenkel und wirft mir einen vor Überheblichkeit triefenden Blick zu. Nichts anderes hat er erwartet. Sicher knallen bei ihm später die Champagnerkorken. Seine Frau hingegen blickt geknickt zu Boden.

Ich bin kein bisschen stolz auf diesen Sieg, wenngleich ich mich auch nicht schäme. Ich habe meinen Job erledigt, und ich habe ihn gut gemacht.

«Was ist mit den Gerichtskosten?», will Thies Maholt, der Anwalt von Anke Fennemann, wissen.

Dabei ist die Sachlage klar: Der Verlierer zahlt die Zeche. In diesem Fall bedeutet das: Alle entstandenen Aufwendungen des Verfahrens, also Anwalts- und Gerichtskosten, gehen zulasten der Ehefrau. Für Anke Fennemann der Gau. Maholt möchte ihre Misere ein wenig schmälern, was ich durchaus nachvollziehen kann.

«Gegeneinander aufheben?», schlägt er vor.

Mein Mandant ist mit dem Schreiben einer SMS derart abgelenkt, dass ich kurzerhand für ihn entscheide: «Einverstanden.» Irgendwie werde ich ihm diese Kosten schon beibringen. Anke Fennemann hingegen ist genug gestraft. Sie hat gekämpft und verloren. Und sie tut mir leid.

Maholt nickt kaum merklich, wohl als Zeichen seiner Anerkennung.

Ich schaue zur Richterin. Einen kurzen Blick der Marke «Sie müssen ja wissen, was Sie tun» kann sie sich nicht verkneifen, dann nickt auch sie und macht sich eine Notiz in der Akte.

Zurück in der Kanzlei bin ich zu dem Schluss gekommen, Birtes Affäre als einen Warnschuss zu verstehen. Ich kann nicht glauben, dass sie mich tatsächlich verlassen will. Zwölf oder meinetwegen auch nur elf Jahre Beziehung wirft man nicht einfach weg. Jetzt müssen wir nach vorn schauen und uns neu positionieren. So was hat ein Mann im Gefühl.

«Dr. Steinfels möchte Sie sprechen», flötet Frau Behrend mir von ihrem Schreibtisch aus entgegen. Im Gegensatz zu heute Morgen, als sie durch mein Auftauchen in höchstem Maße aus der Routine geworfen schien, ist sie nun wieder die Ruhe in Person.

Mit ihrem gepflegten und meist stoischen Äußeren täuscht sie gekonnt darüber hinweg, dass in ihrem Inneren ein Rottweiler lauert, der bellt und knurrt, sobald sich jemand ohne Termin meinem Büro nähert. Kurzum: Sie ist ein Goldstück. Was ich jedoch am meisten an ihr schätze, ist, dass sie mir das Gefühl vermittelt, gern für mich zu arbeiten.

«Für 14 Uhr hat er ein Meeting einberufen», liest sie von dem kleinen karierten Block ab, ohne den sie niemals anzutreffen ist.

«Okay, ich stelle mich drauf ein», sage ich und will mich gerade im Büro verschanzen. Ich brauche jetzt erst mal in Ruhe einen Kaffee.

«Das ist in fünf Minuten», ruft sie mir streng hinterher und deutet mit dem Kopf zu der riesigen Uhr, die auf einer Seite des Empfangsbereichs beinahe die komplette obere Wandhälfte einnimmt. Es ist das Geschenk eines kunstbesessenen Mandanten, der sich vor Jahren mit diesem fragwürdigen Meisterwerk für einen gewonnenen Prozess bedankt hat. Steinfels glaubt seitdem fest daran, dass die Uhr eines Tages ihren Wert verzehnfachen wird und er, als Besitzer dieses frühen Werkes, zum Kunstkenner avanciert. Gefallen findet er trotzdem nicht daran, weshalb der Mist nun vor meinem Büro die Wand verschandelt und nicht eine Etage höher vor seinem.

«Scheint, als handele es sich um etwas Wichtiges», fügt sie noch hinzu.

Ich seufze. Als wäre bei Steinfels & Partner nicht immer alles wichtig.

Die Kanzlei wurde 1955 von Hans Steinfels gegründet. Dreißig Jahre darauf stieg sein Sohn Waldemar in das Unternehmen ein und wurde drei Jahre später zum Partner. Seit diesem Zeitpunkt heißt die Kanzlei Steinfels & Partner, auch wenn Waldemar Steinfels nach dem Tod seines Vaters lange Zeit allein an der Spitze der Firma stand. Seit sieben Jahren gehöre ich zum Team. In meinem Eintrittsjahr wurde zudem ein neuer Partner ins Boot geholt: Bent Schlader. Im Gegensatz zum inzwischen beinahe sechzigjährigen Steinfels, der starrköpfig und konservativ die Rolle des Seniorpartners innehält und mit seinen weißen Haaren und dem von Falten zerfurchten Gesicht den Inbegriff einer Respektsperson darstellt, ist Schlader ein moderner sportlicher Typ. Fast schlaksig. Mit Igelfrisur und einem schaurigen Kleidungsgeschmack. Selbstverständlich im Rahmen traditioneller Vorgaben: Anzug und Krawatte. Bei Schlader jedoch mit erstaunlich viel Spielraum für modische Entgleisungen.

Exakt um 14:02 Uhr finde ich mich in der Chefetage zur Besprechung ein. In der Kanzlei existieren diverse Räume, die für Konferenzen genutzt werden, doch keiner ist so imposant wie dieser. Durch eine gewaltige Fensterfront, die sich über schätzungsweise zehn Meter erstreckt, hat man einen phänomenalen Ausblick auf die Hamburger Außenalster. Bereits jetzt, Mitte November, wurden am Ufer des Binnensees dekorative Lichtobjekte installiert, die nach Einbruch der Dunkelheit funkeln und blinken. Um dem Panorama möglichst wenig Störendes entgegenzusetzen, ist der Konferenzraum ansonsten leer. Einzig ein ausladender Besprechungstisch, an dem zwölf Leute Platz finden können und dessen Holz mutmaßlich von Bäumen stammt, auf deren Rodung heutzutage fünf Jahre Gefängnis, zumindest aber eine saftige Geldstrafe steht, schmückt das Zimmer. Ich schätze, dass damals, als Steinfels senior in dieser Kanzlei noch das Sagen hatte, Umwelt- und Artenschutz noch als die Idee spleeniger Opportunisten abgetan wurde. Und so ziert dieses hochglänzende Staatsstück aus illegal eingeführtem asiatischen Palisander, an dem wir nun sitzen, die Kanzleiräume bereits seit gut fünfzig Jahren. Das ist ja in gewisser Weise auch eine Art Umweltschutz.

Eine Sitzordnung gibt es an der feudalen Tafel nicht. Außer der Tatsache, dass Waldemar Steinfels, den alle hinter vorgehaltener Hand nur Waldo nennen, grundsätzlich an der Stirnseite Platz nimmt, herrscht freie Platzwahl. Finden Meetings ohne den Senior statt, bleibt sein Stuhl leer. Bent Schlader sitzt wahlweise links oder rechts von Steinfels Kopfende, dabei variiert er die Seiten nach einem System, das sich mir in sieben Jahren nicht erschlossen hat. Heute ist Schlader nicht anwesend, seine Stammplätze werden deshalb von mir und meinem Kollegen Christian Rewald okkupiert. Rewald ist ein dunkelhaariger Schönling mit fliehendem Kinn, sonnengebräuntem Gesicht und wachen braunen Augen. Wenn er lacht, entblößt er eine schneeweiße Kauleiste, die er aller Wahrscheinlichkeit nach hat bleachen lassen und in der – oben wie unten – für meinen Geschmack zwei Zähne zu viel zu sehen sind. Wenn er konzentriert nachdenkt oder sich ärgert, öffnet er leicht den Mund, sodass ein kleines schwarzes Loch entsteht. Ich nenne diesen Ausdruck das Gummipuppengesicht, weil es mich an ein Sex-Toy erinnert, das mir meine Kumpels vor Jahren mal zum Geburtstag geschenkt haben. Zu jeder Zeit, aber vor allem mit dem Gummipuppengesichtsausdruck, ist bei Rewald eine gewisse Ähnlichkeit mit Cristiano Ronaldo, dem Weltfußballspieler, erkennbar. Aufgrund dieser Tatsache und dem Umstand, dass beide nicht nur dieselben Initialen besitzen, sondern zudem von geradezu abstoßendem Ehrgeiz getrieben werden, wird er im Kollegenkreis CR7 genannt. Oder eben Ronaldo. Seit er davon Wind bekommen hat, trägt er am *casual friday* seine Haare nach oben geföhnt.

Außer Ronaldo, dem Chef und mir ist noch Matthis Kallmeyer anwesend, ein junger Kollege, ein Referendar. Ich habe ihn in Meetings bislang nur wenige Male erlebt, konzentriert zuhörend, ohne sich je zu Wort gemeldet zu haben. Steinfels & Partner ist seine erste Festanstellung nach dem Studium. Sein zurückhaltendes Wesen lässt auf eine Gabe schließen, über die nur wenige meiner Kollegen verfügen, nämlich die, nur dann zu reden, wenn man auch etwas zu sagen hat. Das macht ihn in meinen Augen sympathisch.

Steinfels sortiert seine Unterlagen. Auf eine Seite schiebt er die erforderlichen Akten, auf die andere platziert er ein unbeschriebenes Blatt mit senkrecht ausgerichtetem Kugelschreiber darauf. Daneben steht wie immer ein halbvolles Glas Wasser. In all den Jahren habe ich ihn niemals einen Schluck davon trinken sehen. Genauso wenig, wie er sich je eine Notiz auf das leere Blatt gemacht hat. Aber auch Chefs müssen ihre Spleens pflegen.

Er räuspert sich. «Meine Herren», eröffnet er mit tiefer Stimme die Runde. Sein schlohweißes Haar ist akkurat gekämmt, das faltige Gesicht ähnlich braun gebrannt wie das von Ronaldo. Doch im Gegensatz zur Sonnenbankbräune der Weltfußballgummipuppe sieht Steinfels aus, als habe er gestern, statt zu arbeiten, den Tag mal wieder auf der Terrasse des Wedeler Yachthafens verbracht.

Heute steht allem Anschein nach dasselbe Treiben auf seinem Freizeitprogramm, denn er drängelt: «Lassen Sie uns gleich zur Sache kommen, ich habe Termine.»

Der Blick, den Steinfels nun über die Anwesenden schweifen lässt, ist ebenso streng wie furchteinflößend. Nur wer ihn gut kennt, nimmt das leichte Zucken um die Augen wahr, das gute Laune und eine gehörige Portion Tatendrang verspricht. Er wirft eine dünne Mappe zwischen uns in die Mitte des Konferenztisches.

«Es geht um eine brisante Sache, von der ich möchte, dass sich jemand Erfahrenes ihrer annimmt.» Ein kurzes Kopfnicken zu Ronaldo und mir. «Also einer von Ihnen beiden.»

Er trommelt kurz mit den Fingern auf den Tisch. «Eine blöde Angelegenheit, vor allem, weil ich in gewisser Weise involviert bin. Bernhard Otto, von der Nordpapier AG, ist Ihnen allen ein Begriff, nicht wahr?» Wieder schaut er zwischen uns hin und her. Wir nicken stumm.

Bernhard Otto, Vorstandsmitglied der Nordpapier AG und privat seit vielen Jahren im selben Segelclub wie Steinfels aktiv, gehört zum Kreis erlesener Mandanten, die mit Samthandschuhen anzufassen sind. Natürlich kennt ihn keiner der anwesenden Anwälte persönlich, aber alle umfangreichen Rechtsangelegenheiten, die sein Unternehmen nicht selbst bearbeiten kann, werden an Steinfels & Partner weitergereicht.

«Ich würde den Fall ja persönlich in die Hand nehmen, schließlich bin ich mit Otto befreundet ...», erklärt der Senior und vollführt eine ausladende Geste, die irgendwo an seinem Unterkiefer endet. «Aber mir steht die Arbeit bis zum Hals.»

Sag ich doch: Er will heute noch ans Wasser. Wie in allen großen Firmen nimmt auch bei Steinfels & Partner das Arbeitsaufkommen ab, je höher man in die Chefetagen vordringt, während gleichzeitig das Gehalt steigt.

Das ist auch der Grund, warum die meisten Anwälte einer Kanzlei anstreben, Partner zu werden. Abgesehen von dem Prestigefaktor. Seit bei Steinfels & Partner das Gerücht im Umlauf ist, Bent Schlader würde zum Frühjahr ausscheiden und zu einer Londoner Großkanzlei wechseln, treten plötzlich Kollegen in Erscheinung, die ich bis dato kaum gesehen habe. Ohne überheblich wirken zu wollen, glaube ich dennoch, dass sich der Kampf um Schladers Nachfolge zwischen mir und Ronaldo abspielen wird.

Aus diesem Grund hat CR7 in Sachen Ehrgeiz noch mal ein Brikett draufgelegt. Gerade lässt er seinen Blick kolibrihaft zwischen Mappe und Chef hin- und herfliegen, damit ihm garantiert nichts entgeht.

«Folgendes ...» Steinfels zieht die Akte wieder ein Stück zu sich heran und tippt mit runzeligem Finger darauf herum. «Der Fall ist nicht kompliziert, dennoch möchte ich ihn in besten Händen wissen.» Er schaut Ronaldo und mich erneut kurz an. Es war ein verstecktes Lob, etwas, das Steinfels nur höchst selten austeilt und das nur einen Rückschluss zulässt: Die Sache ist sehr wohl kompliziert. Neugierig folge ich seinen Ausführungen.

«Ottos Tochter Simone hat sich im August einen Wagen geliehen», fährt er fort. Umständlich nestelt er aus der Brusttasche seines Sakkos eine Lesebrille hervor und schiebt sie sich auf die Nase. Anschließend blättert er in der Mappe zur betreffenden Seite. «Einen T4. Sie wollte mit Freunden an den Chiemsee.»

Aus dem Augenwinkel sehe ich den Weltfußballschnösel schleimig nicken.

«Das Fahrzeug wurde für acht Tage gemietet und von Simone im Voraus mit der Kreditkarte ihres Vaters, einer Partnerkarte, bezahlt. Laut Vertrag hatte sie bezüglich der Auto-Rückgabe die Wahl ...» Er blättert weiter. «Entweder bringt sie den Wagen direkt nach der Heimfahrt, also in ihrem Fall mitten in der Nacht, zurück, stellt ihn bei der Mietwagenfirma KrollCar auf den Parkplatz und wirft Schlüssel und Papiere in den Briefkasten. Oder aber ...» Steinfels schaut hoch, ob auch alle an seinen Lippen hängen. «Oder sie übergibt das Auto am nächsten Morgen persönlich.»

Um Aufmerksamkeit zu signalisieren, nicke ich nun ebenfalls, merke aber, wie meine Gedanken schon wieder abschweifen. Im Geiste sehe ich eine jugendliche Rocker-Gang über die Autobahn Richtung Süden düsen. Mitten unter ihnen Birte. Glücklich. Lachend strahlt sie den jungen Kerl neben sich an. Noah. Er hat den Arm um sie gelegt und ...

Als Kallmeyer sich plötzlich neben mir räuspert, fahre ich erschreckt zusammen. Ich schaue hoch und sehe Ronaldo, der das Gummipuppengesicht aufgesetzt hat und zudem konzentriert die Stirn runzelt. Wichser. Er scheint schon mit den Hufen zu scharren und hängt Steinfels an den Lippen.

«Da Simone Otto nach der anstrengenden Reise müde war», erläutert der Chef weiter, «hat sie sich zur ersten Variante entschlossen und das Auto noch in derselben Nacht auf dem Parkplatz abgestellt. So weit, so gut. Danach geschieht eine Weile nichts, erst vier Wochen später wird es interessant.» Steinfels hebt die Augenbrauen. «Zu dem Zeitpunkt bekommt sie nämlich ein Schreiben von Kroll-Car. Darin ein kurzer Dank, dass sie sich für KrollCar entschieden hat, bla bla bla.»

So wie er redet, hört es sich an, als interessiere ihn das Schicksal seiner Mandantentochter nicht wirklich. Leiernd fährt er fort:

«Gleichzeitig heißt es in diesem Brief, dass KrollCar zur Schadensabwicklung gemäß der vertraglich festgelegten Kaskobedingungen zweitausend Euro von Ottos Kreditkarte abbuchen wird. Als Grund wird die Beschädigung des rechten Kotflügels angegeben.» Steinfels schaut uns nacheinander über den Rand seiner Lesebrille an. Nun wird sein Tonfall doch ein wenig empathisch. «Selbstverständlich hatte Simone Otto den Wagen unversehrt auf dem Parkplatz abgestellt.»

«Selbstverständlich!», hört man Ronaldo aalglatt beipflichten. Gequält verzieht er seinen Puppenmund und kratzt sich am glatt rasierten Kinn.

«Logischerweise hat Otto sich dagegen zur Wehr gesetzt. Keineswegs ist er bereit, für etwas zu zahlen, das seine Tochter nicht verschuldet hat. Es gab bereits diverse Telefonate und einen unerfreulichen Schriftwechsel. Schlussendlich ist ihm der Kragen geplatzt.» Mit Schwung schiebt Steinfels die Mappe von sich, zurück in Richtung Tischmitte. Ronaldos Blick folgt der Bewegung. «Absolut einleuchtend», tönt er, während seine Hand bereits nach vorn wandert, um die Unterlagen an sich zu reißen. Dem Freund des Chefs aus der Patsche zu helfen, macht sich selbstverständlich hervorragend auf dem Sprung in die Partnerschaft.

Mir erscheint es nach wie vor zu offensichtlich, dass Steinfels sich an dem Fall nicht selbst die Finger verbrennen will. Auf die Schnelle betrachtet, wirkt die Sache zwar tatsächlich nicht besonders kompliziert. Als schwierig erweist sich aber vermutlich die Zusammenarbeit mit Bernhard Otto und dessen übersteigerter Anspruch, ohne einen Cent Verlust aus der Sache herauszukommen. Sollte einer von uns dabei aus irgendeinem Grund scheitern, würde der Senior die Blamage, ohne mit der Wimper zu zucken, auf denjenigen abwälzen, der den Fall übernommen hat. Und das war's dann.

Zögerlich wendet sich Matthis Kallmeyer an Steinfels. «Sie erwähnten vorhin die Kaskoversicherung ... Übernimmt die nicht?»

Als Referendar muss er zwar später für Ronaldo oder mich die Dreckarbeit erledigen – Fakten zusammentragen, Telefonate führen, den ganzen Mist –, aber in Sachen Verantwortung ist er aus der Schusslinie. Entsprechend entspannt reagiert er auf das genervte Schnaufen des Chefs.

«Als Studentin hatte Simone Otto aus Kostengründen eine hohe Selbstbeteiligung gewählt. Wollte dem Papa nicht zu sehr auf der Tasche liegen. Ist leider gründlich nach hinten losgegangen, der Plan.»

Ronaldos Finger wandern ein weiteres Stück nach vorn. Mit seinem übersteigerten Ego malt er sich vermutlich bereits aus, wie er neben Steinfels Platz nimmt und mir Befehle erteilt.

Instinktiv bewegen sich meine Hände ebenfalls ein Stück in Richtung Tischmitte. Die Vorstellung von CR7 als meinem Chef behagt mir gar nicht.

«Die Rechtsabteilung der Nordpapier AG kann keinen Privatschaden vertreten», erklärt Steinfels den Sachverhalt weiter, ohne die Schwingungen am Tisch zu registrieren. «Und deshalb ist der Fall auf meinem Tisch gelandet. Ich habe bereits die Autovermietung angeschrieben und um Beweise gebeten, woraufhin man mir Fotos vom beschädigten Auto schickte.» Er richtet sich auf. «Was natürlich zunächst einmal gar nichts beweist. Auf Nachfrage, warum man sich erst nach vier Wochen bei der Kundin gemeldet habe, redete sich die Firma mit einer krankheitsbedingten Unterbesetzung heraus. Denn natürlich sei die Delle sofort bemerkt worden.» Er stößt einen hämischen Lacher aus. «Alles gequirlter Mist!» Die Empörung, sich mit einem derartig banalen Anliegen beschäftigen zu müssen, quillt geradezu zwischen seinen Worten hervor. «Dennoch: Die Gegenseite beharrt auf ihrer Forderung, weshalb ich Klage eingereicht habe. Die Verhandlung ist inzwischen sogar terminiert. Ein früher erster Termin zur Güteverhandlung, und wenn daraus nichts wird, wovon wir ausgehen müssen, im Anschluss die strittige Verhandlung. Finden Sie alles dort drin.» Mit offerierender Geste deutet er auf die Akte. Der Startschuss.

Flink wie eine ausgehungerte Kreuzotter schnellt Ronaldos Hand vor, schnappt sich die Mappe und bringt sie unter seinen Ellenbogen in Sicherheit. Siegessicher fletscht er die Kauleiste. «Ist zwar nicht unbedingt mein Fachgebiet, aber es sollte trotzdem kein Problem darstellen. Ein harsches Schreiben, die Zeugenaussage eines Mitfahrers von Simone Otto, möglicherweise ein Gutachten ... Diesen Auto-Knilch werde ich schon zur Vernunft bringen. Ist doch immer das Gleiche: Sobald sich einer richtig wehrt, ist die Sache vom Tisch. Soll sich der Kerl sein Geld lieber an anderer Stelle erschwindeln.» Er lacht selbstgefällig.

«Wäre das nicht eher was für einen Kollegen, der auf Verkehrsrecht spezialisiert ist?», werfe ich ein, weil ich es Ronaldo nicht gönne, sich vor dem Chef zu profilieren. Der Blick, den mir CR7 daraufhin zuwirft, spricht Bände. Befänden wir uns auf dem Bolzplatz, würde er mich jetzt mit einer Blutgrätsche von den Beinen holen.

Steinfels scheint ebenfalls *not amused*. Geräuschvoll atmet er aus. «Das hat mit Verkehrsrecht doch nichts zu tun!», poltert er.

Zugegeben, es war ein schlapper Versuch, die Sache von Ronaldos Tisch zu fegen, ohne sie selbst übernehmen zu müssen. Ronaldo und ich sind Fachanwälte für Familien- und Zivilrecht. Wir sind der Sache somit durchaus gewachsen. Theoretisch jedenfalls.

«Ich muss wohl kaum betonen, dass die Angelegenheit unter keinen Umständen schiefgehen darf, oder?» Sein strenger Blick schweift in die Runde.

CR7 scheint keine Bedenken zu haben. Aus Angst, man könne ihm den Fall wieder entziehen, klammert er sich an die Akte wie ein Ertrinkender an ein Stück Treibholz. Doch er hat nichts zu befürchten. Für Steinfels ist die Angelegenheit abgeschlossen. Fast. Eine Kleinigkeit hat er vergessen zu erwähnen.

«Es gibt übrigens einen Zeugen, der bestätigt, das Auto am Morgen defekt vorgefunden zu haben. Simone Otto hingegen hat niemanden, der ihre Version bezeugt. Sie hatte sich nach eigenen Angaben zuvor mit ihrem Freund gestritten und ihn rausgeworfen. Somit war sie allein, als sie den Wagen abgestellt hat.»

Aus dem Augenwinkel nehme ich eine Bewegung wahr. Ganz langsam legt Ronaldo die Mappe wieder vor sich auf den Tisch und schiebt sie zurück in Richtung Mitte. Ist das zu fassen? Ich tausche einen schnellen Blick mit Matthis Kallmeyer. Auch er scheint Ronaldos Absicht durchschaut zu haben, jedenfalls muss er sich ein Lachen verkneifen und hüstelt stattdessen in sein Taschentuch.

«Können sich die Streithähne nicht anderweitig einigen?», versucht Ronaldo, von seiner Aktion abzulenken. «Dann wäre die Sache ohne viel Ärger vom Tisch.»

Steinfels läuft unter seiner Bräune rot an. «Nein, das ist verdammt noch mal keine Option! Niemals würde Bernhard sich auf einen solch krummen Deal einlassen. Und wir werden ihm auch nicht dazu raten. Wir werden ihn da rausboxen!» Er hört sich an, als säße sein Segelkumpel in der Todeszelle. «Machen Sie irgendwas, Rewald», bellt er Ronaldo an. «Suchen Sie nach entlastenden Fakten, lassen Sie sich was einfallen. Vollbringen Sie meinetwegen ein verdammtes Wunder. Aber kommen Sie mir in Gottes Namen nicht mit einem Vergleich!»

Ronaldo verzieht sein Gummipuppengesicht zu einer Fratze, dann räuspert er sich. «Das ... bekommt Herr Voss mit Sicherheit hin. Ich würde die Sache wirklich gern selbst bearbeiten, dummerweise habe ich aber eine aufwendige Zivilklage auf dem Tisch. Ganz zu schweigen von der Promi-Scheidung. Sie wissen ja, das Ehepaar Papst ... Wenn da alles gut läuft, beschert uns das großes Medienecho. Mir fehlt schlichtweg die Zeit, nebenbei dem Fall Otto die nötige Aufmerksamkeit zu schenken.» Um den größtmöglichen Abstand zwischen sich und die Mappe mit den Otto-Unterlagen zu bringen, lehnt Ronaldo sich demonstrativ in seinem Stuhl zurück.

Zur Abwechslung steht nun mir der Mund offen. Hat er gerade tatsächlich mir den Fall zugeschoben? Weil auch er endlich begriffen hat, dass dies ein Himmelfahrtskommando ist?

«Also ... ich habe ehrlich gesagt auch eine Menge Arbeit auf dem Tisch. Der Ehevertrag von –»

«Bestellen Sie doch einen Gutachter, Kollege Voss», unterbricht Ronaldo mich großkotzig mit einem Tipp. «Oder schauen Sie sich die vermeintlichen Beweisfotos genauer an. Vielleicht sind sie ja gefälscht.» Lachend präsentiert er seine 36 Zähne.

«Gute Idee», stimmt Steinfels ein und schiebt mit einer Wischbewegung die Unterlagen in meine Richtung. «Es wird Ihnen schon etwas einfallen, Voss. Außerdem haben Sie ja Herrn Kallmeyer, der kann helfen.» Er zwinkert dem Referendar aufmunternd zu und erhebt sich schwerfällig.

«Aber ...» Ich fühle mich hinterrücks überfahren. «Wäre es nicht besser –»

«Herr Voss!» Steinfels baut sich vor dem Tisch auf. «Wenn ich Zeit hätte, die Geschichte noch weiter mit Ihnen zu besprechen, hätte ich den Fall selbst übernommen. Es reicht mir, dass ich das Ding überhaupt auf meinem Tisch liegen habe.»

«Ich will doch nur sagen, dass –»

«Gewinnen Sie die Sache, Voss. Oder aber *wir* haben ein verdammtes Problem!» Er wendet sich bereits zum Gehen.

Mir ist klar, wen er mit *wir* meint. Mich. Ganz allein mich.

Ronaldo steht nun ebenfalls auf, und ich muss mich zwingen, ihm die Akte nicht in den Schritt zu donnern.

«Und bitte», höre ich Steinfels noch über die Schulter rufen. «Kontakt immer über mich. Niemand ruft direkt bei Otto an, ist das klar? Der Mann hat viel um die Ohren. Wenn etwas unklar ist, wenden Sie sich an die Tochter. Ihre Kontaktdaten sind in der Akte hinterlegt.»

Zurück in meinem Büro, bin ich dermaßen bedient, dass ich zunächst einmal gar nichts mache. Obwohl mein Kalender bereits in einer halben Stunde den nächsten Termin vorsieht, schaffe ich es nicht, wenigstens einen Teil meiner Mailkorrespondenz zu erledigen. Erst der Streit mit Birte, dann der Stress mit dem Gericht und nun der KrollCar-Fall. Vollkommen ausgelaugt sitze ich am Schreibtisch und starre einfach nur aus dem Fenster. Mir ist natürlich klar, dass ich nicht gleich meinen Job verliere, falls ich es nicht schaffe, den Karren aus dem Dreck zu ziehen. Ich bin ein guter Anwalt, das weiß Steinfels. Aber möglicherweise ist dieser Fall das Fünkchen, das eines Tages beim Chef den Ausschlag gibt, wenn es um die Partnerschaft geht. Unwillkürlich wandern meine Gedanken erneut zu Birte. Sie hat mich immer bestärkt, diesen Schritt zu gehen. Und ehrlich gesagt, fand ich die Aussicht auch durchaus reizvoll. Steinfels & Voss, klingt ziemlich gut. Mit Sicherheit würde ich als erste Amtshandlung Ronaldo rausschmeißen. Doch momentan scheint diese Option in weite Ferne gerückt.

Lustlos raffe ich mich auf und beginne, in den Unterlagen zu stöbern. Ich suche Simone Ottos Kontaktdaten heraus und unterbreite ihr als erste Amtshandlung via E-Mail einen Terminvorschlag für kommenden Freitag. Die Geschichte einmal aus ihrem Mund zu hören, erscheint mir sinnvoll. Ansonsten habe ich jetzt weder Zeit noch Lust, mich weiter mit KrollCar zu beschäftigen. Der Termin zur Verhandlung ist in vier Wochen. Bis dahin sollte mir was einfallen, wie die Sache anzugehen ist.

Nach einer weiteren Besprechung, der ich im Grunde nur physisch beiwohne, beschließe ich, Feierabend zu machen. Ich möchte Birte heute nicht warten lassen und mich außerdem noch ein wenig mental auf unser Gespräch vorbereiten. Leicht nervös angesichts der bevorstehenden Diskussion, fahre ich in meinem Büro den Computer herunter, packe meine Tasche und stehe zwei Minuten später vor dem Schreibtisch von Frau Behrend.

Sie sieht mich überrascht an. «Gehen Sie schon, Herr Voss? Ich wollte eigentlich noch etwas mit Ihnen besprechen.»

Nein. Bitte nicht. Heute bitte keine weiteren Besprechungen. Der Blick meiner Sekretärin wird gnädig. Wie es scheint, empfängt sie die unheilvollen Schwingungen, die von mir ausgehen. «Also ... es muss ja vielleicht doch nicht unbedingt heute sein», räumt sie ein. «Aber zeitnah wäre es schon gut. Es ist dringend.»

«Natürlich.» Im Stillen bete ich, dass sie nicht kündigen will, schaffe es aber nicht, den Verdacht auszusprechen, um die Befürchtung auf die Schnelle auszuräumen. Zu groß ist meine Angst vor einer Unterhaltung, für die mir heute die Nerven fehlen.

«Gleich morgen früh, als erste Tat des Tages, unterhalten wir uns, okay?»

Sie verzieht keine Miene, während ich erfahre: «Sie haben sich morgen den Tag frei genommen.»

Tja. «Dann also übermorgen, okay?»

Meine Sekretärin nickt, schaut mir aber nicht in die Augen, sondern fixiert etwas hinter meinem Rücken. Irritiert drehe ich mich um. Vor mir steht eine junge Frau, schätzungsweise Mitte dreißig. Dick eingepackt, mit Mantel, Schal und Wollmütze, sieht man kaum mehr von ihr als goldblonde, schulterlange Haare und ein vor Kälte gerötetes Gesicht, aus dem wache grüne Augen blitzen. Unentschlossen bleibt sie im Flur stehen und schaut abwechselnd von mir zu Frau Behrend.

«Guten Abend», sagt meine Sekretärin freundlich, «haben Sie einen Termin?»

Die Besucherin, deren Blick an mir hängen geblieben ist und die mich richtiggehend anstarrt, schüttelt abwesend den Kopf. «Nein», sagt sie, ohne mich aus den Augen zu lassen. «Den habe ich nicht.» Sie schafft es schließlich doch, sich zu sammeln. «Aber ich bräuchte dringend einen.» Beschwörend lächelt sie Frau Behrend an.

Meine Sekretärin seufzt. Kurzfristige Termine gibt es hier nur äußerst selten. Meist ist meine Zeit über einen Zeitraum von zwei Wochen so streng durchterminiert, dass selbst Freunde oder

Bekannte nur unter größten Schwierigkeiten dazwischengeschoben werden können. «Am besten erklären Sie erst einmal, worum es geht, damit ich weiß, ob Sie bei Herrn Voss überhaupt richtig sind.»

Ich bleibe seltsam gespannt stehen.

Die Fremde nickt. «Das bin ich. Ganz sicher. Es geht um eine Familienangelegenheit. Und es ist wirklich sehr dringend.»

«Natürlich.» Während Frau Behrend den Kalender durchforstet, wirft mir die Frau verstörte Blicke zu. Ich befürchte, dass sie nun gleich ihre Lebensgeschichte oder zumindest irgendein Familiendrama ausbreiten wird, und ergreife die Flucht nach vorn. «Meine Sekretärin sucht Ihnen einen zeitnahen Termin», erkläre ich und wälze damit alles Übel auf Frau Behrend ab. «Ich muss jetzt leider gehen.»

«Oh. Ja. Klar. Das ist ... vollkommen logisch.» Die Mandantin wirkt enttäuscht, was sie tapfer wegzulächeln versucht.

Was bitte schön hat sie erwartet? Dass sie ohne Anmeldung kurz vor Feierabend noch eine Beratung bekommt? Heute? Das kann nicht ihr Ernst sein. Ein wenig leid tut sie mir allerdings schon. So wie sie dasteht, mit hängenden Schultern, in dem dicken Mantel und mit inzwischen hochroten Wangen, sieht sie in der Tat aus, als laste ihr etwas schwer auf der Seele. Zudem scheint ihr warm zu werden, denn sie reißt sich jetzt hektisch die Mütze vom Kopf. «Dann ... also ... dann warte ich, bis Sie einen Termin finden.» Sie sagt es nicht zu Frau Behrend, sondern zu mir, wobei sie mich unsicher anlächelt.

Ich lächele irritiert zurück. An irgendwen erinnert sie mich, eine Schauspielerin vermutlich. Prominente Mandanten sind in dieser Kanzlei nicht selten, es ist somit gut möglich, dass ich sie schon einmal im Fernsehen gesehen habe.

Ich umfasse meine Tasche fester. «Gut, dann sehen wir uns sicher bald», sage ich zuversichtlich, nicke ihr und meiner Sekretärin kurz zu und schreite zur Tür heraus, ehe eine von beiden mich aufhalten kann. Vor dem Fahrstuhl drehe ich mich noch einmal um: «Bitte checken Sie morgen meine Mails, Frau Behrend. Es geht mir vor allem um die Antwort von Simone Otto bezüglich meines Terminvorschlags.» Ohne ihre Reaktion abzuwarten, springe ich in den Fahrstuhl und bin zwei Sekunden später verschwunden.

3. Kapitel

Während des Heimwegs bin ich in Gedanken bei dem bevorstehenden Gespräch mit Birte. Ich glaube nach wie vor fest, dass wir die Sache in den Griff bekommen. Nur wird es vermutlich nicht einfach.

Meine Hoffnungen werden jedoch jäh zerstört, als ich die Haustür öffne und vor zwei gepackten Koffern und diversen überquellenden Plastiksäcken stehe.

«Was hat das zu bedeuten?», frage ich naiv, obwohl gepackte Koffer nicht allzu viel Spielraum für Spekulationen lassen.

Birte steht an der Treppe im oberen Geschoss, jetzt steigt sie bedächtig die Stufen herunter. «Hallo, Toby», sagt sie, und in ihrem Blick liegt eine Mischung aus Entschlossenheit und Schuldbewusstsein. «Wollen wir uns setzen?» Sie deutet auf unsere Couchecke im offenen Wohnzimmer. Erstaunt registriere ich, dass über einem der beiden Sofas das Bild fehlt. Eine überdimensionale rote Hornisse mit Hirschgeweih. Ein surrender Zwölfender, sozusagen. Ein Albtraum. Gemalt von Birtes Onkel, der irgendeiner Worpsweder Künstlergruppe angehört und sich Bloody B. Blotenberg nennt. Eine Anspielung auf seinen Tick, ausschließlich in Rottönen zu malen. Ob er in meiner Gunst ober- oder unterhalb von Birtes Mutter, seiner Schwester, rangiert, kann ich nicht mit Bestimmtheit sagen. Es variiert. Bei Quittengelee kann man wenigstens so tun, als habe man es gegessen, wohingegen sich Bloodys Werke nur durch einen inszenierten Zimmerbrand loswerden ließen. Oder, wie sich nun herausstellt, durch eine Trennung.

«Was soll das?», frage ich noch einmal und mache eine diffuse

Geste von Flur bis Wohnzimmer. «Verreist du?» Die Erklärung liegt auf der Hand, doch ich will sie nicht wahrhaben. Oder vielleicht muss ich es in aller Deutlichkeit aus Birtes Mund hören. Keine Ahnung, warum ich sonst so seltsame Fragen stelle.

Doch statt zu antworten, lässt Birte sich mit steifem Rücken auf dem ungemütlicheren der beiden Sofas nieder. Es ist ihr ernst. «Glaub mir, Toby, ich wollte wirklich nicht, dass du es auf diese Art erfährst.» Sie sucht meinen Blick. «Und ich hatte auch nicht vor, sofort auszuziehen, aber in Anbetracht der Ereignisse ...»

«Ach, du ziehst aus?», unterbreche ich sie.

Stummes Nicken.

«Und wohin? Etwa zu ... ihm?» Ich habe den Namen schon wieder vergessen, weiß nur noch, dass er blöd war.

«Ja. Noahs Mitbewohner ist vor einiger Zeit ausgezogen, und er hat das Zimmer nicht wieder vermietet. Aber das interessiert dich vermutlich alles nicht.»

Noah, richtig. Nein, der interessiert mich tatsächlich nicht. «Aber ich dachte, wir wollten reden und die Sache aus der Welt schaffen.»

In Birtes Blick liegt die Antwort. Diese Trennung ist nicht verhandelbar. Hilflos und in Ermangelung einer besseren Idee deute ich durch das Wohnzimmer auf die Terrasse. «Und was ist hiermit? Das Haus, der Garten ... wir haben es uns doch so schön gemacht.»

«Ach, Toby.» Birte seufzt. «Im Grunde genommen war das alles doch eher dein Baby.»

Zugegeben, das Haus habe ich gekauft. Vom Erbe meiner Eltern. So ein Haus am Stadtrand schien mir genau das Richtige damals. Es ist keine Villa, so reich bin ich nicht. Aber für mich und Birte war es von Anfang an wie ein Palast, mit offenen Räumen, Kamin und einem sonnigen Garten. Wie sich jetzt herausstellt, war es für Birte offensichtlich eher ein goldener Käfig.

«Und deshalb ziehst du jetzt in eine WG?», frage ich bitter und lasse mich auf das andere Sofa fallen.

Birte schüttelt den Kopf. «Nein. Nicht in eine WG. Wir haben die Wohnung umgestaltet. Wir ziehen zusammen. Als Paar. Außerdem ...» Sie holt kurz Luft. «... wollen wir im nächsten Jahr ohnehin viel reisen. Mit dem Motorrad. Noch einmal die Welt sehen, weißt du?»

Keine Ahnung, warum, aber ich nicke.

«Bevor wir dann eine Familie gründen. Ist ja höchste Eisenbahn bei mir.»

In Birtes Blick liegt Trotz. Ich war mit meinen Gedanken irgendwo zwischen «*Wir* haben die Wohnung umgestaltet» und «*Wir* wollen mit dem Motorrad die Welt sehen» stecken geblieben, da werde ich plötzlich hellhörig. «Kinder? Ihr wollt Kinder?»

Über ihr Gesicht huscht ein seliges Lächeln. «Noah wünscht sich ganz viele davon. Am liebsten eine komplette Fußballmannschaft, aber ich schätze, die müssten wir dann adoptieren.»

Fußballmannschaft, na klar. Der Klassiker. Ich fühle kalte Wut in mir aufsteigen. Nicht nur hat Birte ihren Auszug offenbar von langer Hand geplant, auch scheint sich ihre Einstellung zum Leben von Grund auf geändert zu haben.

«Falls du dich erinnerst, wollte ich ebenfalls gern die Welt sehen», presse ich hervor, bemüht, die Worte nicht zu brüllen. «Und damit meine ich nicht nur den Vorschlag mit den Malediven.» Wie oft habe ich in den letzten Jahren vorgeschlagen, Städtetrips zu unternehmen. Oder Fernreisen. Wenigstens mal gemeinsam an die Ostsee fahren ... «Aber du wolltest ja nie. Musstest entweder arbeiten oder hattest keine Lust.» Birte will protestieren, doch ich bedeute ihr, mich nicht zu unterbrechen. Jetzt möchte *ich* mal etwas loswerden. «Und der Garten ist nur deshalb mein Baby, weil du es, seit wir hier wohnen, erst dreimal geschafft hast, zeitig zu Hause zu sein, um den Abend auf der Terrasse zu verbringen. Außerdem ...» Ich hebe die Stimme. «... ist *Baby* ein gutes Stichwort: Du wolltest keine Kinder! Aus Zeitmangel, und weil du Karriere machen wolltest. Ich habe das verstanden und akzeptiert. Mir unsere Kinderlosigkeit jetzt vorzuhalten, ist mehr als unfair.»

Tatsächlich hatten wir das Thema Nachwuchs vor längerer Zeit abgehakt. Am Anfang unserer Beziehung standen wir beide gerade mehr oder weniger am Beginn unserer Karriere und wollten endlich die Früchte unserer langjährigen Aus- und Weiterbildung ernten. Birte, die zuletzt eine nervenaufreibende Zeit an der Frankfurter Börse absolviert hatte, griff mit Kusshand zu, als man ihr eine Festanstellung bei der angesehenen Hamburger Privatbank anbot. Es war ihr Wunsch, beruflich voranzukommen. Für mich sehr gut nachvollziehbar. Ein-, zweimal haben wir danach über das Kinderthema gesprochen – auch damit sie es später nicht bereut –, dann wurde die Familienplanung in stummem Einvernehmen ad acta gelegt. Und das war okay. Keine Kinder, keine Hochzeit, aber uns ging es gut damit.

Dachte ich jedenfalls. Bis eben.

Birte schürzt die Lippen. «Wie hätten wir denn welche zeugen sollen, wir hatten ja nicht einmal mehr Sex.»

Jetzt klappt mir die Kinnlade herunter. «Und das wirfst du mir vor?», schnauze ich sie an. «Nicht ich bin abends vor dem Fernseher eingeschlafen oder erst um Mitternacht von der Arbeit gekommen. Ich habe auch nicht die Pille genommen und bei jeder sich bietenden Gelegenheit betont, wie herrlich frei und unabhängig wir ohne Kinder sind.» Statt der anfänglichen Kälte wird mir nun langsam heiß.

Auch auf Birtes Gesicht lässt sich der Stress ablesen. Ihre Wangen sind gerötet und von hektischen Flecken durchzogen. «Ich habe geahnt, dass wir kein vernünftiges Gespräch miteinander führen können. Aber als Noah meinte, ich würde es bereuen, wortlos zu gehen, fürchtete ich, dass er recht haben könnte, und wollte mich mit dir aussprechen.» Sie verzieht den Mund. «Wie sich zeigt, war diese Entscheidung ein Fehler.»

«*Noah* wollte, dass wir reden?» Ich verliere endgültig die Fassung. «Heißt das, du hättest dich stillschweigend aus dem Staub gemacht? Nach zwölf Jahren Beziehung?»

Birte legt den Kopf schief. «Hör dich doch mal an, dann weißt du, warum.»

Ich bin mit der Situation dermaßen überfordert, dass ich aufspringe und hektisch durch das Wohnzimmer tigere. Keine Ahnung, was ich dazu sagen soll. Also hake ich Organisatorisches ab.

«Was ist mit der Einrichtung?» Meine ausladende Geste durch den Raum gefriert bei dem Korbsessel, den Birte beim Einzug mitgebracht hat. Die meisten anderen Sachen haben wir gemeinsam angeschafft. «Willst du das Bett oder das Sofa?»

«Nichts davon.» Sie seufzt. «Du kannst mir ja ein bisschen Geld geben.»

Ich nicke mechanisch. Klar. Kohle. Am Ende geht es doch irgendwie immer ums Geld. «An was dachtest du denn so?», frage ich, obwohl es mich nicht im Geringsten interessiert.

«Ich habe eine Liste erstellt», sagt Birte zu meiner Überraschung. «Dinge, die ich bezahlt habe und bei denen ich die Abnutzung gegengerechnet habe. Sie liegt oben auf deinem Nachtschrank.»

Wie bitte? Das ist nicht ihr Ernst. Aber klar, die Anlageberaterin hat natürlich an alles gedacht. Vielleicht spart Noah auch auf einen neuen Auspuff. Verdammt!

«Nur mal so aus Interesse», sage ich, bremse meinen Spurt ab und lasse mich ihr gegenüber in den Sessel plumpsen, «wann wolltest du es mir denn eigentlich *genau* sagen, das mit Noah und dir?» Ich betone den verhassten Namen wie den eines ekligen Insektes. «Direkt nach meinem Geburtstag? Etwa am nächsten Morgen beim Frühstück? Nach dem Motto: Hier, Schatz, die Tageszeitung. Der Zettel, der zwischen Seite zwei und drei steckt, ist übrigens mein Abschiedsbrief. Und eine kleine finanzielle Abrechnung findest du auf der Rückseite.»

Birte verdreht die Augen. «Jetzt wirst du unfair.»

«Unfair? Ich?» Am liebsten würde ich Birte schütteln, damit ihre durcheinandergeratenen Gefühle wieder an altbekannter Stelle einrasten. Doch ich habe mich im Griff. Stattdessen klopfe ich mir mit den Händen auf die Schenkel und erhebe ich mich wieder.

«Dann wäre ja jetzt alles besprochen.» Ich kann ihren mitleidigen Blick nicht länger ertragen. Außerdem sollen endlich die gepackten Koffer aus dem Flur verschwinden, die dort lauern wie ein Mahnmal.

«Tja», sagt Birte und steht ebenfalls auf. «Du hast vermutlich recht. Es ist alles gesagt.» Sie schaut mir in die Augen. «Es tut mir wirklich leid, Toby. Aber das mit uns, das war doch schon lange nicht mehr so doll. Sieh es als Chance für einen Neuanfang. Du wirst sehen», sie schenkt mir ein aufmunterndes Lächeln, «eines Tages bist du mir dankbar für diesen Schritt.»

Ich starre sie an, unfähig, etwas darauf zu entgegnen. Wie kann sie nur derart sinnentleertes Zeug reden? Vermutlich hat der Motorrad-Fuzzi ihr das eingetrichtert. Leider versöhnt mich diese Vorstellung kein bisschen. Im Gegenteil. Ich bin stinkwütend. Ich möchte Birte treffen, sie verletzen. Doch es wäre zwecklos. Durch jede Pore strahlt sie diese Überlegenheit aus, die man nur fühlt, wenn man sich seiner Sache sehr sicher ist. Wenn man frisch verliebt ist.

Einen Moment schweigen wir. Es ist unser letztes gemeinsames Schweigen.

Dann beobachte ich, wie Birte sich ihre Handtasche über die Schulter streift, zum Eingang geht und mit jeder Hand einen der schweineteuren Rollkoffer greift, mit denen wir niemals verreist sind.

Im Türrahmen dreht sie sich noch einmal um. «Wenn es dir recht ist, behalte ich den Hausschlüssel noch, um irgendwann meine Ski und das Mountainbike aus dem Keller zu holen. Außerdem passt das Bild nicht mehr ins Auto.» Sie deutet auf den künstlerischen Exzess ihres Onkels, der traurig im Flur an der Wand lehnt.

«Das Bild gehört mir!», höre ich mich mit trotziger Vehemenz verkünden. «Falls du dich erinnerst: Du hast es mir zum 35. Geburtstag geschenkt.»

Birte schaut überrascht hoch. «Irgendwie dachte ich immer, du magst es nicht besonders.»

«Was?» Ich schreie durch den Flur und klemme mir den Schinken schwungvoll unter den Arm. «Ich liebe es!»

Birte zuckt mit den Schultern. Die Gleichgültigkeit ihrer Geste macht mich fertig, raubt mir alle noch verbliebene Energie. Stocksteif bleibe ich stehen, als sie durch die Tür geht. Keine Umarmung, kein Abschiedskuss. Ein stummes Winken, dann ist sie weg. Nicht mal als ich vor dem Haus den Motor ihres Wagens anspringen höre, schaffe ich es, mich zu bewegen. Regungslos stehe ich da, das Bild noch immer an mich gepresst.

Eine Weile verharre ich so, nicht in der Lage, auch nur einen klaren Gedanken zu fassen. Irgendwann, als mir der Arm einschläft, lehne ich das Bild gegen die Wand, durchquere den Raum und ziehe eine Flasche schottischen Single Malt und ein Whiskyglas aus der Bar-Vitrine. Anschließend sacke ich aufs Sofa. Danach mache ich den ganzen Abend nichts mehr außer dasitzen, nachdenken und trinken. Erstaunt registriere ich, dass das Haus heute andere Geräusche macht als sonst. Offenbar ist es ein Unterschied, ob man einfach nur allein zu Hause ist oder ob man alleine ist und für immer verlassen wurde. Beispielsweise ist mir nie zuvor aufgefallen, dass es abends im Wohnzimmer knackt. Und dass die Deckenbeleuchtung ungemütlich ist. Außerdem sieht die Küche von hier aus seltsam aufgeräumt aus, beinahe steril. Als würde hier überhaupt niemand wohnen. Sogar das Sofa wirkt härter und irgendwie kratzig. Nach dem dritten Glas wundere ich mich, dass ich diese Unterschiede überhaupt bemerke. Denn auch eine Stunde nach Birtes Verschwinden fühle ich ansonsten gar nichts. Nur mich. Und den Whisky auf meiner Zunge.

Ich versuche, mir vorzustellen, wie ich von oben, aus dem All, aussehe. Wie ich allein auf dem Sofa sitze, als sei ich Darsteller in einem Roadmovie. Nur ohne Straße. Und ohne Schauspieltalent. Denn die traurige Wahrheit ist: Ich bin einfach nur ein Typ, der zu Hause auf einer Couch sitzt und betrunken an die Wand starrt. Irgendwann, zwischen dem vierten und fünften Glas, kippe ich zur Seite und bleibe einfach liegen.

Das Läuten der Haustür reißt mich aus dem Schlaf. Von draußen scheint müde die Wintersonne durch das Fenster. Noch immer liege ich im Wohnzimmer auf der Couch. Mein Rücken schmerzt, der Schädel ebenfalls. Ein kurzer Blick auf die Uhr verrät, dass es bereits zehn Uhr ist. Erschreckt fahre ich in die Höhe. Ich sehe die angebrochene Whiskyflasche auf dem Tisch stehen, und es dauert nur ein paar Sekunden, dann fallen mir die Eckdaten meines verkorksten Lebens wieder ein: Ich habe mir den Tag frei genommen, um mit meinem Kumpel Mirko die Planung meiner Geburtstagsparty voranzutreiben. Eine Party, die nun ausfällt. Weil Birte mich verlassen hat. Ich stöhne auf. Als es erneut klingelt, schaue ich genervt zum Hauseingang und erkenne die Silhouette von Mirko. Er trägt einen dicken Parka und seine unverkennbare Pudelmütze, die ihm angeblich mal seine tschechische Oma gestrickt hat.

«Keiner zu Hause», rufe ich.

Sofort klingelt es erneut.

«Ich bin nicht da!», rufe ich, diesmal etwas lauter.

Mirko brüllt zurück: «Lass den Quatsch, Toby! Mach die Tür auf. Wir sind verabredet, und ich habe mir ein Bein ausgerissen, damit ich es rechtzeitig hierherschaffe. Also lass mich rein.»

Mühsam richte ich mich auf. Mein Kopf brummt, und ich verspüre nicht die geringste Lust nach Gesellschaft.

Jetzt wird gegen die Tür gehämmert. «Wir können deinen Geburtstag natürlich auch planen, indem wir uns gegenseitig anbrüllen. Ich glaube, Punkt 7 lag dir besonders im Magen. Hatte irgendwas mit dem Nachbarn zu tun ...»

Das Wort Nachbarn schreit er besonders laut.

Mir ist es egal. Ich rühre mich nicht von der Stelle. «Der Geburtstag fällt aus!», rufe ich, so laut ich kann. «Also kannst du wieder gehen.»

«Wie bitte?», brüllt Mirko. «Was soll das denn heißen? Hast du 'ne Krise oder so?»

Weil ich nicht antworte, versucht er es auf die sanfte Therapeuten-Tour. «Ich würde vorschlagen, du lässt mich trotzdem rein», höre ich ihn dumpf durch die Haustür sagen. «Oder du wartest kurz, damit ich mir einen Gartenstuhl von eurer Terrasse holen kann. Ich hab den Eindruck, deine Erklärung könnte länger dauern.»

Mit Schwung greife ich mir die Sofadecke, rolle mich darunter zusammen und stecke die Finger in die Ohren. Trotzdem höre ich das Läuten. Und das Klopfen. Als es verstummt, atme ich auf. Mirko scheint aufgegeben zu haben. Dann splittert plötzlich Glas.

Genervt schlage ich die Decke zurück und schieße in die Höhe. Das Bild, das sich mir bietet, ist ein Bild des Grauens. Mirko steht mitten im Wohnzimmer. In seinem Blick liegt eine Mischung aus Überraschung, Ekel und Schmerz. Um ihn herum unzählige Glassplitter. Und Blut. Viel Blut. Bei dem Versuch, die Lage richtig einzuschätzen, bleiben meine Augen zunächst an der Terrassentür hängen. Oder an dem, was von ihr übrig geblieben ist: dem Rahmen. Mein Blick wandert weiter, und ich sehe den Gartenstuhl, der offenbar als Rammbock gedient hat und der nun umgekippt auf der Terrasse liegt. Dann schaue ich Mirko an, der verlegen mit den Schultern zuckt. Von seiner Hand tropft Blut. Direkt auf den hellen Teppichboden.

«Sag mal, habt ihr dreifach verglaste Balkontüren?», fragt er. Seine Stimme klingt brüchig. Mit der blutverschmierten Hand streift er sich die Mütze vom Kopf und hinterlässt einen roten Streifen auf der Stirn. Jetzt sieht es aus, als habe er einen Kopfschuss erlitten. Passt irgendwie zu ihm.

Mirko stammt ursprünglich aus Tschechien, ist aber in Deutschland groß geworden. Mit seiner blassen Haut, den wilden, dunklen Locken und einem Bart, der grundsätzlich zwischen drei und fünf Tagen alt ist, sieht er auch ohne Blutflecken im Gesicht immer ein bisschen so aus, als habe er sich gerade geprügelt. Dabei ist er lammfromm. Ich kann mich auch nicht erinnern, dass er jemals in etwas Illegales verwickelt gewesen wäre. Mirko ist einer der hilfsbereitesten und friedliebendsten Menschen, die ich kenne. Trotzdem gerät er ständig in zweifelhafte Situationen. Das ist auch der Grund, warum wir uns vor etwa zehn Jahren überhaupt kennengelernt haben. Er brauchte einen Anwalt.

Beruflich hat Mirko vom Kellnerjob bis zum Paketzusteller so ziemlich alles gemacht, womit sich Geld verdienen lässt. Seit ein paar Jahren ist er jedoch sesshaft geworden. Er betreibt ein Entrümpelungsunternehmen und scheint damit finanziell so gut dazustehen wie nie zuvor. Gestorben wird immer, zitiert er gerne und oft seine Lieblingsfernsehserie Six feet under. Manchmal ist er tagelang auf Achse, da er im gesamten norddeutschen Raum Haushaltsauflösungen übernimmt. Dann wieder hat er über lange Strecken frei. Diese Zeit nutzt er, um all jene Dinge zu verscherbeln, die er bei den Entrümpelungsaktionen mitnehmen darf.

«Das sind Kunststoff-Aluminium-Tresorbandfenster», komme ich noch einmal auf die eingeschlagene Terrassentür zu sprechen. «Sauteuer. Und angeblich einbruchsicher.»

«Tja ... wohl eher nicht.» Mit wackeligen Schritten steigt er die Treppe zur offenen Küche empor. Der Anblick seines eigenen Blutes auf dem Boden scheint ihn ein wenig mitzunehmen. Mir dreht sich ebenfalls der Magen um, als ich sehe, dass Mirko ein hellrotes Sohlenmuster mit seinen Stiefeln hinterlässt, das sich nun in Zickzackform durch das Wohnzimmer bis zum Küchentisch schlängelt. Er muss in den großen Blutfleck getreten sein.

Mirko schaut sich suchend um, schnappt sich ein Geschirrtuch und wickelt es sich um den Arm. Dann wankt er zurück ins Wohnzimmer, wo er sich auf eines der Sofas plumpsen lässt. Das Wohnzimmer gleicht mittlerweile einer Tatort-Kulisse.

«Ehrlich, Toby, ich hätte bestimmt nicht gleich zugeschlagen, wenn es nicht nötig gewesen wäre», erklärt er und schlängelt sich ungelenk aus seinem Parka. «Aber du warst irgendwie so komisch. Und dann die Art und Weise, wie du hier auf dem Sofa gelegen hast, so zusammengekrümmt. Als hättest du Drogen genommen. Oder Schlaftabletten.» Er wirft mir einen prüfenden Blick zu. «Hast du aber nicht, oder?»

«Und wenn schon», erwidere ich. «Selbst das MEK wäre nicht gleich durchgedreht, nur weil jemand *irgendwie komisch* ist.»

Noch immer verspüre ich wenig Lust auf Gesellschaft, und noch weniger Lust habe ich, über meinen Gemütszustand zu reden. Und schon gar nicht über meine gescheiterte Beziehung.

Mirko wickelt das Handtuch fester um den Arm. «Sag schon, Toby, was ist los? Ist etwa jemand gestorben?»

Habe ich da gerade einen geschäftstüchtigen Unterton herausgehört?

«Birte», sage ich knapp und sehe, wie mein Kumpel zusammenzuckt.

«Birte ist tot?» Er klingt entsetzt. Aus seinem ohnehin sehr blassen Gesicht ist der letzte Rest Farbe gewichen, was das Blut an seiner Stirn noch mehr zur Geltung bringt. Bis auf einen feuchten Fleck am rechten Mundwinkel scheint es inzwischen angetrocknet zu sein.

«Jep», bestätige ich seine Frage und will schon wieder unter die Sofadecke kriechen, als Mirko plötzlich aufspringt und mit ausgebreiteten Armen auf mich zukommt. Er will sich zu mir setzen und mich an sich drücken, doch ich wehre ab. «Mensch, Toby ... das ist ... das ... ist ... ja schrecklich!»

Ungelenk tätschelt er mich mit der laienhaft verbundenen Hand.

Ich schüttele den Kopf. «Geht so. Birte ist nicht wirklich tot, sie ist nur für mich gestorben. Und jetzt lass mich bitte allein, ich will schlafen.»

«Hä? Was soll das heißen, ist sie nun tot oder nicht?»

Herrje, wie blöd kann man sein? «Sie ist ausgezogen. Hat mich verlassen. Noch Fragen?» Ich weiß, ich klinge gemein. Mirko möchte helfen, das ist mir klar. Aber ich will keine Hilfe. Ich habe ihn auch nicht darum gebeten.

«Aus-ge-zo-gen?», wiederholt er und spricht plötzlich mit tschechischem Akzent, was er im Zustand höchster Erregung häufig tut. «So richtig weg, meinst du?»

«Ja, so richtig weg. Mit Sack und Pack. Nur ein Bild ihres bekloppten Onkels hat sie hiergelassen, ansonsten ist sie mit all ihrem Kram abgehauen. Reicht das als Erklärung?» Ich schaue meinen Kumpel müde an.

«Hast du sie rausgeworfen?»

Ich seufze. «Nein.»

«Du meinst, sie ist freiwillig gegangen?»

«Aber so was von.»

«Hat sie einen anderen?»

Schlau kombiniert, mein Freund. «Ich möchte nicht länger darüber reden. Sie ist mir egal, der Typ ist mir egal, alles ist mir egal. Ich will schlafen.»

Mirko lässt sich wieder aufs gegenüberliegende Sofa fallen. «Also hat sie einen anderen», fasst er zusammen. «Wie dreckig. So kurz vor deinem Geburtstag. Klar, dass die Party nun ausfällt.» Er fläzt sich in die Kissen. «Nur gut, dass ich noch kein Geschenk besorgt habe.»

Es geht doch nichts über gute Freunde in der Not.

«Die Frau hat echt ein mieses Timing», fährt er ungeniert fort. «Ich meine, sie hätte ja wenigstens noch warten können, bis du vierzig bist.»

«Und was hätte das deiner Meinung nach geändert?»

«Na ja», druckst er herum. Ihm scheint bewusst zu sein, dass so ziemlich alles, was er jetzt rauslässt, taktlos rüberkommen würde. Er sagt es trotzdem. Männer sind so. «In dem Fall hättest du auf eine Ü40-Party gehen können, um dich zu besaufen. Da wärst du mit Sicherheit der Jüngste gewesen. Frauen mögen jüngere Männer. Auch wenn man es nicht glauben mag, diese Konstellation hat Zukunft.»

Ich starre ihn an. «Dann geht Birte offenbar mit der Mode. Ihr Neuer ist dreißig.»

«Oh! Sorry!» Mirko rudert sofort zurück. «Ich wollte dich nur etwas aufheitern.»

Schon klar. Situationen wie dieser sind Männer nicht gewachsen. Waren wir noch nie. Stattdessen hauen wir Sprüche raus, obwohl wir uns im Grunde genommen nichts sehnlicher wünschen, als dass sich die furchtbare Lage verbessert. Und zwar möglichst bevor wir mit unserem leichtfertig herausposaunten Stuss alles vollkommen verdorben haben. Schweigen ist daher noch immer die sicherste Methode. Darauf scheint sich auch Mirko endlich zu besinnen. Und so sitzen wir eine Zeitlang stumm voreinander, was wirklich okay ist.

Irgendwann knickt mein Kumpel aber ein. «Bestimmt kommt Birte zurück», quatscht er erneut drauflos, «eher, als du denkst. Ich meine, schau dich doch mal um.» Er macht eine ausladende Geste, die das ganze Haus umfassen soll. Doch mein Blick bleibt nur an dem blutigen Scherbenhaufen hängen. «Das kann ihr doch kein Jüngerer bieten.» Seinem Tonfall ist eine gewisse Erleichterung über diesen vermeintlich klugen Einwurf anzuhören. Bei mir bewirkt sein Gerede aber vor allem eines: Meine Wut auf Birte wächst.

«Birte steht jetzt auf Motorradfahrer! Außerdem will sie die Welt bereisen und sich nebenbei ein Kind von dem Kerl machen lassen.» Urplötzlich kippt meine Stimmung. Ich will nicht mehr schlafen. Ich will noch mehr trinken. Alkohol. Viel Alkohol.

Ich werfe meinem Kumpel einen vielsagenden Seitenblick zu, stehe auf und marschiere schnurstracks durch den Raum bis zur Hausbar. Die Flasche Single Malt von gestern Abend liegt leer neben dem Sofa. Nachschub muss her. Während ich den Blick über das Sortiment schweifen lasse, erhebt Mirko sich ebenfalls und schleicht hinzu. Mit männlichem Pragmatismus erkundigt er sich: «Heißt das ... ich kann jetzt hier eine rauchen?»

«So viel du willst. Aber asch nicht auf den Boden. Nicht, dass es auch noch zu brennen anfängt.»

Eine Weile studieren wir schweigend die Spirituosenauswahl. Vom Aquavit über diverse Sorten Whisky bis zum Zwetschgenbrand haben wir alles vorrätig. Birte wollte immer, dass alles perfekt ist, auch für Gäste. Leider kam jedoch so gut wie nie jemand vorbei.

Meine Wahl fällt erneut auf Whisky, dieses Mal probiere ich einen Bourbon. Die goldene Farbe wirkt warm und tröstlich. Mit der Flasche im Arm schlendere ich zurück zum Sofa. Nachdem ich drei tiefe Schlucke genommen habe, schaffe ich es sogar, die Reste der zerschlagenen Terrassentür mit einem gewissen Wohlwollen zu betrachten. Der Anlageberaterin würden bei diesem Anblick die Haare zu Berge stehen. Ich wünschte von Herzen, sie könnte es sehen.

Mirko hat sich ebenfalls entschieden: tschechischer Wodka. Er bleibt sich treu. Die Flasche unterm Arm, balanciert er in der unverbundenen Hand ein Glas sowie einen silbernen Untersetzer, der wohl als Aschenbecher dienen soll. Birte hat ihn sehr geliebt.

Er setzt sich zurück auf seinen Platz, deponiert den provisorischen Ascher auf dem Tisch und füllt sein Glas. «Prost!», ruft er, trinkt einen Schluck und fingert anschließend mit der unverletzten Hand eine Zigarettenschachtel aus der Brusttasche seines Hemdes. «Auch eine?»

Ich schüttele stumm den Kopf. Hab es mir vor fünf Jahren abgewöhnt, aber keiner meiner Kumpels mag das so recht glauben. Alle schieben diese Entscheidung Birte zu, die nie geraucht hat und es dementsprechend im Haus nicht geduldet hat. Ich fand das nachvollziehbar und bin anfangs aus Rücksicht zum Rauchen in den Garten gegangen. Bis mir bei der Ausstellung «Körperwelten» der Anblick eines nikotinschwarzen Lungenplastinats derart auf den Magen geschlagen ist, dass ich die Qualmerei noch am selben Tag eingestellt habe.

Genüsslich zieht Mirko an seiner Zigarette. «Was wirst du jetzt tun?»

Ich zucke mit den Schultern. «Nichts.»

«Vielleicht will sie ja nur sehen, ob du sie noch liebst und um sie kämpfst?», spekuliert er. «Oder sie hat sich über dich geärgert. Irgendetwas, das ihr schon lange im Inneren gegen den Strich ging, ist nun an die Oberfläche geschwappt.» Er inhaliert und bläst den Rauch im Zeitlupentempo Richtung Decke. «Möglich ist auch, dass ihr Verhalten eine Kurzschlussreaktion war. Weil sie eigentlich gerade mit sich selbst oder etwas in ihrem Leben unzufrieden ist, es aber nicht richtig deuten kann.»

Ich schweige. Ist ja nicht so, dass ich mir ähnliche Gedanken nicht auch schon gemacht hätte.

«So was passt eigentlich nicht zu Birte», sage ich schließlich. «Sie klang, als habe sie alles genau bedacht und geplant. Sogar die hässliche Hornisse wollte sie mitnehmen.» Mit schlaffer Geste deute ich auf den leeren Fleck an der Wand oberhalb meines Kopfes.

Mirko grinst. «Sei doch froh, dass der Schrott endlich weg ist.»

«Ist er nicht. Es war ein Geschenk von ihr, und ich habe darauf bestanden, das Bild zu behalten.»

Meinem Kumpel steht der Mund offen. Scheint, als begreife er endlich den Ernst der Lage. «Weißt du, Frauen tun die abwegigsten Dinge», versucht er übersprungsartig, mich mit einer weiteren Anekdote aus seinem Leben abzulenken. «Ich hatte zum Beispiel mal eine Freundin, die ließ sich selbst Blumen schicken, damit ich eifersüchtig werde. Verrückt, oder?»

Ich rolle mit den Augen. «Verstehst du denn nicht? Es ist endgültig. Sie hat seit einem Jahr eine Affäre mit dem Typen. Ein Jahr!» Ich schaue Mirko böse an. «Wollte sie mich eifersüchtig machen, hätte sie alle Zeit der Welt dafür gehabt. Aber darum geht es Birte nicht.» Ich nehme einen tiefen Schluck Whisky. «Die Karten wurden neu gemischt. Und ich bin raus aus dem Spiel.»

«Aber ...»

«Ich will davon jetzt nichts mehr hören.»

«Ich versuche ja nur, dir zu helfen.»

«Dann halt die Klappe.»

Einen Moment schweigt er tatsächlich. Irgendwann, als ich schon denke, er sei eingeschlafen, springt Mirko aber plötzlich auf. Was dann folgt, ist eine Lehrstunde in tschechischer Problembewältigung: Mirko drückt seine Kippe aus, geht zum Flechtkorb mit Birtes Zeitschriften, der neben dem Sofa steht, und kippt den gesamten Inhalt auf dem Scherbenhaufen aus. Anschließend befüllt er das Teil bis zum Rand mit Flaschen aus der Hausbar, stellt den Korb in die Mitte des Couchtisches und lässt sich wieder aufs Sofa plumpsen.

Herausfordernd sieht er mich an. «Hau rein! Danach geht es dir besser, das verspreche ich dir.»

Drei Stunden später liegen Mirko und ich jeder halb schräg auf einem der Sofas und starren dumpf vor uns hin. Aufgestanden sind wir bislang nur einmal zum Pinkeln und einmal, um Frau Lücking, meine Putzfrau, zu verscheuchen, die ihren Dienst antreten wollte. Um in Zukunft in Ruhe gelassen zu werden und weil ich mit alten Gewohnheiten brechen muss, um nicht verrückt vor Kummer zu werden, gab ich ihr für vier Wochen bezahlten Urlaub. Mit unsicherem Blick und dankbarem Lächeln steckte sie mein Geld ein und versprach, pünktlich nach Ablauf der Zeit ihre Arbeit wiederaufzunehmen. Dann bin ich noch ein weiteres Mal aufgestanden, um Lars reinzulassen, den Mirko offenbar als Verstärkung angefordert hatte. Lars machte es sich sofort mit einer Flasche Ouzo im Fernsehsessel gemütlich.

Ich bin mir nicht sicher, ob er weiß, warum er hier ist, aber mir ist es sehr recht, nicht noch einmal mit denselben nervtötenden Fragen behelligt zu werden.

Lars, Mirko und unser gemeinsamer Kumpel Kröger, der eigentlich Oliver heißt, sind meine engsten Freunde. Lars ist achtunddreißig und dauerverlobt, sofern man bei einer Zeitspanne von drei Monaten schon von Dauer sprechen mag. Länger halten seine Liebschaften in der Regel nicht an, was vor allem deshalb tragisch ist, weil Lars im Grunde seines Herzens die Frau fürs Leben sucht, auch wenn er sich dessen nicht bewusst ist. Aus Angst, an die Falsche zu geraten, mag er sich nicht festlegen. Meinem Ratschlag, man müsse im Leben etwas wagen, wenn man gewinnen will, ist er zumindest dahingehend gefolgt, als dass er seine Freundinnen jetzt Verlobte nennt. Sogar Heiratspläne schmiedet er und lässt sich ab und an sogar auf ein Kaffeekränzchen mit der potenziellen Schwiegerfamilie ein, was wohl für meine Theorie mit der Suche nach der Frau fürs Leben spricht. Möglich ist allerdings auch, dass diese Hypothese nur meinem wohlmeinenden Wunsch, Lars eine altersgerechte Reife attestieren zu wollen, entspringt. Wohingegen er sich eigentlich glücklich schätzt, primitiv durchs Leben zu vögeln. Dass er dabei bis zu drei Monate mit ein und derselben Frau schläft und sich jedes Mal aus tiefstem Herzen verliebt, lässt sich diesem Verhalten minimal zugutehalten.

Einen besonderen Frauentyp bevorzugt er nicht. Und das Prinzip, nach dem er sich alle zwei, drei Monate in eine andere verguckt, ist mir ein ebensolches Rätsel wie die Strategie, mit der er vorgeht, um die Auserwählte für sich zu gewinnen. Denn Lars ist niemand, dem aufgrund seines Aussehens die Frauenherzen nur so zufliegen. Im

Vergleich mit amtierenden Hollywoodstars würde er bestenfalls im soliden Mittelfeld landen, irgendwo zwischen Kevin Bacon und Kiefer Sutherland. Aber vermutlich erklärt das seine Wirkung auf Frauen. Äußerlich immer leicht derangiert, mit schiefer Nase und grundsätzlich drei blutigen Schnittverletzungen von der letzten Rasur, vermittelt er den Eindruck eines Actionhelden, der durchgedrehten Extremisten schmutzige Bomben abjagt. Ich glaube nicht, dass Lars sich dieses Effekts bewusst ist, auch wenn ich mich schon manches Mal gefragt habe, warum er zusammen mit seinen Zigaretten immer auch ein Sharkskin-Klappmesser und einen Höhenmesser vor sich auf dem Tisch deponiert.

Beruflich gestaltet sich Lars' Werdegang ähnlich unstet wie seine Damenwahl. Momentan ist er selbständig, verkauft gebrauchte Mobilfunkgeräte und versucht, sich nebenbei als Fotograf einen Namen zu machen. Ein paar Aufnahmen hat er mir bereits stolz präsentiert. Hauptsächlich waren es Hochzeitsbilder, auf denen sich schlimm gekleidete Brautpaare nach einem mir unerklärlichen Konzept unter Bäumen drapieren und sich entweder anschmachten oder debil in die Kamera lächeln. Ich würde sagen, karrieremäßig ist bei seinen Fotos noch jede Menge Spielraum, ehe er in die A-Liga renommierter Fotografen aufrückt. Vorerst betrachte ich diesen Job als das, was er ist: eine gute Gelegenheit, Frauen kennenzulernen.

Entsprechend tiefschürfend ist der Ratschlag, den er mir jetzt lallend erteilt: «Lass bloß die Finger von festen Beziehungen im nächsten Jahr. Du steckst knietief in der Midlife-Crisis. Etwas zu früh vielleicht, aber darum vermutlich umso dramatischer.»

4. Kapitel

Am folgenden Tag werde ich vom Klingeln des Telefons geweckt. Ein verschlafener Blick auf die Uhr erklärt das taghelle Wohnzimmer: 12 Uhr. Noch immer liege ich auf der Couch, doch im Gegensatz zu gestern herrscht um mich herum maximales Chaos. Das Weidenkörbchen auf dem Glastisch ist leer und wird von zahlreichen leeren Flaschen umringt. Fünfzehn zähle ich, allesamt ausgetrunken oder mit kaum erwähnenswertem Restfusel befüllt.

Meine Kumpels scheinen sich am Telefonklingeln nicht zu stören: Lars liegt in Bauchlage unter dem Glastisch und schnarcht. Wie es aussieht, hat er sich in der Nacht übergeben, denn eine Seite seines Gesichts ist mit angetrocknetem, weißem Brei beschmiert. Vor ihm auf dem Teppich liegt eine Lache mit zäher, heller Pampe, die aller Wahrscheinlichkeit nach die Ursache für den säuerlichen Geruch im Zimmer ist.

Angeekelt schaue ich zum anderen Sofa. Dort liegt Mirko und protestiert mit quengeligem Stöhnen nun doch gegen das Klingelgeräusch. Bei ihm scheint zum Glück alles sauber geblieben zu sein.

Vorsichtig, um meinen schmerzenden Kopf keinen hektischen Bewegungen auszusetzen, taste ich unter meinem Sofa nach dem Telefon. Denn von dort kommt der nervige Ton.

Beim Aufrichten spüre ich schlagartig eine entsetzliche Übelkeit in mir aufsteigen, schaffe es aber in letzter Sekunde, dagegen anzukämpfen, und nehme das Gespräch an.

«Voss?», presse ich hervor. Meine Stimme klingt fremd, irgendwie kratzig. Als hätte ich lange und laut gesungen, was angesichts des

Alkohols zwar nicht auszuschließen ist, aufgrund des traurigen Anlasses jedoch verwundern würde.

Am anderen Ende der Leitung meldet sich meine Sekretärin. Sie scheint von meinem Tonfall ebenso irritiert zu sein, wie ich es bin.

«Herr Voss?», fragt sie kurz nach, vertraut dann aber darauf, sich nicht verwählt zu haben. In ihrer Stimme schwingt Besorgnis. «Entschuldigen Sie, wenn ich störe. Ich wollte mich nur erkundigen, wo sie bleiben. Weil ...» Sie stockt. Es ist ihr sichtlich unangenehm, mir hinterherzutelefonieren. «Also ... Gestern hatten Sie sich ja frei genommen, aber ich dachte, dass Sie heute wieder arbeiten. War das ein Missverständnis?» Sie lässt mir keine Zeit zum Antworten. «Ich frage vor dem Hintergrund, dass Sie heute, also genau genommen vor einer Stunde, den Termin mit Simone Otto hatten. Die arme Frau ging nach zwanzig Minuten unverrichteter Dinge nach Hause und war sehr ungehalten. Außerdem kam Herr Kallmeyer bereits zweimal vorbei, um mit Ihnen zu sprechen.»

Hm. Eine Frau Otto, das sagt mir jetzt gerade gar nichts. Beim Namen Kallmeyer hingegen klingelt zumindest etwas. Ich gebe ein unangemessen langgezogenes «Tja ...» von mir, um etwas Zeit zu gewinnen.

Meine Sekretärin scheint dies nicht zu bemerken. Routiniert fügt sie an: «Des Weiteren hat Dr. Steinfels sich erkundigt, ob Sie schon Zeit hatten, einen Blick auf den KrollCar-Fall zu werfen. Er trifft Bernhard Otto heute Abend in der Sauna und wüsste vorher gern Näheres.»

Bei der Erwähnung meines Arbeitgebers werde ich zwar nicht schlagartig nüchtern, und auch der Kopfschmerz lässt nicht nach, dennoch komme ich ein wenig zur Besinnung. Ende dreißig zu sein bedeutet zwar einerseits, dass man nach einer durchzechten Nacht nicht mehr so schnell auf die Beine kommt, jedoch ist der Wille, nicht alles aus dem Ruder laufen zu lassen, umso stärker.

«Nein, das habe ich noch nicht geschafft», presse ich unter größter Anstrengung hervor. Nur mühsam kann ich mich an die Gesichter hinter den vielen Namen erinnern. Und an weitere Einzelheiten. Gähnend fahre ich fort: «Das mache ich heute im Laufe des Tages und gebe Dr. Steinfels anschließend Bescheid.» Na bitte, es flutscht doch.

Karin Behrend atmet hörbar aus. «Heißt das, Sie kommen jetzt gleich in die Kanzlei?», hakt sie nach.

Nein, liebe Frau Behrend, das heißt es definitiv nicht. So stark ist mein Wille, nichts aus dem Ruder laufen zu lassen, auch wieder nicht. Hätte sie auch nur eine Ahnung, wie sich mein Kopf gerade anfühlt, wäre ihr die Frage ohnehin im Halse stecken geblieben.

«Wohl eher nicht», erkläre ich. «Ich habe ... einen Bandscheibenvorfall.» Hat den nicht irgendwie inzwischen jeder? Es dürfte somit nicht allzu abwegig klingen.

Meine Sekretärin ist voll des Mitleids. «Du liebe Güte, Herr Voss, wie ist das denn passiert? Sie sind doch so sportlich. Waren Sie damit schon beim Arzt?»

In puncto Sportlichkeit verwechselt sie mich offenbar mit Birte. «Ja. Bin gerade zurück», lüge ich. «Geht leider alles zurzeit nicht so flink, sonst hätte ich bereits angerufen.»

«Absolut verständlich.» Einen Moment scheint Frau Behrend zu überlegen, wie belastbar ihr kranker Chef, also ich, sein mag. Allem Anschein nach traut sie mir einiges zu. «Aber wie wollen Sie dann bis heute Abend in die KrollCar-Akte schauen?», bohrt sie weiter nach.

Zu Recht. Meine Fähigkeit, komplexere Zusammenhänge zu begreifen, ist mir offenkundig zwischen dem sechsten und siebten Glas Bourbon abhandengekommen. «Tja ...», gebe ich noch einmal hilfesuchend von mir, «das wird in der Tat schwierig. Wissen Sie, was?» Ich muss mich arg anstrengen, um nicht zu lallen. «Nehmen sie das Ding, also die Akte, und legen Sie sie Herrn Rewald auf den

Tisch. Soll er sich drum kümmern und dem Chef bis zum Abend ein Feedback geben.»

«Mache ich, Herr Voss.»

Für Frau Behrend scheint das nach einer guten Idee zu klingen. Vor meinem geistigen Auge sehe ich sie mit ihrem Bob nicken.

«Sie klingen nicht gut, Herr Voss», bemerkt sie fürsorglich. «Haben Sie jemand, der sich um Sie kümmert? Ihre Frau muss doch sicher arbeiten, soll ich Ihnen einen Pfleger organisieren?»

Nein, ich denke, ein alter Cognac wäre eher etwas für mich. «Nicht nötig, ich habe gute Freunde, die mir beistehen», erkläre ich und lasse meinen Blick durch das Wohnzimmer schweifen. Beim Anblick von Mirkos überquellendem Aschenbecherersatz, dem Weidenkörbchen und Lars' Erbrochenem kehrt die Erinnerung an die Ereignisse der letzten vierundzwanzig Stunden zurück. Die Vorstellung von Birte, die mit wehenden Haaren auf einer BMW 1200 Adventure durch die Landschaft düst, lässt eine neue Woge Übelkeit in mir aufsteigen. Ich muss auflegen. Sofort.

«Machen Sie sich keine Sorgen, Frau Behrend, jetzt ist ja erst einmal Wochenende. Danach sehen wir weiter. Wenn also sonst nichts mehr ist ...»

Meine Sekretärin versteht die Andeutung. «Alles klar, ich lasse Sie sofort in Ruhe. Nur noch eine Frage: Simone Otto war ziemlich aufgebracht. Mir ist es dennoch gelungen, sie auf Dienstag zu vertrösten. Soll ich das Treffen vorsichtshalber wieder absagen? Noch einmal wird sie sicher nicht umsonst kommen wollen. Und was ist mit Ihren anderen Terminen in der nächsten Woche? Was sage ich beispielsweise Frau Kosznik, Ihrer Schulfreundin?»

«Meiner ... was?»

«Ihrer Schulfreundin. Alice Kosznik. Die Dame, die am Mittwoch kurz vor Feierabend in die Kanzlei geschneit ist. Ich habe sie ein wenig vorgezogen, weil Sie beide doch gemeinsam die Schulbank gedrückt haben.»

Ich stehe irgendwie auf dem Schlauch. «Also ...»

«Ich verschiebe den Termin», erklärt meine Sekretärin generös. «Frau Kosznik wird das sicher verstehen. Es ist doch so ...» Sie holt tief Luft. «Selbst wenn es Ihnen in der nächsten Woche ein wenig bessergeht, sollten Sie sich nicht gleich zu viel zumuten.»

Ja, absagen. Alles. Gute Idee. Ich kann mich zwar an keine Schulfreundin namens Kosznik erinnern, aber die Vorstellung, meinen Kopf, der sich anfühlt wie ein sperriger, tonnenschwerer Felsbrocken, jemals wieder zum Arbeiten zu gebrauchen, erscheint mir ohnehin vollkommen abwegig.

«Sie haben vermutlich recht. Sagen Sie alles ab oder verschieben Sie es. Das wäre wohl vernünftig. Nur den Otto-Termin werde ich in jedem Fall wahrnehmen. Ich rechne ohnehin damit, sehr bald wieder einigermaßen fit zu sein, aber sicher ist sicher.» Ich bemühe mich, gequält zu klingen. Wofür ich nicht besonders schauspielern muss.

Karin Behrend seufzt mitleidig. «Bitte melden Sie sich, Herr Voss, falls Sie etwas brauchen. Ich kann von hier aus zwar nicht unmittelbar helfen, aber ich könnte Ihnen jemanden schicken.»

«Schönen Dank», sage ich und bin fast ein bisschen gerührt angesichts so viel Fürsorge. «Ich melde mich in jedem Fall.»

Als ich endlich auflege, wanke ich, so schnell es geht, ins Badezimmer und übergebe mich.

Stunden später klingelt es schon wieder an der Haustür. Da Birte kaum läuten würde, bleibe ich stur liegen und beschließe, die Elektronik bei nächster Gelegenheit lahmzulegen.

Es bimmelt drei weitere Male. Beim dritten Anlauf lässt der ungebetene Besucher seinen Finger durchgedrückt auf der Klingel. Ich rühre mich immer noch nicht. Lars wacht auf, kämpft sich wie ein Actionheld hoch, knallt beim Aufrichten jedoch mit dem Kopf gegen die Glasplatte und sackt gleich darauf unter Stöhnen wieder in sich zusammen. Mit heiserer Stimme verlangt er nach einem Gewehr.

Nachdem ich ihm ersatzweise ein Sofakissen unter den Tisch geworfen habe, das er sich schützend auf die Ohren presst, schläft er sofort wieder ein.

So entgeht ihm denn auch das Geräusch von klirrendem Glas, das mich hochschrecken lässt. Entgegen der Befürchtung, die nächste Fensterscheibe könnte zu Bruch gegangen sein, handelt es sich vielmehr um meinen Kumpel Kröger, der sich durch die fensterlose Terrassentür Zutritt verschafft hat und knirschenden Schrittes durch den blutigen Scherbenhaufen watet.

«Was ist denn hier passiert?», fragt er irritiert und lässt seinen Blick forschend durch den Raum wandern. Als er die Jungs entdeckt, scheint ihm ein Licht aufzugehen. «Ihr habt gefeiert? Um diese Uhrzeit? Ohne mich?»

Zu sehen, welch unangestrengtes Lotterleben seine Kumpels führen, bringt Kröger offenbar ein wenig aus dem Konzept. Kopfschüttelnd lässt er sich in den noch freien Sessel fallen.

Aus meiner halb aufgerichteten Position schiele ich auf die Uhr. Halb sechs. Durchaus keine Tageszeit, zu der man sich seines Alkoholkonsums schämen müsste.

Statt uns Hilfe, einen Refill des Weidenkörbchens oder zumindest ein paar frische Eiswürfel anzubieten, versucht Kröger erst einmal, die Lage zu begreifen. Mit der für ihn typischen pragmatischen Herangehensweise klopft er die Eckdaten ab: «Wo ist Birte? Weiß sie, was ihr hier treibt?»

Kröger ist ein feiner Kerl. Von meinen Freunden ist er mit Abstand der bodenständigste. Das war schon während der Schulzeit so. Wir gingen in dieselbe Klasse und wurden Freunde nachdem er mir beim Aufspannen seines Regenschirms eine zwei Zentimeter lange Wunde auf der Stirn verpasst hat. Der Umstand, dass Kröger im Alter von vierzehn Jahren mit einem Burberry-Damenschirm zum

Unterricht erschien, sagt alles über ihn aus. Er ist vernünftig, wohlerzogen und voll mütterlicher Fürsorge. Kurz: alles andere als ein cooler Hund. Auch äußerlich. Sein dünnes, gewelltes Haar lässt sich weder bändigen noch frisieren, wovon er durch eine eckige Brille mit selbsttönenden Gläsern abzulenken versucht. Ob er die Brille im Internet oder beim Discounter bestellt hat, ist nicht bekannt. Auf jeden Fall funktioniert das Verdunkelungsprinzip nicht einwandfrei, sodass Kröger durch die zu jeder Tages- und Nachtzeit getönten Gläser selbst in Anzug und Krawatte aussieht wie ein abgehalfterter Fernseh-Kommissar. Bei Frauen löst sein Anblick in erster Linie den Impuls aus, ihre Handtasche fester zu umklammern. Dabei ist Kröger genau genommen das, was man eine gute Partie nennt. Nicht nur ist er der perfekte Hausmann, kocht gut und putzt gern, auch beruflich läuft es bei ihm rund. Als Geschäftsinhaber mit drei Angestellten kann man durchaus behaupten, dass er es zu etwas gebracht hat. Nur ein klitzekleiner Wermutstropfen schmälert seine Erfolgsbilanz: Als Inhaber und Geschäftsführer eines Bürostuhlcenters mit Schwerpunkt Ergodynamik rangiert er flirttechnisch nicht gerade auf Skilehrer- oder Yachtbesitzer-Niveau. Insbesondere da Kröger nach einer Weißweinschorle oder einer stark koffeinhaltigen Cola so richtig in Fahrt gerät und auf sein Lieblingsthema zu sprechen kommt: die Bandscheibe. Mein Tipp, er solle das Thema vor allem dann weiträumig umschiffen, wenn er sich eine feurige Liebesnacht zum Ziel des Abends gesetzt hat, blieb in der Vergangenheit leider des Öfteren ungeachtet. Olli wollte einfach nicht glauben, dass er mit seinem Gerede über mögliche Dysfunktionen des Bewegungsapparates und das gezielte Vorbeugen derselben durch orthopädisch ausgerichtete Schlaf- und Sitzmöbel keine Frau für sich gewinnen kann.

Wie durch ein Wunder hat er es dennoch geschafft. Mit Sandra, sechsunddreißig, die Kröger liebevoll Sanni nennt, ist er seit vier Jahren verheiratet. Sie ist weder Krankenschwester noch Orthopädin, sondern arbeitet halbtags als Verkäuferin in einer Modeboutique. Zunächst gab Sanni sich schüchtern und bescheiden, begann aber mit dem Tag der Hochzeit, Kröger zu vereinnahmen und auszunehmen. Zu Hause lässt sie sich nach Strich und Faden von ihm bedienen. Ist er unterwegs, terrorisiert sie ihn telefonisch. Wegen jeder Kleinigkeit ruft sie bei ihm an, was Kröger als normal empfindet. Niemals käme er auf die Idee, einen von Sannis Anrufen nicht entgegenzunehmen. Selbst beim Zahnarztbesuch hält er sein Telefon, auch während der Narkose, fest umklammert, um es im Falle eines Falles an die Helferin weiterzugeben. Ich weiß das, weil ich ebenfalls Patient in der Praxis bin und die Arzthelferin noch Tage, nachdem Sanni ihr den Einkaufszettel für die bevorstehenden Ostertage diktiert hatte, genervt mit den Augen rollte.

Überhaupt bekomme ich meinen Kumpel, der vor zwei Jahren ein Haus in meiner direkten Nachbarschaft gekauft hat, so gut wie nicht mehr zu sehen. Neben der Arbeit in seinem Sitzkompetenzzentrum, wie er es so schön nennt, und den häuslichen Pflichten schafft er es kaum, ein Privatleben zu führen.

An Krögers Stelle hätte ich mir längst einen Job auf einer Bohrinsel im Atlantik gesucht. Denn seit er im Keller ein geräumiges Gästezimmer eingerichtet und seniorengerecht ausgestattet hat – bandscheibenfreundliche Tempurmatratze im Doppelbett, daneben ein Fernsehsessel mit Lordosekissen –, muss er außerdem noch die Besuche seiner Schwiegereltern über sich ergehen lassen. In kurz getakteten Abständen reisen sie aus Böblingen an, um sich wie im Sternehotel verwöhnen zu lassen. Nur eben kostenlos, sie stammen schließlich aus dem Schwabenländle.

Unterm Glastisch gibt Lars gerade ein unspezifisches Brummen von sich. Er hat die Augen aufgeschlagen und schaut mit starrem Wasserleichenblick zu uns hoch.

«Moin!», sagt Kröger und erweckt mit seiner Stimme nun auch Mirko zum Leben.

Von seinem Sofa aus mustert Mirko unseren Kumpel mit zusammengekniffenen Augen, als habe er ihn nie zuvor gesehen. Einen Moment dauert es, dann erhellt sich seine Miene. «Hey, Olllli, schonfeiaabend?», lallt er hocherfreut. Seine Stimme klingt ebenso heiser wie meine heute Morgen am Telefon.

«Cool, dassu da bist», fügt er hinzu. «Machsu uns Bratkartoffln?»

Krögers fürsorgliche Art verleitet leider auch uns manchmal dazu, ihn einzuspannen. Bratkartoffeln wären jetzt definitiv eine gute Idee. Doch Kröger hat eine Mission. Kopfschüttelnd erklärt er: «Nein. Ich sollte vorbeikommen, um bei der Geburtstagsvorbereitung zu helfen. Punkt 7.» Er kramt einen Ausdruck aus der Jackentasche, bei dem es sich offenbar um die Liste handelt, die ich ihm vor einiger Zeit gemailt hatte. «Die Terrassenreinigung.» Er fährt sich durch die dünnen Haare. «Ich könnte mir allerdings auch vorstellen, den Boden mit Brettern auszulegen. Ist bei Gartenpartys beliebt, um den Rasen zu schonen. Vielleicht kennt Mirko ja jemanden, der so was anbietet?»

Wie es scheint, hat Kröger sich ernsthaft Gedanken gemacht, denn durch seine dunkle Brille schaut er jetzt auffordernd zu Mirko. Als dieser ihn nur verblüfft anstarrt, wendet Kröger sich irritiert mir zu. «Und?», fragt er. «Was hältst du davon?»

Was ich davon halte? Ich bin überwältigt. So überwältigt, dass ich mich zurück in die Kissen fallen lasse.

«Weiß er es etwa noch nicht?», erkundigt sich Mirko. Sein Tonfall ist ein wenig vorwurfsvoll, als sei es ein Unding von mir, nicht längst alle über Birtes Auszug informiert zu haben. Als ich nicht antworte, richtet er das Wort direkt an Kröger: «Hassu es noch nich gehört?»

«Habe ich was noch nicht gehört?»

«Die Party fällt aus.» Mirkos Lallen ist weg.

Noch immer steht Kröger stocksteif und in höchstem Maße verstört vor uns. «Was soll denn das heißen?», stammelt er. «Die Party fällt aus?» Durch die getönten Brillengläser kann ich hektische Augenbewegungen erahnen. «Warum?»

«Weil Birte tot ist», kommt es von unter dem Couchtisch. «Aber so was von.»

«Bitte?» Im Gegensatz zu Mirko bleibt Kröger skeptisch. Einzig ein paar hektische rote Flecken auf seinem Gesicht zeugen von erhöhtem Puls. «Tot? Wie tot?»

Als keiner von uns etwas sagt, schlägt er sich fassungslos die Hand vor den Mund. «Das ist ... ja ... furchtbar.» Seine Schultern sacken herab, und es scheint, als würden gleich auch noch die Beine unter seinem schmächtigen Körper versagen. Einen 40. Geburtstag einfach so abzusagen, das allein wäre schon zu viel für Kröger. Einen Todesfall würde er vermutlich nicht überstehen.

Ähnliches scheint auch Mirko durch den Kopf zu gehen, denn er rückt ein Stück zur Seite, um Kröger einen Sitzplatz frei zu machen. Gleichzeitig bemüht er sich, die Sache aufzuklären, ehe unser Kumpel in Tränen ausbricht: «Keine Panik. Das war ein Witz. Sie ist nicht wirklich tot. Nur weg. Mit 'nem Rocker.» Sein lockerer Tonfall kommt bei Kröger nicht gut an.

Darauf bedacht, weder mit Mirkos blutigem Geschirrhandtuch in Berührung zu kommen noch in Lars' Kotze zu treten, setzt er sich neben mich aufs andere Sofa und erklärt beinahe tonlos: «Über so etwas macht man keine Witze.»

Ich verziehe das Gesicht. «Sie hat mich wegen eines dreißigjährigen Typen, der Motorrad fährt, verlassen.»

Doch Kröger hört gar nicht mehr zu, denn aus seiner Jackentasche ist jetzt der 8oer-Jahre-Hit *Maria Magdalena* von Sandra zu hören. Dieses Lied hat er Namensschwester Sanni zugeteilt.

«Mit ihm möchte sie reisen und sich ein Kind machen lassen», versuche ich, gegen das nervige Gedüdel anzureden. «Mehr gibt es dazu nicht zu sagen. Und ihr sollt auch nicht länger darüber sprechen. Nicht über Birte, nicht über die Party und auch nicht über

Punkt 7 der Liste. Außerdem ...» Ich schaue meinen Freunden der Reihe nach fest in die Augen. «... soll sich keiner von euch auf absehbare Zeit ein Motorrad anschaffen!»

«Klar!», kommt es gleichzeitig vom anderen Sofa und von unterhalb des Glastisches.

Nur Kröger zögert einen Moment, was damit zu tun haben könnte, dass er gerade im Begriff ist, zum ersten Mal seit seiner Hochzeit ein Gespräch seiner Frau wegzudrücken.

Das dachte ich jedenfalls. Aber so weit mag Kröger dann doch nicht gehen.

«Sanni, ich ruf zurück», spricht er energisch ins Telefon und scheint einen Moment selbst überrascht zu sein. Dann dreht er sich zu mir. «Du kannst das nicht stillschweigend mit dir allein ausmachen», ermahnt er mich. «Über einen derartigen Verlust muss man reden. Auf keinen Fall sollte man seinen Kummer in Alkohol ertränken. Das führt zu nichts. Außer vielleicht ...» Er schaut hinunter zu Lars. «Ins Verderben.»

«Na und wenn schon.» Das ist mir nun wirklich so was von schnurz.

Kröger nicht. Im Gegenteil. Er ist ein Freund ausschweifender Gespräche und Analysen, vor allem wenn es um Zwischenmenschliches geht. Unter allen Männern, die ich kenne, ist Kröger der einzige, der sich unter dem Motto der Gesprächstherapie «Reden gegen das Contra» nicht nur etwas vorstellen konnte, sondern ihr sogar bis zum zweiten Modul, «Du sagst nein – ich sag: jetzt erst recht», beiwohnte. Vermutlich, um sich irgendwann einmal gegen seine Frau durchsetzen zu können. Vorerst scheint er das Ergebnis dieses Coachings jedoch an mir austesten zu wollen.

Dabei geht mir das Thema unendlich auf die Nerven. Und ob mich mein Saufen in die Hölle bringt oder nur ins Verderben führt – so what?

«Letzten Endes ist es ja wohl meine Entscheidung, wie ich mit der

Situation umgehe», beende ich die Diskussion und erhebe mich energisch.

Keine Ahnung, ob es die in Aussicht gestellten Bratkartoffeln sind oder die Auswirkungen des Fusels, auf jeden Fall brauche ich jetzt etwas Essbares.

«Ich mach mir mal ein Brot», erkläre ich, obwohl ich eigentlich gar keinen Appetit habe.

Mit Schwung wende ich mich in Richtung Küche und werde fast von einer Schwindelattacke zurückgeworfen. Sofort kralle ich mich in die Lehne und halte einen Moment inne. Dann lasse ich es langsamer angehen, umrunde wankend die Scherben, steige die kurze Treppe hinauf und öffne den Kühlschrank. Sofort überkommen mich die Erinnerungen an mein letztes gemeinsames Frühstück mit Birte. Kurz gerate ich in Versuchung, ein Glas Quittengelee an die Wand zu werfen. Doch dann siegt die Vernunft.

Ich schnappe mir aus dem Kühlschrank Aufschnitt und ein Glas Gewürzgurken, donnere beides auf den Esstisch, besorge mir Holzbrett, Brotmesser und das gestern erst angeschnittene Brot und setze mich.

Kröger, der mir gefolgt ist, lässt sich kraftlos auf dem gegenüberliegenden Platz nieder. Seine Miene ist besorgt, und als er jetzt spricht, tut er es mit dem sanften Tonfall eines auf den Umgang mit Trauma-Patienten spezialisierten Krankenpflegers: «Du darfst dich nicht hängenlassen, Toby. Ich meine, das Ende einer Beziehung ist schlimm, keine Frage. Aber es bedeutet nicht das Ende der Welt.»

Schön zu hören. Die erste gute Nachricht des Tages.

Ich verkneife mir jedweden Kommentar, da Kröger dünnhäutig ist und ich bei all meinem Kummer nicht auch noch *ihn* trösten will.

«Da hat er recht», pflichtet ihm Lars aus dem Wohnzimmer bei. Er hat sich aufgerafft, sitzt jetzt breitbeinig an das Sofa gelehnt und betrachtet irritiert den Kotzfleck auf dem Teppich.

Plötzlich wird auch Mirko aktiv. «Seh ich genauso, Toby.» Es folgt eine weitere Anekdote aus seiner Migrantenkindheit. «Als kleiner Junge hatte ich einen Hund. Tommy. Als der starb, war meine ganze Familie unendlich traurig. Der Tierarzt hat meinen Eltern dann geraten, gleich einen neuen anzuschaffen. Gegen die Trauer. Und weißt du, was?»

«Nein, aber ich ahne es.»

«Es hat geholfen. Der neue Hund hat uns so viel Freude bereitet, dass der Kummer über Tommy überlagert wurde. Natürlich haben wir ihn nie vergessen, aber wir sind auch nicht daran zerbrochen.»

Kröger hat etwas im Auge oder wischt sich eine Träne weg. Er will einen Kommentar abgeben, doch *Maria Magdalena* funkt erneut dazwischen. Stumm beginnt er, in seiner Sakkotasche zu wühlen.

Langsam schwant mir, warum die Tasche so ausgebeult ist.

Statt ihm kommentiert nun Lars Mirkos Hundestory: «Das ist natürlich nur bedingt ein guter Ratschlag», erklärt er weltmännisch. «Richtig ist, dass dir eine neue Freundin hilft, über eine andere hinwegzukommen. Fakt ist aber auch, dass du in deinem momentanen Zustand sehr labil bist. Keinesfalls solltest du dich sofort wieder in eine Beziehung stürzen. Am besten gehst du in nächster Zeit nur in Begleitung von mindestens einem von uns aus.»

Lars, der Retter der Welt, deutet der Reihe nach auf meine Kumpels, als seien Kröger und Mirko die Elitetruppe deutscher Bodyguards.

«Hast du das verstanden?», werde ich sicherheitshalber gefragt. Als habe mich außer Birte auch noch der Großteil meines Verstandes verlassen.

Bevor er mir weitere Details meines neuen Lebens im Zeugenschutzprogramm erläutern kann, sage ich: «Gehört ja, verstanden nein. Ich bin doch nicht minderjährig. Und auch nicht minderbemittelt. Ich komm schon klar.» Genervt füge ich noch hinzu: «Außerdem habe ich gar kein Interesse, mich neu zu binden. Mag sein, dass man auf diese Art über einen sterbenden Terrier hinwegkommt, in Bezug auf meinen Verlust sehe ich aber schwarz.»

Anstatt mir beizupflichten, notiert Kröger gerade konzentriert, was Sanni ihm offenbar durchs Telefon diktiert. Ein kurzes Nicken fällt dennoch für mich ab.

«Im Grunde genommen ist das alles gar nicht so schlimm, wie es auf den ersten Blick aussieht.» Aus noch immer glasigen Augen schaut Lars knapp an mir vorbei. «Ich meine, überleg doch mal: Du bist jetzt frei!» Es folgt eine Geste, mit der er beinahe eines der leeren Gläser vom Tisch fegt. «Total frei! Musst auf niemanden Rücksicht nehmen. Nicht dauernd fragen, wenn du mal 'ne Sause mit 'nem Kumpel machen willst, so wie Kröger. Musst keine dämlichen Absprachen aushandeln, um mal für zwei freie Stunden am Sonntag zum Fußball zu gehen. Und vögeln kannst du auch nach Herzenslust.»

Okay, jetzt sind wir auf Stammtischniveau angelangt.

Langsam hege ich leise Zweifel an meiner Theorie, Lars würde die Frau fürs Leben suchen. Oder sagen wir mal, langsam verstehe ich, warum er sie noch nicht gefunden hat.

«Das konnte ich vorher auch», erwidere ich, obwohl ich mich auf das Thema gar nicht mehr einlassen wollte.

Ich sehe, wie Kröger erschreckt von seinem Zettel hochblickt. Ihm fallen fast die Augen aus dem Kopf. «Echt jetzt?», hakt er im Flüsterton nach. «Heißt das, du hast nebenbei ...» Er bringt die Worte nicht über die Lippen.

Aus dem Telefon höre ich Sannis Stimme.

«Natürlich nicht», kläre ich die Sache auf.

Jetzt ist auch Lars alarmiert. «Hast du aber gerade gesagt.»

«Hab ich nicht. Ich habe lediglich gesagt, ich konnte nach Herzenslust vögeln. Mit Birte selbstverständlich.»

Lars pfeift durch die Zähne. «Cool.» Aus einer Übersprungshandlung heraus nimmt er ein Glas vom Tisch und trinkt einen Schluck. Angewidert stellt er es zurück und fragt ungläubig: «Nach so vielen Jahren hattet ihr noch Sex?»

Das habe ich nicht behauptet.

Auch Kröger schaut jetzt wieder interessiert hoch. Als ich nichts sage, wispert er mit einer Hand über der Sprechmuschel: «Na ja, viel wichtiger scheint mir auch die Frage zu sein, ob eventuell noch was zu retten ist.»

Ich schüttele langsam den Kopf.

Durch Kröger geht ein Ruck. Mit einem Ausdruck tiefer Besorgnis und Grabesstimme wendet er sich wieder dem Telefon zu: «Sanni, ich hab hier einen Notfall und rufe in fünfzehn Minuten zurück.» Dann legt er auf und lehnt sich auf seinem Stuhl zurück, um eine orthopädisch unbedenkliche Schonhaltung einzunehmen. «Jetzt erzähl doch erst mal, was genau passiert ist. Wer weiß, vielleicht hast du ja etwas missverstanden.»

Seufzend schneide ich mir ein Stück Brot ab, knalle eine Scheibe Wurst drauf und beginne zu berichten. Ab und zu unterbricht Kröger mich mit einer Frage, sodass ich exakt nach fünfzehn Minuten zum Ende komme. Trotzdem macht er keinerlei Anstalten, zum Telefon zu greifen. Stattdessen lässt er die Schultern kreisen, nimmt seine Brille ab und reibt sich nachdenklich die Nasenwurzel. Will er nicht langsam mal Maria Magdalena zurückrufen, ehe wir uns den Song noch einmal anhören müssen?

Offenbar nicht.

«Eventuell sollte einer von uns mal mit Birte reden», schlägt er vor. «Möglicherweise gibt es ja etwas, das sie dir nicht sagen mag. Vielleicht schwebt ihr eine Veränderung in eurer Beziehung vor, und sie traut sich aber nicht, mit dir darüber zu reden.«

«Und du glaubst, dir würde sie es erzählen?», ruft Lars aus der Couchecke. Er steht ächzend auf und schlurft bedächtig zu uns in die Küche. «Was sollte das deiner Meinung nach überhaupt sein?»

Kröger schüttelt abwägend den Kopf. «Weiß nicht. Irgendetwas. Ich könnte es bestimmt herausfinden.»

Lars ist am Tisch angekommen. Er greift sich das Brotmesser

und wiegt es einen Moment in den Händen, als überlege er, Kröger damit zum Reden oder wahlweise zum Schweigen zu bringen. Er prüft die Klinge, dann schneidet er sich eine Scheibe Brot ab und setzt sich. «Ich glaub nicht, dass Birte etwas auf der Seele liegt. Sie hat sich verliebt. Fertig, aus.»

Zwei Scheiben Wurst landen auf dem Brot, dann beißt Lars genüsslich hinein.

Es ist ein bisschen harsch formuliert, stimmt aber. Birte ist ein praktisch denkender Mensch. Zahlen und Fakten sind ihr Spezialgebiet. Sie würde aus ihrem Herzen keine Mördergrube machen. Dieses Gespräch mit Kröger ist sinnlos.

«Leute», wende ich mich in die Runde und muss mir dabei die Hand vor den Mund halten, um keine Brotkrumen auszuspucken, «hört bitte auf. Ich will keine Ratschläge mehr. Ich möchte eigentlich nur, dass ihr mich allein lasst.»

Keiner meiner Freunde hält diesen Wunsch für eine gute Idee, das lese ich in ihren Gesichtern. Und in diesem Punkt scheinen sich alle einig zu sein.

Lars schlägt seine Kerbe noch ein wenig tiefer. «Weißt du, Toby, auch wenn das jetzt etwas taktlos klingen mag, aber das Singleleben in unserem Alter ist gar nicht so übel. Es gibt viele tolle Frauen, die nur auf Kerle wie uns, also Kerle mit Lebenserfahrung und ordentlich Einkommen, warten. Junge Frauen vor allem. Ich überleg mir mal etwas, damit du ein paar kennenlernst. Das bringt dich möglichst schnell auf andere Gedanken.»

Als wäre Lars ein Fachmann auf dem Gebiet des Flirtens, starrt Kröger ihn an. Gedanklich steckt er aber vermutlich noch bei dem Satz mit den vielen tollen Frauen fest, die auf Kerle mit ordentlich Einkommen stehen. Seit geraumer Zeit löst das Thema Geld bei Kröger eine kurze, aber deutlich wahrnehmbare Schockstarre aus. Seine letzte Anschaffung, ein Mercedes ML 350, könnte damit in direktem Zusammenhang stehen. Zwar versucht er, die Aktion immer wieder durch ermüdende Monologe vor uns und vor sich selbst zu rechtfertigen, indem er darauf hinweist, der Wagen sei ausgesprochen zweckmäßig beim Transport seiner orthopädischen Stühle. In Wahrheit glaube ich, dass der Kauf Krögers Art der Rebellion ist. Wo andere Männer sich betrinken oder nicht an Absprachen mit der Ehefrau halten, least Kröger sich eine 60 000-Euro-Karre, um wenigstens anzudeuten, er habe zu Hause die Hosen an und dürfe sich von seinem sauer verdienten Geld auch mal etwas gönnen. Leider ist der Schuss nach hinten losgegangen. Sanni hat sich sehr schnell sehr selbstverständlich in ihrem neuen Leben als Geländewagenfahrerin eingerichtet. Sie schnappt sich den Mercedes, sobald sie mehr als einen Liter Milch transportieren muss, und hat Kröger aufgrund der monatlichen Leasingraten deshalb zu mehr Sparsamkeit ermahnt. Weder seinen Versuch einer Rebellion noch den Wunsch, als Haushaltschef wahrgenommen zu werden, scheint sie bemerkt zu haben.

«Ich glaube kaum, dass Toby sich schon für andere Frauen interessiert», findet Kröger nach längerer Pause zurück in die Unterhaltung und spricht mir damit aus der Seele. «So etwas braucht Zeit. Birte schwirrt doch noch in seinem Kopf herum. Und in seinem Herzen erst recht.» Er fasst sich an die Brust, als habe ihn ein Schuss getroffen. «Außerdem kann ich mir nicht vorstellen, dass zwischen den beiden wirklich alles vorbei ist. Vielleicht benötigt Birte nur ein paar Tage für sich und –»

«Stopp!», brülle ich und lasse scheppernd mein Messer auf den Teller fallen. «Ich habe endgültig genug von dem Schwachsinn.»

Um mich herum wird es mucksmäuschenstill. Sogar Mirko auf der Couch ist aufmerksam geworden.

«Ich weiß, ihr meint es gut. Aber schlaue Ratschläge kann ich mir auch selbst geben. Ich will keine kurzfristige Romanze.» Ich werfe Lars einen vernichtenden Blick zu. «Schon gar nicht mit einer Jüngeren. Ich will eine Frau, der ich auf Augenhöhe begegnen kann.

Ich will Birte. Und wenn das nicht geht, will ich in Ruhe gelassen werden. Ist das jetzt klar?»

«Sorry, Toby», verteidigt sich Lars. «Wir wollen dir doch nur helfen ...»

Wütend stehe ich auf und stapfe ins Wohnzimmer.

«Ich weiß. Aber ich brauche keine Hilfe. Was ich brauche, ist ein Schnaps.»

5. Kapitel

Das folgende Wochenende bin ich gefangen im Karussell meiner Gefühle. Mal befinde ich mich oben, fühle mich abwechselnd trotzig oder wütend, auf jeden Fall über den Dingen stehend, und betrachte meine Probleme mit abfälliger Arroganz. In diesen Momenten kann ich mir einen Neuanfang vorstellen, ich verbuche Birtes Schritt als etwas Schicksalhaftes, das mein Leben auf jeden Fall zum Guten wenden wird. Dann wiederum schleppt sich meine Karussellgondel durch eine Talsohle, es geht mir mies, und ich fühle mich einsam, verletzt und depressiv. Und der Gedanke, jemals im Leben wieder glücklich zu werden, kommt mir abwegig und zutiefst unrealistisch vor.

Leider überwiegen diese negativen Phasen. Wieder und wieder überlege ich, was schiefgelaufen ist zwischen Birte und mir und warum ich nicht viel eher gemerkt habe, dass sie sich von mir abwendet. Wäre Sex beziehungsweise das Fehlen eines Sexlebens nicht ein Indikator gewesen? Oder eher ein Grund, sich nach einem geeigneten Paartherapeuten umzusehen? Sicher, Birte und mir fehlten intime Momente. Doch wann wäre Gelegenheit dafür gewesen? Abends war meist einer von uns müde, Birte kam oft nicht vor 21 Uhr nach Hause, danach war sie erschöpft oder hat zu Hause weitergearbeitet. Für mich bestand darin kein Grund zur Sorge. Wenn einem der Job Spaß macht, tut das der Seele gut. Außerdem brauchten wir auf niemanden Rücksicht zu nehmen. Außer auf uns.

Das haben wir leider außer Acht gelassen. Nie im Leben wäre ich auf die Idee gekommen, dass Birte unzufrieden ist. Sie wirkte immer ausgeglichen und erfüllt. Dass ihr Glück daher rührte, regelmäßig mit Noah über sein Matratzenlager zu turnen, habe ich nicht mal geahnt. Entsprechend heftig erschüttert es mich nun.

In meinem ganzen Leben habe ich mich noch niemals so beschissen gefühlt. Hinzu kommt, dass ich mich in jeder Minute, die ich zu Hause sitze und Birte vermisse, über mich selbst ärgere.

Montagmorgen gibt es genau zwei Gründe, die mich vor die Tür zwingen. Zum einen benötige ich eine Krankschreibung, denn zum Arbeiten fehlt mir jedweder Elan. Zum anderen muss ich in den Supermarkt, um die Hausbar aufzufüllen. Mit beinahe vierzig möchte man, dass einem das Zeugs, mit dem man sich benebelt, auch schmeckt.

Statt klischeehaft zu trinken, könnte ich es natürlich auch mit einer Therapie, einem Waldspaziergang oder einer rationalen Excel-Tabelle versuchen, um das Für und Wider der Beziehung mit Birte abzuwägen. Aber Saufen ist für Männer nun mal die naheliegendste Option. Eine schmerzfreie Variante, für die es wenig Aufwand und noch weniger Mut bedarf.

Mein Hausarzt, Dr. Volkmar, ist Vater eines achtzehnjährigen Jungen, den ich vergangenes Jahr erfolgreich verteidigt und vor einer Vorstrafe bewahrt habe. Entsprechend wohlwollend betrachtet er mein Ersuchen nach einer Krankschreibung. Zudem bin ich Privatpatient und habe somit ein gewisses Anrecht auf Erfüllung meiner Wünsche. Und mein aktuell größter Wunsch ist – wenn es mit der Rettung meiner Beziehung schon nicht klappt –, wenigstens in Ruhe sumpfen zu können.

Der Doktor nickt verständnisvoll. «So, so, die Frau ist weg. Schöner Mist. Wenn Sie da mal mit einer Woche Saufen auskommen.» Er füllt ein Formular aus. «Sonst melden Sie sich noch mal. Zweimal kann ich noch verlängern. Danach empfehle ich Ihnen jedoch dringend, wieder zur Arbeit zu gehen. Sonst verlieren Sie den Boden unter den Füßen. Arbeiten hilft der Psyche mehr, als zu Hause rumzulungern.»

Danke für den Tipp, Herr Doktor. Vorerst kann ich es mir allerdings sehr gut vorstellen, eine Weile benebelt zu Hause zu bleiben. Und danke auch für den gelben Zettel.

Es geht doch nichts über einen Mediziner, der über den Tellerrand blickt.

Nachdem ich zwei volle Jutetüten klirrend nach Hause geschleppt habe, sortiere ich die Flaschen in die Hausbar ein und rufe anschließend bei Frau Behrend an. Meine Sekretärin klingt, als erleide sie schlimmere Schmerzen als ich.

«Ach, Herr Voss, das tut mir so leid. Wird Ihnen wenigstens adäquat geholfen? Ich wüsste da einen hervorragenden Orthopäden, der macht sogar noch Hausbesuche.»

Das würde mir gerade noch fehlen!

«Danke, es wird schon wieder. Ich unternehme gezielte Bewegungsübungen und schlafe in Stufenhaltung. Dazu Physiotherapie.»

Außerdem rauche ich wieder und saufe mich in den Schlaf.

Beruhigend füge ich hinzu: «Nächste Woche bin ich wieder fit. Ganz sicher.»

«Was mache ich denn jetzt bloß mit dem Otto-Termin morgen?», seufzt sie.

«Verschieben. Um eine Woche. Sie schaffen das.»

«Natürlich. Darf ich noch an den Ehevertrag für die von Heusers erinnern?»

«Nächste Woche.»

Sie lässt nicht locker. «Sie wissen ja, dass die beiden sich ein Bein ausgerissen haben, um Silvester zu heiraten.»

«Das ist ja noch etwas hin.»

«Sicher», lenkt sie ein. «Dann wäre da noch der KrollCar-Fall ...»

«Konnten Sie den nicht Rewald zuschustern?» Muss ich mich denn um alles selbst kümmern?

«Leider nein. Bin auf Granit gestoßen. Er habe genug an den Hacken. Unter anderem die Papst-Scheidung.»

«Die ... was?»

Sie hilft mir auf die Sprünge. «Marina und Christian Papst. Der Promi-Koch trennt sich von seiner Frau. Oder besser: sie sich von ihm. Herr Rewald bat mich, ihm unter die Arme zu greifen.»

Ach ja. War klar, dass Ronaldo sich der Sache angenommen hat. Bringt viel Publicity, der Fall, da kann er es mit seinem Zahnpastalächeln sogar bis ins Fernsehen schaffen. Vielleicht wird ja einer aus der Blend-a-med-Forschung auf ihn aufmerksam und wirbt ihn ab. Herrliche Vorstellung. Darauf einen Drink!

Ich schaffe es, die Whiskyflasche mit einer Hand zu öffnen. Der erste Schluck tut gut und lässt die inzwischen zur Gewohnheit gewordene Gleichgültigkeit wieder aufkommen.

«Hallo? Herr Voss, sind Sie noch dran?»

«Ja, ja. Egal. Ich schaff das mit KrollCar schon selbst. Noch ist genügend Zeit. Apropos: Jetzt muss ich leider los, zum Turnen. Ich melde mich zum Ende der Woche noch mal bei Ihnen.»

«Na gut. Es gäbe da nämlich noch diese Sache, die ich dringend mit Ihnen besprechen müsste.»

Klar. Aber bitte nicht heute. «Geht das vielleicht auch telefonisch?» Im Stillen bete ich, dass sie nein sagt, und halte die Luft an.

Frau Behrend scheint einen Moment ernsthaft zu überlegen, knickt dann aber ein. «Ach nein. Ich denke, es hat Zeit, bis Sie zurück im Büro sind.»

Erleichtert atme ich aus. Zu früh, wie sich herausstellt, denn noch etwas liegt meiner Sekretärin auf dem Herzen.

«Es kam übrigens eine Erinnerung an Dr. Steinfels' Geburtstag. Per *Mail*.» Sie betont das Wort, als sei diese Art der Kommunikation ein alberner Rückschritt, da sich die Menschheit längst via Teleportation galaxienübergreifende Nachrichten zubeamen lässt. Tatsächlich meint sie jedoch das genaue Gegenteil.

«Sie entsinnen sich hoffentlich? Dr. Steinfels feiert seinen 60. Geburtstag und hat Ihnen vor Wochen eine Einladung zum Empfang zukommen lassen. Ebenfalls per *Mail*.» Noch einmal lässt sie sich das Wort auf der Zunge zergehen.

In der Tat scheint es mir ein Meilenstein der Kommunikationsgeschichte zu sein, dass Dr. Steinfels auf diesem Weg private Schreiben verschickt. In seinen Kreisen werden Einladungen normalerweise auf Büttenpapier gedruckt und Jahre im Voraus versendet. Vielleicht sind ihm seine Mitarbeiter aber auch einfach kein teures Papier wert.

«Dann schauen Sie doch bitte in meinem Kalender, ob ich an dem Abend Zeit habe», bitte ich Frau Behrend. Das Fest will ich mir nicht entgehen lassen. Der Chef könnte den Anlass nutzen, um den Nachfolger von Bent Schlader bekannt zu geben.

«Der Senior feiert am Samstag, dem 5.12. Also einen Tag vor Nikolaus», informiert mich Frau Behrend. «Mittags. In seinem Alter macht man das so. Sie haben keinen Termin an dem Tag, also sage ich zu?»

«Jep.»

Endlich scheint alles abgearbeitet, und ich kann mich dem Saufen widmen.

In den letzten Tagen blieb ich mit dem Whisky – und meinem Kummer – meist nicht lange allein. Meine Kumpels schoben abwechselnd Schicht bei mir. Betreutes Trinken sozusagen.

Was für ein Luxus.

Gegen Ende der Woche kommen sie mal wieder zu dritt und übertrumpfen sich bei ihrem Vorhaben, mir auf die Nerven zu gehen, gegenseitig.

«Weißt du, Toby, wir finden, es wird Zeit, dass du wieder unter Leute gehst.» Lars macht eine auffordernde Geste in Richtung Kröger. Sofort springt dieser drauf an.

«Genau», pflichtet er Lars bei, «also unter andere Leute. Unter Fremde. Es ist nicht gut, dass du immer nur zu Hause rumhängst. Mit uns.»

Meine Rede! «Dann geht doch», erkläre ich motzig.

Resignierte Blicke werden ausgetauscht. Kröger nimmt einen neuen Anlauf. «Wir glauben, dass du Ablenkung brauchst. Das ständige Grübeln bringt dich auf Dauer nicht nach vorn. Es ist an der Zeit umzudenken.»

Ich gebe mich interessiert. «Ach ja? Und an was soll ich eurer Meinung nach denken?» Fragend schaue ich in die Runde. Mirko hat bisher noch gar nichts von sich gegeben.

Keiner scheint sich so recht zu trauen, etwas zu sagen. Unsicher rutschen sie auf ihren Plätzen hin und her. Schließlich räuspert sich Mirko.

«Du musst neue Impulse bekommen, dich ablenken und wieder Spaß am Leben kriegen. Nur so kannst du dich langsam berappeln.»

Ich hebe mein Whiskyglas. «Ich habe Spaß am Leben.»

Mirko schüttelt den Kopf. «Du kannst nicht jeden Abend hier rumsitzen, dich bemitleiden und saufen. Geh raus und flirte. Das lenkt dich am besten ab. Denk an den Hund.»

«Ich will keinen Hund.»

«Ich meine *meinen* Hund. Tommy.» Nach einer Pause fügt er hinzu: «Du brauchst eine Frau, um über Birte hinwegzukommen.»

Lars schlägt in dieselbe Kerbe. «Genau. Versuche es als Glücksfall zu betrachten: Du kannst in deinem Alter noch mal hemmungslos flirten!»

«Ich bin neununddreißig. Nicht neunundsiebzig.»

«Die Zeit vergeht schneller, als du denkst.»

«Aber ich will nicht raus. Ich will auch nicht flirten. Ich möchte einfach nur mein altes Leben zurück. Nicht mehr und nicht weniger.»

«Das glaubst du nur.» Lars und Mirko sind sich einig.

«Na und? Darum geht es doch, oder? Was *ich* glaube. Was *ich* mir wünsche. Und ich möchte nun mal meinen Alltag zurück.»

«Das geht aber nicht.» Lars klingt drängend. «Keine Angst, ich hab da eine Idee, wie du auf einen Schlag sieben Frauen kennenlernst.»

«Sieben auf einen Streich», murmelt Mirko. «Gibt's das nicht in einem Märchen?»

Fragend sehen ihn alle an.

Mir wird das alles zu bunt. «Ich will es gar nicht wissen.»

Lars ignoriert meinen Einwand. «Beim Speed Blind Date geht das ganz easy. Die Frauen dort sind auch auf der Suche und ...»

«Ich bin nicht auf der Suche!», unterbreche ich ihn.

«Du musst ja auch keine Beziehung mit denen eingehen. Im Gegenteil. Keiner von uns hält es für eine gute Idee, dass du dich sofort wieder bindest. Aber ein wenig Spaß haben kannst du. Flirten und vielleicht unverbindlichen Sex ...» Der Bindungsphobiker in ihm schaut mich zufrieden lächelnd an.

«Aber ...» Hilfesuchend nehme ich Kröger als Beispiel. «Olli hier ist auch glücklich, ohne ständig auf die Piste zu gehen. Er hat seinen Alltag, seine Frau und sein Auto. Er vermisst nichts. So ging es mir auch mal. Und diesen Zustand will ich zurück.»

«Niemand verlangt von dir, andauernd feiern zu gehen», fällt Kröger mir in den Rücken. Dabei bedient er sich wieder des Krankenpflegertonfalls. «Aber auf einen Versuch kannst du es doch wenigstens ankommen lassen.»

«Genau!», pflichtet Lars ihm bei. «Und deshalb starten wir damit gleich heute Abend. Keine Widerrede. Es ist Freitag, die Bars sind voll, und mit unserer Hilfe wirst du ein paar Stunden von deinen Sorgen abgelenkt.»

«Glaub ich nicht.»

«Herrgott noch mal, Toby!» Mein Kumpel springt auf. «Natürlich glaubst du es nicht. Aber wir!» Er legt sich die flache Hand erst auf den Brustkorb, dann vollführt er damit eine raumgreifende Geste. «Wir wissen es. Weil wir das alle durchgemacht haben. Also los.»

Wie auf Kommando schießt jetzt auch Mirko in die Höhe. Selbst er wirkt Feuer und Flamme, wo er doch bisher kaum etwas gesagt hat. «Ich würde vorschlagen, wir fahren erst mal zu mir und ziehen von dort aus los.»

«Aber kein Blind Date!» Ich schaue zu Lars.

Er schüttelt den Kopf. «Nein.»

«Versprich es.»

«Heute kein Blind Date. Versprochen.» Er wendet sich zu Kröger. «Du bist doch mit dem Wagen hier, oder, Olli? Du fährst!»

Lars und Mirko reisen neuerdings mit öffentlichen Verkehrsmitteln bei mir an und teilen sich zurück ein Taxi. Bin gespannt, wann sie mir die Rechnung hierfür präsentieren.

Kröger verzieht unglücklich das Gesicht. Es ist offensichtlich, dass er gehofft hatte, zu Hause bleiben zu können. Wie ich.

«Aber ... Um 22 Uhr wollten Sanni und ich Kommissarin Lund gucken», wirft er ein.

Mirko straft ihn mit einem bösen Blick. «Mann, Olli! Dein bester Freund braucht Hilfe, und du verziehst dich auf die Fernsehcouch? Habt ihr etwa keinen Festplattenrekorder?» Als Kröger nicht reagiert, fügt er hinzu: «Ich könnte dir einen besorgen.»

Kröger winkt ab und ergibt sich seinem Schicksal.

Lars, der offenbar weder Interesse an Frau Lund noch an Krögers technischem Equipment hat, will Nägel mit Köpfen machen. «Pass auf, Olli. Du rufst jetzt bei deiner Frau an und erklärst ihr, dass wir hier einen Notfall haben.» Bei dem Wort Notfall deutet er auf mich.

«Schon wieder ein Notfall», stöhnt Kröger. «Das glaubt die mir nie.»

Als er in die genervten Gesichter seiner Kumpels schaut, hebt er abwehrend die Hände. «Ja, ja, schon gut. Ich versuche es.» Er zieht sein Handy aus dem Ermittlersakko und entfernt sich ein paar Schritte von uns, um bei Sanni anzurufen.

«Und du holst dir schon mal eine Jacke.» Mirko zerrt mich stiefmütterlich am Arm. «Ich könnte dir übrigens eine nigelnagelneue Lederjacke besorgen. Eins-a-Qualität und ...»

«Nee, lass mal.» Zögernd erhebe ich mich und deute auf meine Armbanduhr. «Aber um 1:30 Uhr läuft die Wiederholung von *Homeland*. Da wäre ich gern zu Hause.»

Lars und Mirko stöhnen synchron.

«Ich kann nicht glauben, wie fernsehsüchtig ihr seid», sagt Lars genervt. Gnädig erklärt er: «Wir werden sehen.»

Vermutlich baut er darauf, dass ich bereits in einer Stunde so voll bin, dass mir der Kampf der CIA gegen den Terror egal ist.

Und mit diesem Verdacht soll er recht behalten. Eine Dreiviertelstunde später sitzen wir an einem Hochtisch im *20 Flight Rock*, einer Rockabilly-Kneipe, unweit Hamburgs sündigster Meile, der Reeperbahn. Der Laden liegt direkt unter Mirkos Bude. Er hat gerade erst geöffnet, wir sind die ersten Gäste. Die Luft ist abgestanden, und es riecht nach kaltem Rauch und feuchtem Keller.

Warum meine Kumpels mich ausgerechnet hierhin geschleppt haben, ist mir schleierhaft.

Hinter der Bar steht ein schmales Jüngelchen mit länglichem Gesicht und freakigem Bartwuchs. Frank Zappa dürfte sein Vorbild sein, denn auf seinem aus der Form geratenen T-Shirt lässt sich trotz geschätzter achtzig Buntwäschevorgänge Zappas Konterfei erahnen. Eventuell möchte er durch das Shirt auch nur vermeiden, als mutmaßliches Mitglied einer Terrorgruppe verhaftet zu werden und den Rest seines Lebens in einem amerikanischen Hochsicherheitstrakt zu verbringen.

Wir bestellen drei Bier und eine Cola und schauen uns neugierig um.

Zu dem Frank Zappa gesellt sich jetzt ein in die Jahre gekommener Kerl mit dünnem Haar, Bauchansatz und Elvis-T-Shirt. Offenbar der DJ. Er lässt sich vom Barmann eine Flasche Bier geben und stapft neben dem Tresen auf eine Art Kanzel, wo er mit zärtlichem Blick das zerfledderte Cover einer Vinylscheibe betrachtet. Zweimal streicht er sanft darüber, ehe er die Platte herauszieht und gekonnt auf den Plattenteller gleiten lässt. Anschließend stülpt er einen Kopfhörer über sein schütteres Haar, beugt sich über den Plattenspieler, und als die Musik ertönt, lächelt er versonnen. Zum Glück ist Rockabilly zeitlos und gut zu ertragen.

Um nicht über das Älterwerden und meinen bevorstehenden runden Geburtstag nachzudenken, lasse ich meinen Blick lustlos weiterschweifen. Oberhalb des Tresens baumelt eine hawaiianische Blumenkette von einem Bambusrohr, an den Wänden ebenfalls. Darunter prangen vergilbte Bandplakate. Auch ein paar neueren Datums erkenne ich. Scheint, als gäbe es hier oft Livemusik.

Das 20 *Flight Rock* wäre nicht unbedingt meine erste Anlaufstelle gewesen, um bei Bier und Schnaps einen beschaulichen Abend zu verleben. Überhaupt ist die allabendliche Menschenansammlung in der gesamten Kiezgegend nichts für schwache Nerven. Touristen, einheimisches Partyvolk, Konzertgänger, Freier, Betrunkene und Neugierige treten sich hier nachts auf die Füße. Sobald die Sonne untergegangen ist, werden sie von den blinkenden Neonreklamen der Clubs angezogen wie die Motten vom Licht. Für einen Mann in meinem Alter kaum mehr nachvollziehbar.

Ich bevorzuge zum Ausgehen mittlerweile die ruhigeren Viertel der Stadt. Das war nicht immer so, aber Einladungen zu Partys sind selten geworden. Birte und ich beschränkten uns deshalb darauf, ab und zu gemeinsam auswärts essen zu gehen. Meist wenn es etwas zu feiern gab. Oder aber ich habe mich mit einem Kumpel auf ein Bier getroffen. Dabei fiel unsere Wahl jedoch auf Läden, in denen Musik keine große Rolle spielte. Lokale, in denen der Fußboden nicht klebt, die Toilette eine Tür und das Servicepersonal noch alle Zähne hat.

Was Mirko an dieser Gegend findet, weiß der Geier. Zwar wohnt er in einer für Sankt Pauli überraschend gepflegten und modernisierten Altbauwohnung, dafür aber direkt am Hans-Albers-Platz. Beugt man sich über das Geländer seines kleinen Balkons, kann man die Prostituierten dabei beobachten, wie sie männliche Kiezbesucher anbaggern. Das muss man schon mögen.

Ein weiterer Grund, warum ich mich selten auf die Reeperbahn verirre, ist, dass man im Umkreis von schätzungsweise einem Kilometer unmöglich einen Parkplatz ergattert. Mirko hat sich aus diesem Grund unweit seiner Wohnung einen Stellplatz in einer öffentlichen Tiefgarage gemietet. Glück für Kröger und seinen Mercedes, der nun geschützt und trocken auf einem ungekennzeichneten Platz der Garage steht.

«Ist ganz schön ... äh ... cool hier», erklärt Kröger und nippt an seiner Cola.

Uns ist klar, was er damit meint, nämlich, dass er ein derartiges Etablissement niemals, weder vor noch nach seiner Hochzeit, aus eigenem Antrieb aufgesucht hätte.

Mirko nimmt es als Kompliment. «Ja, geil, nicht?» Sein strahlendes Lächeln ist nicht zwangsläufig auf Krögers Bemerkung zurückzuführen. Vielmehr kann es auch mit der weiblichen Tresenbedienung zu tun haben, die gerade ihre Schicht angetreten hat und als erste Amtshandlung unseren Tisch ansteuert, um Mirko einen innigen Wangenkuss aufzudrücken.

«Leute, das ist Mona», stellt er sie uns vor. «Eine sehr gute Freundin von mir.» Dann deutet er der Reihe nach auf uns. «Das hier sind meine Kumpels Tobias, Lars und Kröger. Wir sind hier, um Toby etwas aufzuheitern. Er hat Liebeskummer.» Mit theatralischer Geste klopft er mir auf die Schulter.

Ich verziehe genervt das Gesicht. Mona lächelt.

«Hier bleibt keiner lange traurig», erklärt sie und weist mit vielsagender Geste auf das Schnapsregal hinter der Bar. «Auch dir geht es bald besser. Versprochen!»

Sogleich schwirrt sie ab, um uns etwas Härteres zum Trinken zu holen. Alle vier starren wir ihr hinterher. Mona ist eine auffällige Erscheinung, sie hat ihre dunklen, fast schwarzen Haare zu einem wippenden Pferdeschwanz gebunden, trägt einen dunkelgrauen Minirock, Knautschstiefel und ein zerschnittenes schwarzes Tour-Shirt von *The Cure*. Passt musikalisch nicht wirklich hierher, bringt aber Monas bunt tätowierte Arme wunderbar zur Geltung. Von den Händen bis zu den Schultern sieht man kaum einen Fleck purer Haut. Das weite Shirt gewährt außerdem Einblick auf ihren verzierten schwarzen BH.

Mir ist dieser ganze Tüdel von Spitzen oder Löchern ja suspekt. Aber in dieser Gegend kann man wahrscheinlich froh sein, wenn eine Frau überhaupt einen BH trägt. Üblicherweise blickt man gleich auf nackte Brüste.

Der Ü50-DJ legt sich jetzt so richtig ins Zeug. Unbemerkt hat er sich umgezogen, trägt nun Sonnenbrille und Cap und wippt ekstatisch zur Musik, sodass seine schwabbeligen Wangen nur so hin- und herfliegen.

Inzwischen hat sich der Laden etwas gefüllt. Die Tresenplätze wurden, wie es scheint, von Stammgästen okkupiert, die sich wippenden Fußes in solidem Tempo auf den Absturz zusaufen. Ein Elvis-Fan sitzt zwischen zwei gealterten Rock'n'Rollern, daneben hockt ein Punkrocker mit Ganzkörpertätowierung. Von den Frauen tragen manche weite Petticoat-Röcke, andere lässige Rockerkluft.

Gemein haben alle Gäste nur, dass sie größtenteils tätowiert sind.

Vereinzelt kann ich auch Touristen identifizieren. Sie sitzen verschüchtert an den umliegenden Bartischen und schauen sich ehrfürchtig um oder lästern über die bunte Truppe an der Bar.

Besonders auffällig verhält sich eine Gruppe Mädels, die Junggesellinnenabschied feiern. Sie kippen einen Schnaps nach dem anderen herunter, lachen und grölen. Eine von ihnen trägt eine Art Bauchladen vor sich, aus dem sie irgendetwas an vorbeilaufende Gäste verteilt.

Ich wende mich ab, als Mona an unseren Tisch zurückkehrt. Schwungvoll lädt sie ein Tablett mit Schnäpsen vor uns ab.

«Das sind hausgemachte Mexikaner», erklärt sie. «Korn, Tomatensaft und Tabasco. Aber ich muss euch warnen: Das Zeug ist teuflisch. Trinkt man einen, kann man danach nicht mehr aufhören.» Sie hat sich ein Glas mitgebracht und erhebt es feierlich. «Prost und herzlich willkommen!»

Wir stoßen mit ihr an und leeren unsere Gläser in einem Zug. Es schmeckt scharf. Aber gut.

«Und?», erkundigt sie sich fröhlich. «Noch einen?» Ohne auf eine Antwort zu warten, präsentiert sie eine Brauseflasche mit selbstgebasteltem Etikett.

Kröger, der den Fehler begangen hat, sich ebenfalls einen Schnaps zu genehmigen, ist einen Moment abgelenkt und hat schon die nächste Ladung in seinem Glas. Und wie so oft, wenn jemand selten Alkohol trinkt, entfaltet sich die verheerende Wirkung in null Komma nichts. Nach dem zweiten Glas fordert er ein drittes und ist danach besoffen.

«Isch darf nichs mehr trinken.» Seine Stimme leiert bereits gefährlich. «Isch mussoch fahrn. Un zwar gleich.» Umständlich schaut er auf seine Uhr, rührt sich jedoch nicht von der Stelle. Stattdessen streckt er Mona gierig sein Glas entgegen.

Mirko freut das. «Richtig so, Olli. Kannst die Karre ja bei mir stehen lassen.»

«Genau», pflichtet Lars ihm bei. «Trink noch einen. Schließlich sind wir hier, um Toby von seinem Frust abzulenken.» Sein Arm legt sich um meinen Hals und drückt mir wohlmeinend die Kehle zu.

«Und wie du siehst, ist uns das noch kein Stück gelungen.» Mit dem Zeigefinger deutet er auf mein Gesicht.

Tatsächlich bin ich zwar abgelenkt, dabei geht es mir jedoch keinen Deut besser, als wenn ich zu Hause in meinem Wohnzimmer säße.

Nach der vierten Runde Schnaps beginnen wir mit dem Bier. Und während sich das Niveau unserer Gesprächsthemen langsam gegen null bewegt, steigt der Blutalkoholpegel.

Und irgendwann steuern die Junggesellinnenabschiedsmädels unseren Tisch an.

6. Kapitel

Das Erste, was mir beim Erwachen am nächsten Morgen ins Auge fällt, ist eine Schlange.

Sie ist gelb gemustert, liegt zusammengerollt auf einem Ast und scheint mich anzustarren. Unbehaglich starre ich zurück. Bloß keine unvernünftige Bewegung machen. Irgendwann erkenne ich jedoch, dass sich das Tier in einem Terrarium befindet, was mich zwar einerseits beruhigt, mir aber andererseits endgültig bewusst macht, nicht in meinem eigenen Bett zu liegen.

Vorsichtig schaue ich mich um. Draußen ist es bereits helllichter Tag, Gardinen baumeln links und rechts des quadratischen Fensters, sodass die Wintersonne ungefiltert ins Zimmer dringt. Bei dem Versuch, mich aufzurichten, um besser sehen zu können, wird mir speiübel. Mein gesamter Körper, vor allem aber der Kopf, fühlt sich an, als hätte ich die Nacht in einer Druckluftkammer verbracht. Das Hirn scheint verrutscht zu sein, alle Organe sind entweder klein geschrumpft oder aufgedunsen, auf jeden Fall nicht mehr für meinen Rumpf passend. Als besonders befremdlich empfinde ich jedoch die Tatsache, in einem fremden Zimmer zu sein. Es kam in den letzten Jahren eher selten vor, dass ich auswärts genächtigt habe. Nur ab und zu, etwa einmal im Quartal, wenn ich beruflich reisen musste.

Stöhnend lasse ich mich zurück in die Kissen sinken. Der Raum kommt mir aber seltsam bekannt vor, auch wenn ich momentan nicht allzu viel auf mein Urteilsvermögen gebe. Als weniger vertraut, also genau genommen als vollkommen fremd, empfinde ich dagegen die Frau, die neben mir liegt.

Sie schläft. Zumindest glaube – nein, hoffe ich, dass es sich bei der Person um eine schlafende Frau handelt, sicher bin ich mir da nicht. Allerdings wüsste ich nicht, warum ich das Bett mit einem Mann teilen sollte. So betrunken kann ich gar nicht gewesen sein.
Oder?
Vermutlich wäre es schlau, einfach mal kurz nachzuschauen, doch jede Bewegung schmerzt. Und für den unwahrscheinlichen Fall, dass sich die Person in meinem Bett doch als Kerl entpuppt, habe ich keinen Plan parat. Ich schließe die Augen.
Als ich sie nach einiger Zeit wieder öffne, sehe ich mich genauer um. In Sachen Wiedererkennung kann ich einen Teilerfolg verzeichnen: Bei dem Zimmer handelt es sich unzweifelhaft um Mirkos Schlafzimmer. Leicht zu erkennen an dem Plakat von *Orchester Bandini* an der Wand über dem Terrarium, Mirkos Lieblingsband. Auch das Geschlecht der Person neben mir ist geklärt: Auf dem Boden vor dem Bett liegt ein blauer BH.
Gut, das muss auf der Reeperbahn im Grunde genommen noch gar nichts bedeuten, dennoch lässt sich – aufgrund der moderaten Körbchengröße – mit hoher Wahrscheinlichkeit ausschließen, dass ich einem Transvestiten aufgesessen bin. Die pumpen sich ihre Möpse bekanntlich bis ans Limit.
Als sich neben mir plötzlich etwas bewegt, schließe ich blitzartig wieder die Augen. Im Stillen bete ich, dies alles möge sich als Teil eines grässlichen Albtraums entpuppen.
Das Gegenteil ist der Fall. Bruchstückhafte Szenen des gestrigen Abends schießen mir durch den Kopf. Ich sehe Kröger, wie er versucht, sich mit dem Gürtel am Tisch anzuschnallen, damit er nicht von der Bank fällt. Außerdem Lars, wie er Krögers Handy in die Luft reckt. Maria Magdalena dudelt wie verrückt, immer wieder aufs Neue. Wir lachen, machen uns darüber lustig. Dann reiße ich das Telefon an mich, um es auszuschalten, doch Lars kommt mir zuvor. Er nimmt es, will es in sein Bierglas werfen, was ich in letzter

Sekunde verhindere. Wir ringen um das Gerät. Lars verschenkt es schließlich an den Verkäufer des Hamburger Obdachlosenmagazins. Ein Bild von Kröger huscht durch meine Erinnerungen, wie er sich in seinem Gürtel verheddert und deshalb von alldem nichts mitbekommen hat.

Dann kommt mir plötzlich Mona in den Sinn. Die sympathische Barfrau. In vager Hoffnung werfe ich einen verstohlenen Blick neben mich. Negativ. Trotz des nebulösen Rückblicks bin ich mir sicher: Das ist nicht Mona. Verrückterweise verspüre ich darüber leises Bedauern. Nicht etwa, weil ich scharf auf eine Nacht mit ihr gewesen wäre, wohl aber, weil ich sie beim Aufwachen zumindest mit Namen hätte ansprechen können. Zu dem kugelrunden Haarschopf, der sich auf dem Nachbarkissen gerade die Decke vom Gesicht zieht, fällt mir nämlich leider gar nichts ein. Weder Name noch Herkunft. Aber eine Frau ist es, daran besteht nun kein Zweifel mehr. Niemals hätte ein Transvestit sich einen derart geschmacklosen Haarschnitt verpassen lassen. Denn, so muss ich mir leider eingestehen, rein äußerlich betrachtet ist meine Eroberung die schlimmste anzunehmende Katastrophe, gleich nach einer Liebesnacht mit dem Ü50-DJ.

Gegen Schwindel und Übelkeit kämpfend, stütze ich mich auf den Ellenbogen und schaue genauer hin.

Sie hat braune, mittelkurze Haare mit roten Strähnen, die wie Laserschwerter von ihrem Kopf abstehen. Außerdem ein dünnes geflochtenes Zöpfchen, das sich bei jeder Kopfbewegung wie ein verknotetes Paar Regenwürmer über die Bettdecke schlängelt.

Ich weiß, dass dieser Haartrend sich in den Achtzigern im Hamburger Umland immenser Beliebtheit erfreute, was mir damals schon suspekt vorkam. Heute macht er mir regelrecht Angst.

Ein weiterer Erinnerungsblitz durchzuckt mich bei dem Gedanken an Hamburger Vororte. Der Nachbartisch! Die Junggesellinnen! Der Horror!

Als sich Nicht-Mona neben mir jetzt noch etwas mehr aus der Decke wühlt und dabei das Regenwurmschwänzchen unter ihren Schultern begräbt, wird aus Ahnung Gewissheit. Sie war definitiv eine der feierfreudigen Frolleins am Nebentisch. Und sie ist wach.

Aus großen mascaraverklebten Augen werde ich fragend angestarrt. Sieht so aus, als habe auch sie keinen Schimmer, wie sie in dieses Bett geraten ist. Doch Sekunden später erweist sich dies als Trugschluss.

«Guten Morgen, Toby», nuschelt sie verschlafen. «Mann, war das 'ne coole Nacht.»

O-kay. Scheint, als verfüge sie über einen eklatanten Wissensvorsprung. Langsam bekomme ich eine Ahnung, wie die Idee zu dem Film *Hangover* entstanden ist. Bleibt zu hoffen, dass ich mir keine nackte Frau ins Gesicht habe tätowieren lassen. Doch so, wie Nicht-Mona mich jetzt ansieht, spricht leider einiges dafür. Vielleicht hat sie aber auch nur eine Überdosis Wimperntusche ins Auge bekommen.

«Du siehst aus, als wüsstest du nicht mehr viel von gestern», sagt sie und reibt sich die Augen. Dann tut sie etwas, dass mich erstarren lässt. Sie schmeißt sich an mich heran, platziert einen ihrer gewaltigen Oberschenkel auf meinem Geschlecht und beginnt, zärtlich meine Brust zu kraulen.

«Sehr schade», seufzt sie, «dabei war es wirklich eine wundervolle Nacht. Für mich und für dich auch.»

Ich bin noch immer nicht in der Lage, mich zu bewegen oder etwas zu sagen. Mein Wunsch nach Flucht verstärkt sich von Minute zu Minute, wird jedoch durch den Umstand vereitelt, dass mir noch immer zu übel zum Aufstehen ist. Und ein wenig habe ich Angst, dass mir bei einer ungeschickten Bewegung die Kronjuwelen zerquetscht werden.

Der Körperkontakt mit der fremden Frau fühlt sich ungewohnt und kein bisschen schön an. Weil sie nun mal nicht Birte ist. Und weil ich seit über zehn Jahren keine andere Frau so dicht neben mir gespürt habe. Ich bin eben ziemlich aus der Übung. Zudem muss ich feststellen, dass ich den Gedanken an Birte – gerade in dieser Situation – noch weniger ertrage als sonst. Überhaupt scheint mir heute alles nur noch schlimmer zu sein. Die ganze Welt steht kopf.

Schönen Dank an meine Kumpels, die ohne Frage Schuld an diesem Chaos sind.

Nicht-Mona scheint allerdings mit dem Verlauf des Abends zufrieden zu sein. Tiefenentspannt stößt sie ein paar wohlige Seufzer aus.

Ich wüsste wirklich gern, wie es zu dieser gemeinsamen Nacht gekommen ist. Hat sie mich angesprochen? Oder am Ende ich sie? Warum nur? Auch ohne Laserfrisur wäre sie nicht mein Typ. Und das nicht nur, weil ich noch Birte in meinem Herzen trage, sondern auch, weil ich gestern überhaupt nicht in Flirtlaune war.

«Weißt du ...» Sie blinzelt mich an. «Glaub jetzt bloß nicht, ich wäre leicht zu haben. Wenn Daphne mich nicht begleitet hätte, wäre ich sicher nicht mit dir nach Hause gegangen.»

Trotz der grammatisch korrekten Sätze kann ich deren Inhalt irgendwie nicht verstehen. Weil mir partout nicht einfallen will, wer zum Henker Daphne ist. Ein Hund? Womöglich ein Rottweiler? Oder ihre Mutter? Eine kleine Handfeuerwaffe für die Damenhandtasche? Alles ist möglich.

Jetzt zeigt sie auf die gegenüberliegende Wand und kichert. «Ich glaube, sie ist drüben. Bei deinem Kumpel im Zimmer.»

«Bei Mirko?» Ich bin überrascht. Denn mein Kumpel ist für einen One-Night-Stand meist viel zu schüchtern. Seit ich Mirko kenne, verliebt er sich nur alle Jubeljahre. Und stellt sich dementsprechend ungeschickt mit Frauen an, sodass die meisten Beziehungen nicht lange halten. Auch weil er fast immer unterwegs ist.

«Nee, Mirko hieß der nicht. Er hieß ...» Sie denkt einen Moment nach.

«Lars?», schlage ich vor und bete insgeheim, dass es sich nicht um Kröger handelt. Sein schlechtes Gewissen würde ihn umbringen. Oder Sanni würde ihn töten. Auch möchte ich nicht, dass noch eine Beziehung den Bach runtergeht.

Zu meiner Erleichterung erhellt sich ihre Miene. «Ja, genau. Lars.» Sie kichert noch einmal. «Mannomann, nie im Leben hätte ich geglaubt, dass Daphnes Junggesellinnenabschied so lustig wird. Anfangs lief es auch gar nicht gut. Bis wir euch getroffen haben. Da war der Abend gerettet.»

Sie malt kosmische Kreise auf meine Brust mit Fingernägeln, von denen der grüne Lack bereits absplittert. Ich überlege, ob diese Abnutzungserscheinung dem ersten oder zweiten Teil des Abends geschuldet ist – und wie lausig die Nacht gewesen sein muss, wenn meine Kumpels und ich den Höhepunkt dargestellt haben.

Und noch etwas geht mir plötzlich durch den Kopf.

«Willst du sagen, deine Freundin, die nebenan mit Lars auf der Couch liegt, ist im Begriff zu heiraten?»

«Jep.»

Du liebe Güte. Wie es aussieht, hat sich in Moral-Dingen einiges getan, während ich beschaulich in meinem Häuschen am Stadtrand die Abende mit Rasenmähen verbracht habe.

«Ist doch irgendwie verständlich, dass sie noch mal einen draufmachen wollte, ehe sie heiratet», beeilt sie sich, Daphnes Ansehen in ein weniger verwerfliches Licht zu rücken. «Danach geht es ja nicht mehr. Ich meine, du, als Mann, hättest die Gelegenheit vermutlich ebenfalls ausgekostet. Und der Lennert, also Daphnes Zukünftiger, bestimmt auch. So ist das nun mal. Man will noch einmal alles geben, bevor der Spaß vorbei ist.»

Nein, meine Liebe, da irrst du gewaltig. Ich bin einer von denen, die bislang glaubten, die Ehe sei dazu da, um gemeinsam Spaß zu haben. Aber ich sehe schon, mit dieser Meinung liege ich allein in diesem Bett.

Egal. Was kümmert es mich, wie andere in die Ehe starten? Für mich persönlich ist das Thema ohnehin gestorben.

Nicht-Mona setzt sich ein bisschen auf und schaut mich intensiv an. «Du bist doch nicht verheiratet, oder?»

«Nein.»

Es sollte ihr mal jemand beibringen, dass man derartige Fragen *vor* einer gemeinsamen Nacht stellt.

«Tight!» Meine Bettnachbarin strahlt mich zufrieden an und schlägt mit Schwung die Decke zurück. «Komm, lass uns frühstücken.» Schon ist sie aus dem Bett und im Begriff, sich anzuziehen.

Nicht-Mona ist ein wenig pummelig, was sie durch eine monströse Strickjacke mit psychedelischem Muster zu kaschieren versucht. Vergeblich. Weder harmonisiert das Ding mit der Farbe ihres Kleids noch mit ihren Laserschwertern.

Sie sollte zu ihrer Figur stehen und sich nicht unter so einem hässlichen Fummel verstecken, denke ich. Vollschlanke haben durchaus Sex-Appeal. Für die meisten Männer, die ich kenne, vor allem diejenigen über dreißig, zählen andere Dinge als eine Wespentaille.

Wenn ich so darüber nachdenke, dann habe ich keinen festgelegten Geschmack, was Frauen anbelangt. Ich möchte nur eines: umgehauen werden. Von einem Wesenszug, einer Eigenart, irgendetwas, das ich nicht benennen kann, von dem ich aber sehr wohl weiß, wann es mich trifft. So wie es mir vor Jahren mit Birte ergangen ist. Sie strotzte nur so vor Energie und Tatendrang und hat mich mit ihrer frischen Art mitten ins Herz getroffen.

Bei Nicht-Mona trifft mich leider gar nichts. Sie wirkt so burschikos, dass ich noch immer leise Furcht verspüre. Vermutlich beherrscht sie neben ausgefeilten Boxtechniken sämtliche Fußballkniffe, kann die Abseitsfalle ebenso knackig erklären wie einen Verbrennungsmotor und hat skurrile Hobbys wie Giftpilze züchten oder Armbrustschießen. Oder exotische Giftschlangen. Sie ist beim

Anblick des Terrariums jedenfalls erstaunlich cool geblieben. Ich habe Angst vor ihren teigigen Fingern, vor ihren grünen Nägeln und ihrem Leberhaken. Dennoch entscheide ich mich, sie etwas zu fragen.

«Wie heißt du eigentlich noch mal?» Mein Blick weicht ihrem aus. Stattdessen konzentriere ich mich darauf, in meine Jeans zu steigen. Alle Klamotten stinken furchtbar nach Rauch, und es kostet einiges an Überwindung, sie noch einmal ungewaschen anzuziehen. Außerdem schäme ich mich ein bisschen, mit fast vierzig das Klischee eines Mannes, der sich am Morgen nach einem Sexabenteuer wie ein Arschloch aufführt, zu bestätigen. Nicht nur beabsichtige ich, mich so schnell es geht vom Acker zu machen, mir ist zudem der Name meiner Affäre entfallen. Sehr peinlich.

«Trixie», sagt Nicht-Mona. Wie befürchtet, ist der Vorwurf in ihrem Tonfall nicht zu überhören. «Deinen Namen erinnere ich noch sehr gut, Toby.»

Schon klar, Trixie. Ich hab's kapiert. Ich bin ein Idiot. Und ein Schwein.

Einen Moment schauen wir uns verlegen in die Augen. Trixies Blick wird weich, und als ich schon fürchte, sie würde vorschlagen, noch einmal gemeinsam ins Bett zu hüpfen, erklärt sie in lockerem Tonfall: «Ich rieche Kaffee.»

An dem winzigen Küchentisch in Mirkos gar nicht mal so kleiner Küche, sitzt Lars mit einer fremden Frau. Daphne, vermutlich. Von Kröger und Mirko fehlt jede Spur.

«Moin», grüße ich verlegen, verschiebe angesichts des Kaffees meine Fluchtpläne und setze mich.

Lars schaut von mir zu Trixie, zurück und dann nur noch zu ihr. Keine Ahnung, was in seinem Kopf gerade vor sich geht, es ist aber aller Wahrscheinlichkeit nach besser, er behält es für sich.

Auf dem Tisch stehen Butter und diverse Marmeladen. Brot gibt es keins, dafür hat jemand den Kaffeeautomaten eingeschaltet. Mir reicht das. Mehr als einen Espresso würde ich ohnehin nicht herunterbekommen.

«Na, meine Süße», begrüßt Trixie ihre Freundin. «War ja 'ne geile Sause gestern.»

Daphne nickt. Sie ist blond, trägt einen modischen Kurzhaarschnitt. Keine farbigen Laserschwerter, zum Glück. Stattdessen fallen ihr ein paar Strähnen in das schmale Gesicht, die sie immer wieder mit lasziver Geste hinter das Ohr klemmt. Ihre Haut ist leicht gebräunt und makellos.

Objektiv betrachtet ist sie von dem Freundinnenduo die Hübschere und scheint sich dessen durchaus bewusst zu sein. Auch der Lack ihrer Nägel sitzt noch tipptopp. Knallrot und passend zum Lippenstift, den sie zur frühen Stunde bereits aufgelegt hat.

Neben Daphne, auf der Küchenanrichte, entdecke ich zusammengesuchte Becher und Tassen. Ich schnappe mir eine, quäle mich hoch und will gerade am Kaffeeautomaten einen Espresso auswählen, da wird mit Schwung die Küchentür aufgerissen. Erschreckt fahre ich zusammen.

Kröger steht im Türrahmen. Fast hätte ich ihn nicht erkannt, denn sein Gesicht ist hochrot angelaufen, außerdem fehlt die Verdunklungsbrille. Wie es scheint, hat er Brötchen besorgt, jedenfalls trägt er in der einen Hand eine Tüte mit Aufdruck *Bäckerei Alfons* und in der anderen Mirkos Haustürschlüssel. Er sieht gelinde gesagt furchtbar aus. Erst glaube ich, seine Augen seien ohne Brille von der für ihn ungewohnt hellen Umgebung gerötet, oder die Strapazen der letzten Nacht würden ihm zu schaffen machen. Doch dann bemerke ich, dass da noch etwas ist: Panik. Er steht vollkommen neben sich. Mit Schwung knallt er die Brötchentüte auf den Tisch, lässt sich auf einen Stuhl sinken und starrt schweigend an die Wand.

Nach einer Weile, als ich schon glaube, jemand beim Bäcker könne das leidige Geldthema angesprochen und Kröger dadurch in diese Schockstarre versetzt haben, räuspert er sich. In dem verräterisch ruhigen Tonfall eines Mannes, der kurz davor steht, Amok zu laufen, sagt er: «Mein Auto ist weg!»

7. Kapitel

So nüchtern, wie es ihm in seinem Zustand möglich ist, rattert Kröger die Eckdaten der Katastrophe herunter. «Spurlos verschwunden, das Auto. Vermutlich gestohlen. Niemand hat etwas gesehen. Hab das gesamte Parkhaus abgesucht. Wir müssen die Polizei verständigen. Anzeige erstatten. Ich bin so gut wie tot.»

Alle vier starren wir ihn an. Überrascht von dem Ereignis an sich, aber auch fasziniert von Krögers Kausalkette. In jedem Fall aber unfähig, etwas dazu zu sagen.

Also wieder Kröger: «Was soll ich denn jetzt machen?», jammert er. «Der Wagen war geleast. Wird bestimmt ein schlimmer Briefwechsel. Außerdem wird Sanni mich umbringen.» Auffordernd, als solle ich ihn insbesondere vor Letzterem bewahren, schaut er mich an. Du bist Anwalt, du musst mich retten, sagt sein Blick.

Bedauerlicherweise leide ich unter einem amtlichen Kater, bin zudem unausgeschlafen und somit vollkommen außerstande, einen konstruktiven Kommentar abzugeben. «Erst mal beruhigst du dich und trinkst einen Kaffee», schlage ich deshalb vor.

«Ich mag keinen Kaffee», sagt Kröger mit Grabesstimme, «das weißt du doch.»

Sorry. War mir im Suff entfallen.

Hilfesuchend schaue ich zu den Mädels. Sie missverstehen meinen Blick und nicken synchron. «Wir nehmen beide Latte macchiato», sagt Daphne. Und erst jetzt fällt mir ihre piepsige Stimme wieder ein.

Lars ist bereits versorgt, also zapfe ich nacheinander die Bestellungen und brülle Kröger gegen das Mahlwerk der Maschine an: «Wo steckt überhaupt Mirko? Weiß er denn nichts Näheres über deinen Wagen? Ist doch sein Kiez hier.»

Mein Kumpel zuckt resigniert mit den Schultern. Wie ein geprügelter Hund hockt er auf dem Stuhl und starrt ins Leere. Ohne Brille sieht er vollkommen hilflos aus, kein bisschen mehr wie ein verruchter LKA-Beamter, eher wie ein trauriger Christbaumverkäufer, dem man über Nacht sämtliche Nordmanntannen niedergebrannt hat.

«Keine Ahnung, wo der steckt», sagt er, als der Krach vorüber ist. «Ich wollte ihn anrufen, konnte aber mein Telefon nicht finden. Mann, Toby!» Er schaut mich flehend an. «Wie soll ich die Sache denn nur Sanni erklären? Sie wird mir die Hölle heißmachen. Außerdem braucht sie das Auto am Nachmittag, um ihre Eltern vom Bahnhof abzuholen. Die kommen heute aus Böblingen.»

Schon wieder?, liegt mir auf der Zunge, doch ich will seine Schmach nicht noch vertiefen. Also gebe ich ein nur langes «Na ja ...» von mir. Krögers Tag wird hart, keine Frage. An seiner Stelle wäre ich jetzt auch ein klein wenig nervös. Aber auch meine Nerven haben seit der Erwähnung des verschwundenen Telefons angefangen zu vibrieren.

Kein gutes Thema ...

«Wozu gibt es Taxen?», unterbricht Lars meine reuevollen Gedanken. «Ihr kriegt sie vom Bahnhof schon nach Hause.» Offensichtlich ist ihm der Ernst der Lage kein bisschen bewusst. Damit Krögers Schwiegereltern sich ein Taxi leisten, müsste man sie schon mit Waffengewalt dazu zwingen.

Zu Lars' Verteidigung muss man allerdings sagen, dass er Sannis Eltern nicht kennt und zudem ziemlich mitgenommen aussieht. So wie er dasitzt, neben Daphne, seinen Blick auf Trixies Laserschwerter geheftet, macht er den Eindruck, als habe er den Fehler seines Lebens begangen. Pausenlos fingert er an der Brötchentüte herum. Entweder bereut er die Nacht mit Daphne oder, wie ich, die Sache mit Krögers Telefon. Beide Varianten halte ich jedoch für wenig plausibel.

«Das sind Schwaben», erkläre ich. «Nie und nimmer nehmen die ein Taxi, eher lassen sie sich so lange von der Bahnhofsmission mit heißen Getränken versorgen, bis man sie dort abholt.»

«Genau», piepst Kröger, «ich sollte sie um ein Uhr abholen.» Seine Stimme überschlägt sich. Beinahe panisch schaut er auf die Uhr. «Jetzt ist es bereits halb zwei! Und ich kann sie nicht mal anrufen, weil mein Handy auch futsch ist!!!»

Es ist so weit. Kröger bekommt einen hysterischen Anfall. Er vergräbt das Gesicht in den Händen und schluchzt ein paarmal herzzerreißend auf.

Während ich schnell in meiner Jacke stöbere, um ihm mein Handy zu leihen, taucht vor meinem geistigen Auge das Bild eines sehr vergnüglichen *Hinz und Kunzt*-Verkäufers auf, frischgebackener Besitzer eines Samsung Galaxy. Hoffentlich habe ich dem nicht auch noch Krögers Brille oder gar dessen Autoschlüssel geschenkt.

Als ich Kröger das Telefon rüberschiebe, hat Trixie bereits tröstend den Arm um ihn gelegt und ihn gegen ihren Busen gedrückt. Beruhigend streichelt sie ihm übers Haar.

Ein feiner Zug von ihr, denke ich, schließlich kennt sie meinen Kumpel kaum.

Lars bekommt große Augen. Ist er etwa eifersüchtig?

«Toby hat dir sein Telefon gegeben», sagt er tatsächlich seltsam genervt. «Du kannst also zu Hause anrufen.»

In den Tiefen von Trixies Dekolleté nickt Kröger. Jetzt, da er so viel körperlichen Trost erfährt, scheint mir die Zeit reif für eine Beichte.

«Ähm ... dein Handy», sage ich, ohne genau zu wissen, wie der Satz weitergehen könnte. Aber es hilft nichts. Kröger muss die Wahrheit erfahren.

Hilfesuchend blicke ich zu Lars, der aber nur mit den Schultern zuckt. Von ihm ist keine Hilfe zu erwarten.

«Also ... dein Handy ... das haben wir gestern einem Straßenmagazinverkäufer geschenkt», erkläre ich Kröger langsam und bediene mich dabei seines Trauma-Spezialisten-Tonfalls. «Es hat ständig geklingelt. *Maria Magdalena*, du weißt schon. Das nervte irgendwann.»

Krögers Kopf schießt zwischen Trixies Brüsten hervor. «Was soll das heißen?», jault er derart gequält, dass ich das Schlimmste befürchte. «Was meinst du mit *geschenkt*?»

Nun, lieber Olli, was werde ich damit schon meinen? Geschenkt eben.

«Na ja ... also ... Es tut mir leid.»

«Wer von euch hat das getan?» Sein Blick fliegt zwischen mir und Lars hin und her, die Augen so groß wie Wandteller. Krögers gesamter Körper steht unter Strom. Alle seine Kontakte sind auf der SIM-Karte gespeichert, verständlich, dass ihn Panik befällt. Als keiner von uns einen Mucks von sich gibt, sackt er kraftlos zurück an Trixies Brust.

«Mann, Olli!», sagt Lars, dem die intensive Betreuung durch Trixie nicht zu passen scheint. «Das kriegen wir schon zurück.»

Bevor es zum Streit kommt, wechsele ich das Thema: «Was sagt denn Mirko dazu? Vielleicht hat er den Wagen ja umgeparkt?»

«Klär das!», sagt Kröger mit einem leisen Hoffnungsschimmer und schiebt mir mein Handy über den Tisch zurück.

Fünf Minuten später muss ich ihn enttäuschen. Mirko war zwar nicht besonders gesprächig, dafür aber ebenso erstaunt über das Verschwinden des Wagens. Meine Frage, wo er stecke und ob er uns zur Polizei begleiten könne, ging in lautem Fahrgeräusch unter. Dann brach die Verbindung ab.

«Und, wo steckt Mirko?», will Lars wissen, als ich wieder in die Küche komme. «Ich meine, wir sitzen hier in *seiner* Wohnung. Aus der Garage in *seinem* Viertel wurde ein Wagen gestohlen. Will er nicht mal vorbeikommen und uns unterstützen?»

Berechtigte Frage.

«Nein, das hörte sich nicht so an. Er ist unterwegs und hat vermutlich in seinem Wagen geschlafen. Wie sonst auch, wenn er unterwegs ist.» Langsam beginne ich mich zu fragen, was gestern noch alles geschehen ist. Nicht, dass ich mir ein Abo habe aufschwatzen lassen oder aus Versehen die Rote Flora gekauft oder ein Kind gezeugt habe! Denn wenn ich es mir recht überlege, hatte ich weder ein Kondom dabei, noch habe ich irgendwo in Mirkos Schlafzimmer eine benutzte Tüte rumliegen sehen.

Entsetzt blicke ich zu Trixie. Aber ehe ich den furchtbaren Gedanken zu Ende denken kann, sagt sie: «Also, dann sollten wir zur Polizei gehen.»

«Unbedingt», stimmt Daphne ihr zu. «Gleich nach dem Frühstück.» Lässig klemmt sie sich eine Haarsträhne hinters Ohr und fischt sich anschließend ein Rundstück aus der Brötchentüte. Offenbar ist das Thema für sie damit erledigt. Den Appetit hat es ihr jedenfalls nicht verschlagen.

Sie schneidet das Brötchen auf und bestreicht es großzügig mit Nutella. Butter spart sie sich. «Von zu viel Fett bekomme ich Pickel», erklärt sie, ohne dass es jemanden interessieren würde.

Einen Moment hört man außer ihrem Kauen nichts. Niemand der anderen mag an Essen auch nur denken. Kröger starrt apathisch vor sich auf den Tisch.

«Weißt du», versuche ich, ihm Mut zuzusprechen, und höre mich dabei inzwischen exakt so an, wie er noch vor ein paar Tagen in meinem Wohnzimmer, «ein gestohlenes Auto ist kein Weltuntergang. Wenn alle Stricke reißen, bist du schließlich versichert.»

«Ja, schon.» Er nickt gequält. «Es ist nur so, dass auch der Autoschlüssel fehlt.»

Schlagartig fliegt mein Kopf in Lars' Richtung. Doch der schüttelt den Kopf. «Also ... nee», sagt er laut. «Den habe ich definitiv nicht in der Hand gehabt.» Nach einer Weile fügt er noch hinzu: «Glaube ich jedenfalls.»

Würde ich jetzt so pauschal auch von mir behaupten. Aber sicher bin ich mir da nicht. Wir müssen dringend den Magazinverkäufer finden.

Zwei Stunden später haben wir den diensthabenden Beamten auf der Polizeiwache den Sachverhalt erklärt und Anzeige erstattet. Ein zähes Unterfangen. Den verschwundenen Schlüssel verschweigen wir.

Ich bin nur froh, dass Kröger seine Brille wieder auf der Nase trägt. Nicht auszudenken, hätte ich die auch noch auf dem Gewissen. Bezüglich des Handys ließ mein Kumpel sich nach langem Bitten dazu erweichen, das Verschwinden nicht zu melden. Den Obdachlosen trifft schließlich keine Schuld. Lars und ich haben Kröger aber hoch und heilig versprochen, dass wir den Kerl aufspüren und versuchen, wenigstens das Telefon zurückzubekommen.

Nachdem wir anschließend den Beamten in der Tiefgarage den Ort des Geschehens gezeigt haben, folgen wir ihnen wieder zurück zur Davidwache, dem für Sankt Pauli zuständigen Polizeikommissariat. Schon immer habe ich mich gefragt, wie das um die Jahrhundertwende entstandene Gebäude, das von außen geradezu märchenhaft anmutet, wohl drinnen aussehen mag.

Jetzt weiß ich es: hässlich. Schlicht, funktional und mit einem Tresen, hinter dem ein bis drei müde Polizisten agieren. Dahinter liegt ein abgetrenntes Großraumbüro, das, entgegen seiner Bezeichnung, eher klein ausfällt. Man behandelt uns freundlich, die Beamten sind von geradezu stoischer Geduld und mit weit mehr Intelligenz gesegnet als zuvor die Kollegen, mit denen wir in der Garage vorliebnehmen mussten.

Nachdem Krögers Personalien aufgenommen wurden und er alle

Angaben zum Fahrzeug ordnungsgemäß abgegeben hat, traut er sich endlich, bei seiner Frau anzurufen.

Unerlaubtes Fernbleiben von zu Hause, Alkoholmissbrauch und die Tatsache, dass sie sich selbst um ihre Eltern kümmern musste, dürften bei Sanni zu einem mittelschweren Nervenzusammenbruch geführt haben. Nicht auszudenken, was er sich würde anhören müssen. Doch niemand geht an den Apparat. Schuldbewusst lässt mein Kumpel den Kopf hängen.

«Komm schon, Olli», versuche ich, ihn aufzumuntern. «Bestimmt klärt sich alles von selbst, und bei deiner Heimkehr sitzen die drei bei Kaffee und Kuchen, froh darüber, dass du heil zurückkommst.»

Kröger sieht mich skeptisch an. «Lass gut sein, Toby. Erklär mir lieber, wie ich jetzt überhaupt nach Hause kommen soll.»

«Wir nehmen uns ein Taxi.»

«Weißt du, was das kostet?» Kröger ist entsetzt. Schockstarre kündigt sich an. In meinem Bemühen, ihn abzulenken, wähle ich leider die völlig falschen Worte.

«Mein lieber Olli», setze ich an. «Dir wurde heute ein Mercedes ML 350 für geschätzte 60 000 Euro entwendet. Was sind da noch 15 Euro für ein Taxi?»

Es war ein Fehler, das bemerke ich sofort. Kröger starrt mich mit offenem Mund an. Fast glaube ich, in seinen Brillengläsern spiegelten sich Eurozeichen. Als er endlich seine Sprache wiederfindet, wird mein Kumpel kleinlich. «Erstens war das ein Leasingfahrzeug», erklärt er laut, damit ja keiner auf die Idee kommt, er habe zu viel Geld auf der hohen Kante. «Und zweitens kostet eine Taxifahrt zu mir nach Hause mindestens dreißig Euro.»

Kröger und Birte hätten sich prima ergänzt. Sparsam und bei Zahlen voll auf Zack.

«Schon klar. Aber da ich in deiner Nachbarschaft wohne, zahle ich die Hälfte des Fahrpreises.» Ehe er etwas entgegnen kann, füge ich hinzu: «Ach, weißt du, was? Ich lad dich ein.»

«Wir könnten euch fahren», mischt Trixie sich ein. «Poppenbüttel liegt zwar nicht unbedingt auf unserem Weg zurück nach Winsen, ist aber auch kein krasser Umweg.» Sie schaut zu Daphne, die sogleich freudig nickt.

Winsen an der Luhe! Wenn das nicht komplett in der entgegengesetzten Richtung liegt, dann weiß ich es auch nicht.

«Das können wir nicht annehmen», erkläre ich deshalb.

«Oh doch, das können wir!» Kröger funkelt mich böse an. «Und wie wir das können.»

Der grimmige Blick, den er mir nun zuwirft, spricht Bände. Um sich kostenlos durch die Stadt kutschieren zu lassen, würde er mich notfalls opfern, das steht fest. Dabei habe ich gestern nicht darauf bestanden, das Haus zu verlassen, um saufen zu gehen.

«Eigentlich solltet ihr beide mit zu mir nach Hause kommen.» Kröger zeigt auf Lars und mich. «Ihr hättet es verdient, dass sich ein Teil des Zorns meiner Frau über euch entlädt!»

Nein danke. Mit Olli möchte ich definitiv nicht tauschen. Irgendwie empfinde ich gerade sogar leise Freude darüber, in meinem Haus von niemandem erwartet zu werden.

«Also, ich geh dann wohl zu Fuß», erklärt Lars hastig und schaut noch einmal kurz mit sehnsuchtsvoller Miene zu den Mädels. Als stünde ihm ein schwerer Abschied bevor, weil er gleich in ungewisser Mission den Flieger mit Ziel Afghanistan besteigen muss.

Dann geht plötzlich ein Ruck durch seinen Körper. Als habe er eine Entscheidung getroffen. Für Afghanistan. Mit einem kurzen Kopfnicken in meine Richtung und einem noch kürzeren Winken zu den Mädels macht er auf dem Absatz kehrt und eilt davon, ohne ein weiteres Wort zu verlieren.

«Äh», sagt Daphne, die wohl wenigstens mit einer Umarmung, wenn nicht gar einem Kuss gerechnet hat. «Was war das denn jetzt?»

«Keine Ahnung, sieht aus, als habe er es auf einmal schrecklich eilig», tröstet Trixie sie. Die beiden starren ihm einen Moment stumm hinterher.

«Wollen wir dann los?», drängelt Kröger, dem das Verhalten seines Kumpels keineswegs merkwürdig vorkommt. Eher scheint er froh zu sein, dass einer seiner unglückbringenden Kumpels endlich das Weite sucht. «Der kriegt sich schon wieder ein.»

Daphne schaut Lars noch immer irritiert hinterher. Dann nickt sie. «Ja, klar, lass uns los.»

Ein paar Minuten später stehen wir vor einem rot-weißen Fiat 500 bicolore, auf dessen Heck eine überdimensionale rosa Krone klebt. Darunter prangt in geschwungenen Buchstaben: *Shopping Queen-Fan*. Kröger und ich tauschen einen schnellen Blick aus. Wollen wir nicht doch lieber Taxi fahren?, soll meiner bedeuten. Seiner hingegen soll vermutlich heißen: Ich würde auch mit einem rosa Tretboot in Schwanengestalt nach Hause schippern, Hauptsache, es ist kostenfrei.

«Wieso seid ihr eigentlich mit dem Auto gekommen, obwohl ihr Junggesellinnenabschied gefeiert habt?», frage ich beim Einsteigen. So was läuft ja nur in den seltensten Fällen ohne Alkohol ab.

«Na ja.» Daphne startet den Wagen. «Ich hatte natürlich nicht vor, mit dem Auto nach Hause zu fahren.» Sie kichert. «Ich wollte letzte Nacht sowieso nicht nach Hause.»

Fragend schauen Kröger und ich uns auf der Rückbank an.

«Was Daphne meint, ist Folgendes ...», versucht Trixie die luderhafte Aussage ihrer Freundin zu relativieren. «Notfalls hätten wir im Hostel geschlafen. War ja nicht klar, dass wir auf so nette Jungs wie euch treffen.»

Ach so. Hört sich ein bisschen so an, als hätten Daphne und Trixie uns aus finanziellem Kalkül heraus ausgewählt. Um die Übernachtungskosten zu sparen. Ich schätze, ein Zimmer im Hostel kostet fünfzig Euro. Geteilt durch zwei macht 25 Euro. Das wäre dann wohl mein momentaner Marktwert. Weit weniger, als eine Prostituierte in derselben Zeit verdient hätte.

Den Rest der Rückfahrt ertrage ich schweigend. Eingekeilt zwischen zwei monströsen Stoffteddys, vier leeren Cola-light-Flaschen und einer Dose XXL-Haarlack, sitze ich neben Kröger und bete, dass keiner meiner Mandanten durch Zufall neben uns an der Ampel hält und mich erkennt. In einem rosafarbenen Tretboot wäre ich jedenfalls nur unwesentlich weniger albern rübergekommen.

Wir setzen Kröger drei Straßenecken vor seinem Zuhause ab. «Sicher ist sicher», erklärt er die Vorsichtsmaßnahme und bedankt sich artig bei Daphne. Mir wirft er einen vorwurfsvollen Blick zu. «Ich hoffe, dass du mich juristisch gegenüber der Versicherung vertrittst», sagt er. «Und zwar kostenfrei. Denn dass die mir nicht freundlich lächelnd das Geld für einen neuen Mercedes überweisen, liegt wohl auf der Hand.»

«Vielleicht taucht die Karre ja wieder auf», spreche ich ihm Mut zu, woraufhin er mir kommentarlos die Tür vor der Nase zuschlägt.

Trixie klettert auf den frei gewordenen Platz nach hinten. «Und was machen *wir* jetzt Schönes?», fragt sie augenzwinkernd. Sie versucht, sich so dicht wie möglich an mich ranzudrängen, doch der Teddy rettet mich.

Ich fürchte, sie spekuliert auf einen gemeinsamen Nachmittag. Ohne unhöflich sein zu wollen, möchte ich dennoch keine Missverständnisse aufkommen lassen. «Mir steht der Sinn jetzt erst einmal nach einer Dusche», erkläre ich ihr wahrheitsgemäß. «Allein. Danach werde ich mich wohl aufs Ohr hauen. Bin ziemlich durch.»

Einen Moment herrscht Stille. Offenbar wartet sie doch noch auf eine Einladung. Es ist mir unangenehm.

«Ich bin gerade frisch getrennt», winde ich mich. Wobei ich erstaunt feststelle, heute noch nicht einmal an Birte gedacht zu haben. Die Ablenkungsstrategie meiner Kumpels hat funktioniert.

Sicherheitshalber füge ich noch hinzu: «Ich muss jetzt erst mal 'ne Weile für mich sein.»

Die beiden Frauen nicken wissend. «Na klar.» Drei Straßen weiter drückt Trixie mir zum Abschied einen langen Kuss auf die Wange. Ich ihr einen etwas kürzeren. Keine Ahnung, ob man das so macht, wenn man die Nacht zusammen verbracht hat, ich bin zu lange raus aus diesem Dating-Ding.

Beim Aussteigen stelle ich mich selten dämlich an. Meine linke Arschbacke ist bei dem Versuch, möglichst großen Abstand zu Trixie zu halten, eingeschlafen und die rechte Hand vom Umklammern des Teddys taub.

Trixie winkt mir noch einmal zu. «Mach's gut», ruft sie durchs Fenster. «Und bis bald mal wieder, ja?»

Ich nicke. Und ohne genau zu wissen, ob ich überhaupt ihre Nummer habe, erwidere ich: «Klar. Ich ruf dich an.»

Wie Männer das halt so machen. Manche Dinge verlernt man eben doch nicht.

Kaum ist die Haustür hinter mir ins Schloss gefallen, trifft mich die Einsamkeit mit voller Wucht. Fast wünschte ich nun doch, in Krögers Haut zu stecken. Ihm steht zwar unter Garantie kein leichter Tag bevor, doch wenigstens wird er erwartet.

Der vertraute Geruch, nach Birte und mir, unseren Parfüms, unseren Möbeln und unserem ganzen verdammten Leben, liegt in der Luft. Durch die kaputte Scheibe hat sich die Temperatur im Haus zwar merklich abgekühlt, doch der Geruch ist geblieben. Wie ein stummer Vorwurf hängt er in den Räumen, als wolle das Haus sich beschweren, dass Birte nicht mehr hier wohnt.

Ich laufe durch die Zimmer und reiße trotz der Kälte ein paar Fenster auf. Dann stelle ich mich unter die Dusche und wasche mir endlich die Überreste der vergangenen Nacht vom Leib.

Nach dem Abtrocknen werfe ich mir den Bademantel über, schlüpfe in ein Paar Latschen und schlendere runter ins Wohnzimmer. Durch die defekte Tür starre ich in den Garten. Auf dem Rasen liegt eine hauchdünne Schicht Raureif, oder vielleicht sogar Schnee.

Hier draußen ist es meist ein paar Grad kälter als in der Stadt, möglich also, dass es in der Nacht geschneit hat. Der Strandkorb, in dem ich im Sommer gern windgeschützt Zeitung lese, wirkt in dieser Kulisse vollkommen fehl am Platz. Auch habe ich es versäumt, ihn mit seiner Schutzhülle einzuwickeln, er sollte für die Gartenparty noch nutzbar sein. Alles, was ich die Jahre über so geschätzt habe an diesem Fleckchen Erde, das Vogelgezwitscher, den Wind in den Kletterrosen und manchmal auch nur die erholsame Stille, kann ich heute kaum aushalten.

Vielleicht hätte ich Trixie doch hereinbitten sollen? Doch wo hätte das hingeführt?

Missmutig wende ich mich ab, schnappe mir das Telefon und lasse mich auf die Couch fallen. Mal sehen, ob ich Mirko noch mal erreiche.

Gleich nach dem zweiten Klingeln ist er am Apparat.

«Wo bist du? Und wo warst du heute Morgen?», frage ich statt einer Begrüßung, «Kröger ist ziemlich aufgebracht.»

Mirko zeigt wenig Reaktion. «Verständlich», sagt er knapp.

«Kommt in der Garage öfter mal was weg?», frage ich. Im Stillen bete ich, er möge jetzt nicht mit einer Geschichte über Krögers verschenkten Autoschlüssel kommen.

«Ist halt die Reeperbahn.» Mirko stößt geräuschvoll Luft aus. «Gerade Autos werden gern geklaut. Das geht ratzfatz. So schnell kannst du gar nicht gucken.» Nach einer Pause erkundigt er sich: «Habt ihr die Polizei gerufen?» Langsam klingt er doch ein wenig interessiert.

«Ja, klar. War anstrengend. Aber die haben alles aufgenommen. Trotzdem blöd für Kröger.»

«Ach», sagt Mirko lapidar, «der ist doch versichert. Außerdem – wer weiß. Vielleicht taucht das Ding ja wieder auf. Ist alles schon vorgekommen.»

«Hab ich ihm auch gesagt.»

«Und wie geht es ihm jetzt?»

«Na, wie wohl. Kannst du dir ja denken. Der ist komplett neben der Spur. Auch weil sein Handy weg ist.»

Mirko stößt ein kurzes Lachen aus. «Das habt ihr doch diesem Obdachlosen geschenkt. Weiß er das?»

«Ja. Deshalb rufe ich auch an. Wir müssen den Typen finden. Krögers gesamte Kundschaft, alle Daten, sogar Rechnungen hat er auf dem Teil. Er braucht es zurück.»

Mirko zeigt sich verständnisvoll. «Verstehe. Ich seh mal, was ich tun kann.»

«Danke.» Leise Hoffnung, das Ding zurückzukriegen, keimt in mir auf. «Wo bist du eigentlich? Und wo hast du geschlafen?»

«Auf dem Boden im Bad. Kröger habe ich die Badewanne überlassen.» Er lacht. «Heute früh musste ich kurz ins Lager. War mit einem Kunden verabredet, der bei mir was unterstellen will.»

Das nenne ich geschäftstüchtig.

«Du verträgst offenbar mehr als ich. Mir ist immer noch flau im Magen», erkläre ich. «Auch kann ich mich nicht mehr an viel erinnern von gestern Abend. Erst recht nicht, wie diese Trixie in mein Bett gekommen ist ...»

Mirko klingt amüsiert. «Wie so was halt läuft. Ihr habt euch unterhalten und irgendwann angefangen zu knutschen. Also habe ich euch nach oben gebracht und bin wieder zu den anderen runter, damit ihr in Ruhe ... du weißt schon.»

Himmel.

«Als ich morgens als Letzter in die Bude kam, war es mucksmäuschenstill. Alle haben geschlafen, sogar Kröger. Lag mit 'ner Wolldecke in der Wanne.»

Einen Moment schweige ich, peinlich berührt. Dann fällt mir wieder etwas ein.

«Ich wusste gar nicht, dass du eine Schlange hast.»

«Hab ich bei einer Wohnungsauflösung mitgenommen», erklärt er lapidar. «Wollte keiner haben. Hab sie Krishna genannt, weil sie so entspannt ist.»

Ich überlege, ob Krishna auch noch chillt, wenn man sie aus dem Terrarium lässt.

Nach kurzem Schweigen fragt Mirko: «War doch aber nett, der Abend gestern, oder? Tat es nicht gut, mal rauszukommen?»

«Na ja ...», sinniere ich laut, «euch nach langer Zeit alle auf einmal zu sehen – das war sehr schön. Aber ich fürchte, diese Nacht hat mir eher noch mehr Probleme bereitet.»

Ich höre, dass Mirko sich eine Zigarette anzündet. Geräuschvoll bläst er den Rauch aus und sagt: «Ach Quatsch. Das ist doch alles harmlos. Endlich kommt mal wieder ein bisschen Trubel in dein Leben. Ehrlich, Toby, ich krieg jedes Mal die Krise, wenn ich zu euch rausfahre. Diese öde Stille. Und die spießigen Nachbarn. Ständig ist irgendwo einer am Unkrautzupfen.» Er seufzt. «Das muss einem doch aufs Gemüt schlagen.»

«Ich mag es hier», verteidige ich mein Vorstadtleben. «Ich zupfe selbst auch gern Unkraut. Es entspannt mich.»

«Verstehe.» Er zieht erneut an der Zigarette. «Trotzdem, Toby. In deiner momentanen Verfassung tut es dir nicht gut, zu Hause herumzulungern. Schon gar nicht allein. Du brauchst Leben um dich. Ablenkung. Die Möglichkeit, jederzeit Gesellschaft zu haben, wenn dir danach ist. Zum Nachdenken ist es noch zu früh. Das kannst du später immer noch. Erst einmal musst du die ersten vier Wochen überstehen. Anschließend denkst du nämlich anders über die Sache.» Er macht eine Pause, inhaliert erneut geräuschvoll.

Ich weiß nicht, was ich darauf sagen soll. Tief in meinem Inneren weiß ich, dass er recht hat. Wenn ich weiter hier zu Hause herumsitze, werde ich Birte irgendwann entweder glorifizieren oder umbringen wollen.

«Aber ich was soll ich tun?», frage ich und meine mehr mich selbst. «Ich wohne nun mal hier.»

«Ich mach dir einen Vorschlag», setzt Mirko nach kurzem Überlegen an, «du ziehst eine Weile zu mir. Ich muss nächste Woche ohnehin verreisen. Erst nach Krakau und von dort über Würzburg nach Holland.» Er hustet. «Das bedeutet zwar, du wärst wieder allein, aber ich kann dir versprechen, hier auf dem Kiez fühlst du dich garantiert nicht einsam. Um dich herum herrscht Trubel, und sollte dir tatsächlich die Decke auf den Kopf fallen, gehst du runter zu Mona. Sie ist eine gute Zuhörerin.»

Es klingt schlüssig, doch alles in mir sträubt sich, dieses Haus zu verlassen. «Ich weiß nicht ...», sage ich zögernd, «das ist nichts für mich. Aber danke für dein Angebot.»

«Überleg es dir, Toby. Du kannst dich jederzeit umentscheiden. Wenn ich fahre, hinterlege ich den Schlüssel bei Mona. Du würdest mir sogar einen Gefallen tun. Denn irgendwer muss zwischendurch mal nach Krishna schauen.»

Ich schlucke. «Ich müsste doch aber das Biest nicht füttern, oder?»

Mirko kichert. «Nee, keine Sorge. Die frisst nicht so häufig. Beruhig dich.»

«Okay. Wann fährst du?»

«Morgen.»

«Ja dann – gute Reise.»

Als wir auflegen, lasse ich mir Mirkos Vorschlag noch einmal durch den Kopf gehen. Nein, ein Umzug kommt für mich definitiv nicht in Frage.

8. Kapitel

Am Donnerstagabend stehe ich mit zwei mittelgroßen Sporttaschen und einem Kleidersack unter dem Arm im 20 *Flight Rock*, um Mirkos Wohnungsschlüssel bei Mona abzuholen. Die halbe Woche habe ich kaum ein Auge zugetan, wurde von Erinnerungen und Gerüchen gequält, konnte nicht abschalten, nicht mal fernsehen. Hab nur stumm herumgesessen und Löcher in die Wand gestarrt. Kröger durfte nicht kommen, weil Sanni noch immer sauer ist und außerdem seine Schwiegereltern noch zu Besuch sind. Lars verhielt sich nach wie vor eigenartig. Seit seinem merkwürdigen Abgang am Samstag war er entweder nicht zu erreichen oder nur kurz angebunden.

Irgendwann sehnte ich mich so sehr nach Gesellschaft, dass der Entschluss reifte, meine vertraute und inzwischen beinahe verhasste Umgebung zu verlassen.

Dr. Volkmar, den ich am Montag noch einmal zwecks Verlängerung meiner Krankschreibung aufsuchte, sah sich in seiner Vermutung bestätigt: Eine Woche Saufen reicht nicht aus, um zehn Jahre Ehe zu vergessen. Die kurze Erwähnung eines Tapetenwechsels fiel bei ihm somit auf fruchtbaren Boden. «Eine ausgezeichnete Idee», befand er und schmiss seinen Drucker an, um mich weitere fünf Tage aus dem Verkehr zu ziehen.

Also ziehe ich nun – quasi auf ärztliche Anordnung – mit Sack und Pack auf den Kiez. Das würde mir zudem die lästige Alkoholschlepperei ersparen, da ich zum Trinken jederzeit bei Mona vorbeischauen könnte.

Es ist früher Abend. Draußen ist es ungemütlich, ich schätze, wir haben etwa null Grad. Die Tür des 20 Flight Rock steht trotzdem sperrangelweit offen, obwohl der Laden noch nicht geöffnet hat. Mona ist gerade dabei, die Tische abzuwischen und neue Getränkekarten zu verteilen, als ich eintrete. Sie erkennt mich sofort und lächelt.

«Willkommen auf Pauli», sagt sie und verschwindet kurz hinter dem Tresen, um Mirkos Haustürschlüssel aus einer Schatulle zu fischen. Sie legt den Bund auf den Tresen und stellt einen Mexikaner dazu. In ihrem Blick liegt etwas Mütterliches. «Der geht aufs Haus», erklärt sie fröhlich, «wär doch gelacht, wenn du hier nicht auf andere Gedanken kämest.»

Während ich mich noch frage, wie detailliert Mirko ihr wohl mein Schicksal geschildert haben mag, kippe ich den Schnaps hinunter.

Wochentags herrscht auf der Reeperbahn zwar weit weniger Betriebsamkeit, als es zum Wochenende hin der Fall ist, dennoch sind erstaunlich viele Leute unterwegs. Wie es scheint, ist mir einiges entgangen in den letzten Jahren im heimischen Poppenbüttel. Zwar hatte ich nie das Gefühl, etwas zu vermissen, doch ich spüre eine gewisse Erleichterung bei dem Gedanken, die nächsten Tage hier, mitten im Trubel, zu verbringen.

Ehe Mona sich wieder dem Putzen widmet, drückt sie mir lächelnd noch eine Flasche Bier in die Hand. Außerdem Krögers Handy. «Hat mich einen Fünfziger gekostet, es dem neuen Besitzer abzuluchsen. Sei froh, dass der die Preise auf dem Schwarzmarkt nicht kennt.»

«Wow, wie geil!» Ich fühle eine tonnenschwere Last von mir abfallen und wähle, um sicherzugehen, dass es sich um Krögers Telefon handelt, kurz von meinem Apparat seine Nummer. Als *Maria Magdalena* ertönt, lege ich sofort auf. Hocherfreut zücke ich mein Portemonnaie.

«Tausend Dank», sage ich zu Mona und schiebe ihr einen Schein rüber. «Das werden mein Kumpel und ich dir nie vergessen.»

Sofort schreibe ich ihm eine kurze E-Mail und erkundige mich bei Mona nach Krögers Wagen. «Der Kerl, also der Obdachlose, der hatte nicht zufällig auch noch einen Autoschlüssel und den dazugehörigen Mercedes ML 350 abzugeben?»

Sie schaut mich an, als hätte ich nicht alle Tassen im Schrank.

«Zugegeben», sagt sie spöttisch, «ich habe ihn nicht explizit danach gefragt, halte es aber für unwahrscheinlich. Ich glaube, dann hätten wir ihn nicht wiedergesehen.»

Das schätze ich auch. «Trotzdem: Wenn du etwas hörst, sag Bescheid. Das Auto wurde hier in der Gegend geklaut und wird schmerzlich vermisst.»

Mona nickt. «War bestimmt keiner vom Kiez. Die St. Paulianer sind eigentlich sehr nette und ehrliche Leute.»

Ich zucke mit den Schultern und nippe an meinem Bier.

Im Laden läuft Musik in moderater Lautstärke. Musik vom Band. Irgendwas Rockiges, das mir von früher bekannt vorkommt. Eine Weile lasse ich die Umgebung auf mich wirken, dann schnappe ich mir die Tageszeitung vom Tresen und lese. Irgendwann bestelle ich ein weiteres Bier. Als es ausgetrunken ist, verabschiede ich mich und schleppe meinen Kram hoch in Mirkos Wohnung.

Nachdem ich mühevoll seine mehrfach gesicherte Haustür passiert habe, die, wie ich annehme, zur Standardausrüstung einer modernen Kiezbehausung gehört und von der ich mich frage, wie wir sie sturzbetrunken öffnen konnten, empfängt mich der Geruch eines fremden Lebens. Keineswegs unangenehm, nur ungewohnt. Klar, es riecht vor allem nach Rauch, sodass ich zuerst alle Fenster öffne und die kalte Winterluft hineinlasse. Aber Mirko hat aufgeräumt, es steht kein Geschirr herum, und auf seinem Bett liegt frische Bettwäsche bereit.

«Beziehen musst du selbst», steht auf dem Zettel daneben, den er offenbar in Eile geschrieben hat.

Total okay. Saubere Wäsche ist mehr, als man in einer Männer-Behausung erwarten kann, und das hier ist schließlich kein Hotel.

Ziellos streife ich durch die Zimmer, beäuge etwas skeptisch Krishna, die zusammengerollt in einer Ecke ihres Terrariums liegt und mich hoffentlich nicht für ihre nächste Mahlzeit hält.

Nachdem ich oberflächlich ein paar Kartons inspiziert habe, die geöffnet im Flur herumstehen und mit diversem Elektrokram vermutlich von Mirkos letzter Wohnungsauflösung vollgestopft sind, stapele ich alles ordentlich zu einem Turm. Als der Flur endlich aufgeräumt und besser passierbar ist, schließe ich die Fenster und lasse ich mich im Wohnzimmer auf die Couch fallen. Gelangweilt schalte ich den Fernseher ein und zappe mich durch die Kanäle. Von draußen dringen Stimmen, irgendwo schreit eine Frau einen Mann an, dann wird gelacht. Autos hupen, ein Bus beschleunigt. Ich sauge jedes Geräusch dieser neuen Umgebung in mich auf. Die zwei Bier und der Schnaps lassen die Befangenheit, die man in fremder Umgebung allein häufig verspürt, gar nicht erst aufkommen.

Noch ehe der Spätfilm beginnt, bin ich eingeschlafen.

Beim Aufwachen am nächsten Morgen weiß ich zunächst nicht, wo ich bin.

Etwas hat mich geweckt, ein Geräusch, aber auch das kann ich spontan nicht zuordnen. Erst als jemand gegen die Haustür hämmert und ich mich daraufhin irritiert umsehe, fällt mir der Umzug ein.

Müde quäle ich mich hoch. Zu spät, wie sich herausstellt, denn als ich endlich geöffnet habe, ist niemand mehr zu sehen.

Genervt stapfe ich zurück ins Schlafzimmer. Krishna liegt auf dem Boden ihres Terrariums in einer Schale mit Wasser und scheint zu dösen. Den kurzen Gedanken, ob diese Brühe wohl regelmäßig gewechselt werden muss, schiebe ich beiseite. Mirko hätte das erwähnt. Schlangen sind außerdem vermutlich abgehärtet, in der Wüste stellt ihnen schließlich auch niemand täglich frisches Trinkwasser vor die Nase.

Ich beginne, meine Taschen auszupacken, verteile den Inhalt auf zwei Regale in Mirkos Kleiderschrank und staune wieder einmal, was er dort noch an Kartons stehen hat. Ein alter Verstärker, eine Xbox und diverser Kleinkram. Kein Wunder, dass er einen Lagerschuppen an der Elbe benötigt, vermutlich ist der aber bereits auch schon bis unters Dach vollgestopft.

Ich dusche, ziehe mich an und beschließe, meinen ersten Tag in der City mit einem Frühstück zu beginnen.

St. Pauli ist am Tag kein besonders schöner Anblick. Erinnerungen an längst vergangene Tage, an denen man im Morgengrauen aus verrauchten Kneipen auftauchte und irritiert gegen die helle Morgensonne blinzelte, werden wach. Schon damals waren dies desillusionierende Momente, weil die hässliche Morgenfratze der Reeperbahn jeder Partystimmung ein jähes Ende bereitete.

Auch heute sieht man der sündigen Meile die Strapazen der letzten Nacht an. Zwischen Gehweg und Straße stapelt sich der Müll und vermischt sich mit Resten von Streugut und dreckigem Schnee. Keine Ahnung, wann es eigentlich geschneit hat. Seit Tagen registriere ich um mich herum nicht wirklich viel.

In einiger Entfernung leeren riesige Müllwagen gerade die überquellenden Tonnen. Reinigungsfahrzeuge machen sich daran, die Rinnsteine zu kehren und die Spuren der Nacht zu beseitigen. Um das, was vergessen wird, kümmern sich die Anwohner. Der Inhaber eines Pornoshops fegt leere Burgerpapiere vor seinem Laden zusammen, ein paar Punks, die in dicken Schlafsäcken vor dem Eingang einer Apotheke die Nacht verbracht haben, sammeln Dosen und Pfandflaschen. Dabei dachte ich immer, Glas sei hier verboten. Einer von ihnen hat sich frierend vor einer Bank postiert, um Geld von vorbeilaufenden Touristen zu schnorren. Bis der Filialleiter erscheint und ihn verscheucht. Die Punks sollen die Straße räumen, damit die Kundschaft nicht abgeschreckt wird.

Ich habe ein Herz für Punker, schenke dem dürren Kerl zwei Euro für einen heißen Kaffee und laufe weiter. Da ich mich in der Gegend nicht besonders gut auskenne, biege ich auf gut Glück von der Reeperbahn in eine der kleinen Querstraßen ein. Irgendwo hier muss die Talstraße sein, in der sich meiner diffusen Erinnerung nach diverse Cafés und Restaurants befinden.

Ich habe Glück und sitze zehn Minuten später in einem netten Café, wo ich den Tag mit einem starken Espresso und zwei warmen Croissants beginne. Ich wähle einen Tisch am Fenster, um meine neue Umgebung besser kennenzulernen. Der Anblick der Straße ist allerdings nicht unbedingt einladend.

Irgendwie komisch, an einem ganz normalen Wochentag morgens in einem Café zu sitzen. Kurz muss ich an meine Arbeit denken, an Ronaldo und die gute Frau Behrend, die hoffentlich alles im Griff hat. Ob ich mich zu Steinfels' Empfang in einer Woche wieder fit genug fühle? Offenbar hat er für seinen Geburtstag dasselbe im Sinn wie ich. Glühwein im Zelt, ein wenig Hüttenzauber bei heißen Würsten und Gulaschkanone.

So sehr ich mich auch bemühe, den Gedanken zu verscheuchen, wird mir mit einem Mal klar: Heute ist es so weit. Mein Geburtstag. Unspektakulärer kann so ein Tag wohl kaum beginnen. Unter den gegebenen Umständen bin ich zwar heilfroh, nicht allein in meinem Haus in Poppenbüttel frühstücken zu müssen. Aber hier, in der Fremde, finde ich es auch irgendwie seltsam. Meine Freunde wissen offensichtlich ebenfalls nicht, wie sie mit dem Ereignis umgehen sollen. Statt enthusiastischer Partyplanung herrschte in den letzten Tagen zu dem Thema nur noch Schweigen. Es hat sich auch noch keiner von ihnen getraut, sich heute bei mir zu melden. Seltsamerweise verspüre ich darüber kein bisschen Wehmut. Vierzig zu werden ist kein Anlass zum Feiern. Bei fünfzig sieht die Sache anders aus. Da kann man sich schon mal auf die Schulter klopfen, es so weit geschafft zu haben. Vierzig zu werden ist dagegen ausschließlich Grund, sich ein paar unbequeme Fragen zu stellen. Wo kommt plötzlich der Hüftspeck her? Und der Bauch? Welche Herausforderungen bietet das Leben noch, und bin ich überhaupt in der Lage, diese zu meistern? Und wo ist noch mal das Heft von der Krankenkasse, in dem man sich die Vorsorge-Checks beim Arzt abstempeln lässt? Lässt meine Libido bald nach? Und wird Dr. Volkmar bald mit mir über Viagra reden wollen? Werde ich von nun an allein leben?

«Willst du was lesen?», reißt mich die junge Kellnerin aus meinen schwermütigen Überlegungen.

Entweder duzt sie grundsätzlich jeden, oder sie hält mich für jünger, als ich tatsächlich bin. Auf jeden Fall ist ihre Anrede ein schönes Geburtstagsgeschenk.

Ohne meine Antwort abzuwarten, legt sie mir die Hamburger Morgenpost auf den Tisch und ist im nächsten Moment wieder verschwunden.

Normalerweise mache ich um solche Trivialblätter ja einen Bogen, aber aus Langeweile überfliege ich den vorderen Teil mit den schlecht recherchierten politischen Nachrichten, um dann recht schnell bei den Veranstaltungen zu landen. Die meisten genannten Clubs kenne ich nicht. Die angekündigten Bands erst recht nicht. Auch kinomäßig bin ich nicht auf dem Laufenden, wie ich feststellen muss. Schade eigentlich. Früher ging ich gern und regelmäßig ins Kino und hab mich gern im Anschluss über Regisseure, Schauspieler oder Drehbücher unterhalten. Birte dagegen nicht. Die Fahrt in die Stadt war ihr nach Feierabend zu aufwendig, und sich gleich nach der Arbeit irgendwo zu treffen, kam für sie auch nicht in Frage, da sie nie genau wusste, wann sie aus dem Büro kam. Also blieb auch ich irgendwann daheim.

Mein Handy klingelt. Es ist Lars, und er klingt, als habe er zu alter Form zurückgefunden. «Happy Birthday, alter Knabe. Wo zum Geier steckst du?»

«Dasselbe könnte ich dich fragen. Dich erreicht man ja kaum noch.»

Er ignoriert meinen Einwurf. «Klingt jedenfalls nicht so, als stündest du auf dem Bahnhof, um dich vor den nächsten Zug zu schmeißen.»

Ich mag es, dass Männer nicht zu Gefühlsduselei neigen.

«Hab ich auch nicht vor», gebe ich zurück und trinke meinen Espresso. «Ich wohne vorübergehend bei Mirko. Musste mal raus.»

«Gute Entscheidung.» Lars ist angetan von dem Gedanken. «Heißt das mit anderen Worten, wir können heute Abend von dort losziehen?»

Bitte keine weitere Sause!

«Mir stand der Sinn eigentlich nur nach einem Tapetenwechsel», wiegele ich ab, «weniger nach täglichem Rock 'n' Roll.» Sicherheitshalber füge ich noch hinzu: «Ich fühl mich eigentlich ganz wohl hier. Allein.»

Lars schnauft. «Geht das jetzt schon wieder los?», nörgelt er. «Du hast Geburtstag! Ursprünglich war für heute eine Riesenparty geplant, du erinnerst dich?»

«Schon, aber ...»

«Nichts aber! Du wirst vierzig, Alter. Vierzig!» Lars betont die Zahl, als sei das Erreichen so selten wie der Einzug des HSV in die Champions League. «Das passiert nur einmal im Leben. Jünger werden wir nicht! Komm schon, Toby, wir können es auch mit angezogener Handbremse krachen lassen ...»

Ich muss lachen. Zumal mir irgendwie auch kein Grund einfällt, der dagegen spricht. Ein gemeinsames Bier könnten wir schon trinken.

Mit vierzig sind die Möglichkeiten, mit seinen Freunden feiern zu gehen, leider selten geworden. Manch einer wird, wie Kröger, von seiner Frau gegängelt. Andere, wie ich, können sich kaum noch aufraffen. Ich sollte daher die Gelegenheit beim Schopfe packen.

«Also gut», willige ich ein. «Aber ...»

Lars lässt mich nicht zu Wort kommen. «Super. Ich hole dich um acht bei Mirko ab, danach gehen wir zuallererst auf den Spielbuden-Platz. Zum Weihnachtsmarkt. Sagst du Kröger Bescheid?»

Weihnachtsmarkt? Ist das sein Ernst? Ich kenne keinen Mann, der freiwillig einen Weihnachtsmarkt besucht, ohne von einer Frau dazu gezwungen zu werden. Außer möglicherweise Kröger.

Ein Irrglaube, wie sich herausstellt. Denn als ich Kröger nach dem Gespräch mit Lars in seinem Sitzkompetenzzentrum erreiche, ist nicht einmal er von der Idee angetan. Seine flammende Gratulationsrede, in der er mir wortreich eine bessere, rosige, glücksschwangere Zukunft prophezeit, mündet in verzagtem Stottern, als ich ihm von der Abendplanung berichte.

«Ich weiß nicht, Toby ...»

«Komm schon, Olli. Nur kurz. Dann kannst du wieder abhauen. Es ist mein Vierzigster. Absagen gilt nicht.» Nach kurzem Zögern füge ich hinzu: «Außerdem kann ich dir dann nachher dein Handy zurückgeben. Also, was ist?»

Nicht zu fassen, dass ich mich dafür starkmache, in Begleitung zweier Männer über den Weihnachtsmarkt zu bummeln!

Kröger windet sich.

«Es ist wegen Sanni, oder?», frage ich.

«Ja. Sie ist komplett ausgeflippt wegen des Autos, weißt du. Große Scheiße. Hab Stunden mit der Leasing-Firma und der Kaskoversicherung gesprochen. Ich soll einen Monat abwarten, doch keiner will mir in der Zeit ein Ersatzfahrzeug stellen. Jetzt sind wir ohne Auto.» Kröger seufzt.

«Der Diebstahl war nun wirklich nicht deine Schuld.»

«Das erklär mal Sanni. Und dann verklicker ihr bitte auch gleich, wie sie Maja jetzt zur Schule bringen soll.»

Hä?

«Wer bitte schön ist Maja?»

«Der Hund meiner Schwiegereltern. Ein Jack-Russell-Terrier. Den haben sie uns aufs Auge gedrückt. Ziemlich schlecht erzogen, der

Kerl. Muss zur Hundeschule. Meint Sanni. Er ist bereits angemeldet.»

«Verstehe», sage ich und denke, dass jemand dringend mal Sanni den verwöhnten Hintern versohlen müsste.

Kröger gibt ein unwirsches Zischen von sich. «Ehrlich, Toby, ich komm hier nicht weg.»

Ich kann förmlich sehen, wie seine Brille sich vor Stress verdunkelt.

Und obwohl ich wirklich nicht auf den Weihnachtsmarkt möchte, wage ich noch einen weiteren Vorstoß. Hier geht es ums Prinzip.

«Ich spendier dir das Taxi! Du könntest zwei Glühwein mit uns trinken und danach gemütlich wieder nach Hause fahren.» Innerlich dreht sich mir der Magen um bei dem bloßen Gedanken an das klebrige Gesöff.

Er zögert.

«Sieh es doch mal positiv: Jetzt, da das Auto futsch ist, kann doch nichts Schlimmes mehr passieren.»

Kröger jault auf. «Witzig, Toby.» Dann fügt er noch hinzu: «Vielleicht komme ich am Wochenende mal bei dir vorbei, hole das Handy und bringe eine Kleinigkeit rum. Für heute Abend wünsche ich euch jedenfalls viel Spaß.»

Zähneknirschend gebe ich nach. «Okay.» Dann fällt mir ein: «Ich wohne zurzeit übrigens bei Mirko. Er ist ein paar Tage weg, und ich dachte, ein Tapetenwechsel würde mir guttun.»

«Oh», entfährt es Kröger. «Tja ... dann liefere ich das Geschenk eben dort ab.»

«Ja. Musst du aber nicht.»

«Wir werden sehen.»

9. Kapitel

*U*m Punkt acht Uhr treffe ich Lars auf dem Spielbudenplatz.

«Ich hab zwei Liegestühle ergattert», ruft er zur Begrüßung. «Direkt auf dem Winterdeck. Mit Blick über die Weihnachtsbuden. Total cool. Beeil dich, ich hab bereits Drinks geordert.»

Die Vorstellung, es mir bei Temperaturen um den Gefrierpunkt draußen in einem Liegestuhl auf dem Weihnachtsmarkt gemütlich zu machen, reizt mich zugegebenermaßen nicht besonders. Doch wie es scheint, ist es zu spät zum Umdisponieren. Nur gut, dass ich meine dicke Daunenjacke angezogen habe.

Lars trägt eine Fellmütze mit Ohrenklappen, die sein halbes Gesicht verdeckt und von der er sich aller Wahrscheinlichkeit nach verspricht, sie würde ihm jene verwegene Faszination verleihen, die man Bergführern und Wildhütern nachsagt. Tatsächlich sieht er aber aus wie der letzte Grützkopf, und der Verdacht, man habe bei ihm die Einschulung verpasst, drängt sich geradezu auf. Eine Sonnenbrille mit blau verspiegelten Gläsern rundet den kindlichen Eindruck ab.

Wie ein Ballermanntourist im Winter, denke ich und folge ihm auf ein Podest, das sogenannte Winterdeck, wo noch genau zwei Liegestühle frei sind. Inklusive Wolldecken. Wie im Skiurlaub.

«Cool hier, oder?», ruft er und klopft auf den Liegestuhl neben sich. «Mach es dir gemütlich.»

Falls er mit cool *kalt* meint, stimme ich dem ohne Bemängelung zu. Denn noch in derselben Sekunde, in der ich mich ungelenk in den Stuhl fallen lasse, beginne ich zu frieren. Und mich unwohl zu fühlen.

Dass man vielerorts dazu übergegangen ist, aus dem Weihnachtsmarkt einen Beachclub zu machen, hat meine Abneigung gegen derlei Budenzauber nur verstärkt. Hier auf dem Spielbudenplatz, Hamburgs angeblich geilstem Weihnachtsmarkt entlang der Reeperbahn, wurde das Weihnachtsthema allerdings auf die Spitze getrieben. Vom Cocktail bis zur Christbaumkugel wurde das gesamte Angebot auf die frivole Umgebung abgestimmt. In der Kaminlounge locken Drinks mit so findigen Namen wie Bordsteinschwalbe, Heiße Muschi und Eiertrallala. Wem das noch nicht lustig genug ist, kauft ein weihnachtliches Sextoy oder besucht eines der Stripzelte. Und wer danach noch kann, lässt sich von Olivia Jones in ihrer eigenen Lounge aus der Hand lesen.

Von unserer exponierten Winterliege haben wir ungehindert Ausblick auf den gesamten Markt, denn momentan ist die Besucherzahl noch überschaubar. Lediglich vereinzelte Grüppchen – wahrscheinlich Büroangestellte in Feierabendlaune – durchqueren die Marktfläche.

«Hier», sagt Lars, der von einer künstlichen Eisbar Cocktails abgeholt hat. «Ein *Schenkelspreizer*.» Er grinst. «Prost! Auf dich und die nächsten vierzig Jahre!»

Was drin ist, will ich gar nicht wissen. Auf Sankt Pauli ist offenbar nichts normal. Aber um kein Spaßverderber zu sein, verkneife ich mir einen Kommentar, stoße meinen Becher mit dem bunten Gesöff gegen seinen und versuche zurückzulächeln. Skeptisch nippe ich an dem heißen Drink. Obwohl das Zeug furchtbar schmeckt, hat es doch den Vorteil, von innen zu wärmen. Nach zwei weiteren Schlucken habe ich mich an den klebrigen Fusel gewöhnt und lasse mich etwas entspannter in die Liege sinken.

«Langsam wird es voll», sagt Lars und deutet mit dem Becher auf das Treiben zwischen den Buden. Tatsächlich macht sich auf der gegenüberliegenden Bühne jetzt eine sogar Band startklar. Ein paar Groupies und Betrunkene, die vermutlich bereits am Morgen mit der Sauferei begonnen haben, versammeln sich davor.

Plötzlich ertönt hinter uns ein Fluchen, dann lautstarkes Klappern. Als wir uns umdrehen, entdecken wir einen bärtigen Kerl mit Pudelmütze, der im Begriff ist, sich umständlich einen Liegestuhl heranzuziehen. Sein Ziel: sich halb hinter, halb zwischen uns zu platzieren. Erschwert wird sein Vorhaben durch den Umstand, dass sein ohnehin schon pummeliger Körper in einer schlauchbootdicken Daunenjacke steckt, die über dem Bauch spannt und somit jede Bewegung eigentlich unmöglich macht. Außerdem trägt er ein Paar Yeti-Schuhe, die ihm beinahe bis zum Knie reichen. Neben ihm und Lars komme ich mir vor, als sei ich mit Grizzly Adams aus *Der Mann in den Bergen* und dessen Bruder unterwegs.

Der fremde Kerl deponiert einen riesigen Bierhumpen auf unserem Tisch und fragt überraschend höflich: «Ist das okay?»

Er sieht dabei allerdings nicht so aus, als rechne er ernsthaft mit einer Antwort. Besonders nicht mit einem Nein. Denn hier ist der Kiez, hier lautet das Motto: Aus Fremden werden Freunde.

Als er das Werk mit der Liege vollbracht hat, lässt er sich ächzend hineinplumpsen.

Lars und ich tauschen hanseatisch zurückhaltend einen verstohlenen Blick aus, was dem Kerl nicht entgeht. Sofort quält er sich mit dem Oberkörper noch einmal nach vorn. Eine reife Leistung, denn die Jacke umgibt seinen Körper wie eine aufgeblasene Schwimmweste. «Hi! Ich bin Devil. Vom *Erotic Devil*. Gegenüber.» Er nickt mit dem Kopf auf die gegenüberliegende Reeperbahnseite.

Lars und ich schauen synchron hinüber und entdecken tatsächlich eine lilafarbene Leuchtreklame. Unter dem Schriftzug *Erotic Devil* ist eine leicht bis gar nicht bekleidete Frau mit lilafarbenen Hörnern abgebildet.

«Dein Laden?», vergewissert sich Lars.

Höre ich da Interesse in seiner Stimme? Im Stillen bete ich, er möge nicht vorschlagen, rüberzugehen, um den Rest meines Geburtstags im Sexshop zu verbringen.

Devil nickt stolz. «Yes!», sagt er. «Mein Laden.» Und weil wir nicht sofort beeindruckt vor ihm auf die Knie fallen, fügt er zur Sicherheit noch hinzu: «Gehört mir. Der Laden.»

Ich schenke ihm also einen anerkennenden Blick, der vor allem eines ausdrücken soll: Ich hab's verstanden. Mehr kann ich dazu beim besten Willen nicht von mir geben, vor allem deshalb nicht, weil ich die Idee, auf der Reeperbahn einen Erotikshop zu betreiben, nicht gerade überwältigend originell finde. Zudem hege ich leise Zweifel, dass Bilder von Frauen mit lilafarbenen Hörnern bei den Kiezbesuchern einen Nerv treffen und Devils Laden auf absehbare Zeit zum umsatzstärksten Geschäft auf der Meile avancieren lassen. Vor allem nicht, weil der zehnmal größere *World of Sex*-Megastore direkt daneben liegt.

Versonnen betrachtet Devil die Leuchtreklame seines Tempels.

Sein Alter ist schwer zu schätzen, Ende dreißig würde ich sagen. Auch im Gesicht ist er gut unterfüttert, sodass durch das löchrige Bartgestrüpp eine erstaunlich faltenfreie, fast babyzarte Haut schimmert. Trotzdem liegt etwas Erwachsenes, Besonnenes in Devils Blick. Vom Typ ist er eine Mischung aus Heinz Erhardts Enkel Marek und meinem Onkel Klaus, der sich auf seinem blanken Oberkopf zwischen den behaarten Schläfen ein Toupet anknoten ließ, an dem er ständig herumfummelte. Wie es um Devils Haupthaar bestellt ist, lässt sich aufgrund der Pudelmütze nicht sagen, ich schätze aber, dass es dort ähnlich dramatisch zugeht wie bei seinen Doppelgängern.

«Ich chill noch 'n bisschen vor dem Ansturm», erklärt er uns ungefragt. «Ist viel los momentan. In der Weihnachtszeit wimmelt es nur so von Touristen. Wollen alle ein Andenken an den verruchten Kiez mit nach Hause nehmen oder suchen noch ein schlüpfriges Geschenk.»

Nach einem kurzen Lacher fragt er: «Ihr seid vermutlich auch nicht von hier, oder?» Ohne eine Antwort abzuwarten, fährt er fort:

«Immer das Gleiche. Erst hetzen die Touris die Straße hoch und runter, fotografieren sich gegenseitig, vor allem mit den ausgehöhlten Beatles-Skulpturen im Hintergrund, und kehren anschließend im Herzblut ein, um sich volllaufen zu lassen.» Es folgt eine Kopfbewegung zum Beatles-Platz, auf dem die Umrisse der Kultmusiker aus Metall gefertigt wurden. Die Figuren sehen aus wie vier lebensgroße Plätzchenformen zum Keksausstechen. «Wer dann noch gehen kann, kauft einen Vibrator in Form eines Weihnachtsmanns.» Er leert sein Glas auf ex. «Wenn ich Glück habe in meinem Laden. Danach machen sich die vom Acker, die kein Geld für eine Nutte haben.»

Er seufzt, als sei das Geschäft mit Vibratoren in Weihnachtsmanngestalt ein schwieriges und vom Umsatz keinesfalls vergleichbar mit der Sommersaison, in der vermutlich Vibratoren in Sonnenschirmform der Kassenschlager sind.

Lars und ich nicken, als sei uns die Problematik bestens bekannt und als arbeiteten wir seit Jahren an einem Ganzjahresvibrator, der saisonale Umsatztalsohlen ausgleichen würde.

«Ach, da ist ja mein Kätzchen», ruft Devil plötzlich und winkt, so wild es seine Rettungsjacke zulässt. «Ich bin hier!»

Ich schaue mich suchend um und bin von dem enormen Gewimmel vor unseren Füßen überrascht. Inzwischen hat sich die Besucherzahl verdoppelt, wenn nicht gar verdreifacht. Mitten in der Menschenmenge hüpft eine kleine, blonde Frau auf und ab und winkt in unsere Richtung. Als sie das Podest betritt, sehe ich, dass sie Fellstiefel trägt wie Devil. Allerdings sieht sie darin aber um einiges besser aus, dazu passt auch ihre enge Skihose und die Kapuzenjacke. Unter ihrer weißen Strickmütze schlängelt sich ein dicker, geflochtener Zopf bis auf die Schulter. Lächelnd steuert sie auf uns zu. Sie hat eine sehr sportliche Figur, und schnell wird klar, warum er sie Kätzchen nennt. Ihre Bewegungen sind geschmeidig und fließend, ihr graziler Körper steht unter Spannung wie bei einer

Balletttänzerin. Sie beugt sich zu Devil herunter, um ihm einen Kuss auf die Wange zu geben. Dann wendet sie sich uns zu.

«Hallo, ich bin Millie», sagt sie und strahlt.

Ein Katzenname, denke ich, wie passend. Aber bestimmt nicht ihr Geburtsname. Denn spätestens seit Devil sich uns vorgestellt hat, ist klar: Hier auf der Reeperbahn sucht sich jeder den Namen aus, der ihm am besten steht. Doch während Millie ihrem Namen durchaus gerecht wird und sehr gut als Katze durchgeht, liegt bei Devil eindeutig eine Wahrnehmungsstörung vor. Zwar kann man ihm eine gewisse Exzentrik im Auftreten nicht absprechen, dennoch stelle ich mir den Teufel anders vor.

Lars und ich rappeln uns synchron von den Liegen hoch. «Hallo, Millie», presche ich vor, ehe Lars auf die Idee kommt, sich als MacGyver vorzustellen. «Ich bin Toby, und das ist mein Kumpel Lars.» Meine Hand donnert freundschaftlich auf seine Schulter.

Millie schenkt jedem von uns ein betörendes Lächeln. Interessiert verfolge ich ihre Bewegungen. Und das sind viele, denn Millie redet mit Händen und Füßen.

«Seid ihr Freunde von Devil?», erkundigt sie sich. «Aus Hamburg? Hab euch noch nie hier gesehen. Zum ersten Mal auf dem Kiez?» Ihre Fragen kommen wie aus der Pistole geschossen. Dazu schaut sie uns abwechselnd aus wachen, rehbraunen Augen an.

Ihrem faltenfreien Gesicht nach zu urteilen, schätze ich sie auf Mitte zwanzig. Höchstens.

«Ja und nein», erwidere ich. «Wir leben in Hamburg, auf der Reeperbahn waren wir früher öfter mal, Devil haben wir aber gerade erst kennengelernt.»

Sofort mischt sich MacGyver ein. «Wir wollen heute ein wenig feiern. Toby hat nämlich Geburtstag. Er ist vierzig geworden.» Jetzt klopft zur Abwechslung er mir auf die Schulter.

Danke, Lars. Jetzt hält sie mich für einen Greis, dessen wildeste Aktion des Tages es war, ohne Rollator dieses Podest zu erklimmen.

«Wow!» Milli zwinkert mir entsprechend ehrfürchtig zu. «Herzlichen Glückwunsch!» Sie beugt sich vor und gibt mir ein Küsschen auf die Wange.

Schadenfroh blicke ich zu meinem Kumpel, der daraufhin das Gesicht verzieht.

«Ja, wie das im Leben eben so ist», versuche ich das Thema herunterzuspielen. «Keine große Sache. Nur wieder ein Jahr älter.»

Millie mit ihrer jugendlichen Ausstrahlung scheint am Älterwerden nichts auszusetzen zu haben. «Siehst doch noch gut aus. Gar nicht so alt.»

Was wohl als Kompliment gedacht war, veranlasst mich, über das Wort *so* in ihrem Satz nachzudenken. Es relativiert ihre Aussage leider sehr.

«Möchtest du auch einen Drink?», ergreift Lars die Chance, sich vor Millie als Mann der Tat zu präsentieren. «Ich geb einen aus.»

«Gern. Ich nehm auch so einen.» Sie deutet auf mein Glas. «Einen Schenkelspreizer, aber ohne Alkohol. Ich muss noch arbeiten.»

Devil räuspert sich. «Milli tanzt an der Stange. Im *Blauen Saturn*.» Er macht eine diffuse Geste mit der Hand. Irgendwo in Richtung Große Freiheit. «Macht sie super.» Es klingt stolz, fast so als wären die beiden ein Paar. Doch in dem Blick, den er ihr nun zuwirft, entdecke ich nur kumpelhafte Zuneigung. Überhaupt scheint Devil ein netter Kerl zu sein. Auch wenn ich in meinem Leben nur auf einige wenige pubertäre Erfahrungen mit Sexshops zurückblicken kann – es galt, im Rahmen einer Mutprobe einen Fuß in den Laden zu setzen und dort drinnen bis zehn zu zählen –, glaube ich, dass er einer von den Guten ist. Sofern man das bei dem Beruf sagen kann.

Lars ist sichtlich interessiert am Thema Poledancing. Statt sich heroisch den Weg durch die Menschenmassen zu kämpfen, um Millies Getränk zu holen, steht er wie angewurzelt vor ihr und plant im Geiste vermutlich bereits seine Verlobungsfeier mit ihr. Oder meine.

Denn als er jetzt «Das würde dir mit Sicherheit gefallen, Toby» sagt, werde ich den Eindruck nicht los, er wolle mich verkuppeln.

Verschwörerisch funkelt er mich an. «Passt doch prima in unsere Planung.» Und zu Millie gewandt, fügt er hinzu: «Die Show gucken wir uns an. Ist doch Ehrensache.»

Ich stöhne innerlich. Klischeehafter als in einem Nachtclub auf Sankt Pauli kann man seinen 40. Geburtstag wohl kaum begehen. Warum bin ich nicht in Poppenbüttel geblieben?

Obwohl Millie mich nicht weiter interessiert, weil Frauen mich momentan nun mal kaltlassen, möchte ich dennoch vor ihr nicht wie ein Lustgreis dastehen, der im Zuge einer einsetzenden Midlife-Crisis noch mal die Nacht zum Tag machen und halbnackte Frauenkörper begaffen will. «Ich weiß nicht ...», versuche ich vorsichtig, den Vorschlag abzulehnen, ohne die Künstlerin zu beleidigen.

Doch Devil unterbricht mich. «Ich schleuse euch rein», erklärt er und scheint mein Zögern falsch interpretiert zu haben. «Ist ziemlich teuer, der Laden. Aber hier auf dem Kiez kennt jeder jeden. Ich organisier euch 'ne Karte, inklusive zwei Freigetränken. Mein Geburtstagsgeschenk an dich.» Er grinst mich an.

In seinen Augen bin ich nicht nur ein gaffender Lustgreis, ich scheine es zudem beruflich zu nichts gebracht zu haben. Fehlt nicht mehr viel, und er spendiert mir noch 'ne Nutte.

Lars, dem sein Ruf offenbar am Arsch vorbeigeht, bekommt leuchtende Augen. «Super», freut er sich und ruiniert mein Image gleich mit. «Das wird Toby dir nie vergessen!»

Hallo? Der Typ spendiert uns zwei Karten für 'ne Stripshow. Keine Niere. Doch ich verkneife mir den Kommentar. Stattdessen drücke ich Lars einen Fünfzigeuroschein in die Hand. «Hier», sage ich energisch, «besorg uns endlich mal Nachschub.»

«Geht klar!» In seeliger Vorfreude wendet er sich an Devil: «Noch ein Bier?» Als unser neuer Freund nickt, macht mein Kumpel sich auf den Weg zur Bar.

Ich muss gähnen. Im Grunde genommen habe ich bereits die nötige Bettschwere. «Wann geht die Show denn los?», erkundige ich mich schlapp bei Millie. Lange schaffe ich es definitiv nicht mehr, wach zu bleiben.

«Ich bin um elf, um halb eins und noch mal um zwei dran», erklärt sie freudig. «Wenn du müde bist, komm doch gleich zur ersten Show.» Fast flehentlich sieht sie mich an. Es hat den Anschein, als sei es für sie angenehm, wenn ein paar bekannte Gesichter im Publikum sitzen.

«Okay», willige ich ein, weil das für mich klingt, als könne ich um halb eins im Bett liegen. Ich blicke zu Devil. «Und wie kommen wir rein?»

Unter Mühe quält er sich hoch und kramt sogleich eine Visitenkarte aus der Innentasche seiner dicken Jacke. «Hier steht meine Nummer drauf», erklärt er und drückt mir das Pappkärtchen in die Hand. «Klingel durch, wenn ihr vorm Eingang steht, dann komm ich raus und gebe euch zwei Eintrittskarten.»

«Super. Und wo genau ist der Laden?» Lars ist mit einem Tablett voller Getränke zurück und weiß sofort, worum es geht. Während er die Gläser verteilt, ruft plötzlich jemand: «Da fehlt eins!»

Wir drehen uns überrascht um.

Kröger steht in einer Menschentraube vor dem Podest und winkt zu uns hoch. Auch er ist dick eingemummelt, trägt Dufflecoat, Elbsegler und hat sich eine Messenger-Tasche umgeschnallt, in der er vermutlich heißen Tee, Handschuhe und Echinacea gegen Erkältung mitschleppt. «Wird sofort erledigt!», rufe ich Kröger zu und bedeute ihm, zu uns zu stoßen.

Als ich fünf Minuten später zur Gruppe zurückkehre, unterhält er sich angeregt mit Devil und Millie.

Ich drücke ihm seinen *Eiertrallala* in die Hand, mit Extra-Schuss, weil er ja kein Auto mehr besitzt, und stelle die beiden vorsichtshalber noch mal vor.

«Devil gehört auf der anderen Straßenseite ein Sexshop, und Millie ist Poledancerin.»

Augenblicklich weicht aus Krögers Gesicht die Farbe. Mit festem Griff umklammert er seine Messenger-Bag, als wolle er sichergehen, nicht wieder bestohlen zu werden. Außerdem läuft in seinem Kopf vermutlich auf Hochtouren die Überlegung, in welcher abgemilderten Fassung er Sanni später von diesem Abend berichten wird.

«Äh ... Sehr erfreut», sagt er steif und reicht der Kieztruppe brav die Hand. Nebenbei erklärt er: «Ich kann leider nicht lange bleiben. Meine Schwiegereltern sind da, und morgen früh wollen wir zu Hagenbecks.»

«Ooooh», ruft Millie entzück, «in den Tierpark! Wie schön.» Offenbar ist das ein Leben, das auch ihr gefiele.

«Ja, das wird bestimmt schön», freut sich Kröger, dass sein beschaulicher Alltag bei anderen solche Ekstase auslöst. «Tiere sind was Wunderbares. Vor allem Hunde helfen einem im Alltag, den Bewegungsapparat in Gang zu halten, weshalb die Bandscheibe ...»

«Müssen wir dir später eigentlich Geldscheine ins Strumpfband stecken?», unterbricht Lars Krögers Redefluss und drängelt sich leicht in den Vordergrund. Dass er sich durch seinen Einwurf als Poledance-Anfänger outet, scheint ihm herzlich egal zu sein. «Im Film machen die Leute das doch so, oder?»

«Was du meinst, ist Tabledance», korrigiert ihn Millie. «Dabei tanzen die Frauen zunächst auf der Bühne und suchen sich anschließend einen Mann, den sie heißmachen. Oder gleich eine ganze Gruppe von Männern. Der Tanz an der Stange erfolgt ausschließlich auf der Bühne und ist sogar eine anerkannte Sportart.»

«Die sehr viel Training erfordert», pflichtete Devil ihr bei.

Lars nickt, als sei ihm die Sache von Anfang an klar gewesen.

«Allerdings mache ich manchmal eine Ausnahme», erläutert Millie weiter. «Wenn ich für private Junggesellenabschiede oder Firmenfeiern gebucht werde.» Jetzt zückt sie einen Stapel Visitenkarten und gibt uns jedem eine.

Ich komme aus dem Staunen nicht mehr heraus. Besitzt denn heutzutage jeder eine Geschäftskarte? Vielleicht sogar die Nutten?

«Ich habe auch eine Website», fügt sie stolz an. «Viele Leute trauen sich nicht anzurufen. Mit denen kläre ich meine Gage per Mail.» Sie strahlt angesichts so viel Geschäftssinns.

Während ich mich noch frage, wer eine Table- oder meinetwegen auch Poledancerin für seine Weihnachtsfeier bucht, erkläre ich: «Wir bleiben allerdings nur für eine Show. Und du ...» Ich schaue zu Kröger. «... kommst mit!»

Die Augen meines Kumpels werden riesig, während er sich beeilt, Millies Karte in der Hosentasche verschwinden zu lassen. Fast als wolle er damit alle unzüchtigen Gedanken auf einmal in einen entlegenen Ort verbannen. «Ich ... also ... ich kann nicht.» Sein Blick fliegt hilfesuchend zwischen mir und Lars hin und her.

«Oh doch», sage ich, «heute ist mein Geburtstag. Und du bist extra hergekommen, um mit uns zu feiern. Du wirst doch jetzt nicht kneifen, nur weil wir uns Poledancing anschauen wollen.»

Kneifen ist ein Wort, das kein Mann gern mit sich in Verbindung gebracht haben möchte. Auch Kröger nicht.

«Ich kneife nicht», rechtfertigt er sich, «ich habe eine Familie und bin morgen gefordert.»

«Das verstehe ich absolut!» Millie scheint eine wirklich einfühlsame Frau zu sein. Oder hoffnungslos romantisch. Ein Mann, dem seine Familie über alles geht, ist für Millie vermutlich so exotisch wie für meinen Kumpel der Tanz an der Stange.

Sichtlich angetan von so viel Verständnis für seine Situation, will Kröger gerade seinen abgebrochenen Monolog fortsetzen, als ihm erneut über den Mund gefahren wird. Dieses Mal von Millie.

«Trotzdem könntest du dir ja die erste Show ansehen.»

Und Devil ergänzt: «Im *Blauen Saturn* gibt es selbstverständlich auch alkoholfreie Getränke. Deinem frühen Aufstehen morgen stünde somit nichts im Wege.»

Kröger geht in sich. Hin- und hergerissen zwischen dem unterschwelligen Wunsch, etwas Verbotenes zu tun, und seiner tief verwurzelten Angst vor möglichem Ärger mit seiner Familie, kaut er auf der Unterlippe.

Am Ende zeigt sich, dass die Waffen einer Frau unschlagbar sind. Was Lars und mir nur mit Mühe gelungen wäre, schafft Millie mit einem Augenzwinkern: Kröger willigt ein.

«Aber nur eine Show, dann gehen wir nach Hause, okay?» Er schaut mich flehend an.

Ich nicke.

Ein frommer Vorsatz, bei dem es, wie sich später herausstellt, bleiben sollte.

10. Kapitel

Misst man die Luftlinie zwischen Weihnachtsmarkt und dem *Blauen Saturn* sind es schätzungsweise zweihundert Meter. Addiert man jedoch die Schritte, die für das Umrunden von Straßenecken, Touristen, Betrunkenen, Würstchenbuden und undefinierbaren Bodenpfützen nötig sind, kommt man gut und gerne auf achthundert Meter.

Nachdem wir Kröger kurz an einem Imbiss verlieren, wo er sich zwei Riesenwürste und eine Cola genehmigt, schaffen wir es erst um kurz vor elf zum *Blauen Saturn*, wo wir von Devil in Empfang genommen werden.

«Respekt», sagt er, als habe er es so alten Männern wie uns nicht mehr zugetraut, um diese Uhrzeit noch wach zu sein. Grinsend überreicht er uns drei Eintrittskarten, will selbst aber nicht mitkommen, da er noch arbeiten muss.

Im Gegenzug nestele ich eine Visitenkarte aus meinem Portemonnaie hervor, kritzele meine neue, vorläufige Adresse auf die Rückseite und will sie Devil überreichen. Im Grunde genommen, um ihn einzuladen, mich mal auf ein Bier zu besuchen. Als mir jedoch bewusst wird, wie dämlich die Aktion ist, stecke ich die Karte kurzerhand wieder ein.

Im *Blauen Saturn* herrscht freie Platzwahl, und obwohl wir so spät sind, ergattern wir drei Stühle dicht an der Bühne. Kröger wird auf den äußersten verbannt, da er bestialisch nach Knoblauch stinkt.

Nichtsdestotrotz nutzt er die Wartezeit, ehe die Show beginnt, um uns in epischer Breite von seinem Briefwechsel mit Versicherung und Leasingfirma zu berichten. Während er sich weiterhin brav an Cola hält, steigen Lars und ich auf Whisky-Cola um. Der Achtziger-Jahre-Drink hat in diesem überteuerten Etablissement preis-leistungsmäßig den meisten Wums.

Der Saal, in dem Millie tanzen wird, ist überraschend geschmackvoll eingerichtet, allerdings können ein paar bunte Lichter, etwas Glitzer und paar geschickt platzierte Spiegel auch die letzte Spelunke ansprechend wirken lassen. An zwei Seiten sind die Wände verspiegelt, was den Raum optisch geschickt vergrößert und dem Zuschauer zudem die Möglichkeit bietet, das Spektakel von mehreren Seiten zu betrachten. Dicht vor uns befindet sich eine etwa sechs Quadratmeter große Bühne, auf der vier Stangen bis zur Decke ragen.

Dann geht es auch schon los.

Die Show übertrifft alle meine Erwartungen. Millie bewegt sich, als sei sie aus Gummi. Geschickt schlängelt sie sich um die Stangen, hält sich nur an einer Hand, einem Bein oder mit dem Oberschenkel fest. Dabei strahlt sie unaufhörlich ins Publikum. Chapeau! Mir schmerzen die Muskeln allein beim Anblick ihrer Verrenkungen.

Prüfend schaue ich zu Kröger, der angespannt und mit schmerzhaft verzogenem Gesicht jede von Millies Bewegungen verfolgt. Vermutlich macht er gerade drei Kreuze, dass nicht alle Menschen so sportlich sind wie sie, weil er sonst sein Sitzkompetenzzentrum bald dichtmachen müsste.

Mein Blick schweift weiter zu Lars. Selbst er sieht aus, als sei er nicht nur von Millies halbnacktem, lediglich mit einem silbernen Glitzerbikini bekleidetem Körper fasziniert, sondern auch von ihrer Darbietung.

Die Vorstellung dauert etwa zwanzig Minuten, dann verneigt Millie sich, sammelt ein paar Rosen auf, die ihr ein Fan im Überschwang der Begeisterung zugeworfen hat, und verschwindet hinter der Bühne.

Als der letzte Ton der Musik verstummt und allen Gästen klarwird, dass es keine Zugabe gibt, springt Kröger auf. «So, Leute», sagt er und hüllt uns in eine Wolke aus Zwiebeln und Knoblauch, «ich mach mich vom Acker.» Wie zum Beweis schaut er auf seine Armbanduhr. «Halb zwölf, das passt. Dann bin ich um eins zu Hause.» Er streckt mir die Hand entgegen. «Danke für das Angebot, aber ich nehme die Bahn.»

Ich schaffe es gerade noch, ihm einen guten Nachhauseweg zu wünschen, dann ist Kröger auch schon verschwunden. Lars und ich bleiben sitzen und gehen abwechselnd zur Bar, bis die nächste Show beginnt. Dieses Mal verrenkt sich eine Kollegin von Millie. Sie ist ebenso durchtrainiert und vollführt so ziemlich dasselbe Programm, weshalb ich etwa in der Mitte kurz einnicke.

In der nächsten Pause wollen wir deshalb draußen vor der Tür Luft schnappen, müssen aber zunächst unsere Rechnung begleichen. 350,– knöpft man uns ab. Angesichts dieser Summe verlange ich sofort, den Abend in günstigere Gefilde zu verlagern.

«Wir können ja noch ein bisschen tanzen gehen», schlägt Lars vor. «Gleich um die Ecke ist der *Mojo-Club*. Kost 'n Zehner, soviel ich weiß.»

Ich zögere. «Sind wir dafür nicht zu alt?» Nichts erscheint mir demütiger, als mit vierzig unter lauter Zwanzigjährigen zu stehen. Mal abgesehen von der Musik, mit der ich aller Wahrscheinlichkeit nach nichts anfangen kann.

Lars schüttelt abwägend den Kopf. «Dann eben *Kaiserkeller*. Da ist heute Oldie-Nacht.»

Ich verschlucke mich kurz. «Definiere *Oldies*», fordere ich ihn auf.

«Keine Ahnung. Beatles und so ein Kram.»

Schon sehr bald stellt sich heraus, dass das eine Fehleinschätzung war. Aus musikalischer Sicht gehört in diesem Club bereits das Jahr 2000 zu den Oldies. Lars und ich sind somit Dinosaurier. Aber egal.

Ich steige auf Bier um, lehne mich an einen der Bartische neben der Tanzfläche und fühle mich plötzlich richtig gut. Die Müdigkeit ist komplett aus meinen Knochen verschwunden, oder zumindest spüre ich sie dank des Alkohols nicht mehr. Und wenn mich ein kurzer Gedanke an Birte durchzuckt, habe ich ihn bis zum nächsten Song vergessen. Ebenso wie die Erinnerung an mein altes Leben am Stadtrand.

Ich genieße jede Sekunde, fühle mich jung und lebendig und kann mir überhaupt nicht mehr vorstellen, wie ich mal glückselig vor meinem Komposthaufen im Garten gestanden und die sprießenden Zucchini gezählt habe. Das gehört von nun an der Vergangenheit an. Ich werde nach vorn schauen, mich nicht mehr bemitleiden, sondern mein Leben neu sortieren. Allein schon damit ich nicht wie Kröger ende.

Und aus diesem Grund werde ich mich auch garantiert nicht so schnell an eine neue Frau binden.

Bereits am nächsten Mittag gerate ich bezüglich meines neuen Selbstbewusstseins allerdings schon wieder ins Wanken.

Als ich mit schmerzendem Kopf vom Schrillen der Haustürklingel geweckt werde und meine erste Amtshandlung darin besteht, eine Aspirin einzunehmen, wünsche ich mir nichts sehnlicher, als frisch und munter an meinem zucchinibewachsenen Beet zu stehen und die Blüten zu zählen. Statt zur Haustür stolpere ich zurück ins Bett, wobei ich Millie wecke, die daraufhin stöhnt. Einen Moment schauen wir uns überrascht an. Ich kann mich zwar sehr gut an die Nacht mit ihr erinnern, nicht aber, wie es überhaupt dazu kam. Millies fragender Gesichtsausdruck hingegen bezieht sich auf das Türklingeln.

«Wer ist das?», will sie wissen, macht aber keinerlei Anstalten aufzustehen.

Nachdem es in unregelmäßigen Abständen weiterschrillt, ergebe ich mich seufzend in mein Schicksal. Langsam stehe ich auf, fische vorsichtig nach meinem am Boden liegenden T-Shirt und drücke es mir behelfsmäßig vor den Schritt. Fast wäre ich dabei auf eine Schüssel mit Popcornresten am Boden getreten. Daneben liegt eine leere Tüte von *Kates Popcorn Shop*. Ich kann mich beim besten Willen nicht daran erinnern, dort gestern noch eingekauft zu haben.

In einem Anflug von Verantwortungsbewusstsein schaue ich kurz noch in Krishnas Terrarium. Die Schlange liegt mal wieder in ihrem Wassernapf und sieht aus wie immer. Von Popcorn keine Spur. Sollte jemand auf die Idee gekommen sein, sie damit zu füttern, hätte Krishna es jedenfalls gut vertragen.

Kopfschüttelnd schlurfe ich zur Tür. Draußen steht Kröger mit einer Schachtel in der Hand, taufrisch und breit lächelnd.

«Wusste ich doch, dass du da bist!», sagt er so erfreut, als sei ihm in der Bandscheibendiagnostik ein entscheidender Sprung gelungen. «War es noch schön gestern?»

Ach, Olli. Du hast ja keine Ahnung. *Schön* beschreibt nicht mal ansatzweise den Verlauf des Abends.

«Total schön», gebe ich mit einem Hauch Ironie in der Stimme zurück, während ich überlege, was zum Henker Kröger um diese Uhrzeit hier will. Und ob ich ihn hereinbitten soll, was sicher nicht besonders geschickt wäre, schließlich habe ich Damenbesuch. Also sage ich nur: «Und anstrengend. Deshalb würde ich sehr gern wieder zurück ins Bett, noch ein wenig schlafen.»

Erst jetzt registriert mein Kumpel das T-Shirt vor meinem Schritt und reißt in einem Anflug von Erleuchtung die Augen auf. «Ach, sooo nett war es ...»

«So nett *ist* es», korrigiere ich ihn.

Kröger übergeht meinen Einwand. «Ich hab das Auto meines Nachbarn geliehen. Und da meine Schwiegereltern gerade Mittagsschlaf machen und ich versprochen hatte, dir noch ein Geschenk ...» Er vollendet den Satz nicht, deutet stattdessen auf den Karton in seiner Hand. «Käsekuchen.» Er strahlt und drückt mir die Schachtel gegen den Bauch. «Selbstgebacken. Hab gleich zwei gemacht, der andere ist aber für meine Schwiegereltern.»

Bei dem Gedanken an Käsekuchen wird mir augenblicklich schlecht.

«Und hier ist dein eigentliches Geburtstagsgeschenk drin.» Er zieht noch ein weiteres, deutlich kleineres Päckchen aus seinem Dufflecoat und drückt mir beides die andere Hand.

Da ich das T-Shirt nicht fallen lassen will, bitte ich Kröger nun doch hinein. Während er die Geschenke auf dem Küchentisch abstellt, schlinge ich mir behelfsmäßig eine herumliegende Küchenschürze um die Hüfte und ziehe das stinkende Shirt über.

Auffordernd sieht mein Kumpel mich an. Also öffne ich das schmale Päckchen. Es sind zwei Bücher. Das erste trägt den sportlichen Titel «Wandern durch die Mark Brandenburg», wozu mir leider Gottes wenig einfällt. Beim zweiten, «Kunstschätze Südpolens und der Lausitz», verschlägt es mir schlichtweg die Sprache.

Kröger deutet mein Schweigen als Ergriffenheit. Mit überbordender Fröhlichkeit erklärt er: «Wandern ist bei Ü40-Jährigen Volkssport Nummer eins. Gelenkschonend und kommunikativ. Außerdem wolltest du doch immer so gern verreisen, und da dachte ich mir ...» Er scheint einen Moment nach den richtigen Worten zu suchen. «Also, jetzt, da Birte dich nicht mehr bremst, wäre Polen doch ein schönes Ziel.»

Ach so. Na, klar.

«Polen», wiederhole ich mechanisch. «Ja, Polen ist mit Sicherheit ... schön.» Für einen Ausflug in die Lausitz fehlt mir in meinem momentanen Zustand allerdings das Vorstellungsvermögen. Und dass ich mich in einem Alterskreis bewege, bei dem man auf seine Gelenke achtgeben muss, möchte ich nun wirklich nicht hören.

Als ich Krögers fragendem Blick begegne, schaffe ich es immerhin, ein müdes Lächeln auf mein Gesicht zu zaubern. «Ich werde gleich im Bett mal reinschauen.»

Jetzt weiten sich seine Augen, und bevor ich begreife, dass Millie hinter meinem Rücken aufgetaucht ist, höre ich ihre freudige Stimme.

«Oh, gibt es hier Geschenke?»

Ich drehe mich um und bemerke nun auch den eigentlichen Grund für Krögers Irritation. Millie trägt ein weißes T-Shirt aus sehr, sehr dünnem Stoff, dazu ein sehr, sehr knappes Höschen. Ihre Brüste, von denen ich seit letzter Nacht weiß, dass sie aus Silikon sind, heben sich deutlich unter dem Stoff ab. Mehr noch, sie schreien geradezu danach, angefasst zu werden.

Damit ihm genau das nicht passiert, vergräbt Kröger seine Hände in den Taschen seines Dufflecoats und erstarrt zur Säule.

«Aha, Mark Brandenburg», liest Millie laut vor. «Wie schön!» Aus ihrem Mund klingt es, als handele es sich dabei um einen attraktiven Vor- und Nachnamen.

Als es erneut an der Tür klingelt, fährt Kröger zusammen, als stünde Sanni samt Schwiegereltern und unerzogenem Terrier draußen, um ihn abzuführen. Entsprechend bewegungslos verharrt er in seiner Position.

Da auch ich keinerlei Anstalten mache, zur Tür zu gehen, tänzelt Millie durch den Flur zum Eingang. «Vielleicht kommen da ja noch mehr Leute mit Geschenken», mutmaßt sie. Gleich darauf hört man sie an Mirkos Sicherheitstür herumnesteln. Dann folgt ein kurzer Dialog, und wenig später kehrt sie zurück in die Küche.

Hinter ihr folgt eine sichtlich irritierte Trixie. Mit großen Augen und stetig wachsendem Interesse lässt sie ihren Blick über die Anwesenden schweifen.

«Äh. Hallo … Trixie», stottere ich und bin selbst überrascht, dass mir sofort ihr Name einfällt. Willkommen in unserem skurrilen Grüppchen!

Tatsächlich ist Trixie in dieser Runde das Tüpfelchen auf dem i, vor allem optisch. Zu einem unförmigen grauen Flokati-Mantel, der seine besten Tage vermutlich noch auf der Rolle im Stofflager erlebt hat, trägt sie eine überdimensionale giftgrüne Umhängetasche und flaschengrüne Doc Martens. Besonders faszinierend dazu: ihre roten Haarsträhnen.

Im Gegensatz zu mir empfindet Kröger Trixies Auftauchen als Erleichterung und ihre bunten Haarsträhnen als eine willkommene Ablenkung von Millies Vorbau. Konzentriert beobachtet er, wie Trixie schwerfällig in ihrer Tasche kramt und mir schließlich eine Flasche Rotkäppchen-Sekt in die Hand drückt.

«Also ... ich war gestern Abend schon mal hier», erklärt sie mit irritiertem Blick auf Millie. «Bin extra aus Winsen hergekommen. Aber keiner hat geöffnet.»

Vermutlich weil keiner zu Hause war, denke ich genervt. Irgendwie wird mir das alles gerade ein bisschen viel.

«Ich war unterwegs», erkläre ich schlapp, woraufhin Trixie wissend nickt.

«War ja irgendwie klar», lenkt sie ein, «aber nachdem letzte Woche alle von deinem bevorstehenden Geburtstag gesprochen haben, wollte ich dir natürlich ebenfalls gratulieren. Nun also nachträglich.» Sie macht einen Schritt auf mich zu und küsst mich auf die Wange. Offenbar hat sie nicht vor, sich so schnell ins Bockshorn jagen zu lassen. Auch nicht von einer halbnackten Poletänzerin. «Zum Glück bin ich momentan arbeitslos», plappert sie furchtlos weiter, «sonst hätte ich nicht so viel Zeit. Apropos Zeit.» Sie verstummt und kramt erneut in ihrer Handtasche. Während ich noch bete, dass sie möglichst schnell einen sklavenhaften Job findet, der ihr in Zukunft für unangemeldete Besuche keine Zeit lässt, zerrt sie einen leicht zerknitterten Umschlag hervor. Erwartungsvoll streckt sie ihn mir entgegen. «Das hier ist zwar nicht wirklich ein Geburtstagsgeschenk», erklärt sie, «also im herkömmlichen Sinne, aber ... na ja ...», sie grinst mich an, «irgendwie auch doch. Es ist eine Einladung. Ich hoffe, der Termin passt.»

Im Zeitlupentempo greife ich nach dem Kuvert. Mir ist klar, dass ich nicht umhinkomme, es jetzt zu öffnen. Was mag bloß drin sein? Nacktfotos von ihr? Ein Zugticket in die Lausitz?

Während ich die Flasche auf dem Tisch abstelle und anschließend mit gemischten Gefühlen den Umschlag öffne, presst Millie ihre Oberweite von hinten gegen meinen Rücken, um mir leichter über die Schulter schauen zu können. Mit spitzen Fingern ziehe ich eine Einladung hervor. «Krass», posaunt Millie mir ins Ohr. «Eine Hochzeit!» Sie ist vollkommen aus dem Häuschen. «Du bist auf eine Hochzeit eingeladen!» Als gäbe es auf der Welt nichts Schöneres, wendet sie sich an Trixie: «Wer heiratet denn? Eine Freundin von dir?»

Trixie wackelt mit den Laserschwertern. «Ja, genau. Daphne ist meine Freundin. Na ja, und eine Freundin von Toby.»

Also ... das war mir neu. Ist aber irgendwie auch egal. Offenbar habe ich neuerdings Interesse an Polens Kunstschätzen, warum soll ich nicht auch mit Daphne befreundet sein, die ich in Wahrheit kaum kenne?

Während ich die Einladung durchlese – kirchliche Trauung mit anschließender Party in Winsen an der Luhe –, fange ich langsam an zu begreifen. Ich soll dort mit Trixie hin. Auf die Hochzeit ihrer Freundin.

Das geht unter keinen Umständen.

«Ach, wie schön», haut nun auch Kröger, der heute offenbar alles *schön* findet, in dieselbe Kerbe. «Ich dachte, heiraten wär gar nicht mehr in Mode.»

«Doch, doch, und ob!», beeilt Trixie sich zu erklären. «Warum auch nicht? Wenn man sicher ist, den Richtigen gefunden zu haben.»

Ihr eindeutiges Zwinkern in meine Richtung löst bei mir Panik aus. Die Sache mit den Frauen läuft in letzter Zeit gewaltig aus dem Ruder. Und einen Ruf als Schürzenjäger finde ich auch nicht gerade erstrebenswert.

Folglich werde ich auf keinen Fall mit Trixie auf diese Hochzeit gehen.

Ausgeschlossen.

Hilfesuchend schaue ich zu Millie, in der Hoffnung, sie würde mich zurück ins Schlafzimmer zerren oder Trixie auf andere Art zu verstehen geben, dass ich nicht zu haben bin. Ein feiger Wunsch, der auf der Stelle dadurch bestraft wird, dass Millie das genaue Gegenteil tut.

«Da musst du hin!», insistiert sie. «Eine Einladung zur Hochzeit kann man ja gar nicht ausschlagen.»

Oh doch. Und wie man das kann.

«Das würde nämlich Pech bringen», fügt sie noch hinzu.

Ach, Millie! Wenn du wüsstest, was mir in der letzten Zeit alles passiert ist, dann wüsstest du, dass es auf einen Tag Pech mehr oder weniger nicht ankommt.

Ich muss die Sache selbst abwiegeln. Nur wie?

Nach einem schnellen Blick auf den Text entdecke ich das Datum. Halleluja!

«Tja», sage ich gedehnt, «am 5. Dezember, dem Tag vor Nikolaus, kann ich leider nicht. Da bin ich auf dem Geburtstag meines Chefs eingeladen. Dauert den ganzen Tag.» Ich bemühe mich um einen Hundeblick. «Wirklich schade.»

«Was?» Fassungslos entreißt Trixie mir das Schreiben und überfliegt noch einmal die Zeilen.

Als ich schon hoffe, sie würde die Einladung nun wutentbrannt zerreißen und aus der Wohnung stürmen, kreischt sie unvermittelt: «So ein Mist!» Mit einem frisch lackierten grünen Nagel, der zum Farbton ihrer XL-Tasche passt, hämmert sie auf das Papier ein. «Ich hab die falsche Karte erwischt! Die hier gehört zum Fehldruck.» Sie schaut in die Runde und erklärt: «Die Druckerei hat sich vertan. Zum Glück haben wir den Fehler bemerkt, bevor die Einladungen verschickt wurden. Die Trauung findet am Nikolaustag statt!»

Amüsiert schaut Kröger mich an. «Das müsste dann ja passen, oder, Toby?»

Da ist es schon, das Pech, das Millie prophezeit hat. Wie es scheint, reicht bereits der Gedanke aus, eine Hochzeit zu schwänzen, um vom Schicksal verfolgt zu werden.

«Tja ...», sage ich ein weiteres Mal und habe noch eine letzte Idee, wie ich der Sache entgehen könnte. Durchdringend schaue ich Millie an. «Das wäre dir aber sicher nicht recht, Schatz. Oder?»

Doch Millie kapiert es nicht. Im Gegenteil. Ihre Begeisterung für den romantischen Akt der Eheschließung ist ungebrochen.

«Ach wo», erklärt sie und macht es im Anschluss sogar noch schlimmer. «Das mit uns, das war doch ohnehin nur ein bisschen Spaß.» Wie zum Beweis kichert sie und beginnt, ihre Klamotten zusammenzusuchen.

Ich sacke auf einem Stuhl zusammen.

Auch Kröger will mir partout nicht beistehen. «Ich muss dann jetzt auch los», erklärt er und deutet noch einmal auf seine Geschenke. «Viel Spaß damit.»

Es fehlt nicht mehr viel, und ich bin allein mit Trixie.

«Warte», rufe ich, springe auf und werfe mich Kröger in die Arme, als wolle ich mich bedanken. Dabei flüstere ich ihm ins Ohr: «Bitte geh nicht. Bleib noch einen Moment.»

Vollkommen irritiert befreit er sich aus der Umarmung und schaut mich an, als hätte mich die Nacht mit zwei Silikonbrüsten schwul werden lassen. «Also ...», stottert er, «ich muss zu meinen Schwiegereltern ... du weißt doch ... sie warten.»

Langsam beginne ich, die beiden zu hassen.

Millie ist bereits im Schlafzimmer verschwunden, und Kröger wendet sich endgültig zum Gehen.

Zwischen Trixie und mir entsteht eine peinliche Stille.

Ich wünsche mich zurück nach Poppenbüttel, an meinen Komposthaufen. Sofort!

«Ich düs dann jetzt», sagt Millie fertig angezogen im Türrahmen. Sie gibt mir noch einen Kuss auf die Wange und legt ihre Visitenkarte auf den Tisch. «Falls du mal wieder eine Show besuchen möchtest.» Sie grinst mich keck an.

Wieso nur begreift sie nicht, dass ich in dieser Situation nicht allein gelassen werden darf?

«Hast du vielleicht noch Lust, einen Kaffee trinken zu gehen?»

Da ist sie, die rettende Frage. Aber sie ist nicht an mich gerichtet, sondern an Kröger, der sich gerade mit dem Elbsegler Luft zufächelt.

Wenn er das tut, wenn er wirklich mit Millie etwas trinken geht, obwohl er mir seine Hilfe verweigert hat, werfe ich ihm seinen blöden Reiseführer an den Kopf. Dann braucht er sich hier nie wieder blicken zu lassen. Dann werde ich seinen Schwiegereltern petzen, dass er mit offenem Mund eine Poledancing-Show geguckt hat.

Doch wie es scheint, sitzen ihm Sannis Eltern tatsächlich im Nacken. Er stülpt die Mütze über und schüttelt bedauernd den Kopf. Sehr bedauernd. Nicht annähernd mit demselben Bedauern, mit dem er es abgelehnt hat hierzubleiben.

Kurz winken sie noch von der Tür, dann sind Kröger und Millie verschwunden.

Trixie und ich stehen plötzlich allein in der Küche. Erneut herrscht verlegene Stille.

«Also, deinen Kumpel kenne ich ja», versucht sie locker, ein Gespräch zu beginnen. «Aber wer war die Frau?»

Ich wittere meine letzte Chance, mich – wenn auch etwas unelegant – aus der Hochzeitsgeschichte herauszumanövrieren. «Das war ... eine Nutte.»

Meine Aussage verfehlt ihre Wirkung nur um Haaresbreite. Trixie hebt zwar überrascht die Augenbrauen und starrt mich an. Statt nun aber angesichts meines liederlichen Charakters davonzulaufen, setzt sie sich an den Küchentisch und fragt interessiert: «Cool. Weißt du zufällig, wo die sich ihre Brüste hat machen lassen?»

Ich sacke ebenfalls auf einen Stuhl. Nein, liebe Trixie, ich habe keinen Schimmer. Und selbst wenn ich es wüsste, würde ich das Thema mit dir nicht vertiefen wollen. Aber statt einer Brüstediskussion scheint es mir an der Zeit, etwas anderes zu klären und mit der Wahrheit ans Licht zu rücken.

«Weißt du, Trixie, das mit der Hochzeit ...»

Sie hebt abwehrend eine Hand. «Warte!» Ihr Ton wird eindringlich. «Du würdest mir wirklich einen riesengroßen Gefallen tun.» Ihr Blick ist so flehentlich, dass sich augenblicklich mein Gewissen meldet.

Einen Gefallen? Bin ich denn aufgrund einer gemeinsamen Nacht, an die ich mich beim besten Willen nicht erinnern kann, moralisch dazu verpflichtet, sie auf eine Hochzeit zu begleiten? Noch dazu in Winsen an der Luhe?

Wohl kaum.

Ehe ich mich jedoch abschließend zu der Sache äußern kann, klingelt mein Handy. Lars ist dran.

«Seit wann sind denn nur alle so früh auf den Beinen?», rufe ich in den Hörer und klinge langsam etwas hysterisch.

Er kichert. «Es ist 14 Uhr.»

«Ja und? Ist es etwa verwerflich, nach einer durchzechten Nacht den Tag im Bett zu verbringen? Wieso bist du überhaupt schon wach?»

«Ich wollte dich erinnern, dass wir in einer Stunde verabredet sind.»

«Bitte?»

«Sag jetzt nicht, du hast es vergessen.»

«Was denn überhaupt?»

«Unser Blind Date.»

Ich versteh gar nichts mehr. «Wie können wir beide denn ein Blind Date haben?»

Er klingt genervt. «Triff mich einfach zur verabredeten Zeit, dann wirst du schon sehen. Ich sag dir, das wird ein phantastischer Nachmittag!»

Da bin ich mir nicht so sicher.

Andererseits erscheint mir im Moment alles besser zu sein, als noch einmal über den Nikolaustag zu verhandeln.

11. Kapitel

«Cool, du bist schon da», freut sich Lars, als wir uns eine Stunde später am Altonaer Bahnhof treffen. Beinahe hätte ich meinen Kumpel nicht erkannt. Er trägt eine Multifunktionsjacke, die mindestens sieben Taschen an der Frontseite aufgesteppt hat und zudem über eine überdimensionale Kapuze verfügt, die Lars jetzt abstreift. Ein seltsam zweideutiges Grinsen kommt zum Vorschein. «Ich würde vorschlagen, wir gehen kurz dort rüber auf den Weihnachtsmarkt. Ein bisschen vorglühen. Und dann nichts wie los – ran an die Frauen! Ich bin echt gespannt, was beziehungsweise wer dich dort erwartet.»

Und ich erst. «Würdest du mir freundlicherweise zunächst einmal erklären, wohin genau wir gehen?», bremse ich seinen Enthusiasmus. «Vorher bewege ich mich keinen Millimeter. Außerdem möchte ich nicht schon wieder auf einen Weihnachtsmarkt. Mir brummt der Schädel noch von gestern.» In der Tat fürchte ich, dass es dem Restalkohol in meinem Blut zuzuschreiben ist, in Trixies Hochzeitsfalle getappt zu sein. Sie hat mich so flehend und traurig angesehen, dass ich nicht anders konnte. Noch immer höre ich mich aus lauter schlechtem Gewissen sagen: «Das mit der Hochzeit ... das ... geht klar.» Im selben Moment, als ich mich vor Wut auf die andere Seite des Erdballs hätte treten können, begann Trixies Gesicht vor Freude zu leuchten. «Echt jetzt?», hakte sie noch einmal beglückt nach. Doch für einen Rückzieher war es zu spät. «Supi. Ich freu mich riesig!» Es hätte nicht viel gefehlt, und sie wäre wie Rumpelstilzchen durch die Küche getanzt. Zum Glück sprang sie jedoch nur an mir hoch, gab mir einen Kuss auf den Mund, als sei es das Normalste auf der Welt, und hopste hocherfreut zur Tür hinaus. Ich glaube sogar, ihre Laserschwerter vor Freude wippen gesehen zu haben.

Statt einer Antwort kontert Lars mit einer Gegenfrage. «Wie war denn die Nacht mit Millie?», will er wissen. «Hätte ja nicht gedacht, dass sie mit dir nach Hause geht.»

«Ach, und warum nicht?»

Ich meine, ich bin ja kein altersschwacher Quasimodo, bei dem man fürchten muss, er stirbt beim Sex. Andererseits muss ich gestehen, selbst noch immer nicht genau zu wissen, wie es zu der Nacht gekommen ist.

«Keine Ahnung», sagt Lars schließlich. «Ich hätte vermutet, sie steht eher auf durchtrainierte Typen. Du weißt schon. Tänzer und so.»

Redet er etwa von sich?

«Ich bin durchtrainiert.»

Lars lässt seinen Blick kurz abschätzig an meinem Körper heruntersandern, doch da auch ich eine dicke Jacke trage, wenn auch mit weit weniger Taschen, kann man nicht viel erkennen.

«Egal», winkt er ab, «wichtig ist jetzt erst einmal Folgendes.» Er zerrt mich hinter sich her. «Also, bei diesem Speed Blind Date geht es darum, dass du dein weibliches Gegenüber in kürzester Zeit daraufhin abklopfst, ob du sie wiedersehen möchtest. Die Agentur, die das Ganze organisiert, hat deshalb für jeden Teilnehmer Kärtchen vorbereitet. Wenn du eine Frau gut findest, kreuzt du auf deiner Karte das entsprechende Ja an. Die Agentur darf dann im Anschluss an die Veranstaltung deine Kontaktdaten weitergeben.»

Ich bleibe stehen. «Also ehrlich gesagt ... Ich versteh immer Blind Date. Wie kann das sein?»

Lars gibt einen erschöpften Zischlaut von sich. «Weil wir auf dem Weg dorthin sind. Also: Sieben Frauen treffen sieben Männer sieben Minuten lang. Zwei davon sind wir, wobei ich nur deinetwegen mitmache. So weit verstanden?» Sein Blick durchbohrt mich.

«Theoretisch ja.»

«Und praktisch?»

Ich rolle mit den Augen. «Ich glaube fast, du meinst das ernst, oder?»

«Natürlich», kommt es vorwurfsvoll zurück. «Ich hatte dir davon erzählt. Neulich Abend. Bei dir zu Hause.»

«Und ich hatte abgelehnt.» Ich erinnere mich dunkel.

Lars ignoriert meinen Einwand, und ehe ich michs versehe, stehen wir an einem Wurststand auf dem Weihnachtsmarkt, der in unmittelbarer Nachbarschaft zum Altonaer Bahnhof aufgebaut wurde.

Nicht schon wieder, denke ich und bekomme eine Krakauer in die Hand gedrückt.

Das ist Bestechung!

«Es ist doch so», fährt Lars fort, als auch er eine Wurst vor sich hat. «Nach der Trennung von Birte warst du am Boden zerstört. Das haben wir alle akzeptiert. Allmählich nimmst du wieder am Leben teil. Und flirtest sogar ein wenig.» Er hebt die Hand, bevor ich etwas erwidern kann. «Deshalb habe ich für uns diesen Termin heute ausgemacht. War gar nicht so leicht. In der Weihnachtszeit ist mit einsamen Herzen offensichtlich viel Geld zu verdienen.» Herzhaft beißt er in seine Wurst und fährt kauend fort: «Ich hab mir jedenfalls gedacht, das hier wäre eine gute Möglichkeit für dich, auf einen Schlag sieben Frauen kennenzulernen. Wenn du bei allen ankreuzt, dass du sie wiedersehen möchtest, hast du sieben Dates.» Er nimmt einen weiteren Bissen und schluckt ihn geräuschvoll herunter. «Du musst ja nicht mit ihnen schlafen. Es geht nur um etwas Ablenkung. Damit du zurück in die Spur findest.»

«Ehrlich gesagt hatte ich in den letzten Tagen genügend Ablenkung. Aber weitergebracht hat es mich kein bisschen. Im Gegenteil. Ich habe eindeutig mehr Probleme als vorher.»

Ich sage nur Nikolaus!

Natürlich schmeichelt der Sex mit zwei Frauen in so kurzer Zeit meinem Ego und mildert die Schmach, verlassen worden zu sein. An meinem Kummer hat sich jedoch nichts verändert. Inzwischen gelingt es mir nur ein wenig besser, den Gedanken an Birte fortzuschieben. So gesehen hat Lars recht, Ablenkung tut mir gut, nur mag ich diese nicht erzwingen.

Ich schaue meinen Kumpel ernst an. «Das ist nicht die Spur, in der ich mich bewegen will. Ehrlich nicht, Lars.»

Einen Moment schweigen wir. Dann wirft Lars seinen Pappteller weg und lenkt ein: «Weiß ich doch, Toby. Wir beide ...» Abwechselnd schlägt er uns gegen die Brust und fegt mir fast die Krakauer aus der Hand. «Wir beide gehören zu den Guten. Aber trotzdem», er wischt sich etwas Senf aus dem Mundwinkel, «kann es nicht schaden, wenn wir uns unter Leute begeben. Du kannst den Frauen ja ehrlich sagen, wie es dir geht. Die mögen aufrichtige und gefühlvolle Männer.»

«Und du erweist mir einen Freundschaftsdienst, indem du mich begleitest», stelle ich ironisch fest. «Wie selbstlos von dir.»

Lars strahlt. «Ganz genau so ist es. Ich bin hier, um dich zu unterstützen. Denn was mich betrifft ...» Diesmal klopft er nur sich auf die Brust. «Ich suche wirklich keine Frau.»

«Ach. Und ich dachte schon, du stehst auf Millie.»

«Hä?» Ihm fallen fast die Augen aus dem Kopf. «Schwachsinn», fegt er meinen Einwand einen Tick zu schnell fort. «Mag sein, dass mich ihr Job fasziniert, aber ansonsten ist sie nicht so mein Typ.»

«Ich wusste gar nicht, dass es überhaupt einen Typ Frau gibt, den du gut findest.»

Er schweigt einen Moment. Dann sagt er unvermittelt: «Wann ist eigentlich die Hochzeit von Daphne? Nächste Woche?»

Was haben denn bloß auf einmal alle mit dieser Hochzeit im Sinn?

«Übernächste», korrigiere ich ihn, da ich seit neustem zum *inner circle* der Hochzeitsgäste gehöre und Bescheid weiß. «Trixie hat mich eingeladen, mit ihr dorthin zu gehen.»

«Echt?» Er klingt entsetzt.

«Ja, echt. Warum fragst du? Willst du die Hochzeit sprengen? Das käme mir sehr gelegen.»

Zu meinem Erstaunen sagt Lars nichts dazu. Stattdessen reißt er mir nun ebenfalls den Pappteller aus der Hand. Gleich darauf wird er geschäftig. «Wie dem auch sei – wir müssen los. Also ...» Er hebt mahnend den Zeigefinger. «Sei nicht zu kritisch und entspanne dich. Du steckst in der Midlife-Crisis – dafür muss man sich nicht schämen.»

Ich hör wohl nicht richtig.

«Bitte? Ich habe keine Lebenskrise. Wenn die einer hat, dann Birte.»

Lars nickt. «Ja. Die natürlich auch. Ist wohl normal in unserem Alter. Also, los jetzt.» Er fasst mich am Ellenbogen. «Ich will wirklich nur dein Bestes, okay?»

Fünfzehn Minuten später zweifele ich nicht nur an seinen Worten, sondern insgesamt an Lars' Verstand.

Wir sitzen im Elb, einem kalt beleuchteten, mit Sahnetorten überladenen und zudem bis unter die Decke gekachelten Café, das es in Sachen Gemütlichkeit mit so ziemlich jeder Bahnhofstoilette aufnehmen kann, und schauen uns um. Auf einer Eckbank hat sich ein Grüppchen Frauen zusammengefunden. Sie scheinen sich bereits angefreundet zu haben. Ihr aufgeregtes Getuschel und euphorisches Lachen ist kaum zu überhören. Im Gegensatz dazu stehen die fünf Kerle, die außer Lars und mir ins Rennen gehen, versprengt und eingeschüchtert im Raum herum. Von ihnen sieht einer sympathisch, zwei verzweifelt, ein anderer selbstverliebt und der letzte betrunken aus. Ich ahne bereits Fürchterliches und will mir nicht ausmalen, wo der Nachmittag hinführt. Als ich gerade in letzter Sekunde vor der Veranstaltung fliehen will, erscheint eine aufgedrehte Ü-40-Dame in strengem Kostüm und Heather-Locklear-Föhnfrisur, die sofort das Wort ergreift. Schlimmer noch, nach ein paar einleitenden Sätzen, die ich kaum mitbekomme, da ich in Erinnerungen an die Polizeiserie T. J. Hooker schwelge, aus der mir Heather Locklear bekannt ist, hält ihr Altonaer Zwilling plötzlich eine Triangel in die Höhe und hämmert mittels Kugelschreiber darauf ein. Eine Triangel! Ich könnte vor Scham im Boden versinken.

Die Frau stellt sich als Angelika Tublinsky vor. Während sie ein paar aufmunternde Worte zur Einleitung spricht, die jedem zufälligen Zuhörer den Eindruck vermitteln, er sei in eine Gruppe Sterbender geraten, die sich zusammengefunden haben, um gemeinsam ihr letztes Lied zu singen, schaue ich gelangweilt auf die Uhr. Dabei fällt mir auf, dass es in der überstrapazierten Siebener-Thematik noch ein weiteres Element gibt. Ganz richtig müsste es heißen: Sieben Frauen treffen sieben Männer sieben Minuten, und zwar vor sieben Uhr. Vermutlich damit alle zum Beginn der Tagesschau wieder zu Hause sein können.

Spontan beschließe ich, zu den sieben Blind Dates sieben Tortenstücke zu essen, um den Spaßfaktor noch ein wenig auf die Spitze zu treiben.

Angelika Tublinsky verteilt jetzt die Karteikarten für eine eventuelle spätere Kontaktaufnahme. Dann dürfen die Frauen sich einen Tisch aussuchen, wo sie den Rest des Nachmittags ihre Männer zum Gespräch empfangen.

Bevor es losgeht, bestelle ich mir ein Stück Eierlikörtorte mit dem vielversprechenden Namen Marrakesch. Gerade als ich das Backwerk in Empfang nehme, ertönt die Triangel.

Sofort rennen alle Männer wie aufgeschreckte Hühner durch die Gegend, um einen Tisch zu ergattern, obwohl ja im Grunde genommen für alle einer da ist. Also warte ich, bis der letzte Kerl sich gesetzt hat, um dann in Ruhe zu der letzten, herrenlosen Dame zu schlendern.

Auch eine Methode, Zeit zu verplempern.

Die Eierlikörtorte habe ich noch nicht auf dem Tisch abgestellt, da werde ich auch schon mit vorwurfsvoller Stimme zugetextet. «Hallo, ich bin die Ragna, und wir müssen uns beeilen. Ich glaube übrigens, da ist Sahnesteif drin.» Sie zeigt auf meinen Kuchen. Dann tippt sie auf die pipigelbe Schicht zwischen den zwei Biskuitböden und leckt sich genüsslich den Finger. Wie es scheint, ist Ragna ebenfalls auf Marrakesch reingefallen. Wir haben also denselben Geschmack, zumindest was die Optik von Kuchenstücken anbelangt, denn bereits nach drei Bissen trennen sich unsere Wege.

Während sie genussvoll weiterisst und dabei nicht aufhört, über die Kunst des Backens zu fabulieren, klebt mir der Süßkram am Gaumen, und mein Magen beginnt zu rebellieren.

«Ich versuche ja, so gut es geht, dieses künstliche Zeugs zu meiden», erklärt sie mit vollem Mund. «Also Sahnesteif und Gelatine und so.»

Mit verschwörerisch gesenkter Stimme fügt sie hinzu: «Stattdessen bediene ich mich anderer Tricks.»

Leider werde ich Ragnas Geheimnis wohl nie erfahren, denn soeben ertönt die Triangel. Schnell kreuze ich das Nein auf der Karte an.

Aufgeregtes Gemurmel, als die Männer einen Tisch weiterrücken.

Unauffällig deponiere ich mein angebissenes Tortenstück auf dem Tresen und verabschiede mich von der Idee mit den insgesamt sieben Kuchenstücken. Ich schaue zu Lars, der mir mit seinen Fingern ein aufmunterndes Victory-V entgegenreckt.

Im Vorbeigehen raunt er: «Na, wie läuft es?»

Meine Antwort wartet er jedoch nicht ab, sondern setzt sich ahnungslos an Ragnas Tisch.

Meine neue Partnerin ist eine Brünette, die mich gelangweilt mustert.

«Du siehst nicht aus, als hättest du Spaß hier», bemerkt sie ziemlich treffend und scheint damit von sich auf andere zu schließen.

Ich nicke.

«Auch von Freunden hergeschleppt worden?», fragt sie.

Wieder nicke ich. Sie ist mir sympathisch. Oder besser: Auf den ersten Blick scheint sie erfrischend normal zu sein.

«Meine Freundin Charlotte hat mich angemeldet.» Mit dem Kopf deutet sie zu einer Frau, die sich angeregt mit dem mutmasslich Betrunkenen unterhält. «Wir kennen uns schon ewig, haben gemeinsam die Schulbank gedrückt.»

Komische Formulierung.

Erinnert mich an das Telefonat mit Frau Behrend neulich. Sie hatte denselben altmodischen Ausdruck benutzt. Soweit ich mich erinnere, ging es um diese neue Mandantin, die mit mir gemeinsam zur Schule gegangen sein will. Noch immer kann ich mich daran nicht erinnern. Ebenso wenig wie an ihren Namen. Was ich hingegen sehr wohl erinnere, sind ihre funkelnden grünen Augen. Und ihr etwas verstörtes Auftreten. Plötzlich bin ich ein wenig neugierig auf ihre Geschichte. Mit Sicherheit wäre sie um einiges amüsanter als alles, was ich hier zu hören bekomme.

«Ich heisse übrigens Cora.» Sie hält mir die ausgestreckte Hand hin.

«Toby», sage ich. «Und der Typ am Nachbartisch ist mein Kumpel Lars, der mir den Nachmittag eingebrockt hat.»

Wir schütteln Hände.

«Gib dir keine Mühe, mit mir zu flirten», erklärt Cora kategorisch. «Ich häng noch an meinem Ex. Und du wärst ohnehin nicht mein Typ.»

Sofort entspanne ich mich.

«Das erspart mir einiges», sage ich, und wir beide lachen.

Als unsere Zeit vorbei ist, mache ich aus taktischen Gründen bei Cora ein Kreuz bei Ja, damit ich später bei der Gesamtauswertung nicht so wählerisch und miesepetrig rüberkomme.

Mein nächstes Date winkt mich durch, weil sie ein Telefonat führen muss, wofür sie sich den Ärger von Angelika Tublinsky zuzieht.

Mir soll's recht sein. Sieben Minuten lang schaue ich mir an, wie es an den anderen Tischen so läuft. Und bin erstaunt über die vielen regen Unterhaltungen, die offenbar geführt werden.

Als es erneut zum Wechsel klingelt, gerate ich an Katja. Sie ist eine dralle, selbstbewusste Bankerin, die gleich erklärt, dass sie nicht an Beziehungen glaubt, bei denen die Partner aus unterschiedlichen sozialen Schichten stammen. Keinesfalls beabsichtige sie, eine Bindung mit jemandem einzugehen, der nicht ebenfalls aus der Finanz- oder Immobilienbranche komme oder wenigstens – und das sei nun wirklich ihr größtes Zugeständnis – Anwalt sei.

Sie redet exakt dreieinhalb Minuten, dann wartet sie auf meinen Monolog.

Vollkommen perplex, bewerkstellige ich es gerade einmal, meinen Namen zu nennen. Ihr Beruf weckt schmerzliche Erinnerungen an Birte. Ich bin daher froh, als ich endlich wieder die Triangel höre.

Durch und durch gestresst und zudem vom Zuhören erschöpft, erhebe ich mich. Am meisten macht mir bei diesem Event die kranke Atmosphäre zwischen Sahnetorten und der fortwährend tickenden Uhr zu schaffen. Es ist schlimmer, als einen komplizierten Fall zu verhandeln, dabei geht es für mich heute hier um nichts.

Katja möchte ich ebenfalls nicht wiedersehen, daher ein Kreuz bei Nein. Als Nächstes kommt Charlotte, die Freundin von Cora. Sie ist nett und gibt sofort zu, nur wegen Cora hier zu sein. Sie selbst sei glücklich verheiratet und wünsche sich nicht sehnlicher, als dass ihre Busenfreundin endlich von ihrem Ex loskommt. Den Rest der Zeit legt sie mir dessen Charakter in ermüdenden Details dar.

Ein klares Nein.

Danach rücke ich weiter zu Sabrina. Sie sucht keinen Mann, sondern einen Squashpartner. Allerdings einen, der im Notfall auch mal den Freund mimt, falls in ihrer Versicherung eine Firmenfeier ansteht, zu der man seinen Partner mitbringen soll. Sie hat auch bereits eine ansehnliche Kartei mit potenziellen Kandidaten angelegt, in die sich mich aufzunehmen gedenkt. Möglicherweise sogar als Top-Favorit, je nachdem, wie flexibel ich zeitlich bin. Ganz konkret sucht Sabrina noch eine Begleitung für eine dreitägige Donaufahrt im Juli, die ihre Firma anstelle einer Weihnachtsfeier geplant hat.

Ich lehne ab, da ich nicht bereit bin, meinen Sommer schon im Dezember zu verplanen. Erst recht nicht mit jemandem, den ich gerade mal sieben Minuten kenne.

Ein weiteres Nein.

Krönender Abschluss der Runde ist Tamara. Auch sie sucht keinen Freund, wohl aber einen Liebhaber, da ihr Mann ein vielbeschäftigter Chirurg an der Uniklinik ist, der seinerseits Affären pflegt. Tamara fühlt sich vernachlässigt, doch seit sie ab und zu bewusstseinserweiternde Drogen konsumiert, betrachtet sie die Seitensprünge ihres Mannes mit der nötigen Gelassenheit. Nun möchte sie ihrerseits ein wenig Pep in ihr Leben bringen. Keinesfalls will sie ihren Mann verlassen, schließlich liebe sie ihn, aber sie möchte im Leben auch nichts verpassen und schon gar nicht hinter ihm zurückstehen. Vor allem nicht in sexueller Hinsicht.

Obwohl ich mich nicht interessiert zeige, unterzieht mich Tamara einem vorbereiteten Fragenkatalog.

«Lieblingsrestaurant?»

Ich lasse mich darauf ein. «*Da Mario. Am Alsterufer.*»

«Lieblingsgetränk?»

Ich überlege, wie ich die Sache abbrechen könnte. «*Schenkelspreizer auf dem Weihnachtsmarkt.*»

Tamara runzelt kurz die Stirn, fährt dann mit der nächsten Frage fort.

«Glaubst du an Liebe auf den ersten Blick?»

«Ich glaube nicht mal an Sex auf den ersten Blick.»

Ihr Stirnrunzeln verdichtet sich. «Und auf den zweiten Blick?»

Hä?

Sie fixiert mich mit den Augen. «Ich meine, phantasierst du nicht manchmal von einer Nacht mit mehreren Frauen?»

Mir schießt das Blut in den Kopf. Noch nie wurde ich dermaßen direkt nach meinen sexuellen Vorlieben befragt.

«Äh», stottere ich, in erster Linie, um Zeit zu gewinnen. Sie missversteht mein Zögern.

«Dachte ich es mir doch», sagt sie und beugt sich verschwörerisch über den Tisch. «Wie viele? Drei?»

Als ich nach wie vor nicht antworte, bekommt Tamara große Augen. «Vier?»

«Geht das?» Ganz offensichtlich bin ich für das Thema kein adäquater Ansprechpartner. Mehr als eine Frau im Bett würde mich definitiv überfordern.

«Okay.» Sie notiert die Zahl auf ihrem Zettel.

Im Geiste mache ich drei Kreuze, dass niemand hier meinen Nachnamen kennt.

«Und wie stehst du zu Silikonbrüsten?»

Tickt sie noch ganz richtig? Das ist doch ein Trick, oder? Sie kann nicht ernsthaft mit einer ehrlichen Antwort rechnen, wir kennen uns doch gar nicht.

«Nun ...»

Tamara missversteht mein Zögern, macht sich eine Notiz. «Du hattest offenbar schon mal eine Frau mit Silikonbrüsten, oder?»

Ich weiß wirklich nicht, warum, aber ich nicke stumm. Vermutlich weil ich die Wahrheit immer für den einfachsten Weg halte.

«Und?», hakt sie nach. «Gut?»

«Anders.» Mir geht das hier entschieden zu weit. Hilfesuchend blicke ich zu Lars, doch der ist beschäftigt.

Zum Glück ertönt in dieser Sekunde die Triangel, und zum ersten Mal während dieser Veranstaltung fühle ich bei dem Geräusch so etwas wie Erleichterung. Ich will den Tisch sofort verlassen, doch Tamara hält mich fest. «Wir sollten uns dringend besser kennenlernen», raunt sie, lässt mich aber zum Glück gleich darauf wieder los.

Ich verziehe ich mich in eine dunkle Ecke, erledige die lästige Ankreuzarbeit und bin fertig für heute. Alles in allem kann ich sagen, dass dieser Nachmittag mich viele Nerven und zwei wertvolle Stunden Schlaf gekostet hat, was sich auch durch die gewonnene Erkenntnis, dass andere Menschen ähnlich suboptimal durchs Leben stolpern wie ich zurzeit, nicht schönreden lässt.

12. Kapitel

Als ich am nächsten Morgen aufwache, schmecke ich Blut.

Ich muss mir in der Nacht auf die Zunge gebissen haben. Mein Mund fühlt sich pelzig an und irgendwie bitter. Ich quäle mich in die Küche, trinke ein großes Glas Wasser und verschwinde sofort wieder im Bett. Zum Glück ist heute Sonntag, und es liegt auch niemand neben mir, sodass ich ohne schlechtes Gewissen weiterschlafen kann. Erst gegen acht am Abend weckt mich mein knurrender Magen. Gleichzeitig kehrt die Erinnerung zurück. Ich habe mich bei Lars dermaßen über den Nachmittag beschwert, dass er mir irgendwann zur Beruhigung eine selbstgedrehte Zigarette in den Mund gesteckt hat. Höchstwahrscheinlich ein Joint oder etwas ähnlich Beklopptes.

Ich stöhne laut auf. Wie dämlich muss man sein, in meinem Alter noch Pot zu rauchen?

Leicht neben der Spur, aber mit infernalischem Heißhunger krieche ich aus dem Bett und studiere auf der Suche nach etwas Essbarem zunächst einmal den Inhalt des Kühlschranks. Eier, Milch, ein abgelaufener Joghurt, etwas Käse und zwei Flaschen Wodka. Ich schaue sogar in den Gefrierschrank. Er befindet sich unter dem Kühlschrank und ist, wie ich finde, für einen Junggesellen ungewohnt groß. Als ich eine der Schubladen herausziehe, weiß ich auch, warum. Offenbar kann Mirkos Oma nicht nur Pudelmützen stricken, sondern auch Frikadellen zubereiten. Alle Fächer sind bis oben hin voll davon. Jede ist mit einem kleinen Aufkleber versehen, auf dem entweder ein X oder ein O zu sehen ist. Was das zu bedeuten hat, ist mir ein Rätsel. Vermutlich zur Unterscheidung von Rinder- oder Schweinehack.

Ich drücke die Schublade wieder rein. Auftauen dauert mir zu lange. Stattdessen schnappe ich mir einen alten Knust Brot, brate mir vier Eier und belege sie mit dem Rest Käse. Dann verziehe ich mich mit dem Essen ins Bett, schalte den Fernseher ein und schlafe zwischen Ei Nummer drei und vier erneut ein.

Das nächste Mal wache ich vom Klingeln meines Handys auf. Als ich die Nummer sehe, durchzuckt es mich wie ein Blitz. Es ist die Kanzlei. Wir haben bereits Montag, und wenn mich nicht alles täuscht, ist dies der Tag, an dem ich eigentlich wieder arbeiten sollte.

Ich lasse es läuten und unterdrücke anschließend den Impuls, meine Mailbox abzuhören. Auch wenn nun das schlechte Gewissen an mir nagt. Ich müsste wirklich dringend im Büro nach dem Rechten sehen. Andererseits, so rede ich mir ein, würde mir eine weitere freie Woche nicht nur guttun, sondern stünde mir als langjährigem zuverlässigen Mitarbeiter quasi zu. Leider müsste ich dafür meinem Hausarzt einen erneuten Besuch abstatten. Von meinem momentanen Wohnsitz aus leider eine Weltreise.

Es fällt mir schwer, in die Gänge zu kommen, und die Nachmittagssprechstunde neigt sich bereits ihrem Ende zu, als ich Dr. Volkmar endlich gegenübersitze. Er mustert mich mit geübtem Arztblick, und augenblicklich wird mir klar, dass ich dieses Mal mit härteren Bandagen würde kämpfen müssen.

«Hat sich wohl nicht wieder eingerenkt, das mit Ihrer Frau», stellt er fest und klingt dabei, als habe er mit nichts anderem gerechnet. Nachdenklich schaut er mich an und zuckt auch dann noch mit keiner Wimper, als ich husten muss und meine Alkoholfahne durch den Raum puste.

«Wie wäre es mit einer Therapie?», fragt er jetzt.

Energisch schüttele ich den Kopf. «Ich bin kein Alkoholiker. Es war einfach nur ein bisschen viel Stress in der letzten Zeit. Heute habe ich noch keinen Tropfen getrunken.»

Es ist eine Lüge, das wissen wir natürlich beide. In dem frommen Wunsch, meinen Kater zu bekämpfen, habe ich eine Bierflasche geleert, die seit Tagen neben meinem Bett stand.

«Ich dachte eigentlich an eine Paartherapie», erklärt Dr. Volkmar unbeirrt. «Falls es dafür nicht schon zu spät ist.»

Ich seufzte. «Leider. Viel zu spät. Und deshalb wollte ich Sie fragen, ob Sie mir nicht noch ein paar Tage Ruhe verordnen können. Nur bis Freitag. Also noch diese Woche. Ich müsste wirklich mal dringend ausschlafen.»

Der Doktor lächelt gequält. «Das glaube ich Ihnen aufs Wort.» Er tippt etwas in seinen Computer. Kurz darauf ertönt das mir inzwischen wohlbekannte Druckergeräusch.

Ich atme erleichtert auf. Mit dieser Krankschreibung kann ich mich guten Gewissens noch eine weitere Woche abends ein wenig bei Mona aufheitern lassen, ausschlafen und mich langsam an den Gedanken gewöhnen, irgendwann wieder arbeiten zu müssen. Man soll so etwas ja nicht überstürzen.

Mein Hausarzt schiebt mir ein Stück Papier über den Tisch. Ich erschrecke. Das Blatt ist nicht, wie erwartet, gelb, sondern weiß. Und es ist auch nicht meine Folgekrankschreibung, sondern ein Rezept für achtmal Krankengymnastik.

«Was ... ist das?», stottere ich unbeholfen.

«Ihr Weg zurück ins Leben.» Er lächelt. «Sie haben eine Schulterschiefstellung. Vermutlich, weil Sie im Suff falsch gelegen haben. Das sollte sich jemand ansehen, ehe es chronisch wird. Die Praxis gegenüber vergibt auch Termine nach Feierabend. Nach *Ihrem* Feierabend, denn ab morgen werden Sie wieder zur Arbeit gehen.»

Es quietscht erneut im Drucker. Dann endlich quält sich der ersehnte gelbe Zettel aus dem Schacht. «Dies ist Ihre Krankmeldung. Für heute. Mehr gibt es nicht.» Dr. Volkmar erhebt sich. «Sie schaffen das, Herr Voss. Lassen Sie sich nicht derart runterziehen. Das, was Sie durchmachen, haben wir alle hinter uns.» Er reicht mir die Hand. «Alles Gute. Und kommen Sie nach Ablauf der Gymnastik vorbei, damit ich sehen kann, ob Ihre Schulter und auch sonst alles wieder in Ordnung ist.»

Ich kann noch immer nicht glauben, was er mir antut, reiße mich aber zusammen. «Äh ... Klar. Mach ich.»

Aber erst, wenn die Hölle zufriert.

Allen wütenden Gedanken zum Trotz gehe ich am Folgetag wieder arbeiten. Bereits beim Einparken in der Tiefgarage wird mir bewusst, wie wenig ich mein Büro vermisst habe. Dabei sollte ein Mann in meinem Alter doch wohl in seinem Beruf aufgehen, oder? Mit ihm verschmelzen. Geradezu danach lechzen, sich am Wochenende vom Familienleben zurückzuziehen, um noch einmal in der Firma nach dem Rechten zu sehen.

Alles, wonach es mich in diesem Moment gelüstet, ist ein starker Kaffee. Abgesehen von einem Bier. Doch den Gedanken schiebe ich ganz weit von mir.

Der Fahrstuhl hält im Erdgeschoss, und Chris Rewald quetscht sich samt seinem übertrueren Markenrad in die Kabine. Ihm folgen zwei Damen, die ich vom Sehen kenne, eine Auszubildende und eine Rechtsanwaltsfachangestellte, soweit ich weiß.

Nachdem sich die Fahrstuhltür geschlossen hat, posaunt das Gummipuppengesicht: «Hier stinkt es, als hätte jemand 'ne Fahne.» Dabei bleibt sein Blick unweigerlich an mir haften.

Die Damen kichern, als habe er einen unanständigen Witz gerissen, noch dazu einen guten.

«Hustensaft», erkläre ich lapidar, damit erst gar nicht Gerüchte aufkommen. Man macht sich ja keinen Begriff, wie konservativ es unter Steinfels' Anwälten zugeht.

«Interessant», erwidert Ronaldo und witzelt: «Vielleicht komme ich nachher mal in Ihrem Büro vorbei und lasse mir die Marke empfehlen.» Er zwinkert den Damen zu.

Elender Spießer. Dabei habe ich heute Morgen noch nichts getrunken. Und dieses Mal stimmt das sogar. Auch der gestrige Abend verlief im Rahmen. Zwei Mexikaner, zwei Bier. Alles unter Aufsicht von Mona. Ich denke, mit dem Pensum muss ich mir keine Vorwürfe machen lassen.

Vielleicht meint er ja auch mein Rasierwasser.

«Würde mich außerdem mal interessieren, wie Sie im KrollCar-Fall vorangekommen sind, Herr Kollege. Ich hab die Akte während Ihrer Abwesenheit mal durchgeblättert. Sieht nicht gut aus. Also für Sie. Und Simone Otto.»

Herzlichen Dank, dass ich dies nun aus Ihrem fachmännischen Maul bestätigt weiß, Herr Kollege. Aber wissen Sie, was? Zwängen Sie sich in Ihre atmungsaktive Rennhose und radeln Sie damit nach Madrid zu Ihrem bekloppten Zwilling.

Als sich die Fahrstuhltür öffnet, tänzelt Rewald mit dem Rad hinaus. Die Damen steigen ebenfalls aus. Ich fahre noch eine Etage höher.

Frau Behrend thront auf ihrem Platz vor meinem Büro und springt erfreut auf, als sie mich erblickt.

«Herr Voss, wie schön!» Sie scheint sich ehrlich zu freuen. «Ich dachte, Sie würden gestern schon kommen», erklärt sie besorgt. «Ging es Ihnen noch nicht gut?»

Ich ernte einen irritierten Blick, als ich jetzt ganz dicht vor ihrem Schreibtisch stehe. Offenbar hat auch sie meine Fahne bemerkt.

Okay, es waren drei Mexikaner gestern. Aber ist das ein Grund, mich anzustarren, als hätte ich vergessen, Kleidung anzuziehen?

«Es freut mich, dass Sie nun endlich wieder auf dem Damm sind.» Es scheint, als habe sie den ersten Schreck überwunden, denn nun werde ich ein wenig unbeholfen und auch nur für den Bruchteil einer Sekunde an ihre Brust gerissen. «Meinen herzlichsten Glückwunsch nachträglich zu Ihrem Geburtstag», flötet sie und ist auch schon wieder auf Abstand gegangen. «Ich hoffe, Sie konnten ein wenig feiern? Oder hatten Sie noch starke Schmerzen?»

Ich winke ab. «Nicht der Rede wert. Gefeiert habe ich nur im kleinen Kreis.»

Was nicht gelogen ist.

Entsprechend wohlwollend nickt Frau Behrend. Dennoch verbleibt ein Rest Skepsis in ihrer Mimik.

«Steht Ihnen gut, der Bart.»

Ach, das ist es.

«Nur ein bisschen ... ungewohnt.» Dann spielt sie auf meine legere Kleidung an. «Heute ist doch nicht etwa Freitag, und ich habe es verpasst?» Sie schickt ihren Worten ein glucksendes Lachen hinterher.

Verlegen streiche ich über mein Kinn. Tatsächlich habe ich mich daran gewöhnt, nur noch alle paar Tage zum Rasierapparat zu greifen. Und auch mein Outfit – Freizeithose und Sakko – ist ein Automatismus geworden. Jetzt bereue ich mein ungepflegtes Äußeres ein wenig.

«Also ... Ich musste heute Morgen noch einmal zum Arzt und war dementsprechend in Eile», lüge ich. «Der Husten macht mir noch zu schaffen. Dagegen nehme ich aber sehr ... starke Medizin.»

Frau Behrends Blick wird noch einen Tick mitleidiger. «Husten zum Bandscheibenvorfall», sagt sie und verzieht schmerzhaft das Gesicht. «Das ist hart.»

«Ja, ein Albtraum», stimme ich ihr zu. «Umso besser, dass Sie gesundheitlich auf der Höhe sind. Ohne Sie würde ich die verpassten Wochen nie aufholen.»

Meine Sekretärin lächelt geschmeichelt. Fast ein wenig entschuldigend erklärt sie: «Hat sich einiges angesammelt während Ihrer Abwesenheit. Außerdem musste ich Ihre Termine von gestern nun irgendwo dazwischenquetschen, weshalb Ihr Tag heute rappeldickevoll ist.» Sie seufzt.

Nicht so schön. Den ersten Tag hatte ich mir im Stillen dafür reserviert, mir einen Überblick über die liegengebliebenen Fälle zu verschaffen und mich vorrangig um Angelegenheiten zu kümmern, bei denen eine Frist gewahrt werden muss. Wie es aussieht, kommt nun alles anders.

«Da wäre außerdem noch diese Sache, über die ich mit Ihnen sprechen müsste», merkt sie an, bevor ich in mein Büro flüchten kann. Ihr Ton ist eindringlich, und es scheint, als dulde das Thema nun endgültig keinen Aufschub mehr.

«Bereiten Sie uns beiden doch einen schönen Kaffee, und wir reden in meinem Büro darüber, okay? Falls mein Kalender das zulässt.»

Sie nickt. «Ja, gerade so. Ich beeil mich auch.»

Während sie in Richtung Küche verschwindet, lasse ich mich am Schreibtisch nieder. Sofort fällt mir der Stapel Akten ins Auge, der sich auf meinem Platz wie ein schiefes Türmchen erhebt und dabei droht, in Kürze einzustürzen. Einzelne Seiten sind mit Post-its in unterschiedlichen Farben versehen, sie markieren die Dringlichkeit. Auf einigen hat Frau Behrend sorgfältig Fristen notiert. Manchmal finden sich aber auch Hinweise oder Bemerkungen von Kollegen, die bereits Einblick in die jeweilige Akte hatten.

Auch mein Tischkalender für heute quillt förmlich über. Ich arbeite nach dem Prinzip der doppelten Buchführung, notiere mir Termine sowohl im Computer als auch in dem Tischkalender. Frau Behrend hat auf beides Zugriff und muss wegen meines Spleens somit ebenfalls alles doppelt eintragen. Die Vermerke in dieser Woche stammen allesamt von ihr.

Als Erstes steht offenbar ein internes Kanzleimeeting an, was sich erfahrungsgemäß zermürbend in die Länge zieht. Aus diesem Grund hat Frau Behrend für den Vormittag nur zwei weitere Einträge gemacht. Einen Kurztermin mit einem Mandanten, der zur Abstimmung unseres weiteren Vorgehens in einer laufenden Schadenersatzklage vorbeischaut. Und A. Kosznik.

Wer war das noch mal?

Egal. Um ehrlich zu sein, fühle mich nicht besonders fit. Der Tag wird mir einiges abverlangen, und schon jetzt sehne ich die Mittagspause herbei.

Frau Behrend tritt klopfend ein. In den Händen balanciert sie ein Tablett mit Kaffee, Milch und einem Keksteller sowie einen dicken Geburtstagsstrauß.

Feierlich arrangiert sie ihn auf meiner Tischplatte.

Als mein Telefon klingelt, werfe ich ihr einen entschuldigenden Blick zu. Kröger ist dran. «Scheiße, du arbeitest ja wieder», kommt er gleich zur Sache. «Hab's schon auf dem Handy probiert, aber das ist ausgeschaltet. Kannst du trotzdem kurz reden?»

«Eher nicht. Ist es dringend?», erkundige ich mich knapp.

Mein Kumpel verfügt über feine Antennen. Sofort wiegelt er ab. «Können wir auch am Abend besprechen. Ich melde mich wieder.»

Wir legen auf, und sogleich kommt Frau Behrend zur Sache. Sie erklärt mir zusätzlich zu den Post-its das Wichtigste der letzten beiden Wochen. Sie erinnert mich an den KrollCar-Fall, bei dem für den 8. Dezember ein Gerichtstermin anberaumt wurde. Und eröffnet mir abschließend, dass es sich bei A. Kosznik um jene Mandantin handelt, die neulich so kurz vor Feierabend noch vorbeigekommen ist.

«Also, wenn das nicht Ihre Schulfreundin wäre, hätte ich sie nicht so einfach dazwischengeschoben», entschuldigt sie sich. «Zudem wirkte ihr Anliegen mehr als dringend.»

«Wie alles hier.» Mit gespieltem Vorwurf in der Stimme zwinkere ich meiner Sekretärin zu und versuche dadurch zu überspielen, dass ich mich einfach nicht eine Mitschülerin namens Kosznik erinnern kann. Doch die Sache wird sich schon aufklären.

Frau Behrend räuspert sich bedeutungsschwanger und holt eine zwergenhafte Digitalkamera aus dem Jackett ihres Kostüms hervor. Mit einem Ausdruck wilder Entschlossenheit hält sie mir das

Gerät vors Gesicht. Irritiert schaue ich sie an. «Urlaubsfotos?», frage ich und kann nicht glauben, dass sie mir damit heute kommt. Den ungehaltenen Kommentar, der mir auf der Zunge liegt, verkneife ich mir jedoch. Auf keinen Fall darf ich meine Sekretärin vor den Kopf stoßen. Sie ist mein Fels in der Brandung und bekommt ohnehin viel zu selten ein Lob von mir zu hören. Ein offenes Ohr bin ich ihr daher schuldig. Dennoch verstehe ich nicht ganz, warum ich mir das ansehen soll.

«Natürlich nicht, Herr Voss!» Sie schüttelt den Kopf. «Wo denken Sie hin?» Energischen Schritts umrundet sie meinen Tisch und steht nun direkt hinter mir. Mit spitzem Finger deutet sie auf ein Bild mit einem Strauß Chrysanthemen.

Ich weiß, das es Chrysanthemen sind, weil es Birtes Lieblingsblumen sind.

«Sehr schön», gebe ich verständnislos von mir. «Ist das ein Wink mit dem Zaunpfahl?» Ich drehe mich leicht, um Frau Behrend ins Gesicht sehen zu können. «Ohne Frage hätten Sie in den Jahren mit mir Hunderte Blumensträuße verdient.»

Bekommen hat sie leider nur einen. Einen Strauß außer der Reihe, meine ich. Denn natürlich findet sie jedes Jahr zum Geburtstag Blumen auf ihrem Tisch. Aber selbst das ist in gewisser Weise armselig, wird mir auf einmal bewusst.

«Herr Voss», sagt sie tadelnd. «Dies ist ein Beweisfoto.»

Mein Hirn weigert sich, an diesem Morgen mehr Kapazitäten frei zu geben. Also frage ich schlicht: «Ein Beweis – wofür?»

Statt einer Antwort tippt Frau Behrend auf ein Knöpfchen und bringt ein weiteres Blumenbild zum Vorschein. «Sehen Sie genau hin, Herr Voss. Fällt Ihnen da nichts auf?»

Wieder Chrysanthemen.

«Ehrlich gesagt: nein.»

«In der Mitte!», sagt sie mit Nachdruck. «Die Protea.»

«Auch schön», erkläre ich und lächele unverbindlich. Mir will nicht einleuchten, was die Fragerei soll. Und von einer Blumensorte Protea habe ich noch nie gehört. Dies ist unsicheres Terrain.

«Schön?», ruft Frau Behrend aufgebracht. «Was finden Sie denn daran schön?»

Meine Güte, ist die empfindlich heute!

«Die Farbe?», stottere ich, leicht verunsichert.

«Aber sie fehlt! Die Protea fehlt!» Karin Behrend ruckelt an meiner Stuhllehne. Fehlt nur noch, dass sie mit dem Fuß aufstampft. «Die Blume ist weg. Futsch. Gestohlen! Wie zuvor die drei Callas und das Anthurium.»

Das *was*?

Ich weiß, mein Kommentar darauf ist dämlich, aber männlicher Humor ist in den seltensten Fällen intelligent: «Dann gehen Sie mit dem Foto besser rüber zur Kanzlei Dr. Knoop & Partner. Die sind auf Strafrecht spezialisiert.»

Frau Behrend starrt mich an, als hätte ich mir aus den Blumen heimlich einen Salat bereitet.

«Aber ...», stammelt sie, sichtlich bemüht, die Fassung nicht zu verlieren.

Sofort bereue ich meine Worte. «Entschuldigung. Das war dumm von mir. Bitte erzählen Sie, worauf Sie hinausmöchten.»

Wir haben Zeit. Das Meeting beginnt erst in zwei Minuten.

Frau Behrend schluckt einmal kurz. Dann erklärt sie: «Jede Woche bestelle ich für den Empfang im Erdgeschoss und auch für die einzelnen Etagen Blumensträuße. Schöne Gebinde, aber immer innerhalb meines preislichen Limits.»

Ich nicke. «Na klar, liebe Frau Behrend, Sie sind ein Sparfuchs.»

Ein Kontrollblick testet, ob diese Aussage ernst oder als Witz gemeint war. Aber offensichtlich halte ich ihrer Begutachtung stand, denn sie kehrt zurück zum Thema. «Also, seit geraumer Zeit beobachte ich, wie diese Sträuße zum Wochenende hin dünner werden. Manchmal sehen sie regelrecht ausgeschlachtet aus.»

«Und nun nehmen Sie an, jemand bedient sich dort?»

«Ganz genau. Anhand der Beweisfotos lässt sich sogar erkennen, dass derjenige eine Vorliebe für Rosa hat.»

«Donnerwetter.»

Sherlock Behrend scheint mit diesem Einwurf nichts anfangen zu können und ignoriert ihn schlichtweg. «Ich habe diese Fotos gemacht, weil ich nicht untätig dabei zusehen mag, wie die Kanzlei bestohlen wird. Ich meine», sie holt tief Luft, «es fängt ganz harmlos mit einer geklauten Blume an. Dann fehlt irgendwann Klopapier, später ein teurer Kugelschreiber und steigert sich schließlich ins Unermessliche.» Sie ist nicht mehr zu bremsen. «Eines Tages muss man auch um seine Handtasche besorgt sein.»

Ich finde, jetzt übertreibt sie ein bisschen.

«Ich kümmer mich drum», erkläre ich lapidar und will ins Meeting gehen.

Doch Frau Behrend bewegt sich keinen Millimeter. «Es fällt doch auf mich zurück, wenn diese Blumensträuße armselig aussehen! Und aus diesem Grund war ich während Ihrer Abwesenheit auch bereits beim Chef.»

Beim Senior? Verdammt!

«Und, äh ... was sagt der?», frage ich unsicher.

«Er findet, ich solle die Sache im Auge behalten und weitere Diebstähle melden. Und zwar Ihnen. Was ich hiermit getan habe.»

Fehlt nur noch, dass sie das Gespräch mitgeschnitten hat.

«Ich lasse mir etwas einfallen», seufze ich ergeben. Dann schaue ich demonstrativ auf die Uhr.

«Oh, das Meeting!» Der Blick meiner Sekretärin wird weich. «Gut», sagt sie, klingt aber nicht so, als habe sie Vertrauen in meine detektivischen Fähigkeiten.

Schnell setze ich nach: «Auf jeden Fall sind Sie jetzt raus aus der Nummer. Wenn der Strauß Ende der Woche wie ein geplündertes Bohnenfeld aussieht, macht niemand Sie dafür verantwortlich.»

Ich schaffe es gerade noch, eine Tasse Kaffee zu trinken, ehe ich hoch zum Kanzleimeeting flitze. Es dauert ewig und ist eigentlich völlig belanglos. Danach bin ich bereits ziemlich erledigt.

Beim anschließenden Treffen mit dem Mandanten genehmige ich mir während unseres Gesprächs zwei kleine Flaschen Cola. Der Fall ist zum Glück unkompliziert. Dennoch bin ich danach ziemlich geschafft.

Als ich mich kurz nach ein Uhr endlich wieder in mein Büro setze, meldet sich Frau Behrend durch die Sprechanlage. «Frau Kosznik ist da, Herr Voss. Soll ich sie hereinführen?»

Oh nein, bitte nicht. Warten Sie doch noch zwei Stunden. Ich bräuchte vorher dringend eine Mütze Schlaf. Und ein Bier.

«Ja, bitte.»

Sekunden später geht die Tür auf, und Frau Kosznik steht in meinem Büro. Frau Behrend zwinkert mir vielsagend zu, was wohl so viel bedeuten soll wie «Wenn das Ihre Schulfreundin ist, hat sie sich aber um einiges besser gehalten als Sie», und verlässt stillschweigend den Raum.

In der Tat sieht meine Mandantin frisch und äußerst sympathisch aus. Ihre Wangen sind von der Kälte gerötet, und die langen blonden Haare, die offenbar bis vor kurzem unter einer Mütze steckten, umtanzen elektrisiert ihren Kopf.

Sie wirkt ähnlich verlegen wie beim letzten Mal. Steht unsicher in der Mitte des Raums und kaut auf ihrer Unterlippe.

«Guten Tag, Frau ...» Bereits jetzt ist mir ihr Name entfallen, und ich überfliege den Eintrag in meinem Kalender. «Kosznek.» Freundlich lächele ich ihr zu.

Ihre Hände krampfen sich ineinander. «Kosznik», korrigiert sie mich. «Alice Kosznik.» Ihre Stimme ist leise und ein wenig schief, aber durchaus angenehm.

Ob ich sie doch aus dem Fernsehen kenne?

«Was kann ich für Sie tun?»

Alice Kosznik starrt mich an. Mit ihrem Blick durchbohrt sie mich förmlich. Einen Moment hat es den Anschein, als wolle sie etwas sagen, doch dann lächelt sie nur. Dabei besteht ihr Gesicht beinahe nur aus Mund. Ein schöner breiter Mund, deren Lippen sich offensichtlich perfekt zum Darauf-Rumkauen eignen.

Sie ist überraschend jung, etwa Anfang dreißig, trägt Jeans und einen langen Wollpullover, der auf den ersten Blick aussieht, als sei er ihr zwei Nummern zu groß. Auf den zweiten Blick zeigt sich jedoch, dass sie einfach nur sehr dünn ist. Fast ein wenig zu dünn.

Zur Begrüßung reiche ich ihr die Hand. Anschließend deute ich auf den Sessel gegenüber meinem Schreibtisch. Doch sie macht keinerlei Anstalten, sich zu setzen. Vielmehr krallt sie sich jetzt an den Saum ihres Pullovers, als wolle sie ihn noch ein wenig in die Länge ziehen, und starrt mich weiter stumm an.

Es ist, als würde sie auf eine Reaktion von mir warten. Aber welche?

Neugierig setze ich mich und warte ab. Einen Moment bleibt sie noch unschlüssig stehen und kaut wieder auf der Unterlippe, dann scheint sie eine Entscheidung getroffen zu haben und setzt sich. Während sie die Beine übereinanderschlägt, fallen ihr ein paar Haarsträhnen ins Gesicht, die sie gleich darauf energisch zurück hinter die Ohren klemmt.

Irgendwie schaue ich sie gerne an.

Schließlich räuspert sie sich. «Ich habe mich hier ehrlich gesagt etwas hineingeschummelt.» Nach kurzem Zögern fährt sie fort: «Aber als Ihre Sekretärin mir sagte, dass erst wieder Ende Januar ein Termin frei ist, musste ich zu einem kleinen Trick greifen.»

Ich weiß nicht, ob es der Restalkohol ist oder irgendeine Nebenwirkung des Joints, auf jeden Fall muss ich kurz lachen. «Und was für ein Trick war das?», erkundige ich mich, und gleich darauf fällt es mir wie Schuppen von den Augen. «Die Sache mit der gemeinsamen Schulzeit, stimmt's?»

«Ganz genau.» Sie wirkt ein wenig verschämt. «Aber es hat gewirkt.»

«Beeindruckend», sage ich ehrlich erstaunt. «Normalerweise kommt man an meiner Sekretärin nämlich schlechter vorbei als an einem ausgehungerten Kettenhund.»

Sie lacht. «Ich kann sehr überzeugend sein.» Sie scheint sich langsam zu entspannen.

«Dann nehme ich an, Ihr Anliegen ist sehr wichtig?»

Meine Mandantin nickt. «Mir ist es sehr wichtig», erklärt sie und knetet wieder nervös den Saum ihres Pullis.

Je länger ich sie anschaue, umso interessanter wird ihr Gesicht. Sie ist nicht im klassischen Sinn schön, und ich könnte mir vorstellen, dass sie unter dem Make-up versucht, Sommersprossen zu verdecken. Charmant.

«Ich möchte aber zunächst nur eine Beratung», erklärt sie zögernd und schaut mich prüfend an. «Man sagte mir, das sei zwar kostenpflichtig, würde sich aber im Falle eines Falles verrechnen lassen.»

Bei dem Ausdruck im Falle eines Falles malt sie Gänsefüßchen in die Luft.

Na, die beiden haben ja offenbar ein längeres Gespräch geführt.

«So ist es», erkläre ich. «Außerdem gibt es feste Sätze, nach denen Anwälte abrechnen. Ich bin somit auch nicht teurer als irgendein Anwalt in ... Winsen an der Luhe.»

Der Satz ist kaum raus, da staune ich, wie sehr sich diese Ortschaft in meinem Unterbewusstsein festgesetzt hat.

Ich verdränge den Gedanken an die Hochzeit wieder und schaue mein Gegenüber auffordernd an.

«Dann erzählen Sie doch mal.»

13. Kapitel

In der folgenden halben Stunde erfahre ich, dass meine Mandantin einen siebenjährigen Sohn hat, dessen Vater sich noch vor der Geburt aus dem Staub gemacht hat. Von der Existenz des Kindes erfuhr er nicht. Alice Kosznik zog den Sohn mit Hilfe ihrer Großeltern auf.

«Mein Opa stammt ursprünglich aus Polen und ist der Liebe wegen vor vierzig Jahren nach Deutschland gekommen», erklärt sie. «Mit meiner bereits verstorbenen Oma hat er einen Blumenladen aufgemacht und mir manchmal auch finanziell aus der Patsche geholfen. Aber schon während der Schwangerschaft habe ich nebenher gearbeitet. Viel wichtiger war mir später, dass ich jemanden hatte, der mich bei der Kinderbetreuung unterstützte.»

«Und der Kindsvater?», erkundige ich mich. «Haben Sie niemals versucht, ihn ausfindig zu machen?»

Alice sieht mich länger an, dann schüttelt sie den Kopf. «Nein, ich wollte mit ihm nichts zu tun haben.»

«Folglich haben Sie auch kein Geld von ihm verlangt.»

Sie nickt.

«Und jetzt haben Sie es sich anders überlegt?», frage ich.

Auch dieses Mal schüttelt sie den Kopf. «Mein ... Sohn und ich kommen ganz gut über die Runden. Seit vier Jahren arbeite ich bei meinem Opa im Laden. Wir sind nicht reich, haben aber ein paar regelmäßige Aufträge von Hotels und Restaurants und können ganz gut planen. Nein, der Grund, warum ich Sie aufsuche, ist ein anderer.» Sie macht eine Pause und blickt einen Moment nachdenklich zum Fenster hinaus.

Ich beschließe, sie nicht zu hetzen.

Durch das Fenster fallen ein paar winterliche Sonnenstrahlen und versehen ihr Haar mit leichtem Glanz. Ihr Gesicht ist sorgfältig geschminkt, Make-up, Wimperntusche, Lippenstift, das volle Programm. Fast ein bisschen viel für einen Termin beim Anwalt, geht es mir durch den Kopf. Andererseits habe ich keine Ahnung, nach welchen Kriterien sich Frauen morgens zurechtmachen. Und ich weiß auch nicht, was mein Gegenüber nach dieser Besprechung noch vorhat.

Sie räuspert sich. «In letzter Zeit fragt meine ... äh, mein Sohn häufiger nach seinem Vater. Bislang konnte ich ihn noch vertrösten, doch seit er in die Schule geht, werden seine Fragen drängender und –» Sie bricht ab.

Ich komme ihr ein Stück entgegen. «Ich nehme an, Sie möchten nun Gewissheit, was die Rechtslage anbelangt.»

Sie schaut mich an. Ihr Blick ist verkrampft, fast ängstlich. «Verstehen Sie mich nicht falsch ... Ich weiß natürlich, dass ich meinem Kind den Vater nicht vorenthalten darf. Jedenfalls nicht noch länger, als ich es ohnehin schon getan habe. Aber wer garantiert mir, dass er uns in Zukunft in Ruhe lässt? Was, wenn er sich nicht geändert hat? Immer noch ein charakterloser Idiot ist und schlechten Einfluss auf meinen Sohn ausübt?» Sie lächelt gequält. «Wir haben es doch bis heute allein geschafft, ich möchte nicht, dass der Kleine enttäuscht wird.»

«Haben Sie denn überhaupt eine Ahnung, wo sich der Vater aufhält?»

«Bevor ich etwas unternehme, will ich mich erst mal ... informieren.»

Sie ist meiner Frage ausgewichen.

«Tja», sage ich und lehne mich in meinem Stuhl zurück. «Wie der Vater reagieren wird, können wir natürlich nicht vorhersagen. Aller Wahrscheinlichkeit nach wird er aber zunächst einen Vaterschaftstest anstreben. Was, wie ich finde, verständlich ist. Das Ergebnis, sollte es positiv ausfallen, bringt ihn aber nicht automatisch weiter. Allenfalls könnte er im Anschluss versuchen, ein Umgangsrecht mit dem Jungen zu erzwingen. Kommt es zum Streit, würde man vornehmlich auf den Wunsch des Kindes Rücksicht nehmen. Ansprüche auf Unterhalt hat jedenfalls keiner von Ihnen beiden.»

«Darum geht es mir auch nicht.» Sie beißt sich wieder auf die Lippe. «Ich will nur nicht, dass er mir mein Kind wegnehmen kann.»

Ich mache eine kurze Pause, füge dann hinzu: «Auch wenn Sie gekommen sind, um meinen fachlichen Rat zu hören, habe ich natürlich auch eine persönliche Meinung zu dem Thema.» Ich schaue ihr fest in die Augen. «Da unsere Gesetzgebung in erster Linie dem Wohl des Kindes dienen soll, muss man sich natürlich fragen, ob das Kennenlernen des leiblichen Vaters nicht das essenzielle Recht Ihres Sohnes ist. Zudem sollten Sie sich überlegen, ob der Vater nicht auch ein moralisches Recht hat, von der Existenz seines Kindes zu erfahren. Ungeachtet dessen, was damals zwischen Ihnen vorgefallen ist. Es sind ja mittlerweile ein paar Jahre ins Land gegangen. Menschen ändern sich.»

Sie schaut mich lange und nachdenklich an. Ihre Augen sind groß, grün und schön anzusehen. Ehe ich darin versinke, ergreife ich noch einmal das Wort. «Ich kann Ihnen dazu gern noch ein paar Informationen zusammenstellen und würde Sie dann anrufen. Ich nehme an, Frau Behrend hat Ihre Kontaktdaten?»

Alice Kosznik scheint einen Moment zu überlegen. Dann kramt sie in ihrer Tasche, schreibt etwas auf eine Visitenkarte und schiebt sie über den Tisch. Das Papier ist rosa, mit einer gezeichneten Blume und darunter der Name des Blumenladens: *Hocherfreut.*

«Meine Handynummer steht auf der Rückseite. Es ist besser, Sie rufen da an.»

Während ich die Karte studiere, knurrt deutlich vernehmbar mein Magen. Peinlich. Aber der Abbau von Alkohol und weiteren Giften sorgt in meinem Körper für Heißhunger auf Spiegelei, Schweinshaxe und Labskaus. Ich könnte gerade so ziemlich alles verdrücken.

«Hunger?», fragt sie amüsiert.

Einer spontanen Eingebung folgend, frage ich: «Ja, Sie auch?»

Sie nickt. «Meine Tage fangen ja immer sehr früh an.»

Ich werfe einen schnellen Blick auf meine Armbanduhr. Viertel vor zwei. Und ich hatte noch nicht einmal Frühstück!

«Gegenüber der Kanzlei ist ein netter Laden, in dem ich unter der Woche gern zu Mittag esse.»

Erstaunt sieht sie mich an.

«Na ja», druckse ich. «Also, falls Sie Zeit haben, würde ich mich über Ihre Begleitung sehr freuen.»

Der Satz hängt noch in der Luft, da frage ich mich bereits, ob ich noch bei Trost bin. Habe ich gerade allen Ernstes eine fast unbekannte Mandantin gebeten, mich zum Mittagessen zu begleiten? Heute, wo ich kaum sprechen, geschweige denn denken kann? Mir schießt das Blut in den Kopf. Wie blöd kann man sein? Alice Kosznik scheint ebenfalls zu überlegen, ob der Vorschlag ernst gemeint war. Dann lächelt sie.

«Gern», bekomme ich zur Antwort. «Eine gute Gelegenheit, sich besser kennenzulernen.»

Ich weiß zwar nicht, wie das gemeint ist. Aber die Idee, zur Abwechslung mal in Begleitung einer attraktiven Frau zu essen, gefällt mir auf einmal doch ganz gut.

Da wir in puncto Mittagstisch spät dran sind, verlassen die meisten Gäste das Lokal schon wieder, und wir haben Glück. Gerade wird ein Tisch am Fenster frei.

Alice Kosznik wählt ein warmes Käsesandwich. Ich entscheide mich für das Tagesgericht, einen deftigen Linseneintopf mit Speck.

Das Gespräch läuft hier viel entspannter als in meinem Büro.

Noch bevor das Essen aufgetischt wird, erfahre ich, dass sie den Blumenladen inzwischen allein führt und im Begriff ist, diesen zu modernisieren. Sie hat zwei Angestellte, die ihr helfen, morgens auf dem Grossmarkt frische Blumen einzukaufen und später am Tag vorbestellte Sträusse oder Gebinde an Stammkunden in der näheren Umgebung auszuliefern. In dieser Zeit übernimmt Alice Kosznik das Tagesgeschäft und wird dabei von ihrem Grossvater nach Kräften unterstützt. Obwohl meine Mandantin einen lockeren Plauderton angeschlagen hat, legt sie immer wieder kurze Pausen ein und wählt ihre Worte mit Bedacht.

Mir gefällt das. Es gibt in meinen Augen kaum etwas Schlimmeres, als wenn wildfremde Menschen zwischen Hauptgang und Espresso ungefragt und tränenreich ihr komplettes Schicksal vor dir ausbreiten und hinterher eine einfühlsame Stellungnahme erwarten.

Alice Koszniks Schilderung ist unterhaltsam und von subtilem Humor geprägt. Mit stoischer Gelassenheit erträgt sie ihrerseits meine, das muss ich mir leider eingestehen, wenig geistreichen Kommentare und Witze. Ein Bier könnte helfen, doch ich verkneife mir derartige Gelüste. Bis zum Espresso. Erst danach werde ich schwach und ordere eins.

Der Einstieg in den Arbeitsalltag hätte schlimmer kommen können, denke ich gerade, als Alice Kosznik sich in ihrem Stuhl zurücklehnt und sich stöhnend den Bauch hält.

«Viele denken fälschlicherweise, ich wäre auf Diät», erklärt sie ungefragt. «Aber ich war schon immer so dünn. Als Kind war das okay, später habe ich darunter gelitten. Vor allem weil ich von allen Seiten gute Ratschläge bekam. Ich sei zu diszipliniert, müsse auch mal fünfe gerade sein und mehr Spass in mein Leben lassen. Dabei habe ich Spass!» Sie sieht mich kopfschüttelnd an. «Aber ich kann mich doch nicht anderen zuliebe vollfressen. Jedenfalls nicht so voll, wie ich mich gerade fühle.» Sie fährt sich über den Bauch.

Ich muss lachen. Es macht Spass, ihr zuzuhören. Vermutlich

könnte sie sogar ungefragt ihr Schicksal vor mir ausbreiten, und es würde mir nichts ausmachen.

«Ich hätte wirklich gern ein paar Pfund mehr», fährt sie erfrischend offenherzig fort. «Vor allem hier.» Mit beiden Händen umfasst sie ihre Brüste, die, wie ich jetzt erst feststelle, in der Tat nicht besonders groß sind.

Aber ehe ich mir eine angemessen empathische Antwort ausdenken kann, die nicht schlüpfrig wirkt, bremst Alice Kosznik mich mit einer Handbewegung aus.

«Stopp! Entschuldigung. Sie müssen dazu nichts sagen.» Sie schlägt sich die Hand vor den Mund. «Ich wollte darüber auch gar nicht sprechen. Noch mal sorry.»

«Kein Problem», beruhige ich sie grinsend, «mir wurden weiß Gott schon schlimmere Gesprächsthemen beim Mittagessen aufgedrängt.»

Komplett aus dem Zusammenhang gegriffen, füge ich hinzu: «Schauspielern Sie zufällig? Sie erinnern mich nämlich an jemanden.»

«Ach ja?» Sie schaut mich seltsam überrascht an, dann nickt sie bedächtig. «Das werde ich tatsächlich öfter gefragt. Ich erinnere die Leute meist an die Leiche aus dem Tatort. Blass, dünn und irgendwie ein wenig ausgemergelt.» Sie lacht etwas zu laut. «Vielleicht sollte ich mich mal als Statistin explizit für diese Rolle bewerben. Ich schätze, es erfordert keine besondere Ausbildung, man muss nur lange bewegungslos ausharren können.»

Wie auf Kommando erstarrt sie in der Bewegung und sitzt einen Moment stocksteif da. Mit eingefrorenem Blick.

Ich lache aus vollem Hals. So entspannt habe ich mich seit Wochen nicht gefühlt.

Als mein Handy mit Frau Behrends Nummer klingelt, bedauere ich ein wenig, gleich zurück ins Büro gehen zu müssen. Ich drücke das Gespräch weg und schaue wieder mein Gegenüber an.

«Ruft die Arbeit?», fragt sie.

Ich nicke. «Heute ist mein erster Tag nach ... nach meinem Urlaub. Es gibt also einiges aufzuarbeiten.» Ich möchte ihr weder von meinen Nächten auf dem Kiez erzählen noch die Lügengeschichte mit dem Bandscheibenvorfall auftischen.

«Ein Mittagsschläfchen wäre jetzt auch für mich schön», sagt sie und streckt sich. Ich beobachte sie dabei, unsere Blicke treffen sich, und ich schaue verlegen zur Seite. Ertappt stelle ich fest, dass ich damit liebäugele, den Nachmittag zu schwänzen und noch ein wenig länger mit ihr hier zu plaudern. Oder tatsächlich einen Mittagsschlaf einzulegen. Danach könnte ich Lars treffen, mit ihm bei Mona ein paar Bier trinken ... herrlich!

Aber leider vollkommen ausgeschlossen.

Ich winke dem Kellner, leere mein Bier und erkläre: «Sie sind selbstverständlich eingeladen.»

Nachdem ich die Rechnung beglichen habe, erheben wir uns.

«Vielen Dank», sagt Alice Kosznik und schenkt mir ein warmes Lächeln. Sie schaut fast etwas verlegen. Als habe sie noch etwas auf dem Herzen.

Intuitiv greife ich in meine Jackentasche, um ihr eine Visitenkarte von mir zu geben. Doch da ich meine Freizeitklamotten trage, habe ich sie nicht dabei.

Oder doch? In einer der hinteren Hosentaschen finde ich eine ziemlich zerknautschte Karte, und zwar jene, die ich neulich Devil zustecken wollte, wozu es aber nicht mehr kam. Etwas verschämt reiche ich sie Alice Kosznik.

«Sie müssen entschuldigen. Mein Aufzug, die zerknickte Karte – ich war heute Morgen in Eile und hatte eigentlich etwas anderes anziehen wollen.»

«Kein Problem.» Sie betrachtet die Karte und dreht sie um. «Sie wohnen auf dem Kiez? Zur Untermiete?»

Kurz überlege ich, ob diese Tatsache in ihren Augen nun lässig oder unreif wirkt. Mir kommt es in diesem Moment hauptsächlich unseriös und irgendwie anstößig vor, weshalb ich abwinke und mich bemühe, die Sache aufzuklären. «Nicht wirklich. Das ist die Adresse eines Freundes. Er ist verreist, und ich wohne so lange bei ihm. Sie wissen schon: Blumen gießen und das Haustier versorgen. Ich lebe normalerweise weiter draußen. In Poppenbüttel. Ruhig und beschaulich.»

«Das ist ja schön», sagt sie und klingt ehrlich erfreut. «Dann wohnen Sie vermutlich in einem Haus?»

Ich nicke.

«Mit Garten?»

«Jep. Inklusive Strandkorb und Komposthaufen.»

Alice strahlt.

So langsam wird mir ihre Begeisterung fürs Landleben suspekt.

Sie scheint es zu merken und lenkt ein. «Entschuldigung, das geht mich natürlich nichts an. Es ist nur so: Die Vorstellung von einem eigenen Stückchen Grün vor der Haustür macht mich schnell ein wenig euphorisch. Berufskrankheit.» Sie lacht. Dann fügt sie hinzu: «Falls Sie mal ein paar schöne Stauden benötigen, Hortensien zum Beispiel – ich kann Ihnen alles besorgen. Sitze ja sozusagen an der Quelle.»

«Ach, wissen Sie ...» Ich helfe ihr in den Mantel. «Bei meinem Garten ist Hopfen und Malz verloren.» Ich merke, dass das Bier meinen Alkoholpegel wieder angefacht hat. Meine Zunge ist locker wie ein altes Türscharnier, die Worte sprudeln nur so heraus. «Seit meine Frau mich verlassen hat und ausgezogen ist, komme ich mit der Arbeit in Haus und Garten kaum hinterher. Früher war ich genau genommen nur für das Rasenmähen und Kärchern zuständig, aber jetzt ... ich ... also ...» Ich merke, wie ich mich verhasple, und versuche, meinen traurigen Monolog zu einem einigermaßen guten Ende zu bringen. «Zum Glück haben wir momentan Winter ...»

Der Gedanke an Birte und unser Heim bringt mich tatsächlich ein wenig aus der Fassung. Einerseits fühlt es sich an, als erzählte ich von etwas, das weit in der Vergangenheit liegt und mich gar nicht wirklich betrifft. Andererseits blitzen sofort unschöne Erinnerungen an die Trennung auf. Zudem frage ich mich, warum ich überhaupt davon anfangen habe.

Alice hat meine Zerrissenheit bemerkt. Als wir vor das Lokal treten, fragt sie sanft: «Das klingt, als sei die Trennung noch sehr frisch. Waren Sie lange miteinander verheiratet?»

Unsere Blicke treffen sich, und sie erkennt den Fehler. «Entschuldigung, ich bin wieder indiskret. Ich weiß gar nicht, was mit mir los ist.»

Ich denke, dass wir uns darauf die Hand geben können, auf dieses ungeklärte Gefühl.

«Kein Problem», erkläre ich. Dass Birte und ich keine rechtskräftige Ehe geführt haben, behalte ich für mich. «Es handelt sich schließlich nicht um ein Geheimnis: Wir waren zehn Jahre zusammen. Da braucht man eine Weile, um sich an den neuen Zustand zu gewöhnen.»

«Verständlich», sagt Alice und seufzt. «Eine lange Zeit.»

«Tja, leider muss ich jetzt wirklich zurück an den Schreibtisch.»

Sie schaut mich schuldbewusst an. «Natürlich. Ich habe Sie auch schon viel zu lange vollgequasselt.»

«Keineswegs!» Meine Entrüstung ist nicht gespielt. «Falls mir noch etwas einfällt, melde ich mich bei Ihnen. Ihre Daten habe ich ja.»

Frau Behrend hatte in der Mittagspause offenbar das ungute Gefühl beschlichen, ich könne mich stillschweigend wieder auf den Weg nach Hause machen, weshalb sie sich kurz nach mir erkundigen wollte.

«Alles im grünen Bereich», versichere ich ihr, verschwinde in meinem Büro und mache mich unverzüglich an den KrollCar-Fall.

Schnell wird klar: Simone Otto hat leider die deutlich schlechteren Karten. Denn laut Geschäftsbedingungen der Verleihfirma ist es den Kunden zwar freigestellt, ob sie den geliehenen Wagen nachts auf dem Firmenparkplatz abstellen möchten oder ihn am nächsten Morgen zwischen 6 Uhr und 7 Uhr eigenhändig abgeben. Im Fall der persönlichen Übergabe hätten Kunde und KrollCar-Mitarbeiter das Auto jedoch gemeinsam umrundet und etwaige Mängel gesichtet. Beim nächtlichen Abstellen auf dem Parkplatz haftet der Kunde hingegen für alles, was morgens am Wagen defekt ist.

Gelangweilt blättere ich mich durch ein paar Seiten, aus denen keine weiteren Fakten hervorgehen. Dann betrachte ich die Bilder, die der Akte beiliegen, und nehme sie noch einmal genau unter die Lupe.

Drei davon zeigen den Schaden am Wagen aus unterschiedlichen Perspektiven. Die Delle ist deutlich erkennbar und müsste auch Simone Otto sofort ins Auge gesprungen sein. Zudem begreife ich nicht, wie ihr das Zustandekommen entgangen sein kann. Es muss ziemlich gekracht haben.

Als Beweis, dass der Wagen nicht mehr bewegt wurde, seit Simone Otto ihn auf dem Parkplatz abgestellt hat, ist außerdem ein Foto des Kilometerstandes beigefügt. Aus den Unterlagen geht hervor, dass die jungen Freunde am Chiemsee waren. Ich google die Strecke, verdopple die Kilometerzahl und gelange zu einem Ergebnis, das – zuzüglich einer Toleranz für Tanken, Raststätte anfahren oder sich verfahren – mit dem Tachostand in etwa übereinstimmt.

Auch nach weiterem Suchen finde ich keinen Ansatzpunkt, um meine Mandantin aus dem Schlamassel zu ziehen. Das Gutachten des Kfz-Sachverständigen ist leider schwammig und kommt zu keinem eindeutigen Urteil über den genauen Schadenszeitpunkt. Möglich wäre ja immerhin, dass jemand auf dem Gelände mit dem Wagen zurückgesetzt ist und dem sachgemäß abgestellten Fahrzeug von Simone Otto die Delle verpasst hat. Doch der Mann ist kein Forensiker, sein Urteil bleibt diffus. Es kann in alle Richtungen gedeutet werden.

Mit einem mulmigen Gefühl schließe ich die Akte. Und schlage sie wenig später erneut auf, um noch einmal die Fotos anzuschauen. Die unbestimmte Ahnung, etwas übersehen zu haben, nagt an mir.

Also lese ich mir abermals die Zeugenaussage des Angestellten bei KrollCar durch, der angeblich morgens den Hof aufsperrt und die abgestellten Wagen begutachtet. Er war auch derjenige, der um 7:35 Uhr das Beweisfoto aufgenommen haben soll. Diesen Zeugen, Boran Cern, würde die Gegenseite sicher vorladen und noch einmal anhören wollen. Womit seine Aussage und vier Beweisfotos mit Datums- und Uhrzeitangabe gegen die Behauptung meiner Mandantin stünden. Euphorischer kann man wohl kaum in ein offenes Messer laufen.

Erneut komme ich zu dem Schluss, dass man den Ottos niemals zu einer Klage hätte raten sollen. Nicht mit diesen dürftigen Fakten.

Sollten wir verlieren, würden sich die Kosten für Bernhard Otto verdoppeln. In dem Fall sehe ich bereits Steinfels' hochroten Kopf vor meinem geistigen Auge.

Wieder schließe ich den Ordner. Dieses Mal lege ich ihn resigniert auf den Aktenstapel am Rande des Tisches. Noch eine Woche bis zum Gerichtstermin. Bis dahin muss mir etwas einfallen.

Den restlichen Nachmittag verbringe ich mit dem Studieren weiterer Akten, die von Frau Behrend mit roten Zetteln versehen wurden und dementsprechend dringend bearbeitet werden müssen. Anschließend schreibe ich noch zwei Briefe, fordere in einem Fall Akteneinsicht und in einem anderen Fristverlängerung. Dann schicke ich alles meiner Sekretärin, damit sie es weiterleitet. Als ich endlich Zeit finde, den Ehevertrag der von Heusers auszuarbeiten, ist es draußen bereits stockdunkel. Der Blick durchs Fenster frustriert. Im Licht der Straßenlaternen blickt man auf kahle Bäume, die sich entlang nass glänzender Gehsteige im Wind biegen. Unwillkürlich bekomme ich eine Gänsehaut. Winter ist eindeutig nicht meine Jahreszeit. Zu kalt und ungemütlich, und der Gedanke, ich könne mich jetzt mit Birte auf den Malediven befinden, macht alles nur schlimmer. Frustriert fahre ich den Computer runter und schließe mein Büro.

Statt direkt in Mirkos Wohnung hochzugehen, schaue ich zunächst bei Mona vorbei. Das 20 *Flight Rock* öffnet erst in einer Stunde, doch Mona macht eine Ausnahme und lässt mich am Tresen Platz nehmen. Während sie Gläser poliert und Flaschen sortiert, sitze ich an der Bar und lese in der Zeitung. Als ich angesichts ihrer Geschäftigkeit ein schlechtes Gewissen bekomme und gerade fragen will, ob ich mich irgendwie nützlich machen kann, klingelt mein Handy.

Es ist Mirko. Seltsamerweise verspüre ich einen Stich, denn der Grund seines Anrufs ist klar: Er kehrt zurück und will seine Wohnung vermutlich für sich allein. Verständlich. Doch ich täusche mich.

«Kannst du mir einen Gefallen tun?», erkundigt er sich nach einer kurzen Begrüßung.

«Klar!»

«Ich hab morgen schon den nächsten Auftrag», sagt er, «und es macht keinen Sinn für mich, vorher nach Hamburg zurückzufahren.» Er schweigt kurz, fügt dann hinzu: «Ich würde dich deshalb bitten, Krishna zu füttern. Hab noch mal nachgerechnet, der Monat ist rum, und es wäre somit an der Zeit.»

Bitte? Er hat noch mal nachgerechnet? Gut, dass er kein Anlageberater geworden ist. «O-kay ...»

«Geht es ihr gut?», erkundigt er sich besorgt.

Ob es Krishna gutgeht? Mal überlegen. Sie liegt den ganzen Tag im Warmen, schläft, badet und wartet darauf, dass etwas zu fressen vorbeiläuft. Vielleicht nicht unbedingt das Leben, das mir so vorschwebt, aber in der Schlangenwelt bedeutet ihr Verhalten vermutlich, dass sie sich pudelwohl fühlt.

«Ich denke schon», erkläre ich Mirko, «jedenfalls sieht sie aus wie immer.» Mein Kumpel klingt erleichtert. «Prima. Also pass auf: Sie bekommt eine mittelgroße Ratte oder zwei kleine Mäuse ...»

Aber nicht von mir!

«Ist alles im Gefrierschrank. Ratten haben ein Kreuz, Mäuse ein O. Zehn Minuten in die Mikrowelle, kurz abkühlen lassen und rein damit ins Terrarium.»

Mir wird schlecht. Ratten. Im Gefrierschrank. Beschriftet mit einem Kreuz. Mäuse mit einem O.

Zu allem Überfluss schlägt er vor: «Kannst ja mal zuschauen, ist ein interessantes Schauspiel.»

Nein danke. Meine Übelkeit verstärkt sich.

Wie konnte ich nur annehmen, Mirkos liebende Prager Großmutter habe ihm Frikadellen gezaubert? Die hätte er doch längst aufgegessen. Es sind tiefgekühlte Viecher. Ich hätte fast eine Ratte zum Abendbrot gegessen!

«Alles verstanden?», erkundigt sich Mirko, der mein Zögern falsch deutet. «Schaffst du das?»

Niemals.

«Äh ... klar», höre ich mich sagen. Wenn Mirko das schafft, werde ich es wohl auch können, oder?

«Sie bekommt eine mittelgroße Ratte oder zwei kleine Mäuse», rezitiere ich noch einmal Krishnas Speiseplan. «Und wann?»

«Egal. Ich mache es meist am Abend. Heute oder spätestens übermorgen sollte es sein, sonst wird sie unruhig.»

Was meint er denn mit *unruhig*? Entwickelt sie Superkräfte, sprengt die Scheibe und knabbert mich an? Das Risiko werde ich keinesfalls eingehen.

«Heute. Verstehe. Kannst dich auf mich verlassen», beruhige ich Mirko.

Wir plaudern noch ein bisschen über den Trubel auf dem Kiez, und ich habe das Gefühl, ihm liegt noch etwas auf der Seele. Auf Nachfrage verneint er es jedoch.

Nachdem wir aufgelegt haben, beschließe ich, die Fütterung sofort in Angriff zu nehmen. Keinesfalls möchte ich riskieren, dass Krishna durchdreht und mir vor Hunger den Finger abbeißt.

Drei Schnäpse und zwei Bier später bin ich in der nötigen Schlangenbeschwörerstimmung. Das 20 Flight Rock hat inzwischen seine Türen geöffnet, und vereinzelt sitzen Kiezbewohner, die ich von flüchtigen Begegnungen auf der Straße kenne, am Tresen und starten mit ihrem täglichen Abendprogramm.

Ich zahle meine Zeche, wünsche Mona eine stressfreie Schicht und mache mich auf in die Höhle des Reptils.

Krishna liegt nichtsahnend, also regungslos wie immer, auf ihrem Ast und meditiert. Nichts deutet auf eine momentane Unterzuckerung hin. Trotzdem habe ich Schiss, das Terrarium zu öffnen. Aber vorher muss ich noch ans Eingemachte.

Ich werde mir einfach einbilden, bei dem Gefriergut handele es sich um Meerschweinchen. Also nichts, wovor man sich ekeln müsste. Entsprechend engagiert öffne ich die Tür vom Eisfach und blicke unentschlossen zwischen den drei Schubladenfronten hin und her. In welcher waren noch mal die Mäuse? Bereits beim Herausziehen der ersten ahne ich, dass sich der Vergleich mit dem Meerschweinchen beim Auftauen vermutlich nicht lange halten lässt.

Ein weiterer Anflug von Unwohlsein beschleicht mich.

Wie sich herausstellt, habe ich die Rattenschublade erwischt. Das Bild mehrerer Riegen mit einem X beschrifteter Nager, die den Eindruck erwecken, als würden sie sich frierend aneinanderkuscheln, löst bei mir spontan Brechreiz aus. Unvorstellbar, dass dies Krishnas bevorzugter Snack sein soll. Wie soll sie diese riesigen Tiere überhaupt herunterbekommen?

Kurz erwäge ich, Mirko anzurufen, um ihn zu bitten, nach Hause zu kommen. Dann wird mir allerdings klar, wie armselig und unmännlich das wäre.

Also atme ich tief durch, denke noch einmal an Meerschweinchen und entscheide mich für eine der äußeren Ratten. Ich glaube, sie ist eher klein, trotzdem belasse ich es bei einer. Denn mal angenommen, Krishnas Appetit ist doch nicht so groß wie vermutet, oder Mirko hat sich im Termin verrechnet, müsste ich die nicht verspeisten Überreste ja entsorgen, was eindeutig keine Option für mich ist.

Stellt sich nur noch die Frage, wie ich den Nager da einzeln rausbekomme. Die Vorstellung, dass Mirko die Tiere mit Messer und Gabel voneinander trennt und das Besteck anschließend im Geschirrspüler wäscht, behagt mir ebenso wenig wie der Gedanke daran, dass ich mir neulich fast etwas zu essen in der rattenverseuchten Mikrowelle aufgewärmt hätte. Mein Magen rebelliert erneut.

Fakt ist: Ich kann das nicht. Nicht mit Messer und Gabel und erst recht nicht mit bloßen Händen. Auch fände ich es reichlich pietätlos, das Tier einfach aus einer Viererformation herauszubrechen wie einen Riegel Schokolade von einer Tafel.

Langsam frage ich mich, wie gut ich Mirko eigentlich kenne. Seine heldenhafte Tat, Krishna das Leben gerettet zu haben, verblasst mehr und mehr angesichts dieses schauderhaften Fütterungsrituals.

Ich knalle die Rattenschublade wieder zu und verharre eine Weile unschlüssig vor der Gefrierkombination. Dann kommt mir eine Idee.

Hoffnungsvoll krame ich in den Taschen meiner dicken Jacke nach der Visitenkarte von Devil, die er mir neulich zugesteckt hat. Jemand mit diesem Namen, überlege ich, der noch dazu auf dem Kiez lebt, wird sich mit Ratten wohl auskennen.

Der Aufdruck ist leicht verknittert, durch die Frau mit den lilafarbenen Hörnern geht jetzt ein Knick, sodass sie nun aussieht, als trüge sie eine Schärpe. In Verbindung mit einem kleinen gelben Fleck, von dem ich annehme, dass es sich dabei um Senf handelt, sieht sie sogar aus wie die Tochter eines royalen Herrschers, der beim Sex die Krone verrutscht ist. Devil würde diese Interpretation vermutlich gefallen. Ehrlich, der Typ hat mutmaßlich einen an der Waffel, mit Sicherheit aber keinen Sinn für Ästhetik, was ihn für eine Schlangenfütterung geradezu prädestiniert.

Entsprechend optimistisch wähle ich die angegebene Telefonnummer und habe ihn Sekunden später am Apparat.

«Ich soll was?», fragt er, als habe ich ihn gebeten, mir mit einer fünfstelligen Summe Bargeld auszuhelfen. «Warum ich?»

Tja. Gute Frage. Weil ich es mich nicht traue? Weil du aussiehst, als hättest du schon weit Schlimmeres getan?

«Bitte, Devil», beginne ich, ihn anzubetteln, «ich bin in Bezug auf Schlangen etwas ...» Empfindlich will ich sagen, doch es kommt mir nicht über die Lippen. «... allergisch.»

«Du bist allergisch gegen Schlangen?», erkundigt er sich mit dem überraschten Tonfall eines Hobbyallergologen. «Respekt. Hast du das austesten lassen?»

Obwohl mich hier auf dem Kiez inzwischen nichts mehr wundert, bin ich langsam doch ein wenig ungeduldig. «Also ...», drucke ich herum, weil ich nicht weiß, was ich darauf entgegnen könnte.

Dann kommt mir die Erleuchtung: «Nicht gegen Schlangen bin ich allergisch. Aber gegen Ratten. Das Fell, du weißt schon.»

«Aha», sagt Devil, klingt aber skeptisch. Vielleicht überlegt er, ob Allergien gegen gefrorene Felltiere überhaupt möglich sind. Er entscheidet für mich. «Respekt!», sagt er noch einmal.

Mir wird dieses Gespräch langsam zu blöd. «Also, was ist: Hilfst du mir?»

Devil fühlt sich sichtlich gebauchpinselt. Selbstverständlich will er seinem Namen gerecht werden und einem Schnösel wie mir mal das wahre Leben zeigen. «Klar. Mach ich. Bin so gegen neun bei dir, okay?»

«Super», sage ich, ehrlich erfreut. Das ist eben auch der Kiez. Hier hält man zusammen und hilft sich, wo man kann. «Danach lad ich dich auf ein Bier ein.»

Um halb zehn steht Devil Gyros kauend bei mir vor der Tür und begutachtet zunächst fachmännisch Mirkos Sicherheitstür. Ob er seine Weihnachtsmanndildos in Zukunft ähnlich erstklassig sichern will?

«Respekt!», sagt er, und der Geruch von Zwiebel, Knoblauch und irgendeinem exotischen Gewürz mischt sich mit einer moderaten Bierfahne.

Unweigerlich drängt sich mir die Frage auf, ob Schlangen wohl über ein gutes Riechorgan verfügen. Falls ja, bleibt zu hoffen, dass es nicht derart exzellent ausgeprägt ist wie das eines Hundes. Denn in dem Fall dürfte Krishna beim Öffnen des Terrariums augenblicklich der Appetit vergehen.

«Sorry, dass ich nicht pünktlich bin, aber die Aushilfe kam zu spät.» Devil schnauft genervt. «Immer Ärger mit den Angestellten, keine Arbeitsmoral haben die. Kennst du zufällig jemanden, der zuverlässig ist und einen Job sucht?»

Ohne meine Antwort abzuwarten, tritt er ein und schaut sich sogleich suchend um. «Wo ist der Flunken?»

«Meinst du die Ratte oder die Schlange?»

«Schlange», presst er hervor und schluckt geräuschvoll den letzten Bissen seiner Mahlzeit runter.

Ich schiebe die Kartons im Flur ein wenig zur Seite und führe den Hoffnungsträger in Sachen Reptilienfütterung ins Schlafzimmer.

«Das hier ist Krishna», stelle ich ihm die Schlange vor. «Sie sieht nicht hungrig aus, doch ihr Herrchen meint, das täuscht.»

Devil pfeift durch die Zähne, so gut es ihm mit den Essensresten zwischen den Zähnen möglich ist. «Respekt. Ganz schöner Brummer», nuschelt er. «Ich hoffe, du hast 'ne fette Ratte für unseren Krischan hier?»

«Definiere fett», sage ich und möchte durch die Gegenfrage in erster Linie davon ablenken, dass ich mir die Viecher im Eisschrank nicht genau angeschaut habe. «Außerdem heißt sie Krishna. Nicht Krischan.»

Devil übergeht den Einwand. Hier auf dem Kiez heißen Männer Krischan, Max oder Kuddel. In seltenen Fällen auch mal Devil. Mit hinduistischen Gottheiten hat er nichts am Hut. Stattdessen ballt er jetzt eine seiner Riesenpranken zur Faust und hält sie mir unter die Nase.

«So fett etwa.»

Ich zucke mit den Schultern und führe ihn in die Küche zum Gefrierfach. Um nicht komplett als Memme dazustehen, zerre ich einen der eingefrorenen Rattenriegel hervor und strecke ihn Devil entgegen.

Er betrachtet die Tiere kurz interessiert, dann schnappt er sich das ganze Ensemble und bricht die Reihe kurzerhand übers Knie. Zwei Tiere landen auf dem Küchenboden, den Rest schiebt er zurück in den Froster. Die Menge übersteigt eindeutig Mirkos Vorgabe, aber ich will es jetzt nicht so kompliziert werden lassen. Außerdem hilft viel bekanntlich viel. Krishna ist hinterher unter Garantie pappsatt, und wenn alle Stricke reißen und ihr Appetit nicht ausreicht, muss Devil morgen noch einmal vorbeikommen.

Als er sich jetzt mit Krishnas Ration ins Wohnzimmer aufmachen will, halte ich ihn zurück. «Warte! Krishna ist ein Tropentier. Die können keine TK-Ware verwerten. Wir müssen die Biester warm machen.»

Kein Problem für Devil. «Okay, hast du einen Topf?»

Blitzschnell drehe ich mich um und schnappe mir einen Teller aus dem Schrank, den ich nach gelungener Mission wegwerfen werde. «Mirko hat gesagt, sie sollen in die Mikrowelle.»

Zum ersten Mal beobachte ich jetzt einen Anflug Verunsicherung auf Devils Gesicht. «Klar», sagt er wenig überzeugend. Man sieht ihm an, dass er mikrowellentechnisch kein Spezialist ist. Ein Umstand, der Männer bekanntlich nicht daran hindert, dennoch mit der Attitüde eines passionierten Elektrikers ans Werk zu gehen.

Obwohl mir im Grunde meines Herzens Selbstüberschätzung zuwider ist, lasse ich Devil dankbar gewähren. Vielleicht täusche ich mich ja in ihm, rede ich mir ein. Hier auf der Reeperbahn ist alles möglich, warum nicht auch, dass Devil seinen Bachelor in Elektrotechnik gemacht hat? So gut kennen wir uns schließlich noch nicht. Und wenn jemand auf dem zweiten Bildungsweg vom Realschüler zum Abiturienten wird, warum sollte das nicht auch umgekehrt funktionieren? Vom Raketentechniker zum Sexshopbetreiber? Ist alles nur eine Frage der Weltoffenheit.

Ich sehe zu, wie der kosmopolitische Sternekoch jetzt den Teller in das Gerät stellt und mit der Abdeckhaube klappert. Nachdem die Tür eingerastet ist und die Elektronik erfolgversprechend piepst, atme ich auf. Natürlich ist Devil ein Profi. Fertiggerichte stehen vermutlich regelmäßig auf seinem Speiseplan, ist doch logisch.

Die Mikrowelle rattert und knistert.

«Läuft», sagt Devil zufrieden und wendet sich ab. «Ich muss mal kurz für kleine Teufel.» Er verschwindet im Flur und lässt mich mit den garenden Ratten allein.

Wenig später macht sich ein beißender Geruch in der Küche breit.

«Devil?», rufe ich ein wenig verunsichert und muss auch schon husten. Der Geruch wird stärker, mein Rufen lauter. «Devil? Kommst du bitte mal, ich glaube, die Tiere sind gar.»

Vom Sternekoch erhalte ich keine Antwort. Also sprinte ich durch die Wohnung, hämmere energisch gegen die Klotür und haste anschließend panisch in die Küche zurück. Obwohl ich mich nur rudimentär mit Mikrowellen auskenne, weiß ich aber sicher, dass sich das Gerät beim Betätigen des Türöffners ausschaltet. Um also zu verhindern, dass die Tiere in Flammen aufgehen, betätige ich beherzt den entsprechenden Schalter. Sofort stoppt die Maschine. Die Tür fliegt auf, und Sekunden später stehe ich in einer napalmartigen Qualmwolke, die bei jedem Vietnamveteranen traumatische Erinnerungen ausgelöst hätte. «Devil!», brülle ich und schäme mich kein bisschen für die Panik in meiner Stimme. «Würg deine Sitzung ab, die Ratten brennen!»

14. Kapitel

Ich weiß nicht, ob es meine Worte waren oder die Vehemenz, mit der ich sie vorgetragen habe, auf jeden Fall erzielt mein Rufen die gewünschte Wirkung.

Die Klospülung rauscht, und kurz darauf erscheint der Sternekoch in der Küche. Mit einer Zeitschrift, die er vom Klo mitgenommen hat, wedelt er sich Luft zu.

«Respekt», kommentiert Devil die zum Schneiden dicke Luft. Aus seinem Mund klingt es beinahe fachmännisch.

Mit dieser Aussage findet sein Sachverstand jedoch ein jähes Ende. Denn als er jetzt den Teller aus dem Gerät reißt und ihn sogleich fluchend fallen lässt, weiß ich: Es war alles nur gespielt. Von wegen Sternekoch! Ein Profi hätte gewusst, dass manche Teller im Gerät erhitzt werden.

«Verdammte Kacke!», brüllt Devil mit schmerzverzerrter Stimme und schaut auf die Scherben zu seinen Füßen.

Ich behalte meine Gedanken für mich, schließlich ist die Schlange noch nicht gefüttert, und Devil sieht ein kleines bisschen aus, als habe er die Lust verloren. Auf keinen Fall möchte ich ihn durch klugscheißerische Äußerungen aus dem Haus treiben. Stattdessen blicke ich ebenfalls entsetzt auf die zwei Napalm-Nager zu unseren Füßen.

Nach einer Weile zeigt sich, dass Devil neben seiner Hilfsbereitschaft über eine weitere gute Charaktereigenschaft verfügt. Nämlich die, seine Fähigkeiten nach einem Desaster realistisch einzuschätzen.

«Hast du vielleicht ein Kochbuch?», erkundigt er sich.

Erleichtert, dass er offenbar beabsichtigt, am Ball zu bleiben, schüttele ich den Kopf, schlage aber vor: «Wenn du die verkohlten Ratten und die Scherben entsorgst und zwei neue Tiere vorbereitest, finde ich jemanden, der sich mit so was auskennt.»

«Mit dem Auftauen von Ratten?» Der Sternekoch klingt überrascht.

Ich rolle die Augen. «Mit der Mikrowelle.»

«Ach so.»

Devil macht sich bereits an die Arbeit, als ich ins Schlafzimmer flitze, mein Laptop einschalte und schaue, ob Kröger auf Skype ist. Ist er nicht. Sein Handy ist ebenfalls ausgeschaltet, also versuche ich es auf dem Festnetz.

«Hallo?», meldet sich Sanni im Kommandoton. Im Hintergrund hört man einen Hund bellen.

«Hi, ich bin's, Toby. Ist Kröger da?»

«Der darf heute nicht raus.»

«Verstehe. Aber telefonieren darf er, oder?» Heute Morgen durfte er mich jedenfalls noch in der Kanzlei anrufen. Aber vermutlich hat er es heimlich gemacht, weil zu der Zeit gerade alle damit beschäftigt waren, im Internet einen neuen Jeep auszusuchen.

«Ungern.» Sanni bleibt stur. «Er erklärt gerade meinen Eltern, wie ihr neuer DVD-Player funktioniert.»

Kröger kennt sich eben aus. Er ist unser Mann.

«Bitte, Sanni. Es ist wichtig. Und dauert nicht lange.»

Schweren Herzens seufzt sie und reicht das Telefon weiter.

Ich spare mir die Begrüßung. «Schalte mal Skype ein. Und frag nicht, warum, wir haben nicht viel Zeit.»

Nach einer gefühlten Ewigkeit erscheint Krögers getönte Brille auf meinem Bildschirm. Und, nach einem Moment des Wackelns, auch sein gesamtes Gesicht. Offensichtlich befindet er sich im Wohnzimmer. In seinem Rücken sieht man ein älteres Ehepaar mit großen Augen vor einem sehr flachen, sehr modernen Gerät sitzen und abwechselnd alle Knöpfe drücken.

«Habt ihr 'ne Mikrowelle?», komme ich sofort zur Sache
Mein Kumpel nickt.

«Auch eine Anleitung dafür?»

Wieder nickt Kröger. «Die brauch ich aber nicht», erklärt er stolz.

Schon klar. Auch du, mein lieber Olli, bist natürlich ein Experte.

«Schau doch bitte trotzdem mal nach.» Ich bewege mich mit dem Laptop in die Küche und halte es so, dass Kröger die von Devil sorgfältig aufgereihten neuen Ratten sehen kann. «Wie lange und bei welcher Temperatur muss man die hier auftauen?»

Kröger nimmt die Brille von der Nase und schiebt sie sich auf die Stirn. Mit zusammengekniffenen Augen betrachtet er den Bildschirm und wiegt seinen Körper hin und her. «Was soll das sein, Küken?»

«Ratten.»

«Ratten? Du willst Ratten essen?» In seiner Stimme schwingt eine Mischung aus Ekel und Verwunderung.

«Nein», ich hebe abwehrend die Hand, «nur auftauen.»

Im Hintergrund sieht man jetzt Krögers Schwiegereltern von ihrem DVD-Player aufsehen und in die Kamera gucken. Ein Jack-Russell-Terrier hüpft hektisch durch die Gegend. Der Albtraum.

Ich dämpfe meine Stimme, damit seine Gäste nicht mithören können. «Für Krishna, Mirkos Schlange. Sie mag ihre Ratten gern warm, aber auf keinen Fall angebrannt oder verkohlt. Kannst du also bitte mal nachschauen, welche Einstellung dafür vonnöten ist? Unser Gerät ist ein XP 2000, aber das spielt vielleicht keine Rolle.»

Und ob es eine Rolle spielt. Durch Kröger geht ein Ruck der Bewunderung, sodass ihm mit Schwung die Brille zurück auf die Nasenwurzel rutscht. Die Tatsache, dass wir Ratten auftauen wollen, scheint ihn wenig beeindruckt zu haben. Wohl aber die Erwähnung des Gerätetyps.

«Ein XP 2000?», wiederholt er andächtig. «Von Panasonic? Wow!» Der Neid in seiner Stimme ist nicht zu überhören. «Das Modell ist nagelneu auf dem Markt. Kostet ein Schweinegeld. Ich hab mir nur das Vorgängermodell leisten können. Was will Mirko denn mit dem Profigerät?»

«Was weiß denn ich? Kochen vielleicht?», gebe ich ein wenig patzig zurück. «Bei Mirko wundert mich inzwischen gar nichts mehr.»

«Was ist jetzt mit dem Kochbuch?» Devil drängelt sich ins Bild und begrüßt Kröger kurz.

«Oh, hallo, Devil!» Kröger winkt kindlich in die Kamera. Im Hintergrund sehe ich jetzt Sanni auf der Bildfläche erscheinen, was nur eins bedeuten kann: Gleich wird die Verbindung gekappt.

«Beeil dich, Kröger», zische ich. «Es ist wichtig.»

Doch mein Kumpel ist die Ruhe selbst. Mit typisch männlicher Überheblichkeit lehnt er sich zurück und verkündet: «Ich sagte doch bereits, ich muss nichts nachschlagen.»

Natürlich nicht. Wie konnte ich nur anregen, ein Buch zu Rate zu ziehen, wo ich doch den König der orthopädischen Sitzmöbel vor mir habe. Sonnenklar, dass der sich auch mit Mikrowellen auskennt.

«Alle Geräte dieser Serie verfügen über eine Auftau-Taste», erklärt er jetzt. «Ich schätze mal, euer 2000er müsste die auch haben. Weil die so praktisch ist.»

Müsste. Höre ich da etwa leise Zweifel durch?

Fragend blicke ich zu Devil, der nach einem kurzen Blick auf das Gerät den Kopf schüttelt. «Hier gibt es haufenweise Knöpfe. Doch, warte», er kneift konzentriert die Augen zusammen, «ist das so eine Taste mit einem A wie *Alter, ist die Tussi geil?*»

Ich trete Devil gegen das Schienenbein, woraufhin er ein unspezifisches Brummen von sich gibt.

Kröger hingegen kichert. Er scheint den Atem seiner Schwiegereltern noch nicht im Nacken zu spüren.

«Nein», erklärt er und bedient sich Devils Pubertiersprache. «Ihr sucht eine Taste mit einem K. Wie *Knackarsch*.»

Schwiegervater und Schwiegermutter werfen sich hinter Krögers Kopf einen irritierten Blick zu.

«Knackarsch, klar!», freut Devil sich. «Sag das doch gleich. Mit Popos kenne ich mich aus.» Er sucht das Gerät ab, dann ruft er: «Respekt! Hab ihn gefunden.»

Krögers Schwiegereltern stehen auf.

«Weiter», rufe ich gehetzt.

«Okay, passt auf: Damit die Vitamine erhalten bleiben, taut man insbesondere Fleisch und Gemüse langsam auf. Außerdem braucht es eine spezielle Auftauform, damit das Wasser abtropfen kann. Ganz wichtig ist auch, dass ihr die Fleischstücke vorher voneinander trennt.» Er betet die Infos tatsächlich aus dem Gedächtnis runter. «Des Weiteren müsst ihr das Fleisch während des Vorgangs ab und zu wenden, damit es schön durchgart. Den Zeitpunkt hierfür gibt euch das Programm vor. Wenn die Gesamtzeit verstrichen ist, lasst ihr alles zwei Minuten stehen, damit die Wärme auch die dickeren Stellen erreicht. Habt ihr ein Fleischthermometer?»

«Mann, Kröger, wir wollen eine Schlange füttern, keinen Preis gewinnen!»

«Okay, dann passt nur auf, dass sie sich nicht die Zunge verbrennt.» Keine Sekunde zu früh endet sein Vortrag.

«Alles klar. Danke, Mann!», schaffe ich gerade noch zu sagen, ehe Sanni sich ins Bild schiebt und kopfschüttelnd Krögers Laptop zuklappt. Statt stolz auf ihren technikversierten Mann zu sein, entpuppt sie sich wieder mal als Spielverderberin.

«Hier!» Devil wedelt freudestrahlend mit einem löchrigen Plastikgefäß. «Das muss sie sein, die Auftauform. Jetzt wird alles gut.»

Obwohl ich mich kaum traue, seinen Worten Glauben zu schenken, behält Devil recht. In der Tat ist der Spuk eine Dreiviertelstunde später vorbei. Außer dem beißenden Geruch, der sich höchstwahrscheinlich für immer in Mirkos Tapeten festgesetzt hat, deutet nichts mehr darauf hin, was in dieser Wohnung geschehen ist. Abgesehen von der Tatsache, dass Krishna alles verputzt hat und nun aussieht, als habe sie einen Blumentopf verschluckt. Fix und alle liegt sie am Boden des Terrariums und scheint vollauf mit Verdauen beschäftigt zu sein. «Wenn das mal keine Verstopfung gibt», unke ich.

Devil kichert. «Dann kann ich dir ein geeignetes Mittel empfehlen. Bei meinen Kunden, die auf Natursekt und Naturkaviar stehen, wirkt das astrein.» Er schaut mich beifallheischend an.

Seit zehn Minuten sitze ich auf dem Sofa und versuche, nicht mehr an tote, tiefgekühlte oder verkohlte Ratten zu denken. In Bezug auf Ekelhaftes habe mich für heute weiß Gott am Rande meiner Schmerzgrenze bewegt. Ich will mir nicht auch noch ausmalen müssen, mit welchen Obszönitäten Devils Kundschaft ihr Liebesleben aufpeppt.

«Wird schon schiefgehen», spreche ich mir Mut zu. «Mirko sagt, Krishna kann einiges ab.»

Devil nickt. Im Gegensatz zu mir wirkt er geradezu euphorisch. «Wenn ich mich recht erinnere, wurde mir für diese Aktion ein Bier versprochen.» Er schaut auf die Uhr. «In Anbetracht der Arbeitsstunden würde ich drei Bier jedoch für angemessener halten.»

Elender Erpresser! Ich verkneife mir den Kommentar, dass seine nicht vorhandenen Fachkenntnisse beinahe die komplette Renovierung der Wohnung erforderlich gemacht hätten und er außerdem einen Porzellanteller, zwei verkohlte Ratten und eine halbe Flasche Reinigungsmittel auf dem Gewissen hat.

«Ist gebongt», willige ich ein. Schließlich war es meine Idee, ihn um Hilfe zu bitten. Und ich bin auch nach wie vor froh, die Sache nicht allein durchgestanden zu haben. «Im 20 *Flight Rock*?»

Devil erhebt sich. «Ich wollte Mona sowieso noch etwas fragen.»

War ja klar, dass die beiden sich kennen. Kiez eben. Normalerweise hätte ich dieser Aussage also keine Bedeutung beigemessen. Doch die Art, wie Devil den Satz so bemüht beiläufig gesagt hat und jetzt noch dazu beschämt von einem Bein auf das andere tritt, lässt mich aufhorchen.

«Hört, hört», stichele ich, «du willst sie etwas fragen. Interessant ...» Ich grinse vielsagend.

Als Devil rot anläuft, ist die Sache klar: Er steht auf Mona.

Ich will ihn jedoch nicht weiter in Verlegenheit bringen, und weil ich für heute ohnehin genug von brenzligen Themen habe, gebe ich nur stumm das Kommando zum Aufbruch.

Eineinhalb Stunden später, also irgendwann zwischen meinem vierten und Devils sechsten Bier, konnte er in Sachen Mona noch keine nennenswerten Fortschritte verzeichnen. Wenn man von einem erstaunlichen schüchternen «Hallo» und den diversen Bierbestellungen einmal absieht.

Der Laden scheint mir für einen Dienstag gut besucht, weshalb Mona wenig Zeit zum Plaudern hat. Trotzdem verschlug es dem toughen Devil jedes Mal schlichtweg die Sprache, wenn sie an unseren Tisch trat.

Als ich gerade ankündigen will, mein letztes Bier zu trinken, um morgen für die Arbeit fit zu sein, steht plötzlich Kröger an unserem Tisch.

«Ein Glück, dass ich euch gefunden habe», japst er. Seine Brille hat sich beinahe komplett verdunkelt, zudem sind die Gläser beschlagen. Auf seiner Stirn erkennt man Schweißperlen, und als er sich mit fahrigen Bewegungen zu uns an den Tisch zwängt und dabei fast Devils Glas herunterwirft, ist die Sache klar: Es gibt ein Problem.

Kein Wunder, bedenkt man, was bei ihm zu Hause los war.

Mit zitternder Stimme, also in einem Tonfall, der gegensätzlicher nicht sein könnte zu jenem, mit dem er uns vor ein paar Stunden die Welt des Mikrowellenkochens erklärt hat, verkündet er: «Mir reicht's. Ich bin zu Hause abgehauen. Gleich nachdem Sanni mir wegen deines Anrufs die Hölle heißgemacht hat.»

Vollkommen perplex starre ich ihn an. «Bitte?», sage ich. Und dann: «Oh, Scheiße!»

Er nickt. «Sie ist komplett durchgedreht. Wegen der Ratten. Ich meine ...» Er nimmt die Brille ab, um die Gläser mit dem Zipfel seines Hemdes trocken zu putzen. Dabei schaut er uns abwechselnd aus kleinen, kugelrunden Augen an. «Es war doch nicht *unsere* Mikrowelle, in der die Viecher aufgetaut wurden. Was habe ich also damit zu tun?»

Das ist eine gute Frage.

«Nichts», erkläre ich deshalb schulterzuckend.

Und Devil pflichtet mir bei: «Absolut nichts.»

Kröger nickt erneut. «Das habe ich ihr auch gesagt. Trotzdem glauben ihre Eltern nun, ich sei ein Freak, der Tiere quält. Das passt natürlich nicht zu ihrem neuen Hundebesitzer-Image. Außerdem werfen sie mir vor, Kraftausdrücke zu benutzen.» Er setzt sich die Brille auf die Nase. Inzwischen haben sich die Gläser dem Licht angepasst, und er ist zumindest optisch wieder der Alte.

«Du meinst, wegen dem Knackarsch-K?», erkundigt Devil sich und muss unpassenderweise grinsen. Kröger verzieht stumm das Gesicht.

Ich versuche, mit einem konstruktiveren Kommentar dagegenzuhalten: «Das ist doch Quatsch. Sannis Eltern kommen aus Böblingen. Die essen da zu ihren schwäbischen Nudeln alles, was vier Beine hat. Tierschutz ist mit Sicherheit nicht deren Steckenpferd. Außerdem waren die Ratten schon tot. Und zum Tierquäler wärst du erst bei unterlassener Hilfeleistung geworden. Nämlich dann, wenn Krishna deinetwegen qualvoll verhungert wäre.» An Krögers Blick sehe ich, dass ihn meine Argumente noch nicht vollkommen überzeugen. Also mache ich weiter: «Und Knackarsch ist nun wirklich kein Kraftausdruck.»

Devil, dem die Sichtweise von Sannis Eltern vermutlich ebenso suspekt ist wie ihnen vermutlich seine Berufswahl, räuspert sich.

«Ich bestell uns mal 'ne neue Runde.» Er nutzt die Gunst des Augenblicks, um sich diskret aus dem Staub zu machen. Vielleicht will er auch die Gelegenheit beim Schopf packen und endlich unter vier Augen mit Mona reden.

Ich tippe auf Letzteres.

Als Devil fort ist, starren Kröger und ich einen Moment schweigend auf die Tischplatte. Wie ernst die Lage ist, erkenne ich daran, dass mein Kumpel die Getränkebestellung nicht, wie gewohnt, mit einem zaghaften «Aber für mich nur eine Cola» gebremst hat. Ihm scheint momentan alles egal zu sein.

«Es ist nicht nur wegen der Ratten», erklärt er. «Auch nicht wegen dem Knackarsch. Es ist ...» Kröger bricht ab, sucht nach Worten. «Wie ich dir neulich schon erzählt hab: Seit der Sache mit dem Auto hängt bei uns der Haussegen gehörig schief. Dabei reiße ich mir ein Bein aus, es Sanni in allen Bereichen recht zu machen.» Sein Blick gleitet ins Leere. «Als ich dich am Morgen in der Kanzlei angerufen habe, wollte ich deinen Rat.»

Statt einer Antwort nicke ich, was er aber gar nicht registriert.

Kröger redet unbeirrt weiter. «Sanni hatte beim Aufhängen der Wäsche Millies Visitenkarte aus dem Trockner gefischt und ein Riesenspektakel veranstaltet.» Kurz huscht ein Anflug von Bewunderung über sein Gesicht. «Wer auch immer die gedruckt hat, versteht sein Handwerk. Selbst nach einer 60-Grad-Wäsche ist das Wichtigste noch sehr gut lesbar.»

Mir fällt partout nicht ein, was ich darauf Tröstendes erwidern könnte. Kröger steckt in der Scheiße, so viel ist klar. Ich kann mir sehr gut vorstellen, welche Gedankengänge die Visitenkarte einer Poledancerin bei einer Frau wie Sanni ausgelöst haben mag.

«Seit diesem Fund hat sie kaum ein Wort mehr mit mir geredet. Ist nur noch stumm und mit anklagender Miene durchs Haus geschlichen und hat mit ihren Eltern eine Front gegen mich gebildet. Ein Wunder, dass ich telefonieren durfte.» Kröger seufzt. «Und als sie wegen der Ratten schon wieder herumgezetert hat, ist mir dann die Sicherung durchgebrannt. Ich bin ins Schlafzimmer, hab ein paar Sachen zusammengepackt und bin abgehauen.» Er schweigt kurz, fügt dann hinzu: «Mit dem Taxi!»

Ungläubig schaue ich meinen Kumpel an. Die Tatsache, dass er seine Frau verlassen hat, wiegt in meinen Augen ebenso schwer wie der Umstand, sich dafür ein Taxi genommen zu haben. Wenn Kröger Geld in die Hand nimmt, ist es ihm ernst.

Zum Glück kehrt in diesem Moment Devil an den Tisch zurück, sodass ich um tröstende Worte noch eine Weile herumkomme. Was soll ich Kröger auch sagen? Dass sein Handeln in meinen Augen längst überfällig war? Dass er sich von Anfang an mehr auf sich und nicht ausschließlich auf seine Frau hätte fokussieren sollen? Dass Sanni eine anstrengende, egoistische Nervensäge ist? Wohl besser nicht.

«Hier. Haut rein!» Devil setzt ein vollbeladenes Tablett vor uns ab. Mit enttäuschter Miene verteilt er Mexikaner und prostet uns gleich darauf zu. Ich schätze, zu einem Gespräch ist es zwischen ihm und Mona nicht gekommen.

Kröger greift dankbar nach dem Glas, hebt es einmal kurz in unsere Richtung und kippt sich anschließend den Inhalt in den Hals.

Eine Stunde später hat mein Kumpel uns nicht nur seine Leidensgeschichte in epischer Breite auseinandergesetzt, er hat außerdem eine amtliche Menge Alkohol intus. In Zahlen bedeutet das: Drei Mexikaner, zwei kleine Bier und ein Likörchen sind durch seine Kehle geflossen. Bei seiner Konstitution kommt das einer Vollnarkose gleich. Doch Kröger hält sich wacker. Und nicht nur das. Es hat den Anschein, als entspanne er sich langsam. Die Kraftausdrücke werden harscher und seine Wut größer. Dabei konzentriert sich sein Ärger nur leider in die falsche Richtung. In seine.

Wortloses Verschwinden, noch dazu mit einem Taxi, sei das

Gemeinste, das er in seinem ganzen Leben je getan habe, jammert er. So etwas lasse sich kaum entschuldigen. Als er sein Handy zücken will, um es dennoch zu versuchen, entreiße ich es ihm kurzerhand. Denn im Gegensatz zu Kröger ist mir klar: Er ist keinesfalls hiergekommen, um nur sein Herz auszuschütten. Nein, es ist ein stummer Hilferuf, ihn daran zu hindern, zu früh klein beizugeben. Und genau das tue ich nun. Allerdings kostet es mich und Devil einige Mühe, denn nach einem weiteren Mexikaner schießen Kröger Tränen in den Augen. Was weder Devil noch mich komplett kaltlässt.

«Was, wenn sie sich jetzt scheiden lässt?», jammert mein Kumpel weiter und sackt auf seinem Hocker zusammen wie ein Häufchen Elend.

Er tut mir wirklich leid. Er ist mit beiden Beinen in die Beziehungsfalle getappt. Aus Liebe zu seiner Frau hat er ihr jeden Wunsch erfüllt und dadurch alles falsch gemacht, was ein Mann nur falsch machen kann.

Wie man ihm das klarmachen soll, ist mir allerdings ein Rätsel.

Devil und ich sehen uns über seinen Kopf hinweg ratlos an. Devil kaut angestrengt auf seiner Unterlippe. Ihm fehlt es eindeutig an Erfahrung für derlei Gespräche. «Warum sollte sie das tun?», erkundigt er sich bei Kröger. «Ich meine», er blickt kurz hilfesuchend zu mir, «du bist doch eine milchsäugende Sau.»

Kröger schaut irritiert hoch.

Ich komme ihm zu Hilfe: «Devil meint vermutlich, dass du eine eierlegende Wollmilchsau bist. Womit er zweifelsohne recht hat.» Ich korrigiere mich leicht: «Jedenfalls aus Sannis Sicht. Nie im Leben lässt sie sich scheiden. Wer sollte ihren Eltern dann auch den DVD-Player erklären?»

Als ich sehe, dass meine Worte die falsche Wirkung zeigen, füge ich schnell an: «Sie werden schon dahinterkommen, wie das Teil funktioniert. Zur Not lesen sie die Bedienungsanleitung. Kümmer dich nicht weiter drum. Kümmere dich erst einmal um dich.»

Ich finde meinen Ratschlag eigentlich ganz gut, doch Devil setzt noch einen drauf: «Du brauchst mal einen ordentlichen Fick.»

Kröger bekommt Schnappatmung, aber Devil fährt ungeniert fort. «Das befreit. Danach kannst du wieder klar denken und alles richtig zuordnen. Deine Welt steht ja komplett auf dem Kopf.»

Auch wenn ich fürchte, dass diese Therapieform mit dem gängigen Verständnis von Moral und Anstand kollidiert, scheint mir Devil in einer Hinsicht recht zu haben: Krögers und Sannis gemeinsames Leben braucht einen Neustart. Das erkennt sogar er selbst.

«Ja, vielleicht», gibt er kleinlaut zu, was sich, glaube ich, auf das klare Denken, nicht aber auf den Fick bezieht. Sicher bin ich mir allerdings nicht.

«Erst mal bleibst du über Nacht bei mir», bestimme ich, weil ich fürchte, mein Kumpel könnte sonst auf eine mittelschwere Katastrophe zusteuern. «Dann kann Sanni mal sehen, wie sie allein klarkommt. Und morgen, wenn sie Zeit hatte nachzudenken, gehst du nach Hause und redest mit ihr.»

Kröger hängt an meinen Lippen. Kaum habe ich den letzten Satz beendet, schaut er auf die Uhr. «Soll ich nicht lieber jetzt gleich ...»

«Nein!», bellen Devil und ich wie aus einem Mund. «Auf keinen Fall.»

«Und lass dir kein schlechtes Gewissen einreden», füge ich noch hinzu. «Du sollst reden, aber dich nicht entschuldigen. Und hör nicht auf die Schwiegereltern. Auf wessen Seite sie stehen, ist sonnenklar.»

Wieder nickt Kröger. Dann stutzt er. «Das ist doch ...»

«Hallo, Jungs!» Millie steht plötzlich vor uns.

«Feierabend?», frage ich, weil mir nichts Besseres einfällt.

«Genau!» Sie strahlt. «Unter der Woche, also genau genommen bis Donnerstag, brauche ich nur eine Show zu tanzen.»

Kurz begrüßt sie Mona, mit der sie offenbar befreundet ist. Ich sag's ja: Auf dem Kiez kennen sich alle. Dann gleitet sie behände neben mir auf einen Barhocker, wobei sie mich zur Begrüßung auf den Mund küsst. Scheint, als sei das neuerdings üblich.

Ich bin etwas überrascht, finde es aber nicht unangenehm.

Als wir die nächste Runde bestellen wollen, stoße ich Devil unauffällig an. «Wolltest du Mona nicht etwas fragen?»

«Äh ... ja, schon», druckst er herum. «Aber ich weiß nicht, was.»

«Wie jetzt, du weißt gar nicht, was du sie fragen möchtest? Oder hast du es vergessen?»

Er schüttelt den Kopf. «Nee, ich weiß es nicht. Vorhin dachte ich, mir würde schon eine Frage einfallen, doch jetzt ...» Er stockt und deutet auf seinen Kopf. «Ist alles leer.»

Nun, das geht mir in letzter Zeit auch öfter so. Außerdem ist es mit Fragen, die im Grunde genommen dazu dienen sollen, jemanden in eine Unterhaltung zu verwickeln, nicht ganz einfach. Lustig daran finde ich allerdings, dass ein Typ wie Devil, der in seinem Sexshop sicher ständig schlüpfrigen Gesprächen ausgesetzt ist und der mit Sicherheit schon mehr Frauen nackt gesehen hat als der Stadtteilgynäkologe, so schüchtern ist.

«Frag sie doch, ob du ihr mal was in der Mikrowelle auftauen sollst», schlägt Kröger vor, der ordentlich einen im Kahn hat. Man kann ihn zwar noch ganz gut verstehen, allerdings hat er jegliches Gespür für Lautstärke verloren. «Vielleicht möchte Mona ja mal auf die K-Taste drücken!», kreischt er und schiebt ein gackerndes Lachen hinterher, woraufhin sich zwei Typen am Nachbartisch zu uns umdrehen.

«Geht das vielleicht ein bisschen leiser», zischt Devil und wirft einen Seitenblick auf Mona.

Mir kommt eine Idee: «Du suchst doch 'ne Aushilfe für deinen Laden. Vielleicht hat sie ja Lust? Oder kennt jemanden?»

Devils Miene erhellt sich augenblicklich. «Respekt! Guter Vorschlag.»

Als Mona jetzt angeschwebt kommt, hängen Kröger und ich an

seinen Lippen. Doch Devil bringt kein Wort heraus. Stattdessen ergreift Mona das Wort.

Nachdem sie uns kurz alle einmal prüfend angeschaut hat, sagt sie: «Jungs, ich würde vorschlagen, ihr macht Feierabend.» Ihrem Tonfall ist deutlich anzuhören, dass dies mitnichten ein Ratschlag, sondern ein Befehl war.

Wir schauen uns an, nicken einvernehmlich. Bis auf Millie. Sie ist enttäuscht. «Echt jetzt, ihr wollt schon los?», fragt sie.

Ich halte ihr einladend meinen Arm hin. «Komm mit, wir gehen ja nicht weit.»

# 15. Kapitel

Sex mit Millie ist wirklich gut. Auch weil wir uns bezüglich unserer Gefühle nichts vormachen. Es ist ein Abenteuer, mehr nicht. Aber ein sehr schönes. Und die Tatsache, dass wir uns von Mal zu Mal besser kennenlernen, führt dazu, dass ich Millie inzwischen fest in mein Herz geschlossen habe.

Nachdem Devil sich vorhin überraschend schnell verabschiedet hat und ich Kröger in Mirkos Wohnzimmer auf das Sofa gebettet habe, sind wir schnurstracks zur Sache gekommen. Jetzt liegen wir erschöpft nebeneinander im Bett und starren an die Decke. Ich habe mir eine von Mirkos Zigaretten angezündet und blase Rauchkringel an die Decke. Wie in einem David-Lynch-Film. Bei der Suche nach Kondomen war Millie in Mirkos Nachtschrank auf eine ganze Stange Marlboro gestoßen.

Und wie so oft bei überhöhtem Alkoholpegel halte ich rauchen für eine sehr gute Idee.

«Möchtest du mal Kinder?», fragt Millie mit dem beiläufigen Tonfall, den nur Frauen draufhaben. Dabei schaut sie mich neugierig von der Seite an.

Mal? Was denkt sie, wann *mal* bei mir sein soll? Ich bin vierzig, meine biologische Uhr tickt zwar nicht so laut wie bei Frauen im vergleichbaren Alter, dennoch fühle ich mich einem schreienden Kleinkind schon nicht mehr gewachsen. Und nicht nur das. Die Vorstellung, mit Mitte fünfzig einen launischen Teenager im Haus zu haben, behagt mir gar nicht.

«Nein», antworte ich deshalb wahrheitsgemäß. «Eigentlich habe ich immer welche gewollt, doch es ergab sich nicht. Meine Frau ...»

Ich gerate ins Stocken. «Also, meine Freundin, genau genommen Exfreundin ...»

Wieder komme ich nicht weiter. Die Aufarbeitung meiner Gefühle liegt, seit ich auf dem Kiez wohne, irgendwie auf Eis. Und die Bezeichnung Ex empfinde ich plötzlich als extrem schmerzlich.

Ich schaue Millie an. «Also sie ... wir beide ... es passte einfach nicht in unsere Pläne.»

Millie legt abwägend den Kopf schräg. «Für mich stand irgendwie immer fest, eines Tages Nachwuchs zu haben. Doch je älter ich werde, umso klarer wird mir, dass ein Familienleben mit meinem Beruf nicht vereinbar ist. Und etwas anderes habe ich ja nicht gelernt.» Sie pustet meinen Rauchkringel von sich weg. Sofort wird er zu einer diffusen Wolke, die Richtung Fenster zieht. Von draußen dringt die Geräuschkulisse des Partyvolks auf dem Hans-Albers-Platz herauf. «Andererseits bin ich ja noch jung», sagt Millie und klingt dabei, als spräche sie sich selbst Mut zu. «Vorerst ist der Kiez meine Familie. Und zwar eine wirklich tolle. Ich bin hier glücklich. Momentan jedenfalls.»

Ich breite meinen Arm aus, damit Millie sich hineinkuscheln kann. Wortlos reicht sie mir den Aschenbecher, und ich drücke die Zigarette aus.

Beim Aufwachen am nächsten Morgen habe ich außer migräneartigen Kopfschmerzen auch noch schrecklichen Husten vom Rauchen.

Ich rufe bei Frau Behrend an und informiere sie, ziemlich plausibel klingend, über meinen Rückfall.

Ihr Mitleid kennt keine Grenzen. «Ist gut, Herr Voss. Ich sag Ihre Termine heute ab.» Sie seufzt.

Langsam scheint sie in Erklärungsnot zu geraten, und ich nehme mir fest vor, ihr in Zukunft nicht mehr derartige Probleme zu bereiten.

«Dr. Steinfels ist heute den ganzen Tag mit seiner Tochter unterwegs, das Meeting bezüglich der neuen Website der Agentur fällt deshalb ohnehin aus», informiert sie mich. «Und um die anderen Einträge in Ihrem Kalender kümmere ich mich. Ihre Briefe habe ich getippt, alles andere muss dann eben warten.»

«Danke, Frau Behrend. Sie sind ein Goldstück.» Ich mache im Geiste mal wieder drei Kreuze, eine so kompetente Sekretärin zu haben. «Sicher bin ich morgen wieder fit.»

Daran scheint meine Sekretärin langsam Zweifel zu hegen. «Soll ich denn für Samstag lieber schon mal absagen?»

«Für Samstag?»

«Dr. Steinfels' Geburtstag. Der Empfang.» Nach kurzer Pause fährt sie fort: «Wird sicher interessant. Hier munkelt man, er wolle etwas über das Ausscheiden von Herrn Schlader bekannt geben. Vielleicht den neuen Partner?» Ihre Stimme klingt aufgeregt. «Andererseits sollten Sie sich mit Ihrer Erkältung besser nicht so lange draußen aufhalten. Wer weiß, ob er genügend Heizpilze organisiert hat.» *Der alte Geizkragen*, höre ich sie im Geiste hinzufügen. Aber natürlich verkneift sie sich diesen Kommentar. «Falls Sie nicht kommen, werde ich aber auf jeden Fall Augen und Ohren offen halten», erklärt sie verschwörerisch.

Ich muss lächeln. Die gute Frau Behrend, auch privat immer im Dienst. Es ist wirklich überfällig, sie mit einem dicken Blumenstrauß zu überraschen.

«Ich schau mal, wie es mir bis dahin geht», wiegele ich eine Entscheidung ab. Ob ich am Samstag Lust habe, mir die gediegene Geburtstagsgesellschaft meines Chefs anzutun, weiß ich nicht. So weit mag ich noch nicht denken.

Momentan ist überleben mein nächstes Etappenziel. Außerdem – so ganz ohne Begleitung hab ich keine Lust, dorthin zu gehen. Gibt bestimmt blöde Kommentare von Oberschnösel Rewald. Andererseits könnte ich natürlich Millie fragen. Aber da sie freitags erfahrungsgemäß drei Shows tanzt, schläft sie sicher entsprechend lange. Und am Samstagabend muss sie schon wieder ran. Sie dazwischen zu einer langweiligen Firmenfeier zu schleifen, fände ich reichlich egoistisch.

Andererseits überkommt mich das diffuse Gefühl, es wäre vielleicht doch besser, bei der Feier anwesend zu sein.

«Ach, wissen Sie: Ich habe es mir überlegt. Wenn es irgend geht, werde ich mich am Samstag zur Veranstaltung schleppen», teile ich Frau Behrend meine Entscheidung mit. Vielleicht täusche ich mich, aber ich glaube, sie leise aufatmen zu hören.

«Fein, Herr Voss. Ich wünsche Ihnen gute Besserung.»

Ich will gerade auflegen, da fällt ihr noch etwas ein: «Wenn Sie morgen im Büro sind, müssten wir noch mal die Sache mit den Blumen besprechen.»

Hat der Dieb wieder zugeschlagen?

«Sicher, machen wir», sage ich lapidar. «Dann also bis morgen. Hoffentlich.»

Millie ist bereits geduscht und angezogen, als ich auflege. Sie ist mit einer Freundin verabredet und in Eile. Ich bekomme einen Kuss hingehaucht, dann ist sie weg.

Ich bleibe im Bett, lasse aber meine Tür geöffnet, damit Kröger jemanden zum Reden hat, wenn er aufwacht.

Nachdem ich eine Weile immer wieder wegdöse, denke ich noch mal über die Feier meines Chefs am Samstag nach, und mir fällt auf, dass ich nichts Passendes zum Anziehen in Mirkos Wohnung habe. In den Mails meines Handys suche ich das Einladungsschreiben. «Casual», steht dort, was mich nach einem kurzen Check im Internet aufatmen lässt. Einer meiner Businessanzüge würde somit ausreichen.

Gerade als ich es wieder wegstecken will, piepst mein Handy. Auf dem Display leuchtet eine SMS mit unbekannter Nummer. Überrascht lese ich die Zeilen:

Ich würde mich gern für das Mittagessen revanchieren. Vielleicht haben Sie am Samstagabend Zeit? Viele Grüße, Alice Kosznik.

Donnerwetter, kaum zu glauben, was in meinem Leben neuerdings los ist. Ausgerechnet ihr, der schüchternen Mandantin mit dem komplizierten Privatleben, hätte ich einen solchen Annäherungsversuch nicht zugetraut. Denn nur als solchen lässt sich ihre SMS wohl deuten. Für die Einladung zu einem warmen Käsesandwich muss man sich nun wirklich nicht revanchieren.

Eigenartig. Sie machte nicht den Eindruck, als suche sie einen Mann. Eher im Gegenteil. Es schien, als sei der Spagat zwischen Beruf und Kind Herausforderung genug. Andererseits können mir ihre Beweggründe wirklich egal sein. Das Essen mit ihr war amüsant und kurzweilig, sodass es von meiner Seite nichts gegen ein Date mit ihr einzuwenden gibt.

Bleibt Steinfels' Einladung. Ob ich es danach noch zu einem Abendessen schaffen würde, wage ich zu bezweifeln. Ich bastele einen Kompromiss und schreibe zurück:

Sehr gern. Nur ist Samstagabend leider ungünstig. Wie wäre es stattdessen am Freitag oder Sonntag?

Die Antwort kommt prompt:

Geht leider nicht. Mein Großvater (Babysitter) hat nur am Samstag Zeit. Sonntag ist Nikolaus. Mit Kindern feiert man so etwas ...

Ich überlege. Inzwischen gefällt mir die Vorstellung, mich mit Alice Kosznik zu treffen, derart gut, dass ich fieberhaft nach einer Lösung suche, wie ich sie am Samstag doch noch sehen könnte. Dann durchzuckt mich eine Idee.

Warum bitte ich sie nicht, mich zu Steinfels' Party zu begleiten? Laut Einladung ist es ausdrücklich erwünscht, den Partner mitzubringen. Das trifft zwar auf meine Mandantin und mich nicht zu, aber davon müsste ja niemand erfahren. Zudem hätte ihre Begleitung einen weiteren Pluspunkt: Ich würde vor meinen Kollegen nicht als verlassener Ehemann dastehen, der sich grämt und mit dem Schicksal hadert. Möglicherweise würde ich sogar ein wenig bewundert werden für die schöne Frau an meiner Seite. Ein Gedanke, der mir, so muss ich leider zugeben, außerordentlich gut gefällt.

Ob Alice Kosznik allerdings Spaß an dem Empfang eines Kanzleibosses hat, wage ich zu bezweifeln. Die meisten meiner Kollegen sind entsetzliche Langweiler und böten allenfalls Gelegenheit zu lästern, keineswegs jedoch um tiefschürfende oder amüsante Gespräche zu führen. Möglich wäre allerdings auch der umgekehrte Fall, nämlich dass meine Mandantin sich als Spaßbremse entpuppt, nach zwei Shrimps satt gegessen ist und die Veranstaltung wieder verlassen möchte.

Schnell wäge ich die Möglichkeiten gegeneinander ab, dann treffe ich eine Entscheidung:

Hätten Sie unter Umständen Lust, am Samstagmittag auf einem Empfang mein «Plus Eins» zu sein? Über Ihre charmante Begleitung würde ich mich sehr freuen.

Es gibt Momente, da macht sich ein wenig Müdigkeit in Verbindung mit einer Ladung Restpromille bezahlt. Nüchtern hätte ich vermutlich den halben Tag über eine Formulierung nachgedacht und die Idee am Ende verworfen. Als Anwalt wird man leider irgendwann unfähig, normale Sätze zu verfassen.

Trotzdem scheine ich mich im Ton vergriffen zu haben, denn mein Telefon bleibt stumm.

Eine Dreiviertelstunde später, als ich mich schon fast damit abgefunden habe, nun doch allein auf dem Empfang herumhängen zu müssen, piepst es plötzlich.

Sorry, musste erst noch meine Arbeit am Samstag auf andere abwälzen. ;-) Komme gern mit! Irgendwelche Vorgaben? Wann geht es los?

Ich schaue sicherheitshalber noch einmal in die Einladungsmail.

Halb zwölf. Ich hole Sie um 11 Uhr in Ihrem Geschäft ab. In der Einladung steht casual. Aber ich muss Sie warnen: Gastgeber ist mein Chef. Es wird von langweiligen Anwälten nur so wimmeln!

Alice Kosznik lässt sich nicht abschrecken.

Keine Angst, ich schnarche nicht! Wir treffen uns vor meinem Laden. Adresse haben Sie ja. Bis dahin!

Ich muss lachen. Die Frau ist schlagfertig und traut sich was.

Ein Glück! Dann freue ich mich auf Samstag!

Wohlwollend nehme ich zur Kenntnis, dass sie nicht zurückschreibt. Ich finde nichts anstrengender als Frauen, die immer das letzte Wort haben wollen. Oder am Ende noch fünf Emoticons schicken, von denen ich vier nicht kenne, weil das für mich die digitale Variante von Stofftieren ist.

Aus dem Alter bin ich raus.

Die restliche Woche vergeht wie im Flug.

Am Donnerstag schaffe ich es, pünktlich ins Büro zu gehen. Nüchtern! Team- und Mandantenbesprechungen reihen sich aneinander, und ich funktioniere wie ein Schweizer Uhrwerk. Am Freitag muss ich zu einer Gerichtsverhandlung nach Bremen, was beinahe den ganzen Tag in Anspruch nimmt, sodass ich erst spät am Abend erschöpft in Mirkos Wohnung zurückkehre.

Kröger, der offenbar vorhat, länger zu bleiben und den die räumliche Trennung von Sanni von Tag zu Tag entspannter werden lässt, hat eingekauft. Wir kochen Nudeln mit Gorgonzolasoße, die wir gemeinsam vor dem Fernseher verdrücken. Keinem von uns ist nach Reden zumute. Erst gegen halb zwölf, als ich satt und todmüde im Bett liege, denke ich noch einmal über den Empfang und mein Date mit Alice Kosznik nach. Und plötzlich kommen mir Zweifel, ob die Idee, sie einzuladen, wirklich so gut war.

16. Kapitel

Am Samstag halte ich exakt um 11:15 Uhr vor Alice Koszniks Blumenladen *Hocherfreut* in der Nähe der Außenalster. Wie es sich für einen vorausschauenden Fahrer gehört, habe ich im Vorwege kurz getankt. Als ich vor der Kasse stand, fiel mein Blick auf das Süßigkeitenregal, in dem eine Reihe Luxuskarossen aus Schokolade aufgereiht war. Handtellergroß und realistisch nachempfunden. Für Kinder ein Traum. Spontan entschied ich, Alices Sohn eines davon zum Nikolaus zu schenken. Mit wachsender Begeisterung betrachtete ich Wagen für Wagen, entschied mich am Ende für einen Porsche Panamera und kam deshalb leider eine Viertelstunde zu spät.

Meine Mandantin erwartet mich bereits. Eingemummelt in ihren dicken Wollmantel und mit bereits bekannter Pudelmütze auf dem Kopf, steht sie vor dem Laden und winkt mir fröhlich zu. In der Hand hält sie einen kleinen Blumenstrauß, vermutlich für den Jubilar. Bei ihrem Anblick verfliegen meine Zweifel bezüglich unserer zugegebenermaßen etwas schrägen Verabredung schlagartig.

Ich schnappe mir das Schokoladenauto, steige aus dem Wagen und eile auf sie zu. Ein wenig verlegen reichen wir uns die Hände, und ich drücke ihr zudem einen flüchtigen Kuss auf die Wange. Dabei kann ich nicht umhin, einen kurzen Blick durch das Fenster in den Laden zu werfen.

«Wow», staune ich, «ziemlich viel los heute.» Ich löse mich von ihr und deute zum Fenster. «Ein Glück für mich, dass Sie sich trotzdem davonstehlen konnten.»

Alice schaut ein wenig verlegen. Offenbar habe ich ins Schwarze getroffen. Dass sie sich heute, einen Tag vor Nikolaus, der mit

Sicherheit einen wichtigen Verkaufstag in einem Blumengeschäft darstellt, frei genommen hat, ist ungewöhnlich. Ähnlich ungewöhnlich wie ihr dringender Wunsch, sich fürs Mittagessen zu revanchieren.

«Ich musste mal raus», folgt ihre lapidare Erklärung. Sofort wechselt sie das Thema. «Die beiden Damen, die Sie dort drinnen sehen, waren meine Rettung.» Mit der Hand wedelt sie vor der Scheibe herum. «Zwei einsame Seelen aus der Nachbarschaft, die in Stresszeiten gerne aushelfen. Ich glaube, insgeheim buhlen sie um meinen Großvater.» Sie lacht. «Außerdem haben wir noch zwei Floristinnen, die sich eine Festanstellung teilen und von denen eine zurzeit hinten die Bestellungen abfertigt.»

Neugierig betrachte ich das Treiben. Neben den zwei gepflegten älteren Damen, die flink und sehr geschickt Sträuße binden, entdecke ich am Verkaufstresen noch einen älteren Herren, offenbar Alices Opa. Gerade hält er dem Kleinkind eines Kunden zwei Lollis entgegen.

«Ah, das hier habe ich für Ihren Sohn mitgebracht.» Ein wenig verlegen präsentiere ich das Schokoladenauto. «Ich bringe es schnell rein, dann kann eine der Damen oder ihr Großvater es wegstellen und bis morgen verstecken. Nicht, dass ich es wieder mit in den Wagen nehme und dort bis zum Sommer irgendwo unter dem Sitz vergesse.»

Zugegeben, der Witz war nicht besonders, allerdings hatte ich schon ein kurzes Lächeln erwartet. Doch stattdessen entdecke ich in Alice Koszniks Gesicht einen Anflug von Panik.

«Das ist ... nicht ... nötig», erklärt sie verhuscht, «aber wenn Sie wollen ...» Sie stockt und scheint zu überlegen. «*Ich* werde das übernehmen.»

Sie will gerade den Schoko-Wagen greifen, als hinter ihr plötzlich die Tür zum Laden aufgeht. Wie auf Bestellung erscheint der alte Mann, der eben noch hinter dem Tresen zu sehen war.

«Ich wünsche einen guten Tag», grüßt er und klingt ein wenig gestelzt. Eingehend werde ich begutachtet. «Sie sind dann wohl Herr Voss?»

«Ganz genau. Und Sie sind ...»

«Mein Großvater», erklärt Alice und klopft dem alten Mann herzhaft auf die Schulter.

Er wirft seiner Enkelin einen fragenden Seitenblick zu und streckt mir dann die Hand entgegen. «Jósef Kosznik.»

Wir schütteln uns die Hände und mustern uns stumm. Ich komme mir vollkommen albern vor, wie ein Teenager auf dem Prüfstand. Dabei war es weder meine Idee, den Tag mit seiner Enkelin zu verbringen, noch hege ich unlautere Absichten. Um die Situation aufzulockern, überreiche ich ihm das Schokoladenauto. «Ein kleines Mitbringsel für Ihren ... Urenkel zum Nikolaus. Ich hoffe, er darf Schokolade essen?»

Jósef Kosznik starrt mich an, als fiele Schokolade in Polen unter das Betäubungsmittelgesetz.

«Also, das ist –»

Weiter kommt er nicht, denn seine Enkelin fällt ihm ins Wort. «Das ist ... sehr nett von Herrn Voss, nicht wahr?» Sie entreißt mir das Auto, drückt es ihrem Opa gegen die Brust und schiebt ihn zurück in Richtung Laden. «Am besten, du nimmst es mit hinein und versteckst es bis morgen vor ...» Sie macht eine Pause, während der sie merkwürdig mit den Augenbrauen wackelt. «... vor Mikolaj.»

Es folgen ein paar schnelle Sätze auf Polnisch, die ich vermutlich nicht einmal verstanden hätte, wäre ich der Sprache mächtig. Dann schauen sich Großvater und Enkelin einen Moment tief in die Augen. Irgendwann nickt der alte Mann und murmelt etwas vor sich hin. Er drückt Alice einen Kuss auf die Wange und wendet sich dann an mich.

«War nett, Sie kennengelernt zu haben, Herr Voss», erklärt er, klingt aber weniger begeistert, als es seine Worte erwarten lassen.

«Ebenso», gebe ich entsprechend steif zurück. Wir schenken uns ein kurzes, angespanntes Lächeln, dann schlurft er zurück ins Geschäft.

«Tja ...», sage ich und schaue Alice unsicher an. «Wollen wir los?»

Zu Beginn der vierzigminütigen Fahrt schweigen wir verlegen. Mir geht die skurrile Begegnung mit dem Opa nicht aus dem Kopf, und ich fürchte, mit dem Porsche das falsche Präsent gewählt zu haben. Außerdem scheint mir die Tatsache, dass Alice sich den Tag extra freigenommen hat, plötzlich ziemlich unangemessen.

«Ich hoffe, Sie haben keine allzu hohen Erwartungen an den Nachmittag», versuche ich noch einmal dezent darauf hinzuweisen, dass die folgende Veranstaltung Gefahr läuft, die langweiligste ihres Lebens zu werden.

Alice lächelt. «Glauben Sie mir, als berufstätige Mutter komme ich nicht oft raus. Was auch immer der Tag an Ereignissen mit sich bringt – für mich wird es eine willkommene Abwechslung sein.»

«Na dann ...»

Wieder schweigen wir. Irgendwann nehme ich einen neuen Anlauf. «Was für ein Glück, dass Ihr Großvater noch so fit ist und im Laden aushelfen kann. Also: Glück für mich.»

«Na ja», relativiert Alice, «er neigt manchmal dazu, sich zu verausgaben. Deshalb habe ich heute früh bereits alles, so gut es ging, auf den Ansturm vorbereitet. Sträuße gebunden und so Zeugs. Bis gerade eben stand ich auch noch im Verkaufsraum und habe bedient. Nun müssen sie allein klarkommen.» Sie seufzt.

«Und wer kümmert sich jetzt um Ihren Sohn?»

Es dauert eine Weile, ehe sie antwortet. «Er ist oben in der Wohnung. Allein. Das geht schon mal, er ist ja schließlich kein Baby mehr. Und wenn es zwischendurch zeitlich passt, schaut mein Großvater nach ihm.» Sie kaut mal wieder auf der Unterlippe. «Ich bin unendlich dankbar, Opa Lustig an meiner Seite zu wissen.»

Ich werfe ihr einen amüsierten Seitenblick zu. «Opa Lustig? Ist das sein Spitzname?»

Meine Mandantin nickt. «Ja, der Name Jósef wird ihm einfach nicht gerecht. Ist Ihnen möglicherweise nicht aufgefallen, aber mein Opa ist eine wahre Frohnatur.»

Tja, das ist mir in der Tat entgangen. Aber gut, es zu wissen.

«Er ist mir in vielerlei Hinsicht eine Stütze. Ich schätze aber, dieses Gefühl beruht auf Gegenseitigkeit. Als meine Großmutter vor ein paar Jahren starb, hat er von einem auf den anderen Tag all jene Aufgaben übernommen, die sie zuvor erledigt hat. Es war sein Weg, über den Verlust hinwegzukommen. Er fühlte sich gebraucht, und das ist gut so. Heute sind Opa Lustig und ich ein eingespieltes Team und lieben uns sehr.»

«Und Ihre Eltern? Wo leben die?», frage ich, fürchte aber, mit meiner Frage indiskret gewesen zu sein.

Alice wirkt auf einmal in sich gekehrt. Sie zögert mit der Antwort, zwirbelt in ihren Haaren und schaut aus dem Fenster. Dann sagt sie: «Sie leben in Polen. Daher ist Opa Lustig meine ganze Familie hier. Und natürlich ... mein Sohn.»

Auf den Straßen ist nicht viel Verkehr, weshalb ich erneut einen schnellen Seitenblick auf sie riskiere. Scheint, als liege in ihrem Familienleben einiges im Argen. Keineswegs beabsichtige ich, weiter nachzubohren.

Vielmehr versuche ich, die Stimmung aufzuhellen, und sage: «Nun, dann hoffe ich, es in Sachen Humor mit Ihrem Großvater aufnehmen zu können.»

Von der Seite sehe ich, wie sich Alices großer Mund zu einem Lächeln formt. Welche dunklen Gedanken sie auch gehabt haben mag, sie scheinen verflogen zu sein.

Stattdessen reibt meine Beifahrerin sich jetzt in kindlicher Vorfreude die Hände. «Ich hoffe, Ihr Chef hat ordentlich zu essen aufgetischt. Ich habe einen Mordshunger.»

Mit gespielter Bestürzung verziehe ich das Gesicht. «Unwahrscheinlich. Er ist geizig und voll berechnendem Kalkül. Meist müssen seine Gäste hungernd ausharren, bis er einen zweistündigen Vortrag über die jüngste Änderung des Familienrechts gehalten hat. Damit sich die Feier von der Steuer absetzen lässt.»
Zufrieden registriere ich, dass Alice der Mund offen steht. Ich muss lachen. «Keine Angst, Frau Kosznik, das war ein Scherz.»
Sie atmet geräuschvoll aus. «Puh ... Einen Moment dachte ich ernsthaft, ich müsste Sie bitten, einen Zwischenstopp beim nächsten Supermarkt einzulegen. Mein Frühstück ist nämlich dem Blumenbinden zum Opfer gefallen. Deshalb warne ich Sie: Wenn ich unterzuckere, werde ich unberechenbar.»
«Oh. Also, wenn das so ist: Im Handschuhfach müsste noch ein altes Kaugummi liegen. Damit Sie nicht gleich die hübschen Blumen in Ihrer Hand anknabbern.»
Alice Kosznik lacht und öffnet nach kurzem Zögern das Fach und amüsiert sich, als ihr dort tatsächlich eine Packung neueren Datums entgegenfällt.
Unauffällig lasse ich meinen Blick über ihren Wollmantel bis hin zu einem braun gemusterten Rocksaum gleiten, der darunter hervorlugt. Sehr hübsch. Dazu trägt sie kniehohe Stiefel mit hohen Absätzen, die ihre Beine sogar im Sitzen unendlich lang erscheinen lassen. *Easy casual*, elegant, aber nicht zu aufgedonnert, kommt mir in den Sinn. Steinfels' hanseatischen Ansprüchen dürfte sie in diesem Rock auf jeden Fall genügen. Sogar mehr als das. Mein Chef liebt Frauen, die sich weiblich kleiden, vorzugsweise in Röcken oder Kleidern. Ohne Frage wird unser gemeinsamer Auftritt auf der Feier für Gesprächsstoff sorgen.
Ich muss schmunzeln. Der Gedanke gefällt mir.

Zwanzig Minuten später bremse ich vor der Villa meines Chefs in Bergstedt. Ein Stadtteil, der, obwohl er an Poppenbüttel grenzt, um einiges ländlicher wirkt. Direkt neben Steinfels' Grundstück erstreckt sich eine Pferdekoppel. Sie ist mit weißem Raureif überzogen, und ein paar Pferde stehen dichtgedrängt nebeneinander und dösen. Ihr Atem steigt in kleinen Dunstwolken auf. Es wirkt irgendwie friedlich.

Die Häuser in der näheren Umgebung sind größtenteils alt, aus schlichtem roten Backstein in solider Bauweise errichtet. Daneben findet man vereinzelte Fachwerkhäuser oder Höfe, die zwar nicht mehr bewirtschaftet, aber liebevoll zum Wohnen umgestaltet wurden. Viele ehemalige Bauern haben ihr überschüssiges Weideland verkauft, weshalb nun moderne Villen in der Landschaft stehen, die wohlhabenden Neu-Bergstedtern gehören. Wie zum Beispiel meinem Chef.

Offensichtlich wurde bei seinem Anwesen versucht, es nach außen so unscheinbar wie nur irgend möglich aussehen zu lassen. Zwar erstrahlt die Fassade in reinstem Weiß, auf Säulen oder anderen Firlefanz wurde jedoch verzichtet. Vermutlich als Einbruchprophylaxe. Bei der Inneneinrichtung hat der Architekt sich allerdings austoben dürfen. Dekorative Skulpturen, seidene Wandteppiche und Marmorfliesen, so weit das Auge reicht – der Wohlstand quillt einem förmlich entgegen.

Anlässlich der Feierlichkeit werden wir von einer kleinen Armee Personal begrüßt. Ein livrierter Herr übernimmt das Einparken, damit es in der schmalen Anliegerstraße nicht drunter und drüber geht. Zwei junge Mädchen helfen den eintreffenden Gästen aus ihren dicken Mänteln und nehmen sich der Geschenke und Blumen an. Alles läuft reibungslos.

In der Kanzlei war man zunächst ratlos bezüglich eines Präsents für den Senior. Im Kollegenkreis wurde entschieden, erst einmal Geld zu sammeln. Später hat Kallmeyer, in Abstimmung mit Steinfels' Ehefrau, irgendeine antike Truhe bestellt, die der Chef sich angeblich seit Jahren wünscht. Ganz offensichtlich wurde sie bereits geliefert, denn ein monströses, in meinen Augen potthässliches Objekt steht halb aus der Noppenfolie gewickelt im Eingangsbereich und versperrt dort den Weg.

Noch im Flur wird uns von weiteren helfenden Händen Champagner gereicht. Ich schnappe mir zwei Gläser, biete Alice eines an und proste ihr zu. Anschließend flanieren wir gemeinsam durch das riesige Wohnzimmer in Richtung Garten, wo ein riesengroßer, weißer Pagodenpavillon aufgebaut wurde, der aufgrund zahlreicher eingearbeiteter Fenster mehr wie ein überkandidelter Wintergarten als ein Zelt wirkt.

Ein paarmal war ich bereits bei Steinfels zu Gast, meist im Sommer, wenn das Ehepaar mit seinem gigantischen, ausgetüftelt begrünten Grundstück angeben wollte. Jetzt ist das Areal kaum wiederzuerkennen.

Eine Vielzahl Gäste steht bereits in kleinen Grüppchen beieinander und plaudert angeregt. Mitten unter ihnen: der Gastgeber.

Alice Kosznik und ich bleiben ein wenig abseits des Trubels stehen und schauen uns neugierig um. Auch hier, im Zelt, wurde an nichts gespart. Der Boden ist mit rustikalen Holzplanken ausgelegt, die Tische sind mit gestärkten weißen Tischdecken und unzähligen Windlichtern versehen. Am Eingang, in den Ecken und wo immer der Platz es hergibt, steht Blumenschmuck, so üppig, wie man es zuletzt auf Rudolph Moshammers Beerdigung gesehen hat. War sicher nicht billig, mitten im Winter.

«Ihre Kanzlei läuft offensichtlich gut», bemerkt auch Alice Kosznik. Sie ist sichtlich beeindruckt. «Ich hoffe, das bedeutet, man ist bei Ihnen in besten Händen!?»

«Natürlich.» Ich mache eine kleine, ironisch gemeinte Verbeugung. Mir ist das Geprotze inzwischen allerdings dermaßen peinlich, dass ich versuche, mich von meinem Chef zu distanzieren. «Das meiste Geld bleibt natürlich bei den Chefs hängen. Und Steinfels ist ein alter Hase. Er arbeitet bereits ein paar Jahrzehnte an seinem Vermögen. Bei mir hat der Job gerade mal zu einem Häuschen gereicht. Allerdings geht es dort nicht so gediegen zu. Und in meiner momentanen Behausung auf der Reeperbahn schon gar nicht.»

Alice Kosznik nickt, weiß aber offensichtlich nicht, wie sie ein Haus am Stadtrand und eine Bude mitten auf dem Kiez in Einklang bringen soll.

Verständlich.

«Nach den Ereignissen der letzten Zeit gefällt mir die Abwechslung», erkläre ich, «sehr gut sogar. Nette Leute, viel Trubel – man ist nie wirklich allein.»

Sie schaut mich zweifelnd an. «Ich verstehe natürlich Ihren Wunsch nach einem Tapetenwechsel. Allerdings», sie bekommt leuchtende Augen, «ein Häuschen ist doch wunderbar. Auch wenn es nur sehr klein ist. Ich persönlich würde mich in einem so riesigen Anwesen wie diesem hier», sie vollführt eine ausladende Geste, «vermutlich nachts fürchten. Noch dazu, wenn es so weit draußen liegt.»

«Dann also doch die Reeperbahn?»

Sie schüttelt den Kopf. «Als Single ist es auf dem Kiez sicher reizvoll, aber mit Kind wohne ich doch lieber in meinem Viertel. Dort herrscht zwar auch Trubel, allerdings nur bis die Geschäfte schließen. Danach kann man nur noch hier und da essen gehen, alles in überschaubarem Maße.«

«Verstehe», pflichte ich ihr bei und erinnere mich an die einladende Straße unweit der Alster, in der ich sie vorhin abgeholt habe.

Bei einem Blick durch den Raum entdecke ich, dass mein Chef sich gerade ein wenig abseits zum Luftholen positioniert hat und genervt am Knoten seiner Krawatte nestelt. Jetzt wäre die Gelegenheit, ihn zu begrüßen und meine Begleiterin vorzustellen.

Allerdings gibt es da noch eine Sache ...

«Was halten Sie davon, wenn wir uns duzen würden?», frage ich Alice Kosznik unvermittelt. «Ich möchte Sie meinem Chef ungern als Mandantin vorstellen. Aber natürlich nur, wenn Sie gestatten.» Übertrieben förmlich füge ich noch hinzu: «Und Ihnen dieser Bruch allgemein gültiger Benimmregeln in dieser gediegenen Atmosphäre nicht zu vulgär erscheint.»

Sie lacht. «Und ich dachte schon, eine derart private Anrede gehöre sich zwischen Anwalt und Mandantin nicht», sagt sie und streckt mir erfreut die Hand entgegen. «Ich bin Alice.»

«Sehr erfreut, Alice.» Diesmal verbeuge ich mich richtig. «Ich bin Tobias. Also, Toby.»

Auf einem Tablett, das in diesem Moment an uns vorübergetragen wird, stelle ich unsere bereits geleerten Gläser ab und tausche sie gegen zwei neue aus. Wir stoßen an.

Danach entsteht ein peinlicher Moment, weil ich nicht weiß, ob sie nun geküsst werden möchte oder nicht.

Aus Verlegenheit mache ich Alice auf meinen grauhaarigen Chef aufmerksam. «Dort drüben ist der Gastgeber. Wollen wir hinübergehen und ihm gratulieren?»

Sie nickt, und wir setzen uns in Bewegung.

«Herr Voss, welch Überraschung!», ruft Dr. Steinfels, als er uns kommen sieht. «Sind Sie wieder wohlauf?» Ehe ich ihm antworten kann, fährt er fort: «Haben Sie meine Tochter Alexandra schon kennengelernt? Sie ist endlich aus den Staaten zurück.» Er lächelt selig und sucht mit den Augen die Menge seiner Gäste nach dem vertrauten Gesicht ab. Schließlich gibt er auf, und ich stelle ihm meine Begleitung vor. Alice ist freundlich und charmant, und wir führen ein oberflächliches Gespräch, das immer wieder von weiteren Gratulanten unterbrochen wird. Einen dieser Momente nutzen wir zur Flucht, schnappen uns ein weiteres Glas Champagner und steuern unseren Stehtisch an, der noch immer frei ist.

Nach dem dritten Glas fühle ich langsam, wie die Anspannung von mir abfällt. Alice scheint es ähnlich zu gehen. Der Alkohol auf leeren Magen hat ihr glühende Wangen und einen leichten Glimmer in den Augen beschert, was ihr gut steht. Es hat den Anschein, als genieße sie das quirlige Treiben um sich herum.

Mit dem Anflug eines Lächelns signalisiert sie mir, das Gespräch an einem der Nachbartische zu belauschen. Ich nicke und beobachte, wie sie sich immer wieder das Lachen verkneifen muss. Die Lachfältchen um ihre Augen machen ihr Gesicht dabei lebendig und unterstreichen ihre eigenwillige Schönheit. Wie beim letzten Mal ist Alice sorgfältig geschminkt, Augen und Lippen wurden betont und die langen Wimpern kräftig getuscht. Das goldene Haar fällt ihr in sanften Wellen über die Schulter, manchmal auch nach vorn, vor die Augen, sodass sie es mit einer schnellen Handbewegung zurückstreift.

Überrascht stelle ich fest, dass ich mich auf eine zaghafte, fast schüchterne Art und Weise zu ihr hingezogen fühle. Ich schaue sie gerne an und genieße jeden Moment in ihrer Gegenwart. Gleichzeitig bin ich bemüht, sie bestens zu unterhalten. Und wenn sie mich anlächelt, beschleunigt sich augenblicklich mein Puls.

An Smalltalk mit Kollegen habe ich überhaupt kein Interesse. Nur als Matthis Kallmeyer vorbeischlendert, stelle ich Alice meinem Kollegen vor. Er hat seine Frau und den gemeinsamen Sohn im Schlepptau. Der Kleine trägt ein Tweedsacko mit passender Minikrawatte und schaut sich mit großen Augen neugierig die Umgebung an.

«Der Babysitter hat kurzfristig abgesagt», erklärt Kallmeyer, nachdem wir unsere Begleiterinnen einander vorgestellt haben. «Ist aber gleichzeitig die beste Ausrede der Welt, falls es hier zu langweilig wird.»

«Was sicher bald der Fall sein dürfte», erwidere ich gut gelaunt. «Spätestens wenn Steinfels oder seine Freunde ein paar Reden halten.»

Kallmeyer lacht. «Dann sollten wir uns sofort in Richtung Buffet bewegen, damit wir satt gegessen sind, ehe der Kleine unruhig wird.»

Wir plaudern noch eine kurzen Moment, dann macht die kleine Familie ernst und zuckelt in Richtung Buffet.

«Magst du Kinder?», fragt Alice, als die drei aus unserem Sichtfeld verschwunden sind.

Hatte ich mich gerade noch wohl in ihrer Gesellschaft gefühlt, erstirbt dieses Gefühl nun mit Schallgeschwindigkeit. Nach meiner Antwort wird sie mich unweigerlich hassen. Frauen sind bekanntlich sehr sensibel bei dem Thema.

«Nein», sage ich und relativiere schnell: «Anders gesagt: Ich möchte keine. Also, nicht mehr. Am Anfang meiner Karriere hat es sich nicht ergeben, und jetzt fühle ich mich zu alt.»

Alice schaut mich eine Weile stumm an. Es ist, als müsse sie gründlich über meine Worte nachdenken, denn sie wirkt abwesend und erschrickt fürchterlich, als neben uns plötzlich eine Stimme ertönt.

«Ach nein, der Herr Voss ist auch da! War ja klar. Wenn es was zu feiern gibt, steht der notfalls von den Toten auf.» Offensichtlich von Alice angelockt, hat Chris Rewald sich herangepirscht. Durch comichaftes Augenzwinkern versucht er nun, seiner bissigen Aussage die Schärfe zu nehmen. Was ihm nicht gelingt.

Ich quittiere seine Worte mit einem vernichtenden Blick, der Ronaldos Aufmerksamkeit leider komplett entgeht, da er sich mit den Augen an Alices Beinen festgesaugt hat. Obwohl er selbst in Damenbegleitung erschienen ist, lässt er seinen Blick an Alice in aller Seelenruhe hinab- und anschließend wieder hinaufwandern.

Ronaldo ist selbstverständlich unverheiratet. Zur Erklärung dieses Umstands, also eigentlich, um aufzuzeigen, warum er sich lieber durchs Leben vögelt, als eine feste Bindung einzugehen, zitiert er unermüdlich Woody Allen: «Schön, wenn man die Frau fürs Leben gefunden hat. Noch schöner, wenn man ein paar mehr kennt.» Damit im Anschluss an diesen Witz auch ja jeder lacht, gackert er in der Regel als Erster los, sodass ich jedes Mal drauf und dran bin, ihm meine Faust in den Gummipuppenmund zu pfeffern.

Ausnahmsweise kommt mir heute das Erscheinen des verhassten Kollegen jedoch ein klein wenig gelegen. Ein Umstand, der sich in diesem Jahrtausend kaum noch einmal wiederholen dürfte und einzig dem schwierigen Kinderthema geschuldet ist, das die Stimmung zwischen Alice und mir zu trüben drohte.

«Wie heißt denn Ihre charmante Begleitung?», erkundigt er sich jetzt, sieht dabei aber immer noch nicht mich an, sondern ist mit seinem Blick irgendwo inmitten von Kilometer drei und vier von Alices Beinen stecken geblieben.

Um dem sexistischen Gaffen ein Ende zu bereiten, schmettere ich meine Hand kumpelhaft auf seine Schulter. «Schön hier, nicht?», hole ich ihn fröhlich lächelnd in die Realität zurück. «Die Beine gehören übrigens Frau Kosznik. Eine ... Freundin von mir.»

Ich sehe, wie Alice sich ein Grinsen verkneift. Es scheint, als habe mein nicht vorhandener Kinderwunsch doch keine Auswirkungen auf ihre Laune.

Belustigt steckt sie zunächst demonstrativ Ronaldos Begleitung und anschließend ihm die Hand entgegen. «Guten Tag, schön, Sie beide kennenzulernen.» Sie weiß, was sich gehört.

Mein Kollege ist umso mehr fasziniert. Er schüttelt Alices Hand derart lange, dass ich fürchte, er würde sie zwischen seinen Fußballerfingern zerquetschen. Als er endlich zu einem Ende kommt, besinnt er sich auf die nötigsten Höflichkeitsformen und stellt endlich die Dame an seiner Seite vor. Sie ist ein brünetter Model-Typ, mit verkniffenem Mund und aufgetürmten Haaren, die sie mit vereinzelten Blüten garniert hat. Ich finde, es sieht aus wie eine Badekappe, und muss mir diesbezüglich einen Spruch verkneifen.

Selbst Blumenprofi Alice steht der Mund offen. «Oh, Orchideen!», sagt sie bewundernd. «Wirklich wunderschön.»

Sichtlich gebauchpinselt, verzieht Ronaldos Begleitung ihren schmalen Mund zu einem Lächeln. Mein Kollege nutzt den Moment, um sich weiter unbeliebt zu machen.

«Wie ich sehe, sind Sie nicht mit Ihrer Frau Birte gekommen?», wendet er sich scheinheilig an mich. «Midlife-Crisis, was?» Kumpelhaft rammt er mir seinen Ellenbogen in die Seite. «Kommt in den besten Familien vor.» Sein dreckiges Lachen erfüllt das Zelt. «Gerüchten zufolge sollen Sie außerdem jetzt auf Hamburgs sündigster Meile wohnen. Scheint, als sei da was dran.» Ein kurzer Seitenblick streift Alice. «Da bleibt man natürlich nicht lange allein.»

Ich habe keine Ahnung, was ich darauf sagen soll. Zumal ich irgendwie den Eindruck habe, er wolle mit seinem Geschwafel andeuten, ich habe Alice auf der Reeperbahn aufgegabelt.

Zum Glück wird die Situation von meiner heraneilenden Sekretärin entschärft. Wie immer scheint sie ein Gespür für kleine und große Notlagen zu haben.

«Guten Tag, die Herrschaften», flötet Frau Behrend bestens gelaunt in die Runde. Sie trägt einen dunkelblauen Rock, dazu eine weiße Bluse unter einem blauen Jäckchen und strahlt, als sei sie die Gastgeberin. Noch nie war ich so froh, sie zu sehen. «Toll sehen Sie aus», lobe ich und deute bewundernd an ihr herunter. «Als seien Sie die Hausherrin.»

Frau Behrend lächelt geschmeichelt. Dann bleibt ihr Blick auf Alice hängen.

«Sie erinnern sich sicher noch an Frau Kosznik?», frage ich schnell, fasse Alice um die Taille und entreiße sie somit den Fängen von Ronaldo und seiner Spielerfrau.

Frau Behrend nickt, und die beiden Damen begrüßen sich herzlich.

Dass ich nicht mit Birte, sondern – wie sie annehmen muss – in Begleitung einer alten Schulfreundin hier auftauche, gibt ihr vermutlich zu denken. Vielleicht setzt sie das Ganze gerade im Stillen in Relation zu meinem vermeintlichen Bandscheibenvorfall und gelangt zu einem Rückschluss, der dem von Ronaldo nicht unähnlich ist. Sicher wäre es daher klug, sie beizeiten über meinen neuen Familienstand in Kenntnis zu setzen. Schließlich ist sie mein Rammbock und in der Firma eine der wenigen Personen, auf die ich mich zu hundert Prozent verlassen kann. Sie hat somit ein Recht auf die Wahrheit.

Ohne sich ihre Irritation auch nur im Geringsten anmerken zu lassen, wendet sich Frau Behrend mir zu: «Schön, dass es Ihnen weiterhin besser geht, Herr Voss. Wie schade wäre es gewesen, wenn Ihnen dies hier ...» Sie macht eine ausladende Geste durch den Raum. «... entgangen wäre.»

Veranstaltungen dieser Art sind eindeutig nach ihrem Geschmack. Kultiviert, am helllichten Tag und mit viel Kalorien. Dementsprechend stellt sie jetzt klar: «Der Chef hat eben das Buffet eröffnet, haben Sie das hier hinten mitbekommen? So ganz ohne Tamtam und lange Rede. So kennt man ihn gar nicht.»

In unserem kleinen Grüppchen entsteht Gemurmel.

«Also wir werden jetzt mal die Shrimps probieren», trompetet Ronaldo, «bevor die aufgegessen sind. Man sieht sich.» Er zwinkert Alice noch auf eine unverschämt anrüchige Weise zu. In seinen Augen scheint es nur noch eine Frage der Zeit zu sein, bis sie mich satthat und ihren Gazellenkörper stattdessen an seine Brust schmiegt. Zähnefletschend schiebt er seine Begleiterin Richtung Buffet.

«Habe ich irgendetwas verpasst?», will meine Sekretärin wissen und schaut ihm kopfschüttelnd hinterher.

«Keine Sorge», beruhige ich sie. «Herr Rewald verspürt einfach gewisse Gelüste.»

Sie lacht, und zum Glück lacht auch Alice über Ronaldos peinliches Auftreten.

«Und sonst?», fragt Frau Behrend. «Habe ich sonst etwas verpasst? Ich bin nämlich eben erst gekommen. Man braucht ja ewig hier heraus, wenn man mit öffentlichen Verkehrsmitteln unterwegs ist.»

«Hätten Sie doch was gesagt», werfe ich ein. «Dann hätten wir sie mitgenommen.»

Alice nickt. Sie scheint meine Sekretärin zu mögen. Ein gutes Zeichen.

«Möchten Sie vielleicht auch einen Champagner?», fragt sie.

«Auf jeden Fall!», erwidert Frau Behrend und lacht. «Aber vorher muss ich was essen.»

Das ist das Stichwort. «Sehr zum Leidwesen von Frau Kosznik konnten wir auch noch nichts Essbares ergattern», erkläre ich, «sie hat nämlich noch nicht gefrühstückt und wird vermutlich gleich an einer der Blumendekorationen knabbern.»

Alice greift den Spielball auf: «Ganz genau. Allerdings fürchte ich, dass Tannennadeln nicht besonders bekömmlich sind. Und als Gegenmittel für drei Gläser Champagner werden sie mit Sicherheit nicht reichen.» Sie neigt sich zu meiner Sekretärin. «Ich hoffe, meine Aussprache leiert noch nicht?»

«Kein bisschen.» Frau Behrend amüsiert sich. So ausgelassen habe ich sie noch nie erlebt. «Außerdem geht es ja nun los.» Sie deutet in Richtung Buffet. «Kommen Sie, wir stellen uns an.»

Auffordernd blicken die beiden zu mir. Noch mehr als Hunger verspüre ich momentan dummerweise den Drang, auf die Toilette zu müssen. Drei Tassen Kaffee am Morgen und dieselbe Menge Sekt sind offenbar zu viel für meine Blase.

«Vielleicht gehen die Damen schon mal allein vor», schlage ich vor. «Ich müsste mich mal kurz auf das WC verabschieden.»

Keinesfalls möchte ich Alice vom Essen abhalten, und Frau Behrend scheint mir die perfekte Begleitung zu sein. Die beiden verspüren jedenfalls keine Berührungsängste.

Während sie sich jetzt angeregt plaudernd zum Buffet aufmachen, bahne ich mir den Weg zur Gästetoilette. Leider ist sie besetzt. Einen Moment bleibe ich unschlüssig vor der Tür stehen. Da sich nichts tut, beginne ich, mir den herumstehenden Kunstramsch anzuschauen.

Als ich gerade für Lars ein Handyfoto von einem Holzklops machen will, der aussieht wie ein extrem gekrümmter Penis, werde ich von der Seite angesprochen.

«Tag, Herr Voss! Wie ich sehe, interessieren Sie sich für Kunst?»

Erschreckt fahre ich herum.

Dr. Dirk Klingenberg, Richter vor dem Zivilgericht Hamburg, hat sich in meinem Rücken aufgebaut und blinzelt mich fragend durch seine kreisrunden Brillengläser an. Ausgerechnet er.

Ich hatte vor Gericht schon des Öfteren mit ihm zu tun, und es war nicht immer angenehm. Richter sind ohnehin spezielle Zeitgenossen. Alles läuft nach ihren Spielregeln. Sie bestimmen ihre Arbeitszeiten, ihren Arbeitsaufwand und suhlen sich geradezu in ihrer Exzentrik. Ich kenne Richter, die sich noch bis vor kurzem weigerten, E-Mails zu schreiben.

Zu all diesen Eigenschaften, die auch auf Dirk Klingenberg zutreffen wie auf keinen Zweiten, gilt er zudem als leicht reizbar, pedantisch und versessen darauf, Vergleiche auszuhandeln. Hat er einen schlechten Tag, pickt er sich während einer Verhandlung einen der Anwälte heraus und führt ihn vor. Man muss Schriftstücke zweimal verlesen, falls man sich auch nur geringfügig verhaspelt, und bekommt auf perfide Art und Weise demonstriert, wer das letzte Wort hat. In jedem Fall tut man gut daran, sich nicht mit Klingenberg anzulegen. Auch nicht privat.

«Ob ich mich für Kunst interessiere?», wiederhole ich seine Frage, um Zeit zu gewinnen. «Kommt drauf an.» Immer schön vage bleiben.

«Aha. Worauf?»

Herrje. Was weiß denn ich?

«Ob es meinen Geschmack trifft, zum Beispiel.»

Er lacht einen Tick zu laut auf. «In Ihren Augen ist Kunst also, was gefällt.» Sein Blick durchbohrt mich.

«Auch. Ja. Ich meine, wenn ich mir etwas kaufe, um es in die Wohnung zu stellen, will ich in erster Linie, dass es zu mir und meiner Einrichtung passt. Ob es sich dabei um einen bekannten oder unbekannten Künstler handelt, spielt keine Rolle.»

Richter Klingenberg sieht mich an, als habe ich mit meiner Aussage Hochverrat an der internationalen Kunstszene begangen und würde von Rembrandt bis zu James Rizzi alles daran messen, ob es mit BESTÅ, dem Multifunktionsregal von Ikea, harmoniert.

«Faszinierend», sagt er, lässt es jedoch wie *Bullshit* klingen. «Interessieren Sie sich denn vornehmlich für Skulpturen?» Er deutet auf den Holzpenis. «Oder auch für Malerei?»

Eigentlich weder noch. Jedenfalls würde ich nicht so weit gehen, es Interesse zu nennen. Aber das hier ist vermintes Terrain. Richter widmen sich, ähnlich wie Ärzte, so gut wie immer einem Hobby. Meist einem, bei dem sie selbst nicht aktiv werden müssen. Also investieren sie ihr erkleckliches Einkommen in Kunst oder erlesene Weine. Und zwar aus einem einzigen Grund: um andren bei jeder Gelegenheit mit ihrem vermeintlichen Fachwissen auf die Eier zu gehen.

Aus dem Augenwinkel sehe ich, wie die Toilette frei wird. Da ich annehme, Dr. Klingenberg würde mein Entfernen als Flucht, Unkenntnis oder Desinteresse auslegen und mir dies bei nächster Gelegenheit vor Gericht heimzahlen, bleibe ich stehen und muss tatenlos mit ansehen, wie ein anderer Gast das Örtchen okkupiert.

«Nun?» Er lässt nicht locker.

«Malerei», sage ich schnell, um nicht womöglich zu dem Holzpenis befragt zu werden.

«Aber offenbar auch für Skulpturen, oder warum haben Sie *Das Verachten* fotografiert?»

«Das was?»

«Das Verachten. Die Schwemmholzskulptur. Direkt vor Ihnen.»

«Tja ...» Warum habe ich die fotografiert? Weil ich sie für einen Schwanz gehalten habe und mich mit meinen Kumpels beim nächsten Bier auf pubertäre Weise darüber lustig machen wollte? Wohl kaum eine adäquate Antwort. «Schwemmholz fasziniert mich», sage ich stattdessen. «Vor allem ... wenn es ... angeschwemmt wurde.»

Eine Augenbraue des Richters hebt und senkt sich gefährlich.

Ja, okay, das war nicht doll. Weiß ich selbst.

«Ansonsten bin ich, wie gesagt, eher ein Freund der Malerei», verbessere ich meine Aussage ein wenig und beschließe, mein Gestotter mit einer Lüge aufzuwerten: «New York, Bilbao, Helsinki – wann immer meine Zeit es zulässt, besuche ich ein Guggenheim-Museum.»

Zwar registriere ich nun einen Anflug von Anerkennung auf seinem Gesicht, erreiche damit aber keineswegs, dass er das Thema auf sich beruhen lässt. Im Gegenteil.

«Genauso geht es mir auch», erklärt er und hakt auch schon nach: «Gibt es einen zeitgenössischen Künstler, der Sie ebenso fasziniert wie Schwemmholz und dessen Bilder Sie gern zu Hause hängen hätten?»

Um ehrlich zu sein, fällt mir gerade gar kein zeitgenössischer Künstler ein. Ich gebe mein Geld ja neuerdings auch lieber für Alkohol oder in Poledance-Bars aus.

«Na los, heraus damit!»

«Ich ... also ...»

Fällt Picasso noch unter zeitgenössisch? Dessen Werke möchte ich allerdings ums Verrecken nicht bei mir an der Wand hängen haben. Vielleicht Warhol? Nein, ihn zu erwähnen, zeugte vermutlich nicht von außergewöhnlichem Sachverstand. Bliebe noch der Typ mit dem irren Blick, wie hieß der noch mal? Einen Moment versinke ich in Gedanken, wobei ich angestrengt meine Schuhspitzen fixiere. Als ich wieder hochschaue, sehe ich, dass der nächste Gast im Begriff ist, sich vor mir auf die Toilette zu schummeln. Das macht mich wütend oder verwirrt, keine Ahnung, auf jeden Fall höre ich mich plötzlich sagen: «Bloody B. Blotenberg.»

Schweigen. Natürlich kennt Dr. Klingenberg Birtes bekloppten Onkel nicht. Ich bin ja selbst überrascht, dass mir dessen dämlicher Name eingefallen ist, wo ich mich seit kurzem morgens kaum mehr daran erinnere, in welcher Straße ich am Vorabend meinen Wagen abgestellt habe. Abgesehen von dieser mentalen Meisterleistung war es leider keine gute Idee, Bloody B. Blotenberg ins Spiel zu bringen. Was, wenn Klingenberg ihn googelt? Dann kann ich meine nächsten Verhandlungen unter seiner Richterschaft vergessen. Er würde alles dransetzen, mich in der Gerichtsverhandlung vorzuführen. Noch schlimmer wäre allerdings, und den Gedanken mag ich mir kaum bis zum Ende ausmalen, er würde ein Bild des Versagers kaufen oder sogar mehrere. In der irrigen Annahme, ich hätte einen Riecher für aufsteigende Künstler. Und weil er natürlich selbst keine Ahnung von Kunst hat.

Jedenfalls würde er durch diese Investition nicht nur Birtes Onkel unverdientes Geld bescheren, sondern mich anschließend, wenn sich das Ganze als Flop herausstellt, durch den Wolf drehen.

Bleibt zu hoffen, dass er surfen im Internet ablehnt oder sich nach heute Abend an nichts, vor allem nicht mehr an diesen hirnverbrannten Namen erinnern kann.

Glücklicherweise piepst in diesem Moment mein Handy, das ich noch immer in der Hand halte. Insgeheim schwöre ich, dem Verfasser zeit meines Lebens Dank zu zollen. Dummerweise ist die Nachricht von Trixie:

Mein Lieber, wollte dich nur an unsere Hochzeit morgen erinnern. Hihihi! Um halb zehn vor der Kirche in Winsen. Ich warte unter der Linde. Kuss, Trixie.

Irritiert starre ich auf das Display. *Unsere* Hochzeit? Wie das klingt! Die Frau ist verrückt. Wie konnte ich mich nur dazu breitschlagen lassen, mit ihr dorthin zu gehen?

«Entschuldigung, ich muss da mal kurz anrufen», belüge ich den Richter und deute auf mein Handydisplay.

Schon bin ich aus seinem Blickfeld verschwunden. Natürlich habe ich nicht vor, mit Trixie zu sprechen. Lediglich ein *Okay* schicke ich ihr, während ich hinter der nächsten Flurecke darauf lauere, dass Klingenberg sich entfernt und die Toilette frei wird. Und das wird sie jetzt. Endlich!

Bei meiner Rückkehr zu Alice und Frau Behrend erkläre ich: «Sorry, ich bin von Richter Klingenberg aufgehalten worden.»

Sie knabbern jede an ihren Buffetköstlichkeiten und scheinen sich blendend zu verstehen.

Nichtsdestotrotz hat meine Sekretärin ein offenes Ohr für meine Sorgen. «O weh, ausgerechnet der Klingenberg!» Sofort schaut sie sich schuldbewusst um. Dann erklärt sie Alice im Flüsterton: «Ein skurriler Typ, dieser Richter. Hält sich für Gottes Handlanger. Terrorisiert seine Mitmenschen, dabei ist er im Grunde genommen ein armes Würstchen.»

Ich werfe Frau Behrend einen überraschten Blick zu. Sie scheint ihren Wunsch nach Champagner bereits in die Tat umgesetzt zu haben. Vermutlich ist sie auch schon beim zweiten, wenn nicht gar dritten Glas angelangt. Sonst würde sie mit Sicherheit nicht dermaßen enthemmt plaudern.

«Stellen Sie sich vor», erklärt sie nun etwas lauter, «von einer Kollegin, die wiederum eng mit Dr. Klingenbergs Sekretärin befreundet ist, weiß ich, dass sein Tag vollgestopft mit Ritualen ist. Um Punkt acht der erste Kaffee. Drei Löffel Zucker, keine Milch. 11 Uhr leichte Gymnastik am offenen Fenster. Auch jetzt im Winter. 12:30 Uhr Mittagessen. Auswärts, versteht sich. Und wehe, da geht was schief.» Sie rollt mit den Augen. «Dann ist er ungenießbar. Noch ungenießbarer als sonst.»

Für Frau Behrend, die selbst einen Mann hat, der meines Wissens ein Fan deutscher Hausmannskost ist und jeden Abend ein warmes Essen erwartet, scheint Klingenbergs Verhalten den Gipfel der Freakigkeit zu bedeuten. Aber auch mir ist schon zu Ohren gekommen, dass der Richter jeden Morgen im Café unter seiner Wohnung frühstückt und mittags meist die Mensa der Universität aufsucht. Kostenmanagement. Birte würde das gefallen.

«Das klingt nicht besonders sympathisch», pflichtet Alice bei. «Ich hoffe, dass ich niemals mit ihm zu tun haben werde. Überhaupt bin ich nicht wild darauf, in einen Rechtsstreit verwickelt zu werden. Als Laie fühlt man sich so machtlos.»

«Ach wo», meine Sekretärin macht eine wegwerfende Geste, «jetzt haben Sie ja Herrn Voss. Der kann einiges.» Sie zwinkert mir zu.

Danke, liebe Frau Behrend, für dieses Kompliment. Nur leider sind meine Fähigkeiten in vielerlei Hinsicht begrenzt. Unter anderem darin, einen Richter zu belügen, denn gerade sehe ich Dr. Klingenberg am Rande des Zeltes mit gerunzelter Stirn etwas in sein Handy tippen. Und mich beschleicht eine dumpfe Ahnung, um was es sich dabei handeln könnte.

Der Rest des Tages vergeht zum Glück wie im Flug und ohne nennenswerte Ereignisse. Steinfels' Rede ist kurz, er bedankt sich bei seiner Familie, seinen Freunden und den Mitarbeitern der Kanzlei. Er stellt allen Anwesenden seine Tochter vor, auf die er mächtig stolz zu sein scheint. Dann kommt er auf seinen Partner, Bent Schlader, zu sprechen, der seinerseits ebenfalls ein paar Worte spricht. Das Thema seiner Nachfolge bleibt jedoch unerwähnt.

Nachdem auch ich mir etwas zu essen geholt habe, sitzen Alice und ich lange an einem der Tische und plaudern über alles, was uns in den Sinn kommt. Über alte und neue Kinofilme, bevorzugte Reiseziele, das Für und Wider von Kreuzfahrten, obwohl wir beide noch keine gebucht haben, und über eigenartige Geburtstagsgeschenke, wie beispielsweise einen Wanderführer durch die Mark Brandenburg.

Irgendwann, sehr spät im Verlauf des Gesprächs, wird mir bewusst, dass wir flirten. Erst als sich das Zelt um uns herum sichtbar leert, denken wir übers Aufbrechen nach.

«Wollen wir den Tag woanders ausklingen lassen?», schlage ich vor. Ich mag mich noch nicht trennen und habe das dringende Bedürfnis, noch etwas Schönes zum Abschluss zu unternehmen. Etwas, wovon ich in der kommenden Woche zehren kann.

Alice ist einverstanden.

Wir verabschieden uns von Steinfels, seiner Frau und ein paar Kollegen. Meine Sekretärin kann ich nirgends entdecken, sie war schon vor Stunden von unserem Tisch verschwunden. Ronaldo übersehe ich geflissentlich.

Nach dem vielen Sitzen und dem schweren Essen gelüstet es Alice und mich nach Bewegung, also steuere ich kurzerhand die Alster an.

Es ist früher Nachmittag, und inzwischen wird das Licht schummrig. In den Häusern und auf den Straßen geht die Weihnachtsbeleuchtung an.

Wir spazieren schnellen Schrittes, damit die Kälte keine Chance hat, durch unsere Mäntel zu kriechen. Auf der Wiese neben dem beleuchteten Fußweg tollen zwei Hunde. Alice deutet in ihre Richtung. «Magst du Hunde?», fragt sie.

Ich überlege. Mag ich Hunde? Ich denke schon. Ähnlich wie Kinder benötigen Tiere jedoch ein gewisses Maß an Aufmerksamkeit und Zeit. Birte und ich hatten deshalb keine. «Ja. Ich mag Hunde. Nicht alle, aber die meisten.»

Alice nickt. «Meine ... äh, mein Sohn wünscht sich auch einen. Am liebsten einen Vizsla.»

«Einen Wisch-was?» Ich habe nicht die leiseste Ahnung, was das für eine Rasse sein soll.

Sie deutet auf einen der tobenden Vierbeiner vor uns. «Der rechte von den beiden, der schlanke braune mit den Schlappohren. Das ist ein Vizsla.»

Ich folge mit meinem Blick ihrer Handbewegung. «Der mit dem blinkenden Halsband?»

«Ja, genau. Ein ungarischer Jagdhund.» Sie seufzt. «Nichts, was man als alleinerziehende Mutter mit eigenem Geschäft in einer Dreizimmerwohnung halten könnte. Aber erklär das mal einem Kind.»

Na, zum Glück muss ich das nicht. Je länger ich mir den Hund anschaue, umso mehr kann ich jedoch das Anliegen von Alices Sohn nachvollziehen. Das Tier wirkt gut erzogen, anhänglich, und es wird nicht müde, Bälle zu apportieren und sich vor Freude auf dem kalten Boden zu wälzen.

Erstaunlich, dass ein Siebenjähriger solch konkrete Wünsche hegt. Und ich dachte immer, Jungs interessieren sich nicht für Tiere. Und wenn doch, dann höchstens für Dinosaurier.

Eine gute Stunde später haben wir die Alster umrundet. Inzwischen ist es stockfinster und bitterkalt. Fröstelnd schalte ich im Wagen die Heizung ein und fahre Alice das kurze Stück nach Hause. Vor ihrem Blumenladen steigen wir beide aus. Selbstverständlich geleite ich sie noch zur Haustür.

«Tja, leider muss ich Opa Lustig jetzt bei der Kinderbetreuung ablösen», sagt sie, und ihr schlechtes Gewissen, dermaßen spät zu sein, scheint riesengroß. «Danke für den schönen Tag.» Verlegen schaut sie mir in die Augen.

Ich habe die vergangenen Stunden ebenso genossen wie sie und mag mich irgendwie noch immer nicht trennen. «Ja, wer hätte gedacht, dass mein Chef solch gelungene Partys veranstaltet», versuche ich, durch mein Geplapper ein wenig Zeit zu schinden.

Wir stehen dicht beieinander. Ich kann Alices Parfüm riechen, den Kaffee, den sie zum Schluss getrunken hat, und sogar das Stückchen Schokolade, das dazu gereicht wurde.

«Das Herz meines Chefs hast du jedenfalls im Sturm erobert und das meiner Kollegen sowieso.» Und meins ebenfalls, füge ich im Stillen hinzu und erschrecke fast ein wenig über diesen Gedanken. Auch bin ich mir nicht sicher, ob diese Aussage wirklich zutrifft oder ob sie nicht dem Champagner, der weihnachtlichen Stimmung und ihrem wunderbaren Duft geschuldet ist. Trotzdem beuge ich mich ein wenig vor und gebe ihr einen Kuss auf die Wange. Ich verharre einen Tick länger als nötig. Im nächsten Augenblick finden meine Lippen ihren Mund, und wir küssen uns. Erst vorsichtig, fast schüchtern, dann mit einer Leidenschaft, die mich buchstäblich umhaut. Dieses Gefühl habe ich schon lange nicht mehr gespürt, nicht mit Birte, nicht mit Millie und schon gar nicht mit Trixie.

Als wir uns voneinander lösen, murmele ich: «Entschuldigung», weil es das Erstbeste ist, das mir zu sagen einfällt.

Alice lächelt gequält. «Ist ... schon gut», sagt sie beinahe tonlos.

Es entsteht ein peinlicher Moment der Stille, während dem ich mir das Hirn zermartere, was ich jetzt tun oder sagen könnte. Leider fällt mir nichts ein. Denn um ehrlich zu sein, wünsche ich mir in diesem Moment nichts sehnlicher, als zu gehen. Vollkommen überwältigt von meinen Gefühlen, der fremden Situation und möglichen Konsequenzen, fällt mir leider nur Flucht ein.

Unsicher hebe ich zum Gruß die Hand und rede noch mehr Quatsch: «Grüße an Opa Lustig. Ich bringe ihm beim nächsten Mal eine Flasche Schnaps mit ... als Entschädigung für seinen Arbeitstag heute. Gute Nacht.» Danach gehe ich eiligen Schrittes zum Auto.

Als ich mich kurz noch einmal umdrehe, fange ich Alices Blick ein. Sie sieht aus, als überlege sie, ob es überhaupt ein nächstes Mal geben wird.

17. Kapitel

«Möchten Sie, Lennert Uhlenbrock, die vor Ihnen stehende Daphne Kloskowski zu Ihrer angetrauten Ehefrau nehmen? Sie achten und ehren und ...»

Ich versuche, mich zu beherrschen, doch es funktioniert nicht. Ich muss lachen. Was für ein Name! Kloskowski? Meint der Pfarrer vielleicht Koslowski? Oder Klokowski? Beinahe verschlucke ich mich beim Lachen, huste eine Weile wie ein bellender Hund und störe die Zeremonie so sehr, dass der Geistliche innehält. Zahlreiche Köpfe drehen sich zu mir herum, böse Blicke streifen mich. Ich schaffe es mit Mühe, die Kontrolle zu erlangen. Nur leises Glucksen gebe ich noch von mir. Jetzt wenden sich direkt vor mir zwei Hochzeitsgäste um. Auch auf ihren Gesichtern ist blanke Empörung zu erkennen.

Wie die wohl erst gucken, wenn mal einer furzt, denke ich und muss bei dem Gedanken schon wieder losprusten. Mein Problem ist: Ich bin hackedicht. Außerdem lag ich die halbe Nacht wach und habe, statt zu schlafen, einen Joint geraucht und diverse Biere gezischt, was ziemlich witzig, in Hinblick auf den heutigen Tag jedoch unsagbar kontraproduktiv war. Aktuell weist mein Blut geschätzte 1,8 Promille auf, ich bin noch immer bekifft und habe einen Hunger, dass ich der Dame drei Reihen vor mir die Obstdekoration vom Hut essen könnte.

Trixie, die zu meiner Linken sitzt, rammt mir ihren Ellenbogen in die Seite. «Reiß dich gefälligst zusammen», zischt sie, lässt dabei aber keine Sekunde das Brautpaar aus den Augen.

Daphne und Lennert. Bei dem Gedanken daran, dass die Braut vor kurzem noch in Mirkos Küche saß, nachdem sie mit Lars eine wilde

Liebesnacht verbracht hat, muss ich erneut um Fassung ringen. Dieses Mal presse ich mit aller Kraft die Zähne aufeinander, was leider ein knatterndes Nasengeräusch zur Folge hat.

Trixie schaut weiter unbeirrt nach vorn und versucht nach Kräften, mich zu ignorieren. Vermutlich will sie auf diese Art den Eindruck erwecken, sie kenne mich nicht. Warum zum Geier hat sie mich dann überhaupt hierhergeschleppt?

Ich wende meinen Blick ab und konzentriere mich auf das Fenster hinter dem Altar. Es wurde aus zahlreichen bunten Glassteinen zusammengesetzt, die ich stumm zu zählen beginne. Als Daphne und ihr Zukünftiger sich endlich küssen, werde ich aus der Konzentration gerissen. Mir entfährt ein fröhliches *Yippie-yeah!*, was bei Trixie etwa so gut ankommt, als hätte ich *Dann könnt ihr ja jetzt ungestraft ficken!* gerufen.

Böse starrt sie mich an. Ihre Stirn ist zerfurcht von Falten und der orangefarben geschminkte Mund nur mehr ein Strich. In Kombination mit ihren vor Aufregung geröteten Wangen, den blau bemalten Augen und den pinkfarbenen Laserschwertern sieht Trixie leider aus wie ein Clown. Fehlt nur eine rote Knollennase, aber das behalte ich zum Glück für mich. Stattdessen hebe ich beschwichtigend die Hand.

«Sorry», erkläre ich und nicke bedächtig in die Gegend, weil erneut indignierte Blicke auf mich gerichtet sind.

Dass ich überhaupt hier sitze, noch dazu geduscht und im Anzug, habe ich Kröger zu verdanken. Oder sagen wir besser: Trixie hat dies Kröger zu verdanken. Ich dagegen bin regelrecht sauer auf ihn. Zum einen weil ich zu meinem eigenen Entsetzen seinen dunkelblauen Ermittleranzug trage, der so ausgebeult und schlacksig an mir hängt wie die Kleiderspende eines unförmigen Texaners. Zum anderen aber, weil ich mir wünschte, im Bett geblieben zu sein. Es ist allerdings davon auszugehen, dass etwa zwei Drittel der hier Anwesenden ähnlich empfinden. Selbst Trixie ist sichtbar hin- und hergerissen zwischen Rührung über den festlichen Anlass und überschäumender Wut auf mich. Sie krallt sich in die Holzbank und glüht vor sich hin.

Um ehrlich zu sein, hatte ich darauf spekuliert, den Tag zu verschlafen. Weil ich zu dämlich war, Trixie rechtzeitig abzusagen, und zu feige, dies wenigstens kurzfristig zu tun. Beides wäre nicht besonders nett von mir gewesen, aber Männer sind nun mal so. Nicht nett. Manchmal jedenfalls. Mitunter verhalten sie sich sogar regelrecht wie Vollidioten, also wie ich zurzeit. Leider kann ich das gerade nicht abstellen.

Am gestrigen Abend, nach dem verhunzten Abschied von Alice, bin ich vollkommen verwirrt und mit dem festen Vorsatz, mich zu betrinken, ins 20 *Flight Rock* eingekehrt. Bei meinem Vorhaben wurde ich von Lars nach Kräften unterstützt. Wäre nicht irgendwann, schätzungsweise gegen halb zwei Uhr, Kröger im Pyjama aufgetaucht, und hätte uns abgeführt, säße ich vermutlich noch immer am Tresen oder würde woanders weitertrinken.

Zu Krögers Ehrenrettung muss man sagen, dass er einen Mantel über dem Schlafanzug trug. Dazu aber Hausschuhe, was seinen Auftritt aller Wahrscheinlichkeit nach das gesamte nächste Jahr zum Gesprächsthema Nummer eins im 20 *Flight Rock* macht.

Ich erinnere mich noch, dass ich kurz über die Vielfalt seines Fluchtgepäcks nachdachte. Kaum zu glauben, was mein Kumpel bei seinem überhasteten Aufbruch von zu Hause eingesteckt hat: Pyjama, Hausschuhe und den dunkelblauen Zweireiher, den ich nun trage.

Noch in der Nacht machte Kröger deutlich, dass er fürchte, ich könne ohne sein Eingreifen die Hochzeit versäumen, was für ihn ein Ding der Unmöglichkeit wäre. Als hoffnungsloser Romantiker, der noch dazu seine Termine einhält und für ein einmal gegebenes Wort auch unter Folter noch lange kämpfen würde, fehlt ihm jegliches Verständnis für unzuverlässiges Verhalten.

Als ich bis 1 Uhr nachts nicht aufgetaucht war, dämmerte ihm, wo er mich finden konnte. Wie zwei ungezogene Kinder schleifte er uns beide aus der Kneipe. Und da Lars sich weder abschütteln noch nach Hause schicken ließ, verfrachtete Kröger uns kurzerhand gemeinsam in Mirkos ausladendes Bett. Wovon er allerdings nichts ahnte, war die Flasche Mexikaner, die Lars Mona auf die Schnelle noch abgekauft hatte. Und von dem Joint hatte er ebenfalls keinen Schimmer. Kaum zog sich unser Kumpel ins Wohnzimmer zurück, ließen Lars und ich es noch mal richtig krachen. Dass Kröger uns dabei nicht hörte, liegt vermutlich an den Ohrstöpseln, mit denen er wegen der Kiezgeräusche schläft.

Heute Morgen um acht Uhr, als Kröger zum Wecken in der Tür stand, begriff er recht schnell das Ausmaß der Katastrophe. Ich bekam zwei Espresso eingeflößt, wurde unter die Dusche gestellt, danach in Krögers Anzug gesteckt und anschließend in ein Taxi mit Kurs Hochzeitskirche in Winsen an der Luhe gesetzt.

Danke, lieber Olli, dass ich nun deinetwegen zwischen Daphnes aufgebrezelten Tanten und deren schmerbäuchigen Männern sitze, mich optisch wunderbar einfüge in diese Hochburg des schlechten Kleidergeschmacks und trotzdem noch von allen Seiten angestarrt werde. Und danke auch dafür, dass Trixie mir keine Sekunde von der Seite weicht. Ursprünglich dazu bestimmt, Daphnes manikürte Hand zu halten, ihr jeden Wunsch von den Augen abzulesen und den Ablauf des Tages zu überwachen, fällt sie in dieser Rolle nun gänzlich aus. Die Angst, ich könnte mich in einem unbeobachteten Moment entweder weiter betrinken oder den Bräutigam über den lustigen Abend unseres Kennenlernens aufklären, sitzt tief und führt dazu, dass ich wie ein Krimineller bewacht werde. Was ziemlich nervt. Als nach dem Gottesdienst eine rundliche Tante im Polyesterfummel mit einem Tablett Sektgläser herumgeht und alle Gäste zum Anstoßen auf das Brautpaar animiert, drückt meine Aufpasserin mir ein Glas Wasser in die Hand. Beim anschließenden

Kaffeetrinken wird mir zum Espresso der Schnaps verwehrt, und als die anderen Gäste ein kurzes Päuschen einlegen, um sich für die Abendveranstaltung umzuziehen, werde ich kurzerhand in ein Hotelzimmer verfrachtet, um meinen Rausch auszuschlafen.

Beim abendlichen Dinner – ich sitze zwischen Trixie zu meiner Linken und ihrer aufgedrehten Cousine zu meiner Rechten – schaffe ich es dennoch nicht, wach zu bleiben. Trotz allerhöchster Konzentration schlummere ich zwischen Vorspeise und Zwischengang, also genau genommen während der Rede des Brautvaters ein. Zum Glück schnarche ich nicht. Die restlichen fünf Gänge überstehe ich ohne Zwischenfälle. Drei weitere Reden prasseln auf mich ein, und als nach drei Stunden und fünfundvierzig Minuten ein DJ beginnt, Musik aufzulegen, fühle ich mich beinahe wieder nüchtern. Entsprechend klar nehme ich meine Umgebung wahr. Daphne wirkt in ihrer Rolle als Braut glücklich und beschwingt. Im spitzenbesetzten, cremefarbenen Kleid und mit Glitzerschmuck behangen, sieht sie objektiv betrachtet vielleicht sogar ganz hübsch aus. Auf mich wirkt sie leider trotzdem wie eine Königin, die ihre Untertanen um sich versammelt hat und diese nach Herzenslust herumkommandiert. Dass Trixie nicht zur Verfügung steht, verstimmt die Braut so sehr, dass die beste Freundin in Ungnade fällt. Ebenso unsympathisch wie Daphne wirkt ihre Verwandtschaft. Jeder Einzelne von ihnen ist mir ein Graus. Sie machen auf schick, haben aber weder Stil noch Geschmack. Je schlimmer das Outfit, desto funkelnder der Schmuck und umso größer der aufgedruckte Markenname der jeweiligen Handtasche.

«Alles gefälschte Ware», erklärt mir Trixie, die seit dem Espresso wieder mit mir redet. «Hier ist nichts echt, die tun alle nur so.»

Verwundert schaue ich sie an. Ob es meine Schuld ist, dass sie die Hochzeitsgesellschaft nun auch mit anderen Augen sieht? Oder fühlt sie sich am Ende hier selbst gar nicht wohl?

Was sich zu Beginn der Veranstaltung bereits angedeutet hatte, wird zur schaurigen Gewissheit, als eine Band den DJ ablöst. Nach drei tanzbaren Stücken aus den Top Forty, zu denen vor allem diejenigen bumsfidel herumhopsen, für die Takt und Rhythmus unbekannte Größen sind, lässt die Band langsam, aber stetig den ohnehin schon schlimmen Abend zu einem Höllentripp werden. Kein Partykracher fehlt, Songs aus dem niedersten Partysumpf werden gespielt. Es wird gegrölt, gewackelt, gegrapscht und jegliche Benimmregel über Bord geworfen.

Gerade produzieren sich zwei rundleibige Damen in Schlauchkleidern vor unseren Augen. Mit der geballten Faust ein Mikrophon imitierend, schaukeln sie ihre Hüften in etwa so elegant über das Parkett wie zwei Frachtschiffe über den Ozean. Die Sache endet, wo sie enden muss: auf dem Schoß eines schnauzbärtigen Lustgreises, der von den beiden Wuchtbrummen beinahe erstickt wird.

Wie ich das alles ohne Alkohol aushalte, ist mir schleierhaft. Denn eine Chance, meinen Pegel aufzufrischen, hat sich bislang nicht ergeben. Trixie lässt mich nicht einmal aus den Augen, wenn sie zur Toilette muss. Dann werde ich in die Obhut von Daphnes Cousin gegeben, der aussieht, als könne er Karate. Gegen 24 Uhr fühle ich mich stocknüchtern, während um mich herum die Laune steigt und das Niveau weiter sinkt.

Was mir trotz der Tortur, die Geist und Körper an diesem Tag durchmachen, nicht entgeht, ist die Tatsache, dass Trixie bei ihren und Daphnes Freunden nicht besonders beliebt zu sein scheint. Als ich sie gegen Mitternacht in einigermaßen klar formulierten Sätzen darauf anspreche, bekommt sie zunächst glasige Augen und starrt ins Leere. Fünf Minuten später bricht sie in Tränen aus und stürzt aus dem Raum. Es ist, als würde mit einem Schlag die gesamte Anspannung des Tages, alle Enttäuschung über mich und das eingeschnappte Verhalten ihrer Freundin wie ein Kartenhaus über ihr zusammenbrechen.

Mein schlechtes Gewissen lässt mich ihr folgen.

Nachdem sie eine Weile exzessiv vor sich hin geschnieft hat, erfahre ich, dass sie kreuzunglücklich ist, weil ihr Exfreund, an dem sie noch sehr hängt, nicht zur Feier erschienen ist. Da ich keine Ahnung habe, was ich dazu sagen könnte, nehme ich Trixie ein wenig in den Arm. Sie weint etwa eine weitere Viertelstunde. Gegen eins erklärt sie, dass die Sache mit dem Exfreund erfunden war. Sie hatte beabsichtigt, auf dieser Hochzeit vor ihren Freunden ein wenig mit mir anzugeben, was aufgrund meines Verhaltens leider gründlich in die Hose ging.

Obwohl ich diese Idee nur bedingt nachvollziehen kann, schäme ich mich für mein Benehmen. Sehr sogar. Und deshalb stehe ich eine weitere Viertelstunde später engumschlungen mit Trixie auf der Tanzfläche und wiege mich zu einer Coverversion von Chris de Burgh, die mir schon im Original vor Scham die Schuhe ausgezogen hätte. Als Darbietung der Hochzeitsband ist sie das Grauen. Trotzdem lasse ich es sogar geschehen, dass Trixie mich im Anschluss auf dem Parkett küsst – woraufhin die Band noch eine Scheußlichkeit von Chris de Burgh nachlegt und wir erneut zu tanzen beginnen. Nach einem weiteren Kuss lege ich Trixie meinen Arm um die Schultern und führe sie, als finalen Teil unserer Dancing-Show, aus dem Saal.

Aus Dankbarkeit bricht sie gleich darauf, draußen vor der Tür, wieder in Tränen aus. Zitternd vor Kälte, steht sie vor mir, reibt sich abwechselnd die Hände oder umschlingt mit den Armen ihren Körper. Jetzt erfahre ich die ganze Wahrheit. Eine lange Wahrheit, sodass auch mir nach und nach die Kälte durch den Ermittleranzug kriecht. Es gab nicht nur keinen Exfreund in Trixies Leben, es gab nicht mal einen, der *nur das eine von ihr wollte*.

«Deshalb», erklärt sie, noch immer unter Tränen, «war ich ja so glücklich, dass du mich wolltest.»

«Tja ...» Dass *wollen* in diesem Zusammenhang leicht übertrieben, wenn nicht gar gelogen ist und dass unsere gemeinsame Nacht einer Menge Alkohol und meinem egoistischen Verlangen, mein angekratztes Selbstbewusstsein aufzumöbeln, geschuldet war, möchte ich ihr auf keinen Fall sagen.

«Und dann ist doch nichts gelaufen.»

«Ich ... Was?» Vollkommen überrascht schaue ich sie an.

«Na, zwischen uns. Da ... war nichts. Außer einem sehr betrunkenen Kuss.»

Ich bin ein Schwein. Ein Schwein, das ein wenig den Überblick verloren hat. Zwischen uns ist nichts gelaufen? Ich glaube, in meinem ganzen Leben war ich noch niemals derart voll, mich nicht zu erinnern, ob ich mit einer Frau geschlafen habe oder nicht. Offenbar vergreist das Erinnerungsvermögen ab vierzig auch diesbezüglich enorm.

Trixie fährt mit ihrer Erklärung fort: «Ich habe ein wenig gehofft, der schöne Abend mit dir könnte sich noch einmal wiederholen, und zwar heute. Allerdings mit ... glücklichem Ausgang.» Sie versucht sich in einem erotischen Zwinkern, was aufgrund des verlaufenen Make-ups aussieht, als habe ein Zombie etwas ins Auge bekommen. «Du weißt ja gar nicht, was dir entgangen ist», erklärt sie zähneklappernd und schaut mir in die Augen. «Ständig benutzen meine Freundinnen mich als Kummerkasten. Sie erzählen mir alles. Ihre Bettgeschichten, was die Typen mit ihnen machen, worauf sie stehen, einfach alles. Jedes verdammte Detail. Glaub mir, ich weiß alles über Sex. Ich könnte die Beste sein, weil ich über einen enormen Wissensschatz verfüge.»

Okay, jetzt wird mir die Sache langsam unheimlich. Soll das etwa ein Bewerbungsgespräch werden? Ich verkrampfe leicht.

«Dir ist natürlich schon klar, dass es so etwas wie *die Beste* nicht gibt, oder? Ich meine, beim Sex müssen sich zwei Leute aufeinander einlassen. Nur dann wird es gut.»

Ich höre mich an, als würde ich mit einer Zwölfjährigen über Verhütungsmittel sprechen. Trixie ist mit ziemlicher Sicherheit über dreißig. Was ich hier rede, dürfte also nichts Neues für sie sein.

Sie stöhnt. «So etwas kann nur jemand sagen, bei dem es im Leben normal läuft. Aber schau mich an.» Sie deutet an sich herunter. «Wenn auch nur die leiseste Chance bestünde, dass ich mich in einen Mann verliebe, der dieses Gefühl erwidert, müssten wir dieses Gespräch nicht führen. Da eine echte Romanze in meinem Fall jedoch sehr unwahrscheinlich, wenn nicht gar ausgeschlossen ist, hoffe ich einfach nur, dass mal einer mit mir Sex haben will.» Sie macht eine strategische Pause und verkündet anschließend voller Inbrunst: «Und dann bin ich vorbereitet!»

Fehlt nur noch, dass sie mir eine Kostprobe ihrer Qualitäten anbietet.

Kopfschüttelnd erkläre ich: «Das ist absurd. Sex ist doch kein Wettbewerb, bei dem es darum geht, keine Fehler zu machen. Du kannst nicht einfach ein Programm abspulen, das du dir aus Erzählungen zusammengeklaubt hast.»

«Und ob ich das kann.» Sie sieht mich bockig an. «Männer suchen in erster Linie eine Frau fürs Bett. In zweiter Linie wird daraus vielleicht Liebe. Aber nur, wenn es im Bett klappt. Und glaub mir, das tut es mit mir. Nie im Leben würde einer merken, dass ich kein Profi bin. Selbst wenn er kurz zweifeln würde», sie ringt sich ein Lächeln ab, «wäre er schnell abzulenken. Dann könnte ich meinen Freundinnen auch mal etwas erzählen.»

Mir fehlt die Kraft für diese Diskussion. Ein bisschen, so muss ich mir eingestehen, hat Trixie recht. Es passiert durchaus, dass ein Mann sich erst nach dem Sex verliebt. Manchmal. Darauf zu spekulieren, halte ich allerdings für irrsinnig. Außerdem sollte sie sich in meinen Augen erst einmal neue Freundinnen anstelle eines Mannes suchen.

«Dummerweise habe ich auch noch meinen Job verloren», fügt sie hinzu. «Jetzt fehlt mir das Geld, um auszugehen und jemanden kennenzulernen.»

Die Sache übersteigt wirklich meine Kapazitäten. Ohne Frage tut sie mir leid, und ich sollte mir ein wenig Zeit nehmen und ihr Mut zusprechen. Doch ich kann nicht. Allein der Gedanke an ein derartiges Gespräch bereitet mir Stress. Schlagartig wird mir bewusst, dass ich Konfrontationen dieser Art generell nur schwer aushalten kann. Während meiner Beziehung mit Birte ist mir die Fähigkeit, Dinge auszudiskutieren, abhandengekommen. Weil es nicht nötig war. Birte hat immer angenommen, ich sei ihrer Meinung, also war ich irgendwann ihrer Meinung. Schwerwiegende Probleme gab es so gut wie nie zu besprechen, was mir sehr gelegen kam. Männer handeln lieber als zu reden.

Folglich habe ich in diesem Moment leider nicht den Hauch einer Ahnung, wie ich mich Trixie gegenüber ausdrücken sollte. Also sage ich: «Ich würde jetzt gern nach Hause.»

Trixie nickt resigniert. Ihre letzte Hoffnung, aus diesem Abend könnte sich ein Abenteuer entwickeln, erstirbt.

Ich fühle, wie bei mir altbekannte Verdrängungsmechanismen einsetzen. Das ist nicht mein Problem, sage ich mir. Sie ist nicht meine Frau, nicht einmal meine Freundin. Andere müssen ihr helfen. Ich bin dafür nicht der Richtige.

All das geht mir durch den Kopf, während ich mit dem Handy ein Taxi rufe. Bis es erscheint, schweigen wir. Zehn Minuten später verabschieden wir uns mit einem Wangenkuss. Dann sacke ich auf dem Beifahrersitz zusammen.

Was ist nur aus mir geworden?

18. Kapitel

Den Montag verschlafe ich komplett. Weder meine Sekretärin noch Kröger, der sich offenbar länger frei genommen hat und wild in der Küche herumfuhrwerkt, können mich zum Aufstehen bewegen. Jedes Mal, wenn ich kurz erwache, höre ich ein Telefon klingeln. Manchmal scheint es mein Handy zu sein, dann wiederum nervt Sandra mit *Maria Magdalena*. Immer geht Kröger ran, zuletzt bekomme ich mit, dass er etwas von einem Rückfall erzählt und dass ich morgen selbstverständlich wieder fit sei. Nicht einmal gegen Mittag, als mir ein dezenter Essensduft in die Nase steigt, habe ich Lust, das Bett zu verlassen. Erst lange nach Einbruch der Dunkelheit riskiere ich einen Blick in die Küche. Mein Kumpel empfängt mich mit vorwurfsvoller Miene.

«Endlich bist du wach. Lars hat sich zum Essen angekündigt, er müsste gleich klingeln.»

Ich mache auf der Stelle kehrt, verschwinde im Bad und bin gerade fünf Minuten angezogen, da läutet es bereits. Ähnlich groggy wie ich schleppt Lars sich an mir vorbei. Unter seiner Daunenjacke, aus der er sich jetzt umständlich schält, fördert er eine Weinflasche zutage. «Was ist denn das für Zeugs?» Sein müder Blick streift den Stapel Kartons, der im Flur herumsteht. Meine Antwort wartet er jedoch nicht ab, sondern betritt, vom Essensduft angelockt, die Küche. Augenblicklich erwacht er zum Leben. «Meine Güte, Olli, du kannst ja noch mehr als Bratkartoffeln!» Er knallt die Flasche auf den Tisch und lässt sich entkräftet auf einen der Küchenstühle fallen. «Boah, riecht das lecker.»

Kröger strahlt und macht sich am Ofen zu schaffen.

Ich setzte mich zu Lars und preise weitere Qualitäten unseres Kumpels an. «Olli kann sogar Ratten fachgerecht auftauen und schonend garen.» Ich mache das Daumen-hoch Zeichen, woraufhin Lars mich irritiert anguckt.

«Wie meinst du das?», fragt er leicht verunsichert. Sein Blick fliegt zwischen mir und dem Hobbykoch hin und her. «Was für Ratten?»

Ich mache ein vielsagendes Gesicht.

«Keine Angst», beruhigt ihn Kröger, öffnet den Ofen und pikst ein wenig in der Auflaufform herum. «In der Lasagne ist nur Bio-Hack.»

«Bio-Hack? Du meinst von Bio-Ratten?» Lars bleibt argwöhnisch.

Kröger taucht schnaufend wieder auf. Seine Brille ist beschlagen, er nimmt sie kurz zum Putzen ab. «Natürlich nicht. Reines Rinderhack. Außerdem hat Toby den Sachverhalt etwas vereinfacht dargestellt.» Kröger drückt Lars eine Karaffe Wasser in die Hand. «Aber lassen wir das Thema. Schenk uns lieber was zu trinken ein, das Essen ist gleich fertig.»

Es scheint Kröger ansonsten nichts auszumachen, dass wir uns bedienen lassen. Fürsorglich wie die Mutter einer Großfamilie, schaut er auf dem Tisch herum, ob noch etwas fehlt. Nach einem kaum merklichen Kopfschütteln widmet er sich wieder dem Ofeninhalt. Prüfend sticht er ein letztes Mal mit der Gabel in den Auflauf und schaltet anschließend den Ofen aus. Als er sich umdreht, liegt ein Ausdruck tiefer Zufriedenheit auf seinem Gesicht. «Noch etwa fünf Minuten, dann kann es losgehen.»

Fehlt nur noch, dass er in die Hände klatscht, «Zack, zack» ruft und uns zum Händewaschen auffordert.

Lars fingert ein Korkenziehermesser aus seiner Hosentasche hervor, und noch ehe Kröger die dampfende Lasagne vor uns auf den Tisch gestellt hat, ist die Flasche entkorkt, und unsere Gläser sind befüllt.

«Es gibt auch noch Nachtisch, also stopft euch nicht so voll», mahnt die Mutter der Großfamilie und lädt uns praktischerweise die erste Portion selbst auf den Teller. Danach lässt er sich erschöpft auf seinen Stuhl sinken.

Ich deute auf den feierlich gedeckten Tisch. «Sieht aus, als würde dir die Hausarbeit fehlen», stelle ich fest. «Blöd für Sanni, gut für uns.»

Kaum ist der Satz heraus, beiße ich mir auf die Lippen. Es war vermutlich nicht schlau, Sanni zu erwähnen. Aus eigener Erfahrung weiß ich, dass man unangenehme Geschehnisse erst einmal eine Weile verdrängen muss, ehe man bereit ist, sie Stück für Stück an sich heranzulassen. Den Zeitpunkt dafür bestimmt ein Mann gern selbst. Auch Kröger ist in dieser Hinsicht keine Ausnahme. Er schweigt.

Lars übergeht die Schwingungen am Tisch. «Wie war denn eigentlich die Hochzeit gestern? Hast du überhaupt etwas davon mitbekommen?»

«Ich möchte da jetzt nicht drüber sprechen.» Diesen Tag würde ich gern verdrängen.

«Und wie lief es mit Trixie?» Er guckt mich schief an. «Hattet ihr ... Spaß?»

Ich schaue ihn befremdet an. «Definiere Spaß.»

Mein Kumpel gerät ins Schwimmen. «Na ja, Spaß eben», stottert er. «Also, ich meine ... Seid ihr jetzt ein Paar?»

Er sieht nicht mich, sondern Kröger an. Fast habe ich den Eindruck, seine Frage sei ernst gemeint. Doch wie könnte sie das sein, wo er selbst doch ständig predigt, ich solle mich nicht so schnell festlegen. «Nein. Natürlich nicht», erkläre ich und beginne zu essen.

«Es wäre moralisch auch gar nicht in Ordnung», erklärt er, «sich auf einer Hochzeit an die beste Freundin der Braut heranzumachen.»

Ich halte in der Bewegung inne, lasse meine Gabel auf den Teller plumpsen. «Ach. Aber eine Woche vor der Hochzeit mit der Braut im Bett zu landen – das ist deiner Meinung nach moralisch in Ordnung?»

Lars windet sich. «Na ja. Das ging schon irgendwie mehr von ihr aus», beteuert er. «Ich war ja ziemlich betrunken. Sonst hätte ich mich anders entschieden.»

Ehe ich über den Sinn seiner Worte nachdenken kann, grätscht Kröger ins Gespräch. «Und *wie* betrunken du warst!», schnaubt er empört. «Ihr beide!» Er schaut zwischen uns hin und her. «So arg, dass ihr sogar mein Handy verschenkt habt.» Er scheint nicht darüber hinwegzukommen.

«Das du inzwischen wieder hast.»

Jetzt ist es Kröger, der sein Besteck auf den Teller fallen lässt. Er schaut uns ernst an und erklärt: «Das war verdammtes Glück, das wisst ihr sehr gut.» Sein Tonfall wird etwas gnädiger: «Wenn ihr mich fragt, ist es für euch beide an der Zeit, zurück in die Spur zu finden.» Er deutet auf mich. «Du kannst nicht ewig so weitermachen, Toby. In deiner Kanzlei wird man langsam unruhig. Zumindest ließ deine Sekretärin das heute Morgen durchblicken, als sie anrief. Außerdem siehst du beschissen aus. Und dass du neuerdings wieder rauchst, bekommt dir gar nicht. Vom Trinken will ich gar nicht erst anfangen.»

«Aber ...» Die paar Zigaretten in der letzten Zeit kann man nun wirklich nicht als rauchen bezeichnen.

«Jetzt sei doch nicht so streng», springt Lars mir helfend bei. «Toby steckt in der Midlife-Crisis. Dafür muss er sich nicht schämen. Er ist damit in bester Gesellschaft. Auch andere Männer machen verrückte Sachen. Trainieren für den Marathon, schaffen sich ein Motorboot oder eine Gitarre an oder –» Er stockt und schaut zu mir, als wäre ihm in diesem Moment eine Erleuchtung gekommen. «Wär das nicht auch was für dich?»

«Für den Marathon trainieren?» So verrückt bin ich in hundert Jahren nicht.

«Nee. Ich dachte bei dir eher an die Gitarre.»

Ich haue mit der Faust auf den Tisch. «Ich sag es jetzt zum letzten Mal», brause ich auf, «ich habe keine Midlife-Crisis! Ich möchte keine Gitarre, kein Boot, und ich schäme mich auch für nichts.» Okay, das stimmt nicht ganz. Genau genommen stecke ich sogar knietief in einer Krise, wie auch immer man diese bezeichnen will, und es vergeht kein Tag, an dem ich mich nicht für irgendetwas schäme. Trotzdem möchte ich da nicht mit der Nase draufgestoßen werden.

Ich versuche, von mir abzulenken, indem ich Lars' Vorschlag ins Lächerliche ziehe: «Außerdem willst du wohl nicht behaupten, es würde mir guttun, allabendlich auf dem Bettrand zu sitzen und *Kumbaya, My Lord* zu singen, oder?»

«Warum nicht? Den Frauen würde es gefallen. Wenn du zeitnah mit dem Üben beginnst, kannst du zum Sommer vermutlich bereits das eine oder andere Lagerfeuer gesanglich begleiten.»

«Du hast einen Knall.»

«Das sehe ich auch so», pflichtet Kröger mir bei. «Denn», jetzt bekommt Lars sein Fett weg, «du solltest dich nicht allzu weit aus dem Fenster lehnen. Dir würde es nämlich ebenfalls guttun, dein Leben zu strukturieren. Entscheide dich mal für irgendetwas und kämpfe dafür. Ob nun für eine Frau oder einen Job – egal. Du kannst nicht ständig von vorn anfangen. Das funktioniert auf Dauer nicht.» Erleichtert, dies endlich einmal losgeworden zu sein, macht Kröger eine kurze Pause. Dann fügt er an: «Wenn ihr das nicht hören wollt – mir egal. Es musste aber mal gesagt werden. Was ihr daraus macht, ist eure Sache. Ich hab meine eigenen Sorgen und muss mir nicht auch noch eure aufladen.»

Damit widmet er sich seiner Lasagne.

Lars und ich versinken in Schweigen. Was mich betrifft, denke ich über seine Worte nach. Er hat recht, das weiß ich. In den letzten Wochen war ich tatsächlich ziemlich neben der Spur, aber ich habe schließlich eine Trennung zu verarbeiten. Muss mich erst wieder neu finden, was nicht einfach ist. Männern fällt ein Neuanfang bekanntermaßen schwerer als Frauen. Man sollte mir zugutehalten, dass ich mich nicht gleich in die nächste Beziehung stürze, sondern erst einmal versuche, allein klarzukommen. Ich meine, ein paarmal Sex und ab und zu ein wenig Alkohol – das wird wohl noch erlaubt sein.

Nachdem ich mich im Geiste ausreichend vor mir selbst gerechtfertigt habe, bemerke ich, wie in sich gekehrt Kröger noch immer auf seinem Stuhl hockt. Gut möglich, dass seine letzten Worte ein Hilfeschrei waren und er insgeheim doch über Sanni sprechen möchte. Allerdings ist das, wie ich seit gestern weiß, nicht gerade mein Spezialgebiet.

«Wenn wir schon mal beim Thema sind», beginne ich daher etwas holprig, «du siehst auch nicht unbedingt blendend aus. Willst du darüber reden?»

Kröger überlegt.

«Kannst du es denn gar nicht genießen, mal eine Weile für dich zu sein?», grätscht Lars unsensibel dazwischen. «Ich meine, nach dem vielen Stress zu Hause muss das hier», er macht eine raumgreifende Geste, «doch wie Urlaub auf dich wirken.»

Kröger schaut hoch, überlegt weiter. «Doch, ich kann es genießen», antwortet er ernst, «ich genieße es sogar sehr. In den paar Tagen hier hatte ich endlich einmal Zeit, um in Ruhe nachzudenken.»

Ich schenke ihm noch etwas Wein nach. «Und, bist du schon zu einem Ergebnis gekommen?»

Er nickt bedächtig. «Seit ich ausgezogen bin, geistert mir vor allem eine Frage im Kopf herum: Warum nur habe ich mir ständig so viel Stress bereitet? Mit etwas Abstand betrachtet, ist mein Leben nämlich eigentlich sehr schön. Ich bin verheiratet, besitze ein Haus, eine kleine eigene Firma, verdiene angemessen Geld – warum hatte ich trotzdem immer das Gefühl, es reiche nicht?» Er nippt an seinem Glas. Lars und ich warten schweigend, dass Kröger weiterredet. «Weil Sanni immer alles vollkommen haben wollte», fährt er fort. «Nichts war für sie ausreichend. Hatte man ein Ziel erreicht, steckte sie sofort ein neues. Damit ging meine Aufgabe von vorn los. Wie ein Hamster im Rad war ich ständig am Ackern, und dennoch habe ich die von ihr angestrebte Perfektion nie erlangt.»

«Weil du diesen Zustand gar nicht erreichen kannst», gibt Lars zu bedenken. «Was ist schon perfekt, wer soll das bestimmen? Viel wichtiger ist doch, dass man mit sich im Reinen und zufrieden im Leben ist. «

Kröger schaut ihn nachdenklich an. «Ja. Genau so ist es. Das ist mir hier komischerweise recht schnell klargeworden. Aber wenn du in einer Tretmühle steckst, fehlt dir der Abstand, um das Wesentliche zu erkennen. Um dich selbst zu betrachten.»

Ich fülle der Reihe nach noch einmal die leeren Teller auf. Kröger lehnt ab, ihm scheint das Thema doch ein wenig auf den Magen geschlagen zu sein. Lars und ich nehmen jeder noch eine kleine Portion. Es schmeckt zu lecker.

Interessant finde ich, dass es Kröger mit seiner Frau ähnlich ergangen ist wie mir mit Birte. Auch sie hat in unserer Beziehung ein paar Vorgaben gemacht, die es einzuhalten galt. Ich bin gar nicht auf die Idee gekommen, mit ihr darüber zu diskutieren. Wozu auch, sie wäre mir mit ihrer Argumentation haushoch überlegen gewesen. Allerdings habe ich die Folgen meines Schweigens unterschätzt. Möglich, dass daraus bei mir eine Grundunzufriedenheit entstanden ist, die wiederum Ursache für andere Probleme war. Für unser brachliegendes Liebesleben zum Beispiel. Birtes ausgedehnte Arbeitszeiten waren, im Nachhinein betrachtet, sicher nicht der einzige Grund hierfür.

«Hattest du schon Gelegenheit, mit Sanni darüber zu reden?», unterbricht Lars meine Gedanken. «Was sagt sie dazu?»

Kröger schüttelt den Kopf. «Als ich heute Morgen am Telefon davon angefangen habe und ihr erklärte, mich in Zukunft ein wenig mehr um mich selbst und um meine Interessen kümmern zu wollen, da hat sie gelacht. Sie meinte, unser Leben drehe sich doch die ganze Zeit nur um mich.»

«Bitte?» Ich kann nicht glauben, was ich da höre, und nehme einen großen Schluck Wein. «Du betüddelst sie nach Strich und Faden, erträgst ihre Eltern, ihre ständigen Anrufe, verdienst einen Großteil der Kohle – wovon zum Geier redet sie?»

«Das wüsste ich allerdings auch gerne», pflichtet Lars mir bei.

Kröger fühlt sich in die Enge getrieben. «Na ja», sagt er gedehnt. «Ab und zu blende ich mich für ein paar Stunden aus. Verschwinde im Keller, bastele an einem defekten Stuhl oder überlege mir, eine eigene Sitzkollektion zu entwerfen. Oder einfach nur, um nachzudenken.»

«Aber das ist doch vollkommen normal», sagt Lars. «Leider versteht das kaum eine Frau. Wir brauchen diese Zeit für uns, um unsere Batterien wieder aufzuladen. Sich gedanklich ausblenden, das ist nun mal unsere Art zu entspannen. Im selben Maß, in dem Frauen sich öffnen und mit Freundinnen jedes noch so kleine Problem besprechen, verschließen wir uns. Aber versuch das mal, deiner Freundin klarzumachen. Und deshalb, mein lieber Olli», er blickt zu Kröger, «mag ich mich nicht festlegen. Weil mir diese Diskussionen unendlich auf die Nerven gehen.»

Kröger und ich tauschen einen schnellen Blick aus.

«Deshalb keine feste Bindung eingehen zu wollen ist doch Quatsch», erklärt Kröger, «so weit würde ich nicht gehen. Auch wenn du mit dem Kern deiner Aussage recht hast. Dennoch wünsche ich mir eine dauerhafte Partnerschaft und keine kurzen Affären.»

«Sehe ich genauso», pflichte ich Kröger bei. «Lars hat vermutlich nur noch nicht die Richtige gefunden. Und wir beide», ich schlage Kröger mit der Hand auf die Schulter, «sollten in Zukunft lieber rechtzeitig unseren Mund aufmachen. Wenigstens manchmal. Also, öfter.»

Kröger nickt. «Ja, das sollten wir. Aber ich bin noch nicht so weit, zurückzugehen oder mich mit Sanni zu treffen. Ich bin ein paar Argumente losgeworden, jetzt ist es an ihr, in Ruhe nachzudenken.» Nach einer Weile fügt er hinzu: «Nichtsdestotrotz vermisse ich sie. Schließlich sind wir verheiratet. Es hatte einen Grund, warum wir diesen Schritt gegangen sind.»

«Das wird schon wieder», spreche ich ihm Mut zu.

Kröger nickt. Dann schlägt er sich tatkräftig auf die Schenkel und fragt: «Wer möchte einen Nachtisch?»

Eine Stunde später sitzen wir bei Mona im 20 *Flight Rock*. Ein, zwei Schnäpse sollen das gelungene Mahl abrunden. Die Stimmung an unserem Tisch ist jedoch gedämpft. Jeder scheint über die vorangegangene Diskussion nachzudenken. Um nicht wieder davon anzufangen, beschließen wir irgendwann, bei Mirko anzurufen, um zu hören, wie es ihm geht und wann er zurückkommt. Aber wir erreichen ihn nicht und ergehen uns in Mutmaßungen, was er gerade so treibt und mit wie viel Krempel er seine Wohnung noch vollstopfen will.

Gegen elf tippt Kröger auf seine Armbanduhr. «Jungs, dies ist die letzte Runde, danach muss Toby ins Bett.»

Überrascht sehe ich ihn an.

«Ich habe deiner Sekretärin versprochen, dass du morgen pünktlich zur Arbeit erscheinst. Wegen des Gerichtstermins.»

Ich kann ihm nicht ganz folgen.

«Einen Gerichtstermin», wiederhole ich mechanisch und versuche, mich zu erinnern. «Ich? Morgen?»

Mein Kumpel nickt.

Tief in meinem Inneren regt sich etwas. Eine dumpfe Ahnung. Ein Gedanke, der nicht sein kann, nicht sein darf, drängt im Zeitlupentempo an die Oberfläche und nimmt Gestalt an. Der Gau. Mein Puls beschleunigt sich. «Ich habe ... *was?*», frage ich noch einmal, obwohl mir inzwischen klar ist, dass ich auf eine Katastrophe zusteuere.

«Einen Gerichtstermin», wiederholt Kröger mit stoischer Ruhe. «Ich habe deine Sekretärin beruhigt und ihr versichert, dass du morgen wieder fit bist.» Während er das sagt, kramt er in seiner Hosentasche und fischt einen knittrigen Zettel hervor. «10 Uhr. Verhandelt wird der Fall KrollCar oder so», zitiert er seine Notiz.

Mir gefriert das Blut in den Adern. «Au Scheiße.»

Mona kommt, um die letzte Runde zu bringen. Sie lädt die Gläser auf unserem Tisch ab und sagt lächelnd: «Die gehen aufs Haus.» Und nach einem Blick in mein Gesicht fügt sie hinzu: «Toby sieht allerdings aus, als bräuchte er einen Doppelten.»

Einen?, will ich rufen, lass lieber gleich die Flasche hier. Doch ich blicke ihr nur stumm hinterher, als sie zurück zum Tresen marschiert.

«Ist was nicht in Ordnung?», erkundigt Kröger sich teilnahmsvoll. Da ich nicht antworte, kombiniert er: «Du bist nicht vorbereitet, stimmt's?»

Ich nicke stumm.

Lars versucht, mir mit Hilfe einer geballten Ladung Fernsehwissen Mut zuzusprechen: «Ist das nicht normal bei Anwälten? Die wissen doch im Grunde genommen nie wirklich gut Bescheid. Alles ist ein einziges Gemauschel, und am Ende decken sie einen Formfehler auf oder finden einen hundert Jahre alten Präzedenzfall. Letzten Endes kommt es zum Vergleich, der Anwalt kriegt die Kohle, und der Mandant guckt in die Röhre. Ist doch so, oder?» Er schaut zu Kröger, der abwägend den Kopf hin und her schaukelt.

«Ich schätze mal, für all das ist es zu spät.» Als ich nicke, fährt er fort: «Und ein Vergleich ist nicht drin?»

Ich nicke erneut, unfähig zu sprechen.

«Dann melde dich wieder krank!», schlägt Lars vor. «Fällt nach den letzten Wochen bestimmt nicht weiter auf.»

Ich stöhne. «Vergiss es. Dann würde die Verhandlung ohne mich stattfinden, und die Leidtragende wäre meine Mandantin. Und das ...» Ich schaue ihn an. «... wäre fatal. Sie ist die Tochter eines Freundes meines Chefs. Wenn ich den Fall versemmele, kann ich mir eine Partnerschaft abschminken. Und vermutlich noch einiges andere.»

«Verstehe.» Lars gibt nicht auf. «Dann müssen wir eben einen anderen Weg finden.»

«Ach ja?», entgegne ich patzig. «Dann leg mal los.»

«In Filmen lauern die Gangster meist dem Richter auf und erschießen ihn.»

Obwohl ich weder glaube, dass sein Vorschlag ernst gemeint ist, noch, dass ich ein solches Blutbad auch nur im Entferntesten in Erwägung ziehen sollte, erwidere ich: «Dazu müsste man allerdings im Vorfeld wissen, welcher Richter den Fall verhandelt. Und das weiß ich nicht.»

«Dann scheidet eine Entführung wohl auch aus.» Lars schaut resigniert zu Kröger, der ein unwirsches Schnaufen von sich gibt.

«Allerdings!», wiegelt Kröger den Vorschlag ab. «Obwohl ...» Er wirft mir einen schrägen Blick zu. Als ich schon fürchte, er, der bodenständige prinzipientreue Hobbykoch mit Hang zur Spießigkeit, würde nun doch in dieselbe Kerbe hauen wie Lars, sagt er: «Wir wissen allerdings sehr wohl, wie der Richter heißt. Dennoch würde ich eine andere Lösung vorziehen.»

Ich horche auf. «Was meinst du damit?», hake ich nach.

Kröger versenkt den Blick erneut auf seinem Spickzettel. «Na ja», windet er sich, «deine Sekretärin meinte zwar, das würde dir nicht schmecken, trotzdem fand sie, dass du es erfahren solltest. Nur wollte ich die Hiobsbotschaften nicht alle auf einmal bekannt geben ...»

«Wer?», belle ich.

«Dr. Klingenberg.»

Mir rauscht das Blut in den Ohren. Ausgerechnet der! Ich kipppe den Schnaps runter. Richter Dirk Klingenberg. Der Kunstfanatiker von Steinfels' Geburtstagsfeier. Schlimmer hätte es nicht kommen können. Er wird mich in der Luft zerfetzen, sobald er den Eindruck gewinnt, ich sei schlecht vorbereitet und stehle ihm seine kostbare Zeit. Wie einen Studenten im ersten Semester wird er mich dann vorführen, was zweifelsohne mein seliges Ende und eine Niederlage für Simone Otto bedeutet.

Vor meinem geistigen Auge läuft ein Film ab. Ein Blockbuster. Mein Chef, Waldo Steinfels, gespielt von Leonardo DiCaprio, zückt kalt lächelnd ein Papier, vollbedruckt mit Zahlen. «Was ist das?», höre ich mich fragen. DiCaprios Lächeln wird breit und ein wenig gehässig. «Ihre Kündigung», sagt er dann. «Ihre persönlichen Sachen hat Frau Behrend bereits in einen Karton gepackt. Ihre aktuellen Fälle übernimmt Herr Rewald.»

Während ich im Geiste überschlage, in wie viele Pappschachteln der Inhalt meines Büros passen mag, beratschlagen sich meine Kumpels. Ich weiß, sie meinen es gut, trotzdem sind ihre Überlegungen Phantasien und grenzen an ein Wunder.

«Bevor ihr euch weiter das Hirn zermartert, kann ich ja mal kundtun, was alles nicht geht», unterbreche ich das Brainstorming. «Den Gutachter erschießen beispielsweise.» Mein Seitenblick trifft Lars. «Seine Expertise liegt schriftlich vor. Es wäre zu meinem Nachteil, könnte ich ihn dazu nicht befragen. Und leider ...», ich breche seufzend ab. «Leider habe ich keine Ahnung, mit welchen klugen Fragen sich seine Aussage entkräften ließe. Außerdem habe ich mein Laptop und auch die entsprechende Akte in der Kanzlei liegen und kann somit jetzt keinen Blick draufwerfen. Und selbst wenn ich sie hätte», ich deute auf die leeren Gläser, «wäre es utopisch zu glauben, mir würde in diesem Zustand ein Geistesblitz kommen.»

Die Jungs nicken einvernehmlich. Scheint, als ebbe ihr Enthusiasmus langsam ab.

«Und nun?», fragt Lars hilflos.

«Nun ist es zunächst einmal schlau, mit dem Saufen aufzuhören», bestimmt Kröger und gibt Mona ein Zeichen, die Rechnung zu bringen. Während wir schweigend vor uns auf den Tisch starren, fange ich im Stillen an, mich zu bedauern. Würde Steinfels mich allen Ernstes rausschmeißen? Vermutlich nicht. Aber ich wäre weg vom Fenster, mein guter Ruf, den ich mir in den letzten Jahren erarbeitet habe, bekäme einen Schnitzer. Morgen würde ich unweigerlich straucheln. Kurz schiebe ich Birte die Schuld dafür in die Schuhe, doch ich weiß, das ist vermessen. Ich allein bin schuld. Hätte ich nur ein wenig Zeit darauf verwendet, mich auf den Fall vorzubereiten. Ich fühle, wie ich wütend werde. Auf mich.

Einen Fall zu verlieren ist nichts Besonderes, versuche ich, mir einzureden. Einer ist immer der Unterlegene. Doch hier geht es um mehr. Nicht allein um die Partnerschaft, es geht darum, den anderen, die den Fall bereits verloren gesehen haben, das Gegenteil zu beweisen. Es geht ums Prinzip. Und es geht darum, dass ich mich nicht von Dr. Klingenberg vorführen lassen möchte, weil ich unvorbereitet bin. Man will doch wenigstens sein Bestes gegeben haben, und das kann ich nun wahrlich nicht von mir behaupten. Um die Ottos mache ich mir dabei am wenigsten Sorgen. Bernhard Otto würde die für ihn läppische Summe von dreitausend Euro vermutlich aus der Portokasse zahlen.

Kröger hat recht. Es wird Zeit, dass ich wieder in die Spur finde. Einzig meiner tapferen Sekretärin habe ich es zu verdanken, dass mein Lebenswandel bislang keine Folgen hatte. Arme Frau Behrend, sie muss ziemlich dabei ins Schwitzen geraten sein, ständig meine Termine zu verschieben und die Ausfälle zu rechtfertigen. Damit ist ab sofort Schluss!

Dennoch gilt es, erhobenen Hauptes den morgigen Tag zu überstehen. Nur wie? Eine vage Idee, wie es gehen könnte, taucht am Horizont meiner Gedanken auf. Sie ist zwar nicht so heimtückisch wie Lars' Vorschlag mit der Entführung, aber sie ist tollkühn, verrückt und eines Anwalts eigentlich nicht würdig. Sie ist zudem unlauter und würde mich im Falle meines Scheiterns auf direktem Weg in die Hölle führen. *Gesenkten Hauptes.*

Doch ich habe keine Wahl.

«Jungs», sage ich einen Tick zu laut, denn die beiden fahren erschreckt zusammen. «Ich habe eine Idee. Ist aber vielleicht besser, ihr erfahrt keine Details.» Keineswegs darf ich ins Grübeln kommen, dann würde ich womöglich Angst vor meiner eigenen Courage kriegen.

Lars und Kröger scheinen zu spüren, was in mir vorgeht. Aus großen Augen gucken sie mich an.

«Keine Angst, ich werde niemanden erschießen.» Eilig schnappe ich meine Jacke. «Kann einer von euch die Zeche übernehmen?», frage ich knapp und bin bereits halb angezogen. «Ich hab noch einiges zu erledigen.» Meine Freunde nicken pflichtschuldig. «Danke. Ich revanchiere mich, sobald der Stress vorbei ist.» Und Kröger beruhige ich: «In einer halben Stunde bin ich zurück und lege mich brav schlafen. Du hast recht: Ich muss morgen früh raus. Sehr früh.»

Draußen vor der Tür ist es bitterkalt. Ich stelle mich in einen schützenden Hauseingang, krame mein Handy hervor und blättere zitternd durch die Liste zuletzt gewählter Telefonnummern. Es ist bereits nach zwölf, doch das dürfte meinem Telefonpartner egal sein.

«Du willst *was* von mir haben?», fragt Devil überrascht, nachdem ich ihm mein Anliegen vorgetragen habe. In seiner Stimme schwingt eine Mischung aus Unglauben und Anerkennung.

«Hab ich doch gerade gesagt. Dieses Mittel, von dem du mal erzählt hast. Ich brauche es nicht für mich, sondern für einen ... Freund. Und da ich fürchte, man würde mir in meinem angetrunkenen Zustand in einer Apotheke nicht weiterhelfen ...» Den Rest des Satzes lasse ich unvollendet.

«Respekt!», konstatiert Devil. «Bist du schwul?»

«Herrje – nein! Nicht *so* ein Freund. Ein ... Bekannter. Erklär ich dir ein andermal. Also, was ist: Hast du das Zeugs?»

«Klar. Dein Glück! Kriegst du in der Qualität nicht überall. Meine Kunden schwören drauf. Wirkt präzise, sofern du es exakt dosierst. Ansonsten ...» Er schweigt vielsagend.

Ich weiß auch so, wie der Satz weitergeht: «Ansonsten hast du ein Scheißproblem.»

19. Kapitel

«Verhandelt wird der Fall Otto gegen KrollCar. Es sind anwesend: der für den Beklagten bevollmächtigte Rechtsanwalt Lutz Jostmann, außerdem Klaus Mittelstedt, der für das Ingenieurbüro Langhahn zuständige Kfz-Sachverständige, ferner ...»

Ich sitze im Gerichtssaal, einem etwa 70 Quadratmeter großen, klassenzimmerartigen Raum mit gebohnertem Fußboden und weiß getünchten Polystyrolplatten an der Decke. Es riecht muffig, eine Mischung aus kaltem Rauch und Essigreiniger. Die Fenster werden hier nur geöffnet, wenn sich jemand dafür zuständig fühlt. Sicher bin ich nicht der Einzige, der sich wünscht, diesen Ort zügig wieder verlassen zu können.

Drei Reihen funktionaler Tische, exakt parallel ausgerichtet, nehmen beinahe die gesamte Breite des Saals ein. Sie sind für Anwälte, Beklagte und Zeugen gedacht. Zudem erstreckt sich entlang der linken seitlichen Wand eine Reihe Sitzgelegenheiten für Zuschauer. Vor der ersten Tischreihe befindet sich, in gebührendem Abstand und leicht erhoben, aber ansonsten wenig eindrucksvoll, das Pult des Richters. Neben ihm sitzt, an ihrem eigenen Tisch, die Gerichtsdienerin. Sie tippt, was zu Protokoll genommen werden soll.

Exakt in der Mitte seines Richtertisches thront Dr. Dirk Klingenberg. Wie sich im Vorfeld bereits angedeutet hatte, wurde aus dem Termin zur Güteverhandlung ein strittiges Verfahren. Obwohl er bereits mit seiner obligatorischen Ansprache fertig ist und jetzt nur noch stumm durch die Akte blättert, strahlt er die überhebliche Arroganz eines despotischen Staatsoberhauptes aus. Gegen ihn wirkt die Gerichtsdienerin wie eine schlecht gecastete Komparsin.

Vis-à-vis von Dr. Klingenberg, in der ersten Tischreihe, sitze ich. Neben mir Simone Otto, die ich heute zum ersten Mal sehe. Ihre Anwesenheit ist keineswegs erforderlich, vielmehr habe ich den Eindruck, sie fühlt sich ihrem Vater gegenüber in der Schuld und glaubt, dies durch ihre Präsenz abgelten zu können. In ihrem seriösen Kostüm und mit filigraner Hochsteckfrisur könnte die 28-Jährige glatt für die Mutter des zwei Jahre jüngeren Zeugen Boran Cern durchgehen, der am linken Ende unserer Reihe sitzt und nervös an seinen Nägeln kaut. Er war derjenige, der die Delle im Auto am Morgen nach der Übergabe entdeckt und gemeldet hat. Zwischen Cern und mir hat der Sachverständige, Klaus Mittelstedt, Platz genommen. Er ist ein pausbäckiger Kerl um die vierzig, trägt Jeans, Karohemd und ein schlecht sitzendes Firmensakko, das er sich heute – dem offiziellen Anlass entsprechend – von der Bürostuhllehne gegriffen haben muss. Zerbeult und mit unauffälligem Muster, zu allem, also eigentlich zu nichts passend, soll es dem Betrachter vor allem eines vermitteln: Ich bin ein Mann, der aufgrund seines Fachwissens geschätzt wird, kann mich vor Aufträgen kaum retten und habe dementsprechend keine überflüssige Zeit zu vertrödeln, schon gar nicht in Klamottenläden.

Der Geschäftsführer von KrollCar, Udo Haas, ist der Verhandlung ferngeblieben, jedenfalls kann ich ihn nirgendwo entdecken. Lediglich seinem Anwalt habe ich kurz die Hand geschüttelt. Während ich mich nun umsehe, bemerke ich, dass Simone Otto etwa ebenso nervös zu sein scheint wie Boran Cern. Natürlich hat sie vollstes Vertrauen in die Kanzlei, die ihr Vater ausgewählt hat, dennoch merkt man ihr jene Ehrfurcht an, die viele Leute spüren, wenn sie zum ersten Mal einen Gerichtssaal betreten. Auch wenn es hier keineswegs so feudal wie in amerikanischen Serien zugeht, empfinden die meisten Respekt vor der Entscheidungsgewalt, die dem Richter obliegt. Wie das dunkel gekleidete Pendant zu einem Arzt, eine Art Halbgott in Schwarz, nimmt man ihn wahr und unterstellt ihm automatisch, unfehlbare Entscheidungen zu treffen.

Ein Irrglaube.

Auch Richter beurteilen mitunter eine Sachlage falsch, zudem geschehen Fälle von Rechtsbeugung und Justizwillkür. Nicht häufig, aber es kommt vor. Zwar würde ich nicht so weit gehen, Dr. Klingenberg ein solches Verhalten zu unterstellen, dennoch geht mir sein großkotziges Gehabe gehörig gegen den Strich. Macht einen auf Kunstkenner und kann einen Schwemmholzpenis nicht als solchen erkennen. Neben seinem bereits erwähnten Hang zur Klugscheißerei in Bezug auf Kunst und Kultur und der Freude daran, vor Gericht Gutachter zu quälen und Anwälte auflaufen zu lassen, ist er mir schlichtweg unsympathisch. Und deshalb, so versuche ich, mir mein Handeln jetzt schönzureden, ist es zwar moralisch verwerflich, jemandem heimlich Abführtropfen in den Kaffee zu schütten, aber auch kein Drama. Es war ja schließlich kein Dope. Obwohl es mich schon sehr reizen würde, ihn mal enthemmt und zügellos zu erleben.

Als geradezu lächerlich einfach erwies es sich heute früh, Klingenbergs Cappuccino zu kontaminieren. Als einer von zwei Gästen saß er, wie jeden Morgen, im Café *Westwind*, durchforstete mit grimmiger Miene die Tageszeitung und ließ sich dabei durch nichts aus der Ruhe bringen. Zwei Cappuccino, seiner und der für den mir unbekannten anderen Gast, standen fertig zubereitet auf dem u-förmigen Tresen, um von der Kellnerin zu den Tischen gebracht zu werden. Der Barista war beschäftigt, die Bedienung band sich kurz mal die Sneakers – niemand nahm Notiz von mir. Um auf Nummer sicher zu gehen, musste ich leider den Kaffee des fremden Gastes ebenfalls verseuchen. Ein unvermeidlicher Kollateralschaden.

Zugegeben, ein wenig erstaunt bin ich über die Tatsache, dass Klingenberg es dennoch bis zum Gericht geschafft hat. Insgeheim habe ich mir von Devils Tropfen mehr versprochen. Hatte er nicht etwas von zeitlich präzise einsetzender Wirkung erzählt? Mein Plan zielte eigentlich darauf ab, dass Dr. Klingenberg sich – etwa beim Erreichen des Sportteils – für den Rest des Tages aufs Klo verabschieden würde. Dieser Prognose hinke ich zum jetzigen Zeitpunkt bereits amtliche eineinhalb Stunden hinterher, und das Ende ist noch offen. Wieder einmal beweist sich, was für ein harter Hund Klingenberg ist. Lediglich eine leichte Blässe um die Nase ist erkennbar, was für diese Jahreszeit jedoch nicht ungewöhnlich und insofern kein eindeutiges Indiz für seinen bevorstehenden Totalausfall ist.

Als könne er meine Gedanken lesen, sieht er nun von seinen Akten auf. Nach einem ausgedehnten Blick über die Anwesenden, der auch dem Beklopptesten unter ihnen klargemacht haben dürfte, wer hier im Raum das Sagen hat, nickt er dem gegnerischen Anwalt und mir kurz zu. Das Startzeichen.

Sein Blick bleibt an mir hängen.

Da! Ein leises Zucken um seine Augen herum lässt eine gewisse Anspannung vermuten. Eventuell möchte er mir aber auch nur zu verstehen geben, Bloody B. Blotenberg gegoogelt zu haben und sich ein kleines bisschen verarscht zu fühlen. Die Konsequenzen, die daraus für mich erwachsen, lassen sich momentan leider so wenig kalkulieren wie der weitere Verlauf dieser Verhandlung. Inständig bete ich, dass Devil von Medizin mehr versteht als von Mikrowellen. Wenn nicht, bin ich geliefert.

«Ich bitte um Ruhe», beginnt Klingenberg mit lauter Stimme. Augenblicklich herrscht im Gerichtssaal Totenstille. «Als Erstes möchte ich den Gutachter anhören.» Er fordert den Sachverständigen auf, das allseits bekannte Schriftstück zu verlesen.

Langsam wird die Zeit knapp. Wenn nicht bald ein Wunder geschieht, ist der Drop gelutscht und der Fall verloren. Unruhig schaue ich auf die Uhr. Dann wieder zum Richter. Müsste ihm nicht zumindest mal ein Furz entfahren?

Klaus Mittelstedt, der Gutachter, räuspert sich. «Ich habe den Unfallwagen im Hinblick auf den Schadenszeitpunkt untersucht», erklärt er den Anwesenden. «Es ist –»

Er gerät ins Stocken, als sein Blick dem des Richters begegnet. Dr. Klingenberg hat die Augen zusammengekniffen und sitzt ein wenig verkrampft auf seinem Stuhl, das Gesicht unschön verzogen. Ich glaube sogar, einen leisen Seufzer gehört zu haben. Den übrigen Zuhörern scheint dies ebenfalls nicht entgangen zu sein, denn sie blicken neugierig zum Richtertisch. Simone Otto runzelt besorgt die Stirn, schaut fragend zu mir. Ich zucke mit den Schultern.

Klingenberg scheint sich wieder gefangen zu haben. «Fahren Sie fort», fordert er den Sachverständigen auf. Seine Stimme klingt jedoch nicht in gewohnter Weise kraftvoll, eher ein wenig belegt.

Mittelstedt räuspert sich erneut. «Nach eingehender Betrachtung des Wagens fanden sich folgende Mängel am Kotflügel –»

Weiter kommt er nicht, denn vom Richtertisch ist nun ein gepresstes Stöhnen zu vernehmen. Wäre Klingenberg schwanger, könnte man meinen, die Wehen hätten eingesetzt. Mit zusammengebissenen Zähnen verzieht er das Gesicht.

Eine leise Angst, zu weit gegangen zu sein, beschleicht mich. Was weiß ich denn schon von Devil? Im Grunde genommen nichts, außer dass er einen Sexshop unterhält, in Bezug auf technisches Wissen ein Aufschneider ist und auf Frauen mit Hörnern steht. Nicht gerade ein geeignetes Fundament, jemandem ein Menschenleben anzuvertrauen. Doch nun ist es zu spät. Außerdem, so versuche ich, mich zu beruhigen, muss man das jetzt auch nicht überbewerten. Es waren nur wenige Tropfen. Selbst Strychnin wäre in dieser Dosierung noch nicht tödlich.

Also, glaube ich.

Unter normalen Umständen hätte Klingenberg dem Sachverständigen jetzt abverlangt, seine Rede von neuem zu beginnen. Heute fordert er ihn mit schlitzartig zusammengekniffenen Augen lediglich zum schnellen Weiterlesen des Gutachtens auf.

Sichtlich fasziniert von der Mimik des Richters, schafft Mittelstedt es kaum, seinen Blick zurück auf das Papier zu lenken. Ehe er jedoch ansetzen kann, tönt ein erneutes Stöhnen durch den Raum. Dieses Mal laut und deutlich.

Ich fühle, wie mir ein wenig heiß wird. Das Wort Körperverletzung geistert plötzlich durch meinen Kopf. Um mir das Strafmaß für mein Vergehen auszumalen, fehlt mir jedoch die Konzentration. Panisch lasse ich mein Gespräch mit Devil am gestrigen Abend noch einmal Revue passieren.

«Zwei Tropfen», erklärte er mir mit dem Tonfall eines Apothekers, der auf besonderen Wunsch auch mal illegale Amphetamine über den Ladentisch wandern lässt. «Auf keinen Fall mehr.» Ich nickte und nahm eine kleine Papiertüte mit dem lilafarbenen Teufel-Logo entgegen. «Stirbt er sonst?», fragte ich, um sicherzugehen, keinen folgenschweren Fehler zu begehen. «Quatsch!» Devil machte eine wegwerfende Geste. «Dann hätte ich ja schon 'ne Handvoll Freier auf dem Gewissen.» Er lachte, und es klang beruhigend.

Jetzt ist von dieser Ruhe jedoch nichts mehr zu spüren. Auch weil ich mich kurzfristig dazu entschieden hatte, auf Nummer sicher zu gehen und dem Richter vier Tropfen zu verabreichen. Vier Tropfen! Eine lächerliche Menge. In einem Schnapsglas wäre sie kaum wahrnehmbar. Also eigentlich null Grund zur Sorge.

Beim nächsten Stöhnen gelingt es Dr. Klingenberg nicht mehr, die Contenance zu bewahren. Auf seiner Stirn haben sich Schweißperlen gebildet, seine Hände umkrampfen abwechselnd die Tischplatte und seinen Bauch, aus seinem Mundwinkel rinnt ein Speichelfaden.

«Entschuldigung», quäkt er schief. Und dann: «Weitermachen!» Sein jämmerlicher Versuch einer autoritären Geste endet in schlappem Armwedeln.

«Der ... Kotflügel war mit ... Schmutzflecken versehen», stottert Mittelstedt, «aller Wahrscheinlichkeit nach ...»

Das nun ertönende Ächzen bringt ihn vollends aus der Fassung. Er bricht ab.

Folter, denke ich. Es klingt, als würde Klingenberg gefoltert. Eine Woge Adrenalin brandet über mich hinweg. Schweiß rinnt den Rücken hinunter, durchnässt mein Hemd. Zum Glück trage ich die Anwaltsrobe, sodass niemand die Flecken sehen kann.

Richter Klingenberg ist nur mehr ein Häufchen Elend. Die Gerichtsdienerin reicht ihm ein Glas Wasser, das sie auf ihrem Tisch stehen hat. Mit Mühe schafft er es, einen Schluck zu trinken, danach ist es mit seiner Selbstbeherrschung allerdings gänzlich vorbei. Ihm entfährt ein Furz, so laut wie eine Gewehrsalve. Im nächsten Moment springt er auf und rennt aus dem Raum.

Zurück bleiben ratlose Gesichter. Irgendwann entsteht unter den Anwesenden diffuses Gemurmel. In Simone Ottos Blick liegt die unausgesprochene Frage, ob es bei Gericht womöglich immer so ungehobelt zugeht. Ihr Weltbild ist offensichtlich leicht ins Wanken geraten. Auch Klaus Mittelstedt ist sichtlich verstört. Ein paarmal klappt er tonlos den Mund auf und zu, dann lässt er sich entkräftet gegen seine Stuhllehne fallen und fischt aus seiner alten Jacke ein ebenso altes, vergilbtes Kaugummi. Der gegnerische Anwalt berät sich mit Boran Cern. Niemand scheint recht zu wissen, was zu tun ist.

Ich nutze den Augenblick und zücke mein Handy. Noch immer schwitzend, tippe ich wie ein Besessener eine SMS an Devil: *Ich habe meinem Freund vier Tropfen verabreicht. Es geht ihm nicht gut. Besteht Gefahr?* Nach einmaligem Durchlesen füge ich hinter dem Wort *Freund* den Zusatz *aus Versehen* ein und schicke die Nachricht ab.

Im Gerichtssaal ist man sich inzwischen einig, dass ausreichend Gründe für eine Rauchpause vorliegen. Und so trotten alle geschlossen in Richtung Ausgang. Einzig Simone Otto bleibt stocksteif sitzen und erwartet offenbar, von mir unterhalten zu werden.

«Äh, ich müsste mal auf die Toilette», lüge ich und bin auch schon verschwunden. Draußen auf dem Flur wähle ich schnurstracks Devils Telefonnummer. In der Annahme, er könne meine Nachricht nicht gehört oder verschlafen haben, beschließe ich, ihn persönlich anzurufen.

Wie durch ein Wunder ist er sofort am Apparat.

«Vier Tropfen hast du ihm also gegeben – Respekt! Den Kerl kannst du für heute abschreiben», kommt er sogleich zur Sache. In seiner Stimme schwingt etwas Undefinierbares. Als käme ein Tötungsdelikt durchaus in Betracht.

Ein erneuter Angstschub übermannt mich. «Es ist doch aber nicht ernsthaft gefährlich für ihn, oder?», versuche ich, ihm die gewünschte Antwort in den Mund zu legen.

Devil bleibt unentschlossen. «Um ehrlich zu sein, weiß ich es nicht.»

«Wie – du weißt es nicht?» Ich muss mich regelrecht zwingen, ihn nicht anzubrüllen. «Es muss doch einen Beipackzettel zu dem Zeugs geben. Tu mir also bitte den Gefallen und schau da mal nach.»

«Ich bin doch keine Apotheke», mault Devil. «Wer braucht denn für so was einen Beipackzettel? Außerdem ...» Er bricht mitten im Satz ab, wohl, um zu überlegen.

«Außerdem was?» Meine Stimme überschlägt sich beinahe.

«Das Zeugs, das ich dir gegeben habe, ist neu. Hab ich von 'nem Russen. Der schwört darauf.» Er kichert kurz. «Ehrlich, wenn ich mit dem Geschäfte mache, wasche ich mir hinterher dreimal die Hände.»

Lehnte ich eben noch halbwegs souverän an der kahlen Betonwand des Gerichtsgebäudes, lasse ich mich nun langsam an ihr hinabgleiten. «Du hast mir ein unerprobtes russisches Mittel angedreht?», sage ich beinahe tonlos.

«Na ja.» Er bleibt die Ruhe selbst. «Wie gesagt: an Russen erprobt.» Er muss schon wieder glucksen.

Ich schlucke. Gegen meinen Willen empfinde ich jetzt großes Bedauern für den Richter. Russen können ja bekanntlich einiges ab. Was Dr. Klingenberg gerade durchmacht, mag ich mir nicht ausmalen.

«Mein letzter Kunde fühlte sich nach der Einnahme wie im siebten Himmel, hat er gesagt.»

Nun, das wage ich in Klingenbergs Fall zu bezweifeln.

«Und sonst so? Hat man dabei Schmerzen?», frage ich vorsichtig.

Devil grunzt. «Woher soll ich das wissen, ich nehm das Zeugs nicht. Ehrlich, Toby, man sieht es mir vielleicht nicht an, aber ich bin ein konservativer Typ. Missionarsstellung und so. Naturkaviar ist nichts für mich.»

Das glaube ich ihm zwar, dennoch würde ich nicht so weit gehen, einen Sexshop-Besitzer als konservativ zu bezeichnen.

«Und du bist sicher, dass der Russe noch lebt?», frage ich.

«Nein.»

«Wie, nein?» Ich kämpfe gegen eine Ohnmacht an.

«Wurde vorgestern von 'nem Afrikaner angestochen. Ist hier nichts Besonderes. Mal sticht der eine, dann schießt der andere. So ist das Leben auf der Reeperbahn.»

Alles klar. Mehr muss ich nicht wissen. «Danke, Devil, du ... hast mir sehr ... geholfen.»

«Wird schon schiefgehen», beruhigt er mich. Dann relativiert er allerdings seine Aussage: «Falls du jetzt deinen Job verlierst: Ich suche noch immer eine Aushilfe!» Schallend lachend legt er auf.

Hatte ich es nicht kommen sehen? Eines Tages würde Devil mir einen 400-Euro-Job in seinem Laden anbieten. Wer hätte gedacht, dass der Tag so schnell kommen würde?

Mit letzter Kraft beginne ich, mich hochzurappeln. Im Grunde genommen ist ja noch alles im grünen Bereich, rede ich mir ein. Mein Plan ist aufgegangen, der Richter ist außer Gefecht. Ganz sicher wird er es überstehen, möglicherweise muss er sich eine längere Auszeit nehmen. Auf jeden Fall bedeutet sein akuter Zustand: Heute kehrt er keinesfalls in den Gerichtssaal zurück.

Sicherheitshalber wanke ich aber doch zu den Toiletten, um zu überprüfen, dass es Klingenberg den Umständen entsprechend gut geht.

Vor der Tür kommt mir ein Anwalt entgegen, den ich vom Sehen kenne. «Gehen Sie da besser nicht rein», warnt er mich nach einer kurzen Begrüßung. «Da drinnen scheint jemand ein ... Problem zu haben.»

Ich spiele den Überraschten. «Oh. Der Arme. Aber er lebt?», hake ich nach und bemühe mich, es wie einen Scherz klingen zu lassen.

Der Kollege lacht tatsächlich. «Oh ja, er lebt. Und wie. Hat wohl was Falsches gegessen.»

Als ich eine Stunde später endlich in meinem Auto sitze, brauche ich zunächst eine Verschnaufpause. Das Verfahren wurde verschoben, über den Ersatztermin wird man mich informieren. Simone Otto war über diesen Umstand zwar nicht erfreut, verbuchte den Vormittag aber offenbar als die logische Konsequenz aus unserer beruflich ohnehin etwas komplizierten Beziehung. Bislang hat sie von mir vermutlich nur den Eindruck eines gesundheitlich stark angekratzten Mannes gewonnen, dessen Termine von seiner Bandscheibe diktiert werden. Dennoch trug sie den Aufschub mit Fassung. Ich versprach, mich zu melden, sobald ich Näheres wüsste.

Auch Frau Behrend, mit der ich kurz spreche, um sie über die Unterbrechung der Verhandlung zu informieren, ist überrascht.

«Du liebe Güte, der arme Dr. Klingenberg», sagt sie mit der für sie typischen Empathie. Dann fügt sie zu meiner Freude jedoch hinzu: «Na ja, ist aber auch kein Beinbruch.» Damit geht sie wieder zu Wichtigerem über: «Hatten Sie eigentlich schon Zeit, sich einen Plan bezüglich der Blumendiebstähle zu überlegen?»

Die Frau hat Nerven! Ich bin gerade mal vier Stunden wieder im

Dienst und soll bereits das Pensum von einer Woche hinter mich gebracht haben? Ich verneine, verspreche jedoch, dies zügig nachzuholen. Auch mein Vorhaben, sie zumindest teilweise über die Veränderungen in meinem Privatleben zu informieren, schiebe ich auf. So etwas sollte man besser unter vier Augen besprechen. Kurz erfrage ich die Terminlage am Nachmittag, und als sie mir eröffnet, dass ausschließlich interne Besprechungen anstehen, bitte ich sie, meine Teilnahme abzusagen.

Ich will mein Leben neu sortieren, noch einmal durchstarten, nicht nur beruflich, sondern vor allem privat. Und zwar ab sofort.

Ohne es zu wissen, hat meine Sekretärin mit dem Thema Blumen ein wichtiges Stichwort geliefert, auch wenn ich diesen Anstoß gar nicht zwingend gebraucht hätte. Alice. Seit unserem Abschied am Samstagabend nagt an mir der Wunsch, ihr mein Verhalten zu erklären. Ihr darzulegen, warum ich davongerannt bin. Weil Alice näher an mich heranzulassen bedeutet hätte, mich mit Birte auseinandersetzen zu müssen. Und dazu war ich noch nicht bereit. Bin es, im Grunde genommen, immer noch nicht. Aber ich mag nicht länger warten. Ich möchte Alice sehen, vielleicht noch einmal mit ihr spazieren gehen, mich bei und mit ihr entspannen.

Sie küssen.

Tatsächlich habe ich seit Monaten nicht mehr so intensive, schöne Gefühle gehabt wie während des kurzen Momentes vor ihrer Haustür. Es ist mehr als überfällig, dass ich ihr die Beweggründe für meinen holprigen Abschied erkläre.

Ehe ich den Motor starten kann, klingelt mein Telefon.

Gedankenübertragung!, denke ich kurz, und mein Herz macht einen erfreuten Hüpfer. Doch die Anruferin ist nicht Alice, sondern Birte.

Vollkommen überrascht betrachte ich das Display. Vier Wochen sind vergangen, seit wir uns das letzte Mal gesprochen haben. Was kann sie heute von mir wollen?

Obwohl sich etwas in meinem Inneren dagegen sträubt, nehme ich das Gespräch an.

«Hallo, Toby», sagt sie, und im selben Moment, in dem ich ihre Stimme höre, platzen die Erinnerungen auf und treffen mich mit voller Wucht. Lange verdrängte Gefühle kommen an die Oberfläche, Bilder blitzen auf. Heilloses Chaos bricht über mir zusammen.

«Hallo», schaffe ich irgendwann zu sagen. Gerade war es mir gelungen, Abstand zwischen uns zu bringen, mich besser zu fühlen. Birte jetzt zu hören, reißt alte Wunden auf. Ich fühle den Schmerz der Trennung, erinnere mich an die ersten Stunden allein im Haus und das furchtbare Tief, von dem ich erst seit kurzem dachte, es überwunden zu haben.

Wut keimt auf. Wut auf mich, über mein Unvermögen, Ruhe zu bewahren. Aber auch Wut auf Birte und das, was sie mir angetan hat.

«Schön, deine Stimme zu hören», sagt sie, und die anschließende Pause lässt vermuten, dass sie hofft, ich würde dasselbe sagen.

Doch ich kann nicht. Meine Kehle ist wie zugeschnürt. Ich habe keine Ahnung, ob ich es überhaupt sagen will.

«Ich würde dich gern sehen und mit dir reden», kommt sie dann sofort zur Sache. So wie immer. Als sei klar, dass ich nichts dagegen einzuwenden habe. «Wann passt es dir?»

Wann es mir passt? Warum fragt sie nicht erst einmal, was ich davon halte? Ich halte nämlich nichts davon. Absolut nichts. Ich möchte sie nicht sehen, und ich will auch ihre Stimme nicht länger hören.

«Ehrlich gesagt, finde ich das keine gute Idee», sage ich vorsichtig. «Ganz und gar nicht.»

«Aber ich», entgegnet Birte. Und als habe sie meine Antwort erst jetzt begriffen, schwenkt sie um. «Bitte, Toby. Es ist wichtig.» Ihr Tonfall ist sanft, aber eindringlich.

«Ich ... bin noch nicht so weit.»

Harr, warum sage ich nicht, wie es ist? Dass ich nicht möchte.

«Genau darüber will ich ja reden», insistiert Birte, «vielleicht kann ich dir helfen.»

Mir helfen? Mir? Wobei? Mein Leben wieder in den Griff zu bekommen? Erst verlässt sie mich Hals über Kopf, und nun möchte sie mir helfen? Darauf kann ich gut und gerne verzichten. Leider bin ich unfähig, dies in Worte zu fassen. Dass Birte mich sehen will, trifft mich vollkommen unvorbereitet und versetzt mir einen Stich. Einen kurzen Moment glaube ich, es sei Sehnsucht. Doch ich täusche mich. Denn ich bemerke, dass ich keinerlei Kraft daraus ziehe, dass sie mir entgegenkommt. Im Gegenteil. Ich fühle mich unwohl.

«Also?», bleibt sie dran. «Wann passt es dir?»

«Ich ... weiß nicht.»

«Wie wäre es mit morgen?»

Es ist eine Kamikaze-Aktion, ich weiß es. Alles in mir sträubt sich. Keine Ahnung, ob es an der Gewohnheit liegt oder weil ich glaube, ihr etwas schuldig zu sein, auf jeden Fall sage ich: «Okay.»

«Wunderbar.» Sie freut sich. «Halb acht beim Italiener?»

«Nicht dort», lenke ich ein, eigentlich nur, um auch mal etwas zu bestimmen. «Lass uns uns in dem Eckrestaurant hier bei der Kanzlei treffen. Ich muss ... lange arbeiten.»

«Fein», willigt Birte ein. «Dann bis morgen. Ich freu mich. Sehr.»

«Äh, ich ... mich auch.»

Eine weitere halbe Stunde bleibe ich an Ort und Stelle, starre aus dem Fenster und lasse das Gespräch Revue passieren. Ich unterdrücke den Impuls, Birte zurückzurufen, um alles wieder abzublasen. Vielleicht muss es so sein. Vielleicht soll ich mich mit ihr treffen, damit die Vergangenheit endlich begraben werden kann. Denn eins will ich ganz sicher nicht: mich mit ihr versöhnen.

Obwohl ich vollkommen verwirrt bin oder vielleicht auch genau deshalb, starte ich den Wagen und halte zehn Minuten später vor Alices Blumenladen.

20. Kapitel

Ein wenig entfallen war mir die Tatsache, dass Alice als berufstätige Frau nicht ad hoc abkömmlich ist. In diesem Moment steht sie hinter dem Tresen ihres Ladens und wickelt den Blumenstrauß eines Kunden in dünnes fliederfarbenes Papier. Ich beobachte sie dabei von der Eingangstür aus.

In Jeans, einem dicken Wollpulli, die Haare zum Zopf gebunden, wirkt sie jünger als bei unserem letzten Treffen. Fast mädchenhaft sind ihre Bewegungen, frisch und herzlich ihr Umgang mit dem Käufer. Natürlich weiß sie, dass – wer so nett bedient wird – wiederkommt. Dennoch macht ihre Freundlichkeit keinen einstudierten Eindruck. Als der Kunde zum Abschied einen Witz erzählt und sie schlagfertig kontert, verspüre ich fast so etwas wie Eifersucht angesichts ihres sehr persönlichen Dialogs.

Ehe ich mir über diese Gemütsregung jedoch weitere Gedanken machen kann, durchzuckt mich urplötzlich ein Blitz der Erinnerung. Irgendetwas, eine winzige Geste von Alice, möglicherweise die Art, wie sie sich eine widerspenstige Strähne, die sich aus dem Zopf gelöst hat, aus dem Gesicht streift, oder ihr Lachen, irgendwie kommt es mir auf einmal seltsam vertraut vor. Doch ebenso schnell wie der Augenblick kam, verschwindet er wieder. Eine Weile versuche ich mit aller Macht, die Erinnerung zu erzwingen, doch es gelingt mir nicht. Als der Kunde sich verabschiedet, trete ich an den Tresen.

Alice erschrickt, als sie mich erkennt. Sie wird rot, und während sie mich verlegen anschaut, flattert ihr Blick immer wieder zur Tür. «Waren wir verabredet?», fragt sie irritiert, und ihre großen grünen Augen schauen fast ein wenig abweisend. Zwar hatte ich nicht erwartet, dass sie mir zur Begrüßung entzückt in die Arme fliegt, doch ihre zugeknöpfte Art versetzt mir einen Stich.

«Wie es scheint, komme ich ungelegen», sage ich entsprechend reserviert. «Ich wollte dich überraschen.»

«Das ist dir gelungen.»

Es klingt nicht gut. Kein bisschen so, als würde sie sich freuen, und schon gar nicht, als habe sie auch nur einen Funken Lust, Zeit mit mir zu verbringen. Die Behauptung, man würde im Alter gelassener an alles herangehen, erweist sich wieder einmal als falsch. Mir klopft das Herz bis zum Hals, ich bin verletzt oder gekränkt oder Gott weiß was, auf jeden Fall vollkommen durcheinander. Ich würde jetzt gern im Erdboden versinken oder zumindest mit einem richtig guten Kommentar kontern, ehe ich auf dem Absatz kehrtmache und den Laden verlasse. Doch leider muss ich feststellen, dass ich zwar in der Lage bin, mit Hilfe eines zwielichtigen Erotik-Händlers gleichermaßen Gottes Gebote wie die Statuten der deutschen Verfassung mit Füßen zu treten, im Dialog mit einer Frau jedoch jämmerlich versage.

«Okay, entschuldige bitte», sage ich kleinlaut. «Es war offenbar keine besonders gute Idee von mir, spontan hereinzuschneien.» Als mir bewusst wird, wie armselig das klingt, füge ich hinzu: «Ich hatte hier in der Gegend zu tun, und dein Laden lag zufällig auf meinem Weg.» Verdammt! Das hört sich auch nicht besser an und ist zudem eine Lüge. Also doch lieber abhauen. Entschlossen wende ich mich zum Gehen.

«Warte!» Alice tritt hinter ihrem Tresen hervor und fasst mich sanft am Arm. «Entschuldige bitte, Toby», sagt sie. «Momentan ist es leider ... etwas stressig.»

Ich schaue mich um. Niemand außer uns ist im Laden. Natürlich kann ich nicht beurteilen, welche Aufgaben so ein Blumenladen mit sich bringt, dennoch beschleicht mich das Gefühl, mit einer Ausrede abgespeist zu werden.

«Klar. Verstehe ich.»

Unschlüssig stehen wir voreinander. Ich weiß nicht, was ich tun oder sagen soll. Eins ist allerdings klar: Es wäre vollkommen hirnrissig, aus einem Anflug verletzter Eitelkeit heraus mein Vorhaben, Zeit mit Alice zu verbringen, in den Wind zu schreiben. Insbesondere da sich dieser Wunsch, seit ich ihr in die Augen geschaut habe, noch verstärkt hat. Mit vierzig erscheint es mir zudem albern, sich hinter Ausreden zu verschanzen. Ehe sie mich nicht klipp und klar nach Hause schickt, werde ich nicht aufgeben.

«Die Wahrheit ist, dass meine erste Tageshälfte vollkommen verrückt und anstrengend verlief, sodass ich zur Entspannung gern ein wenig spazieren gehen würde. Mit dir.» Mein Blick bohrt sich in ihre Augen. «Ich sehe aber ein, dass ich besser vorher hätte anrufen sollen.»

Alice hält meinem Blick einen Moment stand, senkt dann den Kopf und zupft an ihrem Ohrläppchen. Sichtbar hin- und hergerissen, bröckelt ihre spröde Fassade. Einen Augenblick später scheint sie sich zu einer Entscheidung durchgerungen zu haben.

«Es ist so», sie wirft einen Blick auf die Uhr, «dass Opa Lustig den Nachmittag im Laden übernehmen wollte. Er müsste in einer halben Stunde hier sein. Danach hätte ich ... Zeit für einen Spaziergang. Und riesige Lust darauf.» Sie schaut mich wieder an, ist peinlich berührt. Fast als sei es ihr unangenehm, diese Gefühlsregung eingestanden zu haben. «Vorher muss ich allerdings noch ein paar Dinge erledigen. Es wird also noch etwas dauern, bis ich los kann. Falls dich das nicht abschreckt, könntest du in der Nähe etwas essen gehen oder so.» Sie deutet zur Eingangstür. «Am Ende dieser Straße liegt ein gemütliches kleines Café, wo es WLAN und Zeitungen gibt. Dort vergeht die Zeit wie im Flug.»

«Das klingt wunderbar», freue ich mich. «Und bitte mach dir keinen Stress. Kaffee, eine Tageszeitung und die Aussicht auf einen

Spaziergang mit charmanter Begleitung lassen mich notfalls bis zum Einbruch der Dunkelheit ausharren.»

Alice schenkt mir ein Lächeln. Sie scheint gleichermaßen geschmeichelt und belustigt. «So lange wird es nicht dauern», erklärt sie. «Auch wenn es mich in den Fingern juckt, deine Aussage auf die Probe zu stellen.»

Wir verabschieden uns, und ich schlendere mit vorfreudigem Lächeln im Gesicht die weihnachtlich geschmückte Straße entlang und finde das beschriebene Café. Zum Glück wurde hier mit der Dekoration nicht übertrieben, lediglich ein paar Kugeln, die mit farblich passenden Schleifen von der Decke oder an den Wänden hängen, verleihen dem Laden einen Hauch Festlichkeit. Neben Kuchenspezialitäten wird mittags wahlweise ein Nudelgericht oder eine Suppe angeboten. Ich entscheide mich für Letzteres. Tatsächlich verspüre ich nach dem ereignisreichen Vormittag einen Bärenhunger.

Etwa eine Stunde, während der ich die Tageszeitung durchblättere und ein paar Mails auf meinem Telefon bearbeite, dauert es, dann erscheint Alice.

Ausstaffiert mit dicken Boots, Mantel und Mütze, scheint sie es kaum mehr abwarten zu können, endlich rauszukommen.

Wir marschieren in Richtung Alster, schlagen in stillschweigendem Einvernehmen dieselbe Route ein wie nach Steinfels Party. Eine Zeitlang bestaunen wir die mit Lichterketten aufwendig dekorierten Gärten und Hauseingänge und sind schon sehr bald in ein munteres Gespräch vertieft. Wir plaudern über Online-Blumensträuße, steigende Mieten in Hamburg auch für Gewerberäume, über meine Arbeit und gutes Essen und gehen auch Steinfels' Geburtstagsparty noch einmal durch. Unerwähnt bleibt unser verkorkster Abschied vor drei Tagen und mein verrückter Vormittag. Wenngleich sich Alice nach meiner Arbeit erkundigt, sehe ich mich außerstande, ihr, die mich um fachlichen Rat gefragt hat, zu erklären, dass ich schlecht vorbereitet in eine Verhandlung gegangen bin, die damit verbundene Verantwortung für den Mandanten missachtet und am Ende dank unlauterer Mittel erreicht habe, dass die Sitzung vertagt wurde.

«Wie kommst du inzwischen mit der Trennung klar?», wechselt Alice unverblümt das Thema. «Ich meine, neulich beim Mittagessen wirktest du noch ziemlich mitgenommen.»

Die Pause, die entsteht, weil ich überrascht feststelle, dass dieser Tag in meiner Erinnerung schon unfassbar lange zurückliegt, deutet Alice falsch.

Kleinlaut fügt sie hinzu: «Falls das jetzt nicht wieder zu indiskret von mir ist ...»

«Nein, keineswegs.» Ich zeige auf eine Bank am Ufer des Wassers. «Wollen wir uns einen Moment setzen?»

Trotz der fortgeschrittenen Jahreszeit ist die Temperatur heute einigermaßen mild und in den dicken Klamotten gut zu ertragen. Die Sonne strahlt, der Himmel ist von leuchtendem Blau und die Luft wunderbar klar. Mit geschlossenen Augen recken wir beide unseren Kopf dem Licht entgegen und genießen es, die Sonnenstrahlen auf dem Gesicht zu spüren. Trotzdem denke ich angestrengt über ihre Frage nach.

Mir ist klar, dass Alices Erkundigung rein freundschaftlich gemeint sein könnte, dennoch ziehe ich es vor, an einer anderen Interpretation festzuhalten, nämlich der, dass sie ausloten möchte, ob die Sache zwischen mir und Birte geklärt ist. Ich hoffe – und ich weiß, diese Sicht auf die Dinge ist ein wenig tollkühn, insbesondere im Hinblick auf ihre unterkühlte Begrüßung –, dass Alice dasselbe Herzklopfen verspürt wie ich, wenn wir uns sehen. Aber weil sie ein gebranntes Kind ist, noch dazu eine Mutter, die nichts riskieren will, muss sie sich absichern. Verständlich.

Also sage ich: «Mir geht es inzwischen wieder sehr gut. Ich bin mir über ein paar Dinge klargeworden und denke, dies ist meine

Chance auf einen Neustart. Vieles lief in der Beziehung mit Birte schon lange nicht mehr optimal, nur waren wir zu bequem, uns diese Tatsache vor Augen zu führen. Also ... *Ich* war zu bequem.» Vorsichtig schaue ich Alice an. «Zum Glück war Birte so konsequent, dem ein Ende zu bereiten. Im Nachhinein war dieser Schritt längst überfällig.»

Verrückterweise fallen mir in diesem Moment Birtes Worte ein, für die ich sie lange gehasst habe: «Eines Tages bist du mir dankbar für diesen Schritt, Toby.» Wie recht sie damit hat, wird mir erst jetzt bewusst. Tatsächlich bin ich ihr heute dankbar. Dafür, dass ich nun hier mit Alice in der Sonne sitze und wohltuende Gespräche führe.

«Sich ernsthaft mit einer Beziehung auseinandersetzen», erklärt Alice, «das wollen Männer oft nicht. Vermutlich weil sie die Konsequenzen fürchten. Komisch eigentlich. Aber irgendwie auch logisch. Scheidung oder Trennung sind Entschlüsse, deren Auswirkungen nicht kalkulierbar sind. Für Männer ein Graus.»

Einen Moment denke ich über ihre Worte nach. «Ja, das ist wahrscheinlich richtig», pflichte ich ihr zögernd bei. «Tatsächlich fühlen wir uns innerhalb einer Beziehung sicher. Aber manchmal auch eingeengt und bevormundet. Womit wir allerdings – aus Angst vor Diskussionen und deren möglichen Folgen – hinter dem Berg halten. Lieber ziehen wir uns in unser Schneckenhaus zurück und warten auf ein Wunder. Oder auf die Eskalation. Eigentlich bescheuert, aber so sind wir nun mal.» Ich muss an Kröger denken. «Ein Kumpel von mir macht gerade haargenau diese Erfahrung durch. Er hat jahrelang alles in sich hineingefressen, bis er von heute auf morgen ausgezogen ist und seine Frau verlassen hat, um Luft zum Nachdenken zu haben. Aufgeben möchte er seine Ehe nämlich nicht, nur für ein wenig mehr Selbstbestimmung kämpfen. Doch daran, seiner Frau das klarzumachen, droht er zu scheitern.»

«Oh weh», sagt Alice betroffen. «Dabei würden wir Frauen doch so gern öfter mit euch reden!»

«Genau das ist der Punkt. Ihr habt mehr Erfahrung darin, eure Gefühle auszudrücken. Wir können da nicht mithalten. Es macht uns Angst. Überhaupt fühlen sich Männer, glaube ich, manches Mal überfordert und verunsichert. Es ist ein schmaler Grat, auf dem der moderne Mann balancieren muss. Nicht nur soll er das Geld verdienen, pünktlich nach Hause kommen, die Kinder bespaßen, einen Teil des Haushalts machen und passabel kochen können, er sollte dabei nach Möglichkeit auch noch humorvoll sein und immer ein offenes Ohr für seine Frau haben. Männer müssen sozusagen Allrounder sein. Dabei kommt ihnen nur oftmals leider genau das abhanden, das ihr so sehr an ihnen geschätzt habt: Selbständigkeit und Autonomie. Birtes Konsequenz daraus war, dass sie sich einen anderen gesucht hat. Einen, der nicht so langweilig ist wie ich. Wie soll man da nicht verunsichert sein?»

Alice antwortet nicht sofort. Erst nach einer Weile sagt sie: «So habe ich die Sache noch nie betrachtet. Klingt alles sehr einleuchtend. Überhaupt frage ich mich, warum man so häufig innerhalb einer Partnerschaft versucht, dem Partner genau jene Eigenschaften abzugewöhnen, wegen derer man sich mal in ihn verliebt hat. Ist doch eigentlich verrückt, oder?»

«Ja, das ist es. Und obwohl wir uns der Problematik bewusst sind, begehen wir immer wieder aufs Neue dieselben Fehler.»

«Ja», sagt Alice und schaut mich an, «deshalb ist es umso wichtiger, miteinander zu reden. Sobald man sich unwohl fühlt. Nicht erst, wenn es zu spät ist.»

«Da hast du vermutlich recht.»

Alice seufzt, zupft sich nachdenklich an der Unterlippe. «In der Theorie ist man immer so schlau. Praktisch versagen dann aber beide Geschlechter. Denn während ihr Männer gern den Weg des geringsten Widerstandes geht, stecken Frauen sich oftmals zu hohe Ziele, nach denen sie dann viel zu verbissen streben. Dabei vergessen sie, den Weg, der sie dorthin führt, zu genießen. Also jeden einzelnen Tag. Ich weiß das, weil ich als junge Frau ebenfalls große Pläne geschmiedet hatte, die dann allesamt durch die Schwangerschaft zunichtegemacht wurden. Auf einmal musste ich umdenken, meine eigenen Wünsche zurückstellen. Ich habe gemerkt, dass die Zeit umso schneller vergeht je älter man wird. Wenn man nicht irgendwann innehält, um sich zu spüren und am Leben zu erfreuen, versäumt man das Schönste.» Sie lächelt verlegen. «Klingt verdammt weise, oder?»

Ich nicke stumm, denke über ihre Worte nach.

«Ich finde es bewundernswert», sage ich nach einer Weile, «wie du das alles gemeistert hast. Ehrlich gesagt habe ich keine Ahnung, ob ich zu einem solchen Kompromiss bereit gewesen wäre.»

Sie schaut mich einen Moment von der Seite an. Etwas in ihrem Blick sagt mir, dass sie mich genau so eingeschätzt hat. Weiter komme ich mit meinen Gedanken allerdings nicht, denn die Geste, mit der sie sich gerade nachdenklich übers Kinn gestrichen hat, löst einen weiteren kurzen Erinnerungsblitz in mir aus. Dieses Mal bin ich dichter dran und glaube, gleich ein Bild zu bekommen. Doch Alice platzt in meine Gedanken.

«Habt ihr eigentlich noch Kontakt, du und Birte?», will sie wissen.

Augenblicklich ist meine Konzentration futsch, mit ihr das vage Bild, das sich partout nicht zusammensetzen will.

«Nein», sage ich, weil es bis vor zwei Stunden der Wahrheit entsprach. Und weil ich fürchte, es könnte Alice sonst verunsichern, wenn ich nicht klar Stellung beziehe. «Man schlägt die Bücher zu, wenn sie gelesen sind. Auch sehr weise, oder?»

«Ja. Und zudem vollkommener Quatsch.» Ihre Augen blitzen herausfordernd. Dennoch scheint sie aber zufrieden über die Antwort zu sein.

Eine Weile schweigen wir, schauen aufs Wasser. Das Thema Birte ist damit hoffentlich ein für alle Mal vom Tisch. Ich will auch nicht länger darüber sprechen. Jedenfalls nicht jetzt. Und nicht mit Alice.

Stattdessen beobachte ich sie dabei, wie sie versonnen ein paar Hunden beim Herumtollen zusieht. Die wärmenden Sonnenstrahlen haben Alice dazu verleitet, ihre Mütze vom Kopf zu nehmen und den Zopf zu lösen, sodass nun einzelne Haare elektrisiert den Kopf umtanzen. Ich würde ihr gern darüberstreichen, sie dichter an mich ziehen und küssen. Doch ich traue mich nicht.

Alice bemerkt meinen Blick. Sie dreht sich zu mir, schaut mich lange und intensiv an. Dann sagt sie unvermittelt: «Du erinnerst dich tatsächlich nicht, oder?» Ihre Augen bohren sich förmlich in meine.

Obwohl mich ihre Frage verwundert, antworte ich wahrheitsgemäß: «Nein. Ich erinnere mich nicht. Aber offenbar gibt es etwas, woran ich mich erinnern sollte.»

Überrascht sehe ich, dass Alice plötzlich errötet. Sie schaut zu Boden, schweigt. Es dauert eine Ewigkeit, ehe sie wieder hochguckt. «Allerdings, das gibt es.» Ihr Blick streift mich, dann wendet sie den Kopf zum Wasser. «Vermutlich kommst du nicht drauf, weil ich mich seit unserer letzten Begegnung sehr verändert habe.» Schnell fügt sie noch hinzu. «Du dich allerdings auch.»

Seit unserer letzten Begegnung? Ich bin irritiert über die Formulierung. Irgendwie ist mir sofort klar, dass sie damit nicht auf Steinfels' Geburtstag anspielt.

Inzwischen leicht belustigt über mein Grübeln, hilft Alice mir auf die Sprünge. «Es war während deines Studiums. Ein Kommilitone von dir – den Namen habe ich vergessen – schmiss eine Party. Schanzenstraße. In dieser coolen Wohnung mit den Türmchen ...»

«Ralf!», sage ich sofort. «Ralf ...» Der Nachname will mir jedoch nicht einfallen. Dafür bekomme ich endlich ein Bild. Verschämt schlage ich mir die Hand vor den Mund. «Sag jetzt nicht, du bist ...» Ich starre sie aus aufgerissenen Augen an.

Alice nickt. «Doch, das bin ich. Das Mädchen mit den kurzen braunen Haaren und dem Tattoo.»

Ich bin vollkommen perplex. Überwältigt von den Erinnerungen vergangener Zeiten, die plötzlich auf mich einstürzen. Auf einmal habe ich tausend Kleinigkeiten vor Augen, allesamt aus einer Zeit, die schätzungsweise fünfzehn bis zwanzig Jahre zurückliegt. Sehr gut erinnere ich plötzlich den Abend, an dem ich eigentlich mit Susanna, meiner damaligen Freundin, zu Ralfs Party gehen wollte. Um das Ende der gemeinsamen Studienzeit und meinen Abschied zu feiern. Ein Jahr Praktikum in einer Londoner Großkanzlei stand für mich an, und ich freute mich riesig auf die neue Erfahrung. Doch an diesem Abend lief alles schief. Susanna war bereits seit geraumer Zeit eifersüchtig. Obwohl wir im Voraus alles besprochen und die Entscheidung meines Weggehens gemeinsam getroffen hatten, stritten wir ständig. Im Nachhinein glaube ich, dass uns beiden insgeheim klar war, dass unsere Liebe keine Zukunft hatte. Doch sie gab noch einmal alles, machte mir eine Szene, schrie und verlangte, ich solle den Abend zu Hause bleiben und die Reise verschieben.

Kaum zu glauben, aber auf einmal fallen mir sogar winzige Details ein. Dass sie mit einem Teller warf, den Weg zur Haustür versperrte. Und dass ich mich wütend an ihr vorbeischob, dabei an ein Foto stieß, das an der Wand hing und dann krachend zu Boden stürzte. Ich weiß auch wieder, dass ich schlussendlich stinksauer und frustriert allein zu Ralfs Party fuhr. Dort feierte ich den Frust zunächst einfach weg, amüsierte mich mit meinen Freunden und später dann mit einer lustigen Brünetten.

«Aber ... Alice Kosznik», versuche ich, meinem Gedächtnis nachzuhelfen, «irgendwie sagt mir der Name noch immer nichts.»

Sie hilft mir auf die Sprünge: «Ich trug damals noch den Nachnamen meines Vaters, Vollstedt, allerdings glaube ich nicht, dass wir überhaupt je Nachnamen ausgetauscht haben.» Sie schaut mich an, als müsse der Groschen bei mir nun langsam fallen. «Nur meinen Vornamen müsstest du kennen: Alicia. Seit vielen Jahren nenne ich mich aber nur noch Alice.»

Und plötzlich fällt es mir wie Schuppen von den Augen. Sie hatte dunkelbraune, fast schwarze Haare, zu einem kurzen Bob geschnitten. Ich erinnere auch wieder die Tätowierung auf ihrem Oberarm. Das Gesicht des Sängers einer Gothic Band. Sein Name ist mir allerdings tatsächlich entfallen. Natürlich hatte ich das Bild bislang unter Alices Winterkleidung nicht sehen können, sonst wäre mir mit Sicherheit eher ein Licht aufgegangen.

«Ich ... also ...» Ich bin dermaßen baff, dass mir schlichtweg die Worte fehlen. Tausend Dinge gehen mir plötzlich im Kopf herum. Auf die Schnelle überschlagen, müssten inzwischen tatsächlich etwa zwanzig Jahre vergangen sein, seit wir uns das letzte Mal gesehen haben, möglicherweise auch ein paar weniger, aber dennoch: ein irre langer Zeitraum. Und nun treffen wir uns quasi zufällig wieder, weil ich Alice empfohlen wurde? Schwer zu glauben. Zumal wir uns nicht einfach nur vom Sehen kannten. Der Abend endete am Elbstrand. Auf einem Badetuch des Gastgebers, das wir haben mitgehen lassen.

«Du hast damals mit deiner Freundin zusammengewohnt, was dir dummerweise erst am nächsten Morgen wieder einfiel», sagt Alice leicht vorwurfsvoll. «Nachdem du mit mir geschlafen hast.»

«Oje», ich schaue sie schuldbewusst an. «Susanna ...»

«Ganz genau. Susanna. Hast du ihr je von dieser Nacht erzählt?»

«Um ehrlich zu sein: Ich weiß es nicht mehr. Ich bin ja kurz danach nach London gegangen. Da Susanna mich dort niemals besucht hat, nehme ich an, dass unsere Beziehung diesen besagten Abend nicht überlebt hat.»

Alice nickt. Das scheint sie gerecht zu finden.

Ich versuche, die Zeit Revue passieren zu lassen. Ich weiß noch sehr genau, dass ich mich an den Abend mit Alice damals in London gern zurückerinnert habe. Doch irgendwie war klar, dass unsere Leben nicht zusammengepasst hätten. Ich war ehrgeizig, wollte Karriere machen. Eine gute Ausbildung absolvieren, danach das

Referendariat und endlich echte Fälle bearbeiten. Alice hingegen kämpfte ums Überleben, das erinnere ich jetzt wieder. Sie hatte Streit mit ihrem Vater, der sie früh aus dem Haus getrieben hatte, weshalb ihre Tage darin bestanden, sich ihren Lebensunterhalt zu verdienen. Trotzdem war sie fröhlich und voll mitreißender Energie. Eine Eigenschaft, die Männer an Frauen fasziniert. Langsam verstehe ich einiges. Doch längst nicht alles.

«Und wie kam es, dass du in unserer Kanzlei aufgetaucht bist?», frage ich. «Das war wohl kein Zufall, oder?»

Alice zieht sich den Mantel fester um den Körper und schaut in die Ferne. Die Sonne steht inzwischen tiefer, und die Schatten der Bäume werden länger und länger. Ob es das Thema mit sich bringt oder die sinkenden Temperaturen, auf jeden Fall scheint Alice plötzlich zu frösteln.

«Nur so ein halber Zufall», sagt sie und blickt weiterhin starr vor sich hin. «In der Tat wurdest du mir empfohlen, doch ich habe erst später begriffen, wer sich hinter deinem Namen verbirgt.»

«Dabei habe ich ihn, im Gegensatz zu dir, nicht gewechselt.»

«Tja. Auch Frauen vergessen mal etwas», sagt sie lapidar. «Außerdem war es ja nur ein Abend, den wir zusammen verlebt haben.»

Sie schaut mich noch immer nicht an. Dabei möchte ich sie in die Arme reißen und mich mit ihr freuen. Über das Wiedersehen und die glückliche Fügung, sie erneut gefunden zu haben. Tatkräftig springe ich auf: «Komm!» Ich reiche ihr die Hand, ziehe Alice hoch. «Lass uns darauf anstoßen, okay? Die Vergangenheit begraben und neu starten.» Nie im Leben könnte ich sie jetzt gehen lassen. «Also, falls du mir mein Verhalten von damals verziehen hast ...»

Es sollte ein Witz sein, doch er kommt nicht so gut an, wie ich es erhofft hatte. Alice schaut mich ernst an. «Das habe ich inzwischen, aber glaub mir, Toby.» Sie sucht nach den richtigen Worten. «Damals habe ich dich gehasst. Und mich dazu, weil ich so blöd war, so weit zu gehen.» Dann endlich huscht ein Lächeln über ihr

Gesicht. «Aber der Abend war dennoch schön, die laue Sommernacht und dazu mein naiver Glaube an Liebe auf den ersten Blick. Ich war ziemlich verknallt.»

«Ich auch», würde ich gern sagen, doch das klänge in meiner Situation vermutlich allzu pathetisch. Stattdessen versuche ich, mich stumm zu erinnern. Daran, warum ich Susanna an besagtem Morgen überhaupt erwähnt habe. Ich schätze, es geschah aus einem tief verwurzelten schlechten Gewissen. Oder schlichtweg aus Dummheit. Auf jeden Fall wollte Alice mich deshalb nie wieder sehen. Tatsächlich gab es einen Moment, in dem ich kurz überlegte, für sie alles hinzuschmeißen und in Hamburg zu bleiben. Verrückt zu sein und gegen den Strom zu schwimmen. Doch dann kam die Besinnung. Ich hatte es schon für Susanna nicht tun wollen, also beschloss ich, vernünftig zu bleiben und nicht alles für eine Frau aufzugeben, die ich kaum kannte.

Alice und ich legen den Rest der Runde Hand in Hand zurück. «Gibt es eigentlich zurzeit jemanden in deinem Leben?», frage ich, weil mir der Gedanke plötzlich in den Sinn kommt. Auf einmal scheint es mir vermessen zu glauben, dass eine attraktive Frau wie sie keinen festen Partner hat. Die Vorstellung bringt mich zugegebenermaßen aus dem Konzept, und mein Versuch, möglichst unbekümmert zu klingen, scheitert jämmerlich. «Einen Freund oder dergleichen? Ich weiß ja, dass du einen Sohn hast, zu dessen Vater kein Kontakt besteht. Doch von anderen Männern war nie die Rede.»

Verkrampft warte ich auf ihre Antwort. Nach einer gefühlten Ewigkeit sagt Alice: «Momentan habe ich keinen Freund. Pech mit Männern liegt bei uns in der Familie ...»

Es klingt nicht, als wolle sie das Thema weiter vertiefen. Ich hake dennoch nach: «Aber Opa Lustig war ja offenbar sehr lange glücklich verheiratet», werfe ich ein. «Also nehme ich an, dass du deine Eltern meinst. Sind sie inzwischen geschieden?»

Alice nickt. «Ein paar Jahre, nachdem mein Vater uns verlassen hat, ist meine Mutter gemeinsam mit meinen beiden Schwestern zurück nach Polen gegangen. Wir verstehen uns gut, besuchen uns, so oft es passt. Mama hat auch einen neuen Mann, meinen Stiefvater. Er ist warmherzig und tut ihr gut. Trotzdem wollte ich in Deutschland bleiben. Hier bin ich geboren und mein Kind ebenfalls.»

Sie schaut entschlossen zu mir rüber, und sofort ist klar: Die Fragestunde ist beendet.

«Gleich sind wir mit unserer Runde fertig», sage ich deshalb. «Ehrlich gesagt, habe ich schon wieder Hunger, wie geht es dir? Ich lade dich ein. Zur Feier des Tages.»

Sie nickt und lächelt dieses wunderschöne Alice-Lächeln.

Gut gelaunt ziehe ich sie in Richtung Auto. «Wie lange haben wir Zeit?»

«Egal», erwidert Alice, «das Kind ist versorgt.»

«Prima. Italienisch?»

«Sì!»

Eine halbe Stunde später habe ich uns erfolgreich durch den Feierabendverkehr manövriert und steuere das erstbeste italienische Restaurant in Poppenbüttel an. Ursprünglich hatte ich zu *Da Mario*, meinem Lieblingsitaliener in Alsternähe, gewollt, doch als Alice zögernd vorschlug, auch mal meine Wohngegend sehen zu wollen, wo sie doch schon so viel von sich preisgegeben hätte, willigte ich kurzerhand ein.

«Keine Angst, später fahre ich dich wieder nach Hause», erkläre ich, als wir im Restaurant an einem netten Tisch am Fenster Platz nehmen. «Ich wohne ja nun mal nicht gerade zentral.»

Sie nickt und sieht sich um. Zwar hat man hier kein nennenswertes Panorama, genau genommen schaut man auf den hauseigenen Garten, der wenig ansprechend geschmückt und deshalb auch nur spärlich beleuchtet ist. Doch Alice scheint zufrieden zu sein.

Mit ausladenden Gesten deute ich in die unterschiedlichsten Himmelsrichtungen und erkläre, wo von hier aus gesehen mein Haus steht, wo der Bahnhof ist, wo mein Kumpel wohnt und an welcher Kreuzung das große Einkaufszentrum steht. Wir bestellen Pasta und Wein und knüpfen mit unserem Gespräch dort an, wo wir während des Spaziergangs aufgehört haben. Als wir uns eineinhalb Stunden später die Bäuche halten und der Wirt die Dessertvorschläge vorträgt, schüttele ich stellvertretend für uns beide den Kopf. «Danke, nein. Es geht nichts mehr.»

Während Alice auf der Toilette verschwindet, begleiche ich die Rechnung. Unsere Verabredung neigt sich dem Ende zu, aber die Vorstellung, Alice nach Hause zu fahren und sie gehen zu lassen, bereitet mir ein unschönes Ziehen in der Magengegend.

«Vielleicht hast du noch Lust auf einen Kaffee? Bei mir?», traue ich mich vorzuschlagen, als sie zurück an den Tisch kommt.

«Oh», sagt Alice, und ich fürchte schon, mein tollkühner Vorschlag würde falsch ankommen. Da fügt sie hinzu: «Sehr gern. Dann kann ich gleich mal schauen, ob du nicht doch noch eine Hortensie im Garten unterbringen kannst.»

«Fein. Also los», erwidere ich erfreut. Doch es soll der schlimmste Espresso meines Lebens werden.

21. Kapitel

Noch immer schlängelt sich eine Blutspur über den Fußboden des gesamten Erdgeschosses. Im Wohnzimmer liegen wild zerstreut die Scherben der eingeschlagenen Terrassentür, und auf dem Küchentisch schimmelt altes Brot. Einziger Pluspunkt: Dank des Lochs in der Scheibe riecht es nicht muffig. Dafür ist es im gesamten Haus bitterkalt.

Alice steht der Mund offen. «Sollte ich mich in dir getäuscht haben, und du drehst heimlich Splatterfilme?», fragt sie halb im Scherz, aber auch ein wenig besorgt. Man sieht ihr an, dass sie das Bild von mir als Gentleman nicht mit dieser Behausung in Einklang bringen kann.

«Äh ... Das ist eine lange Geschichte», sage ich lapidar und bete, dass Alice sie nicht hören möchte. «Oben sieht es leider auch nicht besser aus. Wie du weißt, wohne ich zurzeit nicht hier.» In Alices Augen kann ich lesen, dass ihr nicht klar ist, warum ich aus diesem Haus ausgezogen bin. Wenn man von der überfälligen Grundreinigung absieht. Doch sie schweigt.

«Also was ist: Espresso? Und wenn ja, bevorzugst du es, ihn am Küchentisch zwischen den Blutflecken zu trinken oder unten in der Sofaecke neben den Scherben?» Ich bemühe mich, aus der Not eine Tugend zu machen und witzig zu sein.

«Unten», antwortet Alice. «Während du den Kaffee bereitest, könnte ich mich nützlich machen und die Glassplitter ein wenig zusammenfegen. Dann wird mir auch gleich ein wenig warm.» Sie lächelt mich verlegen an. «Wo finde ich einen Besen?»

«Nein, bitte nicht. Das musst du nicht. Das kann ... die Putzfrau machen.»

Alice schaut mich an. «Scheint, als habe sie Urlaub.»

«So ähnlich.» Ich rechne kurz nach. Falls ich richtigliege, müsste sie am Donnerstag wieder ihren Dienst antreten. Ein Segen. «Okay», gebe ich Alice gegenüber nach und stöbere im Küchenschrank nach dem Kehrer. «Aber nur zur Seite fegen. Den Rest erledige ich ein andermal.»

Zehn Minuten später sitzen wir auf dem sauberen Teil des Sofas, eingekuschelt in eine Wolldecke und nippen an unserem Espresso. Die Berge leerer Gläser, die vom Saufgelage mit den Jungs zeugen, wurden von Alice ordentlich auf einem Tablett zusammengestellt und an den Rand des Glastisches geschoben. Außerdem hat sie die herumliegenden Zeitschriften ordentlich gestapelt, das Licht heruntergedimmt, eine Kerze angezündet und die Kissen nett drapiert. Der starke Kaffee verströmt leckeren Duft, sodass sich das Haus langsam wieder bewohnt anfühlt.

Alice stellt ihre Tasse ab, lehnt sich zurück gegen das Polster und streicht die Decke über ihrem Schoß glatt. Anschließend stößt sie einen wohligen Seufzer aus. «Schön hast du es hier», sagt sie mit einem Blick in den Garten.

Zwei kleine Lichter, die durch einen Dämmerungsschalter gesteuert werden, beleuchten schemenhaft den Strandkorb und eine kleine Tanne. Birte mochte es, wenn man bei offenen Jalousien nicht in ein schwarzes Loch hinausstarrte.

Ich beobachte Alice, die noch immer den Blick schweifen lässt. Auf ihrer Nase erkenne ich die bereits vermuteten Sommersprossen. Ihr hübsches Gesicht scheint zu leuchten im flackernden Schein der Kerze, und ich muss mich zwingen, sie nicht in meine Arme zu reißen und über sie herzufallen.

Übersprungsartig leere ich meine Tasse und lehne mich ebenfalls zurück. Wir schweigen, was sich einerseits angenehm vertraut anfühlt, andererseits eine kribbelige Spannung hervorruft. Im Leben eines Mannes stellen derlei Situationen eine Herausforderung dar.

Einerseits möchte man meinen, dass eine Frau dir nicht nach Hause folgt, um dort eine pfützengroße Menge Kaffee einzunehmen, und im Anschluss nach Hause gebracht werden will. Andererseits sind Frauen ein Mysterium, wechseln ihre Meinung im Sekundentakt, und die Beweggründe, warum sie die eine oder andere Entscheidung treffen, wird ein Mann niemals nachvollziehen können. Entsprechend gehemmt fühle ich mich. Hinzu kommt, dass Alice mir auf dem Sofa, auf dem zuletzt Mirko geschlafen und Lars sich übergeben hat und auf dem sonst Birte mit gerunzelter Stirn den Spätnachrichten lauschte, vollkommen unwirklich erscheint. So, wie sie da sitzt, die Beine lässig übereinandergeschlagen, mit ihrem langen Haar und dem einladenden Mund, wirkt sie wie ein Eindringling in ein Leben, das bislang ohne sie vonstattenging und in das ich sie nun hineingezerrt habe.

Ich bin nervös, spüre, wie mein Puls sich beschleunigt bei dem Gedanken, Alice zu küssen.

Obwohl mein Leben in den letzten Wochen ziemlich aufregend verlief, auch oder gerade im Hinblick auf Frauen, finde ich es fast erleichternd, welche starken Gefühle Alice in mir auslöst. In den letzten Wochen hegte ich nämlich insgeheim die Befürchtung, ich könnte mich zu einem Schürzenjäger mit wenig emotionalem Tiefgang entwickeln. Doch die Sorge erweist sich nun als unberechtigt. Ich bin noch immer der Alte. Und genau das hemmt mich jetzt. Alice ein weiteres Mal zu küssen, würde bedeuten, ihren und meinen Kosmos unweigerlich durcheinanderzuwirbeln. Sie trägt Verantwortung, hat ein Kind. Ich habe bereits einmal leichtfertig mit ihr geschlafen, und nun gilt es zu zeigen, dass ich mich geändert habe. Es wäre also vielleicht ratsam, sie nach dem Kaffee nach Hause zu fahren. Das ließe mich wie einen Gentleman wirken, der ich im Grunde meines Herzens bin. Doch leider erscheint mir dieser Gedanke gerade vollkommen abwegig.

«Ich sollte jetzt besser gehen», platzt Alice in meine Überlegungen und löst damit in meinem Inneren regelrecht Panik aus. «Vermutlich war es keine gute Idee hierherzukommen, oder? Du siehst jedenfalls sehr nachdenklich aus. Als sei dir plötzlich bewusst geworden, dass das hier ...» Sie macht eine Geste durch den Raum. «... für dich doch noch nicht ganz abgeschlossen ist.»

Bitte? Sie interpretiert die Situation komplett falsch.

«Nein», rufe ich erstaunt, «es ist nur ... also, ich habe mich gefragt, wie du dich hier wohl fühlen magst. In dieser ungewohnten Umgebung, hineingebeamt in ein fremdes Leben.» Ehe sie sich dazu äußern oder eine Entscheidung treffen kann, stelle ich klar: «Ich möchte nicht, dass du gehst. Im Gegenteil.»

Viel lieber würde ich dich endlich küssen.

Alice greift nach ihrer Espressotasse, leert sie. Dann schaut sie mich an. «Bist du sicher? Ich könnte mir auch ein Taxi rufen.»

«Kommt nicht in Frage. Schon gar nicht jetzt.»

Im Zeitlupentempo nehme ich ihr die Tasse aus der Hand und stelle sie auf den Tisch. Keine Sekunde lasse ich Alice dabei aus den Augen. Mein Herz rast wie wild, doch die Panik, sie könne tatsächlich aufbrechen wollen, beflügelt mich. Ehe sie einen weiteren Vorstoß bezüglich ihres Abschieds herausbringen kann, beuge ich mich zu ihr und küsse sie.

Endlich.

Eine halbe Stunde später liegt Alice auf einen Ellenbogen gestützt neben mir auf dem Sofa und schaut mich an. Ihre Wangen sind gerötet, das Haar zerzaust.

Ihr nackter Körper, den sie nachlässig in die Wolldecke gehüllt hat, ist extrem dünn. Aber keineswegs unattraktiv. Ebenso verhält es sich mit ihren Brüsten. Im Vergleich zu Millies wirken sie zwar wie ein Smart neben einem Vierzigtonner, aber sie passen zum Gesamtbild und sind in meinen Augen perfekt.

«Du bist sehr schön», fasse ich meine Gedanken in Worte und

fahre mit dem Zeigefinger die Konturen ihres Körpers ab. Als ich bei ihrer Tätowierung angekommen bin, stocke ich und streiche darüber. «Hieran hätte ich dich sofort erkannt», erkläre ich und füge lächelnd hinzu: «Es hat sich gerade kein bisschen angefühlt, als hätten wir schon einmal zusammen geschlafen. Ich finde deshalb, wir sollten die Vergangenheit vergessen und stattdessen in die Zukunft blicken. Es besser machen.»

Ich möchte noch viel mehr sagen, so vieles liegt mir auf der Seele. Dass ich mir eine Beziehung mit ihr wünsche, alles von ihr wissen will und die letzten Jahre aufarbeiten möchte. Und dass ich beabsichtige, ihren Sohn kennenzulernen, um vielleicht irgendwann eine Familie zu sein. Doch ich fürchte, Alice mit diesen Gedanken zu verschrecken. Genau genommen bin ich selbst ein wenig erstaunt. Gerade habe ich noch voller Inbrunst erklärt, mich zu alt für Kinder zu fühlen, und nun rede ich von Familie? Sie müsste mich nach diesen Worten unweigerlich für einen Lügner, einen Schaumschläger halten. Doch von welcher Seite ich meine Aussage auch beleuchte, es kommt mir nichts falsch daran vor. Ich empfinde es genau so und muss mich regelrecht zwingen, den Satz nicht doch noch laut auszusprechen.

Während Alice nichtsahnend schweigt, mache ich eine weitere überraschende Feststellung: Das Chaos in meinem Kopf und in meinem Leben scheint sich fast wie von selbst entwirrt zu haben. Ich sehe meine Zukunft sonnenklar vor mir liegen, habe neue Träume und schmiede bereits Pläne.

Einen kurzen Moment überlege ich, doch einen Vorstoß zu wagen und mich Alice zu offenbaren, da höre ich plötzlich ein Geräusch. Es kommt von der Haustür und klingt, als würde sich jemand am Schloss zu schaffen machen.

Ich zögere. Obwohl die Kombination der Worte Haustür und Schloss nicht viel Raum für Spekulationen bietet, brauche ich dennoch eine Weile, um sie in den rechten Kontext zu setzen. Etwas zu lang, wie sich herausstellt, denn jetzt wird die Haustür geöffnet und im Flur das Licht eingeschaltet.

Sekunden später steht Birte im Wohnzimmer.

Der Klassiker. Zwar ist die Situation moralisch nicht verwerflich – sie und ich leben getrennt, und Alice weiß von Birte –, trotzdem ist es unschön, nackt mit einer Frau auf dem Sofa zu liegen, während eine andere dich anstarrt, als seist du ein widerlicher Ehebrecher.

«Hallo», sagt Birte knapp zu Alice, beschließt dann aber, sie im Folgenden zu ignorieren. «Was ist denn hier passiert?» Sie deutet auf die kaputte Scheibe und den Scherbenhaufen. «Was sind das für Flecken?»

Ihre letzte Geste gilt dem Fußboden, also sage ich, wie es ist: «Blut.»

«Blut?», wiederholt Birte mit hochgezogenen Augenbrauen.

«Ja. Blut.» Unser Dialog erinnert mich ein wenig an meinen ersten skurrilen Wortwechsel mit Devil. Damals, vor einer gefühlten Ewigkeit.

Ich schaue verlegen zu Alice, die aussieht, als würde sie nun doch gerne gehen. Nur ist sie leider nackt. Sie müsste aufstehen, ihre Kleider zusammensammeln und entweder im Bad verschwinden oder sich vor Birtes Augen umziehen. Beides erscheint mir keine Option zu sein und ihr ganz offensichtlich auch nicht. Außerdem möchte ich nicht, dass sie geht. Jetzt noch weniger als vorhin.

Hatte ich mich gerade eben erst ein wenig beruhigt, toben nun in meiner Brust erneut die unterschiedlichsten Emotionen. Ich fühle mich Birte gegenüber auf eine eigenartige Art schuldig. Als hätte ich Hochverrat begangen und sie in unserem Ehebett betrogen. In Bezug auf Alice verzehnfacht sich dieses Schuldgefühl noch. Auch wenn ich nichts für Birtes Auftauchen kann, fühle ich mich dennoch verantwortlich für den vermasselten Verlauf des Abends.

«Was tust du hier?», frage ich Birte deshalb, auch wenn mir tief in meinem Inneren klar ist, was sie antworten wird.

«Noch wohne ich hier», erklärt sie erwartungsgemäß und vermittelt Alice auf diese Art ziemlich deutlich, ein unwillkommener Eindringling in ihrer Privatsphäre zu sein.

Nachdem wir uns alle drei einen kurzen Moment stumm angestarrt haben, stapft Birte energischen Schrittes hoch in die offene Küche. Dort setzt sie sich an den Tisch, lässt uns jedoch nicht aus den Augen. Ich stehe auf, bedecke mich notdürftig mit einem Sofakissen, sammele Alices Kleider zusammen und reiche sie ihr.

«Ich denke, es ist besser, wenn wir jetzt gehen», sage ich zu ihr und stelle damit klar, wie meine Gunst verteilt ist.

Während Alice nur stumm nickt, wappnet Birte sich zum Angriff. «Es tut mir leid, dass ich hier reingeplatzt bin», erklärt sie ungewohnt sanft. «Ich dachte nur ... nach dem Gespräch, das wir vorhin geführt haben ... also ...» Entweder gerät sie tatsächlich ins Stocken, oder sie ist eine brillante Schauspielerin. Ich tippe eher auf Letzteres. Birte lässt sich so schnell nicht die Butter vom Brot nehmen, schon gar nicht in ihren eigenen vier Wänden. «Also, ich dachte, dass dir noch etwas an unserer Beziehung liegt», fährt sie fort. «Ich meine, du hast gesagt, du würdest dich freuen, mich zu sehen. Deshalb wollte ich nicht mehr bis zu unserer Verabredung morgen warten, sondern mich lieber hier, in privatem Rahmen, mit dir treffen.»

Ich kann nicht glauben, wie sie dieses Telefonat darstellt. Als wäre ihr nicht sonnenklar, mich mit ihrem Vorschlag überrumpelt zu haben. Jetzt sieht es so aus, als würde ich zweigleisig fahren. Zudem ist klar, dass ich gelogen habe und Birte und ich sehr wohl noch Kontakt haben. Es klingt sogar so, als ginge es dabei um eine Versöhnung. Dass es nur Birte darum geht, kann Alice nicht wissen.

Ich wage es nicht, Alice in die Augen zu sehen. Mir ist bewusst, dass dies eine Situation ist, anhand der sich mehr über meinen Charakter ablesen lässt, als mir lieb ist. Also besinne ich mich auf das, was mir bislang im Leben wichtig war: fair zu bleiben. Beide Frauen trifft keine Schuld an dem verzwickten Durcheinander. Wenn man in diesem Zusammenhang überhaupt von Schuld sprechen kann, dann wäre ich der Schuldige.

Obwohl ich auch Birte keinesfalls brüskieren möchte, muss ich dennoch etwas loswerden. «Du wolltest mit mir reden. Ich habe mich lediglich einverstanden erklärt», sage ich, mehr für Alice. «Keineswegs ging der Impuls von mir aus, und mir war auch nicht klar, dass du noch am selben Abend unangemeldet hier hereinschneien würdest. Zumal ich momentan eigentlich bei Mirko wohne.» Einerseits entlastet mich diese Tatsache, andererseits klingt es noch immer, als bestünde mein Leben aus einem einzigen Lügengerüst.

Birte missversteht mich. Sie lächelt ein überlegenes Lächeln. «Ach, auf der Reeperbahn. So, so. Sich dort auszutoben, ist bei Männern wohl die logische Konsequenz aus zehn Jahren Beziehung.»

Okay, jetzt steigert sich dieses Gespräch langsam von unangenehm zu unerträglich. Alice, die es irgendwie geschafft hat, sich nebenbei unauffällig anzuziehen, sitzt auf der Couch und lässt sich nicht anmerken, was ihr durch den Kopf geht.

Birte hingegen scheint zu erwarten, dass ich mich zum Reden an den Tisch setze und mein vermeintliches Flittchen in ein Taxi setze. «Ich würde gern heute Nacht hierbleiben», sagt sie. Ihr Tonfall ist bestimmend. Als zöge sie es nicht im Geringsten in Erwägung, ich könnte diesen Wunsch nicht teilen. «Ich habe uns eine Flasche Wein mitgebracht. Jetzt, wo wir beide eine Affäre haben, können wir uns ja auf Augenhöhe unterhalten. Ganz in Ruhe. Und dann noch einmal von vorn anfangen.»

Ich habe keine Ahnung, wovon sie redet. Weder möchte ich eine Affäre noch einen Neuanfang. Ich bin genervt. Und überhaupt: Seit wann trinkt sie plötzlich Alkohol?

«Das geht nicht», sage ich mit dem entsprechenden Nachdruck. «Wie gesagt: Ich wohne hier zurzeit nicht und würde jetzt gern nach Hause. Wenn du reden willst, haben wir ja einen Termin.»

Während dieses Wortwechsels habe auch ich mich komplett angezogen. Anschließend steige ich die drei Stufen in die Küche hoch und baue mich vor Birte auf. Aus dem Augenwinkel sehe ich, wie Alice aufsteht und unschlüssig im Raum herumsteht. Birte schaut nicht hin, sie fixiert mich.

«Und ich?», fragt sie, als habe sie kein Zuhause.

«Meinetwegen kannst du hier schlafen, das ist deine Entscheidung. Ich werde allerdings nicht bleiben.» Ich winke Alice heran. «Mach's gut, Birte, wir sehen uns morgen.»

Fast erschreckt es mich, wie wenig ich in diesem Moment für Birte empfinde. Kein Bedauern, keine Reue, noch nicht einmal Wut über ihr spontanes Auftauchen.

Alice legt noch schnell im Wohnzimmer die Decke zusammen, unter der wir eben noch gelegen haben, dann kommt sie die Treppenstufen hoch. Ich greife nach ihrer Hand.

22. Kapitel

«Als ich heute früh ins Büro kam, fehlte die Amaryllis im Blumenstrauß.»

Am nächsten Morgen in der Kanzlei empfängt mich Frau Behrend mit einer Reihe von Neuigkeiten. Oberste Priorität hat für sie der Blumenklau.

«Wir müssen dringend etwas unternehmen.» Auffordernd schaut sie mich an. «Noch einmal mit dem Chef sprechen oder –» Sie bricht ab und zuckt verzweifelt mit den Schultern.

Ich kann mich des Eindrucks nicht erwehren, dass sie Dr. Steinfels immer genau dann als *den Chef* tituliert, wenn sie deutlich machen möchte, dass sie für dringende Anliegen durchaus bereit ist, sich an eine Instanz über mir zu wenden.

«Ohne mich zu weit aus dem Fenster lehnen zu wollen», erklärt sie weiter, «glaube ich fast, es handelt sich bei dem Dieb um einen Kollegen.» Ihr Blick ist empört, wird aber milder, als ich nicke.

«Gut möglich, Frau Behrend, allerdings habe ich momentan keine wirklich gute Idee, wie wir der Sache auf den Grund gehen könnten.»

Und zudem habe ich Wichtigeres zu tun.

Die Vorstellung, dass ein Kollege sich hin und wieder eine Blume aus dem Sekretariatsstrauß mopst, finde ich allenfalls belustigend. Und den Zahn, ausgerechnet unter Anwälten redliche Menschen zu vermuten, würde ich meiner Sekretärin bei Gelegenheit wohl mal ziehen müssen.

«Heute könnten Sie mit Dr. Steinfels ohnehin nicht über den Sachverhalt sprechen. Er ist nämlich den ganzen Tag mit seiner Tochter unterwegs», liest sie von ihrem karierten Notizblock ab.

Ich atme erleichtert auf. «Es läuft uns ja nicht davon», erkläre ich lapidar und ernte einen weiteren vorwurfsvollen Blick.

«Bliebe noch Herr Rewald», sagt sie. Ihr Tonfall verrät, dass sie ein klein wenig pikiert ist. «Er möchte Sie in einer dringenden Angelegenheit sprechen.»

Ronaldo?

«Hat er gesagt, worum es geht?»

Frau Behrend schüttelt den Kopf. «Nein. Lediglich ein paar Andeutungen gemacht. Im weitesten Sinne dreht es sich wohl um die Verhandlung gestern.» Sie scheint sich wieder gefangen zu haben, denn jetzt werden ihre Augen kreisrund, und um den Mund zuckt es leicht. «Das war ja ein Ding», staunt sie, «ich kann mich nicht entsinnen, dass Dr. Klingenberg jemals einen Gerichtstermin hat platzenlassen. Noch dazu mittendrin.»

«Ich auch nicht.» So weit die Wahrheit.

«Was war denn da nur los?» Sichtlich erpicht auf Details, stochert meine Sekretärin in dem Thema herum. «War er krank? Erzählen Sie doch mal.»

«Tja ... also, ja, in der Tat! Er machte den Eindruck, als sei ihm übel. Magen-Darm oder so.»

Meine Sekretärin rümpft ein wenig die Nase, dann kichert sie wie ein junges Mädchen. «Unglaublich.» Sie hat sich schnell wieder im Griff. «Hoffentlich kein Virus. Nicht, dass Sie sich angesteckt haben.»

«Unwahrscheinlich. Ich habe Klingenberg ja nicht die Hand geschüttelt.»

Damit ist das Thema für mich erledigt. Als ich mich anschicke, in meinem Büro zu verschwinden, überrascht Frau Behrend mich mit einer weiteren Notiz von ihrem Block.

«Außerdem hat eine Dame für Sie angerufen.» Sie lässt den Satz bedeutungsschwanger im Raum verklingen, wartet auf meine Reaktion. Es ist offensichtlich, dass sie mich neuerdings für einen Schürzenjäger hält. Aber natürlich würde sie sich hüten, diesbezüglich auch nur eine Andeutung verlauten zu lassen. Also beschließe ich, mit der längst überfälligen Wahrheit herauszurücken.

«Ich weiß nicht, ob Sie es sich nicht vielleicht schon gedacht haben», beginne ich, «aber meine Frau ... hat mich verlassen. Sie ist ausgezogen, und wir gehen in Zukunft getrennte Wege.»

Frau Behrend wird blass. Für einen kurzen Moment entgleiten ihr die Gesichtszüge, dann lässt der Triumph, etwas Ähnliches tatsächlich bereits geahnt zu haben, ihr Gesicht aufleuchten. Weitere fünf Sekunden später ist sie ein Meer aus Bedauern. «Du liebe Güte, Herr Voss, das ist ja ...»

Ich winke ab. «Mir geht es gut, und ich möchte über das Thema ungern weiter reden. Allerdings finde ich, dass Sie ein Recht haben, es von mir zu hören, ehe das Thema in der Kanzlei die Runde macht.»

Frau Behrend nickt. Ihr hat es ganz offensichtlich die Sprache verschlagen.

Also komme ich auf das Eingangsthema zurück. «Bleibt die Frage, wer für mich angerufen hat ...» In der Hoffnung, es könnte Alice gewesen sein, fühle ich mein Herz schneller schlagen.

«Eine Frau Trixie Homann.»

Ich muss husten. Trixie? Woher hat sie denn meine Nummer? Mit der Sauferei habe ich mir beileibe keinen Gefallen getan. Wer weiß, wer hier bald noch alles anruft?

Frau Behrend scheint meine Gedanken lesen zu können und quittiert dies mit einem Anflug oberlehrerhafter Genugtuung. «Frau Homann konnte Sie auf dem Handy nicht erreichen und lässt ausrichten, dass sie heute in der Stadt ist und kurz bei Ihnen vorbeischauen möchte. Wegen der ... Hochzeit.» Ein wenig verwirrt scheint meine Sekretärin angesichts dieses Aspekts dann dennoch zu sein. Sie platzt vor Neugier, das sieht man, auch wenn sie nach Kräften versucht, sich nichts anmerken zu lassen. «Ich habe ihr gesagt, sie könne heute ohne Termin reinkommen, ist ja nicht viel los.»

Sie schaut mir prüfend in die Augen, um herauszufinden, wie diese Information bei mir ankommt. Da ich ohnehin vorhatte, mich bei Trixie für mein Verhalten auf der Hochzeit zu entschuldigen, kommt mir ihr Auftauchen in der Kanzlei recht gelegen. Trotzdem beschließe ich, meine Sekretärin noch ein wenig im Dunkeln tappen zu lassen. Auch wenn Frau Behrend es niemals zugeben würde, schlummert tief in ihrem Inneren die romantische Seele einer Frau, die einem gewissen Maß an Klatsch und Tratsch nicht abgeneigt gegenübersteht. Auf der Suche nach den großen Liebesgeschichten dieser Zeit greift sie sogar mal zu einem Schundblatt. Ich weiß das, weil ich unlängst, auf der Suche nach einem Post-it-Block, in ihrer Schublade auf die BUNTE gestoßen bin.

«Okay», sage ich und lasse ein kryptisches Schweigen folgen, das ihr die Möglichkeit für gefühlsselige Spekulationen lässt. «Dann sagen Sie mir Bescheid, wenn Frau Homann eingetroffen ist.»

An meinem Schreibtisch gilt mein erster Gedanke allerdings nicht Trixie, sondern Alice.

Nachdem wir Birte gestern Abend allein im Haus zurückgelassen hatten, sind Alice und ich schweigend zu ihrer Wohnung gefahren. Beide waren wir ziemlich mitgenommen von dem Schreck über Birtes Auftauchen. Wenn man das erste Mal mit jemandem schläft, stellt man sich das Drumherum, also vor allem das Danach, irgendwie anders vor. Und obwohl ich das dringende Bedürfnis hatte, mit Alice zu reden und ihr die Situation und meine Gefühle bis ins kleinste Detail darzulegen, brachte ich kein Wort heraus. Weil ich mir für das, was ich hätte sagen wollen, nämlich dass ich mich in sie verliebt habe, einen anderen Rahmen gewünscht hätte. Keineswegs wollte ich diesen Satz als Erklärung für eine Lüge hervorbringen. Denn ich hatte gelogen. Wenngleich ich in meinen Augen einen guten Grund dafür hatte, mein Gespräch mit Birte unter den Tisch fallen zu lassen, musste es doch für Alice, die ich schon einmal hintergangen hatte, wie ein Schlag ins Gesicht wirken.

Der Abschied vor Alices Haustür fiel daher etwas knapp aus. «Mir liegt sehr viel daran, dir die Situation zu erklären», sagte ich und hoffte inständig, sie würde mir eine Chance dazu geben. «Trotz des unglücklichen Abschlusses war der Tag mit dir wunderschön. Das musst du mir glauben.»

Sie blickte mir nur stumm in die Augen. Also fügte ich an: «Lass uns uns so bald wie möglich wiedersehen.»

Ich konnte erkennen, dass sie hin- und hergerissen war. Dennoch willigte sie ein, wenn auch etwas verkrampft. «Okay. Ruf mich an.»

Ich schaue auf die Uhr. Punkt elf. Keine Ahnung, ob dies eine günstige Zeit ist, um jemanden bei der Arbeit in einem Blumenladen anzurufen, aber es ist mir egal. Mit jeder Faser meines Körpers wünsche ich mir, ihre Stimme zu hören und sie, so bald es geht, wiederzusehen.

«Hallo, Toby», sagt Alice, als sie nach dem dritten Klingeln an den Apparat geht, «ich habe gerade leider nicht viel Zeit zum Telefonieren.»

«Dachte ich mir schon. Es dauert nicht lange, ich will nur fragen, ob du am Freitag mit mir essen gehen magst? Es gibt einiges zu erklären.»

«Du musst dich nicht rechtfertigen.» Sie klingt freundlich, aber leider auch ein wenig reserviert. Möglicherweise war es ein Fehler, die Sache nicht sofort zu bereden. Jetzt hat sie sich Gedanken gemacht und zweifelt.

Ich fühle, wie sich Schweiß auf meiner Stirn bildet. «Ich *möchte* mich aber gern erklären», beharre ich auf meinem Anliegen. Sollte sie mich abwimmeln, würde ich sofort in mein Auto springen und bei ihr vorbeifahren, beschließe ich im Stillen.

Alice schweigt etwas zu lange, also bohre ich weiter: «Bitte, Alice, es ist mir sehr wichtig. Also Freitag um halb acht? Bei *Da Mario*? Du weißt schon, das italienische Restaurant direkt an der Alster.»

«Okay.» Es kommt leise, aber ich könnte jubeln.

«Super! Kennst du die Adresse, oder soll ich sie dir simsen?»

«Ich weiß, wo das ist, danke. Bis Freitag dann.»

Als wir auflegen, schlägt mir das Herz bis zum Hals. Ich bin aufgeregt wie schon lange nicht mehr und muss mich regelrecht zügeln, Frau Behrend, die sich nun durch die Sprechanlage bei mir meldet, nicht an meiner Vorfreude teilhaben zu lassen. Sie sieht, wenn ich telefoniere, und kann einen Rückruf programmieren, damit niemand ihr zuvorkommt.

«Frau Trixie Homann ist hier», informiert sie mich und kann es nicht lassen hinzuzufügen: «Wegen der Hochzeit.»

Zwar steht mir gerade überhaupt nicht der Sinn danach, mit Trixie zu reden, doch ich lasse sie eintreten. Ich habe etwas gutzumachen, und je eher ich mich daranmache, den Scherbenhaufen zusammenzukehren, den ich hinterlassen habe, umso besser.

«Ich muss mich bei dir entschuldigen», eröffne ich das Gespräch, kaum dass Trixie auf dem Besucherstuhl Platz genommen hat. Ihren Mantel, den sie bis eben über dem Arm hängen hatte, drapiert sie hinter sich auf der Lehne. Die Laserschwerterfrisur trägt sie heute besonders aggressiv nach außen gestylt. Dazu Fingernägel in den portugiesischen Nationalfarben und ein eigenwilliges Rüschenkleid in Violett. Zu gern hätte ich gewusst, was Frau Behrend über diesen Aufzug denkt. Vermutlich hat sie Trixies Namen bereits auf allen Kanälen gegoogelt und ein heimliches Handyfoto geschossen, um für alle Eventualitäten gewappnet zu sein.

Trixie schaut mich überrascht an. «Eigentlich war ich gekommen, um dir dasselbe zu sagen», erklärt sie und wickelt verlegen ihr Rattenschwänzchen um den Finger.

Jetzt bin ich es, der erstaunt guckt. Sie hat sich tatsächlich deshalb extra hierherbemüht? Donnerwetter. «Ich wüsste nicht, wofür du dich entschuldigen müsstest», erkläre ich. «Du hast mich gebeten, dich auf die Hochzeit deiner besten Freundin zu begleiten, und ich habe mich wie ein Idiot benommen.»

Noch dazu habe ich versäumt, dir mit dem Steakmesser den Zopf abzuschneiden. Mein größter Fauxpas an jenem Tag.

«Das stimmt zwar», kontert sie, «aber letzten Endes habe ich dich ja mit der Einladung etwas überwältigt. Fast gezwungen. Das war blöd von mir.» Sie schaut mich entwaffnend an. «Es hätte mir gleich nach unserer ersten Nacht klar sein sollen, dass aus uns kein Liebespaar wird.»

Ich weiß nicht, was ich sagen soll. Dass sie so offen zu mir spricht, macht mich verlegen. Und schmälert meine Schuldgefühle kein bisschen.

«Trotzdem: Ich war ein Esel», erkläre ich bockig, und wir müssen beide lachen.

«Damit hast du zweifellos recht.»

Die Situation ist irgendwie grotesk. Trotz ihres eigenwilligen Erscheinungsbilds mag ich Trixie. Vor allem jetzt, da geklärt ist, dass aus uns nichts wird.

«Vielleicht darf ich dich trotzdem mal als Entschädigung zum Essen einladen?», biete ich als Wiedergutmachung an.

Trixie ist sichtlich erfreut. «Gern», willigt sie.

«Sag, wann es dir passt und worauf du Lust hättest.»

Offenbar wird sie nicht häufig ausgeführt, denn sie fügt an: «Ich werde mir etwas überlegen. Dann rufe ich dich an.» Plötzlich scheint ihr noch etwas einzufallen. Sie druckst herum. «Allerdings werde ich mich auf absehbare Zeit nicht revanchieren können.» Ihre Augen wandern zum Fenster und anschließend zum Boden. «Das ist auch der Grund, warum ich heute durch die Stadt streife. Ich benötige nämlich dringend einen Job.» Sie macht eine kurze Pause, vermutlich weil es ihr ein wenig peinlich ist. Dann fährt sie fort: «Ein paar Läden habe ich schon abgeklappert, aber bislang ohne Erfolg.»

Nun, liebe Trixie, das dürfte in diesem Aufzug auch schwierig werden. Jedenfalls würde ich es nicht in einer Kanzlei versuchen, da sind Paradiesvögel nicht gern gesehen, auch nicht am Casual Friday.

«Tja», sage ich gedehnt, weil mir so spontan nichts Passendes für sie einfällt, «an was dachtest du denn genau?»

Sie zuckt mit den Schultern. «Keine Ahnung. Ich würde so ziemlich alles machen. Nur nichts allzu Spießiges.»

Also, die Gefahr, dass ihr jemand einen konservativen Job beispielsweise in einer Bank anbietet, besteht in meinen Augen nicht. Obwohl ich es mir durchaus amüsant vorstellen könnte, wenn sie in diesem Outfit am Service-Point der Hamburger Sparkasse stünde. Vermutlich würden die Kunden sofort ihre Konten räumen.

Kurz spinne ich den Gedanken weiter, denke über Vorurteile und zweifelhaftes Moralempfinden nach und habe plötzlich eine Idee. Ich kenne da vielleicht jemanden, der sie einstellt. Eine Person, der Trixies Äußeres sehr wahrscheinlich schnuppe ist. Statt der Laserschwerter könnte sie lilafarbene Hörner tragen, und schon würde Devil vor Freude ausflippen.

«Würdest du auch in einem Sexshop arbeiten?», erkundige ich mich vorsichtig. «Also, nichts Schlimmes. Nur Sextoys und so Zeugs verkaufen.»

Sie starrt mich an. Das hat sie von einem seriösen Anwalt nicht erwartet.

«Deinen potenziellen Arbeitgeber kenne ich allerdings nur flüchtig, aber er scheint in Ordnung zu sein.» *Missionarsstellung und so.*

Je länger ich über meine Idee nachdenke, umso besser gefällt sie mir. Nach dem, was Trixie mir auf der Hochzeit erzählt hat, scheint sie mir geradezu prädestiniert für diesen Job zu sein.

Trixie fallen fast die Augen aus dem Kopf. «Du kennst einen Sexshop-Besitzer?», ruft sie dermaßen laut, dass ich fürchte, Frau Behrend könne uns hören und an ihrem Schreibtisch ohnmächtig zusammenbrechen.

«Jep.» Ein wenig weide ich mich an Trixies Blick. In ihren Augen bin ich eindeutig aufgestiegen. Vom spießigen zum verruchten Anwalt.

«Klar wäre das was für mich!» Sie strahlt.

Ich gebe ihr Devils Namen und Telefonnummer und rate, ihn zeitnah anzurufen. Keine Ahnung, wie begehrt derartige Jobs sind.

«Und du meinst, da kann ich mich so vorstellen?» Sie deutet kurz an sich herunter und schaut mich anschließend an, als sei ich Experte in Sachen Berufskleidung für Dildoverkäuferinnen.

«Auf jeden Fall.» Mit ihrem lilafarbenen Kleid trägt sie ja quasi schon die Nationalfarben des Erotic Devil. Plötzlich kommt mir noch eine Idee. Ein bisschen gemein, aber nur zu Trixies Bestem gedacht. «Allerdings würde ich mir das geflochtene Rattenschwänzchen abschneiden», erkläre ich und versuche, das krabbelige Teil nicht erneut anzuvisieren. «Das ist ...»

Tja, was ist es? Nicht mein Geschmack? So Achtziger? Das Werk einer zweiköpfigen und dennoch blinden Schlange?

Ich merke, dass Trixie mich verunsichert anstarrt. «Aber das hat Daphne mir geflochten.»

Sag ich ja. Das Werk einer zweiköpfigen Schlange.

«Und warum trägt sie keins?», frage ich herausfordernd.

Trixie weiß es nicht. Ich schon, will mich aber nicht weiter einmischen, letzten Endes ist es ihr Leben. Soll sie sich das Teil meinetwegen dreimal um den Hals wickeln.

«Tja, also ich muss jetzt weiterarbeiten», leite ich unseren Abschied ein. «Grüß bitte Devil von mir, wenn du ihn sprichst, und melde dich, wenn du dich wegen unseres Abendessens entschieden hast.»

Nachdem die zufriedene Trixie gegangen ist, beschließe ich, Ronaldo einen Besuch abzustatten. Obwohl ich wenig Lust habe, mir sein Geschwafel anzuhören, interessiert mich doch, was er von mir will.

Als wir uns in seinem Büro gegenübersitzen, kostet er zunächst einmal seine Position aus. «Der Gerichtstermin wurde abgebrochen, habe ich gehört», fasst er den allseits bekannten Sachverhalt noch einmal zusammen. «Ein wahres Wunder.» Sein eisiger Blick durchbohrt mich.

Ich halte stand, werde aber spontan an einen Artikel erinnert, den ich vor kurzem gelesen habe. Darin stand zu lesen, dass der fußballerische Namenspate meines Kollegen sich zu Hause in seiner heimischen Villa eine Kältekammer hat einbauen lassen. Zur Muskelentspannung. Die Presse bezeichnete ihn daraufhin als «die coole Diva». Ein sehr treffender Ausdruck, wie ich finde. Auch für meinen Kollegen.

«In der Tat», erkläre ich, «war auch für mich das erste Mal, dass ich so etwas bei Klingenberg erlebt habe.»

Ronaldo nickt versonnen, den Gummipuppenmund kurz nachdenklich geöffnet. «Schade eigentlich, nicht?», sagt er dann. «Ich nehme mal an, Sie hatten sich gut vorbereitet und hätten die kleine Otto gern herausgeboxt.»

Herausgeboxt? Als würde es darum gehen, sie vor der Todesstrafe zu bewahren. Lächerlich. Zudem muss ihm doch klar sein, dass bei dem Fall nichts zu holen ist. Wie es scheint, will er noch auf etwas anderes hinaus.

«Herr Rewald», sage ich bemüht ruhig, würde meinem Gegenüber aber am liebsten an die Gurgel zu gehen. «Sagen Sie doch bitte einfach kurz und knapp, was Sie von mir möchten. Ich habe nämlich einiges auf dem Programm heute und kann leider nicht ewig mit Ihnen plaudern. So gern ich das auch möchte.»

Ronaldo präsentiert grinsend die Zähne angesichts meiner ironischen Worte. «Natürlich.» Er macht eine Kunstpause, lässt mich weiterzappeln. Dann kommt er endlich zur Sache: «Ich wollte Ihnen persönlich zu dieser glücklichen Fügung gratulieren. Ich hoffe, Sie haben sich mit der Magen-Darm-Geschichte nicht angesteckt. Gestern. Im *Westwind*.» Sein Grinsen wird breiter.

Mir hingegen vergeht jegliche Gemütsregung. Im *Westwind*? Hat er mich etwa gesehen? Was hat er sonst noch mitbekommen?

Ich fühle, wie meine Handflächen zu schwitzen beginnen. Mit Mühe widerstehe ich dem Drang, sie an der Hose trocken zu reiben. Stattdessen sage ich gezwungen ruhig: «Worauf wollen Sie hinaus?» In Fernsehkrimis wird dieser Satz immer dann gesprochen, wenn die Antwort im Grunde genommen auf der Hand liegt. So auch hier. Ronaldo will mich fertigmachen. Oder erpressen. Ich werde es aller Wahrscheinlichkeit nach gleich erfahren.

Doch zu meiner Überraschung legt mein Widersacher jetzt eine Vollbremsung hin. Offenbar möchte er noch ein wenig Katz und Maus mit mir spielen, ehe er meinen Ruf, meine Karriere und somit mein Genick zertrümmert. Möglich ist aber auch, und an diesen Strohhalm der Hoffnung klammere ich mich, dass er mich zwar gesehen hat, ihm jedoch für das, was er mir unterstellt, die Beweise fehlen. Ich meine, nur, weil sich jemand im selben Restaurant wie ein Richter aufhält, muss er ja nicht gleich etwas im Schilde führen. Aber vermutlich hat Ronaldo seine Hausaufgaben gemacht. Er weiß, dass ich ein Langschläfer bin, der noch dazu am anderen Ende der Stadt wohnt. Warum sollte ich also an einem Verhandlungstag morgens im selben Café wie Dr. Klingenberg Kaffee trinken? Ich würde mal sagen, er hat eine Ahnung, kann sie aber nicht stichhaltig beweisen. Deshalb macht er einen auf Großkotz und hofft, dass ich mich verrate.

«Auf gar nichts möchte ich hinaus», sagt er jetzt mit aufgesetzter Freundlichkeit und erhebt sich. «Wir können das Thema ja ein andermal vertiefen.» Seine nächsten Worte imitieren meinen Tonfall: «Wenn Sie mehr Zeit zum Plaudern haben. «

Nein, das möchte ich nun doch nicht mehr. Ich will die Sache jetzt klären, sonst finde ich nie wieder in den Schlaf.

Provokativ schaue ich ihm in die Augen. «Ich wüsste nicht, was es bezüglich dieses Themas zu vertiefen gäbe», gebe ich zurück.

«Wenn Sie noch etwas dazu sagen möchten, dann bitte gleich. Ansonsten betrachte ich die Angelegenheit für erledigt.» Im Stillen bete ich, dass er jetzt nicht in bekannter Privatermittlermanier einen Hochglanzabzug präsentiert, auf dem ich in unmissverständlicher Pose den Cappuccino des Richters kontaminiere. Doch wie hätte das vonstattengehen sollen? Die Aktion ging schnell, und wir haben Winter. Ronaldo hätte mit behandschuhten Fingern seine Handykamera aus der Mantel- oder Aktentasche fummeln müssen, was definitiv zu lange gedauert hätte. Er blufft also. Doch Ronaldo ist ein gewiefter Kämpfer.

Er zückt sein Handy, tippt im Schneckentempo auf dem Display herum und präsentiert nach einer gefühlten Ewigkeit ein Foto. Ich halte die Luft an. Aber nicht ich bin auf dem Bild zu sehen und auch nicht Richter Klingenberg, sondern ein kleines Fläschchen mit aufgeklebtem Etikett. Darauf: eine nackte Frau mit lilafarbenen Hörnern. Sieht aus, als habe er sie im Internet abfotografiert. Ich atme auf.

«Wissen Sie etwas über die Wirkweise dieser Tropfen?», fragt er scheinheilig. Er klingt so bemüht vertrauensvoll wie der gute Cop in einem schlechten Krimi.

Ich spiele sein Spiel mit. Die Augen leicht zusammengekniffen und mit fachmännisch gerunzelter Stirn, beuge ich mich über das Display, gebe kurz vor nachzudenken und schüttele anschließend bedauernd den Kopf. «Nein», sage ich in nicht minder heuchlerischem Tonfall. «Was soll das sein, ein Gewürz?» Mein fragender Blick sucht den von Ronaldo.

Hasserfüllt starrt er mich an. «Sie wissen sehr wohl, um was für Tropfen es sich hierbei handelt.» Sein Tonfall entspringt der Kältekammer. «Ich würde vorschlagen, wir reden Tacheles.»

Und ich würde vorschlagen, du fällst auf der Stelle in eine tausendjährige Froststarre, du Kröte.

Mit einem gewissen Triumph nehme ich zur Kenntnis, dass sich mein Verdacht erhärtet: Er hat mich gesehen, möglicherweise sogar die Flasche erkannt, kann aber nichts beweisen.

In einem Anflug von Wahnsinn beschließe ich, ihn noch ein wenig mehr aus der Reserve zu locken. Da er mir noch immer das Display unter die Nase hält, als sei es der Dienstausweis einer Eliteeinheit zur Terrorismusbekämpfung, beuge ich mich erneut vor und gebe vor, noch einmal gründlich nachzudenken. Anschließend sage ich erleuchtet: «Ist das eventuell Viagra?»

Ronaldo lässt schlagartig seinen Arm mit dem Handy sinken und klappt knallend die Kauleisten aufeinander. Es scheint, als wolle er mir das Luxusgerät gerade auf die Nase donnern, da klingelt es in seiner Hand. Ein Blick auf das Display, und Ronaldos Augen weiten sich. Gleichzeitig bekommt sein Blick etwas Gieriges.

Würde mir das Herz nicht ohnehin schon bis zum Halse klopfen, wäre ich allerspätestens jetzt alarmiert. In ihm schlummert der blanke Wahnsinn.

«Eine Sekunde bitte», spricht Ronaldo jetzt in zuckersüßem Tonfall in sein Handy, und zu mir gewandt zischt er: «Das ist privat. Wir sprechen ein andermal weiter.»

Muss nicht sein. Meinetwegen kannst du dich in deiner Kältekammer einschließen und dort stumm mit den Zähnen klappern. Ich versuche, ihm diesen Gedanken mittels Telepathie zu übermitteln, nicke kurz und verlasse mit gemischten Gefühlen sein Büro.

Noch Stunden nach diesem Gespräch bin ich stinksauer, aufgewühlt und nervös. Trotzdem ist dies – seit ich in Mirkos Wohnung wohne – der erste Abend, an dem ich direkt und ohne den Umweg über Mona nach Hause gehe. Ich fühle mich, als hätte jemand eine Splittergranate in meinem Bauch gezündet. Es rumort, mir ist schlecht, mein Puls will sich nicht beruhigen, und in meinem Kopf überschlagen sich noch immer die Spekulationen darüber, was der verhasste Kollege gegen mich in der Hand haben mag. Trotz meiner persönlichen Abneigung halte ich Ronaldo für einen guten Anwalt und Taktiker. Beweise zurückzuhalten und diese zu gegebener Zeit taktisch klug auszuspielen, ist sein täglich Brot. Ich fürchte, zumindest in einer Hinsicht hat er recht: Wir sprechen uns ein andermal wieder.

Kröger empfängt mich in Küchenschürze. Um den Kopf hat er sich ein Tuch gebunden, sodass er aussieht wie ein japanischer Fugu-Koch.
«Ist gegen den Bratendunst», erklärt er. «Es gibt Frikadellen.»
«Okay.» Meinetwegen hätte er mich im Ballettröckchen empfangen können, mir ist der Appetit schon vor Stunden vergangen.
Vollkommen ausgelaugt lasse ich mich auf einen der Küchenstühle sinken. Während Kröger Pellkartoffeln schnippelt und anschließend den teigigen Inhalt einer Plastikschüssel zu Buletten formt, erklärt er: «Das Fleisch war im Angebot. Hab gleich die doppelte Menge gekauft und den Rest eingefroren.» Lächelnd deutet er auf den Gefrierschrank.
Ich bringe es nicht übers Herz, ihm zu sagen, dass ich weder Appetit habe noch beabsichtige, in diesem Leben jemals etwas aus Mirkos Gefrierkombi zu essen. Um Krögers willen hoffe ich, dass er das Hack sorgfältig beschriftet hat.
«Harten Tag gehabt?», erkundigt er sich wie eine treusorgende Ehefrau. «Wie lief denn eigentlich gestern der Gerichtstermin? Hab gar nichts mehr von dir gehört. Ist das ein gutes Zeichen?»
Statt einer Antwort stoße ich zunächst einen langen und tiefen Seufzer aus. «Wie man es nimmt», sage ich, schnappe mir eine Flasche Wein und entkorke sie. Während ich uns beiden ein Glas einschenke, berichte ich von der Verhandlung.
Kröger hört aufmerksam zu und ist am Ende sichtlich entsetzt. «Scheiße, Toby, das hätte aber ganz schön in die Hose gehen können», stöhnt er und lässt die erste Frikadelle ins heiße Fett gleiten.
«Ich weiß. Und die Kuh ist noch nicht vom Eis.» Während mein

Kumpel nach und nach den gesamten Teig in Kugelform bringt, erzähle ich von der Unterredung mit Ronaldo.

Kröger ist empört. «Nicht, dass ich es gutheißen würde, was du getan hast», beginnt er einen ermüdenden Vortrag über Recht und Ordnung, um dann in üblen Beschimpfungen über Ronaldo zu enden. «Der Kerl ist ja wohl das Letzte! Dem geht es überhaupt nicht um Moral oder das Wohl des Richters – er will dich fertigmachen. Ich bin ziemlich gespannt, was da noch auf dich zukommt.»

«Danke, Olli, jetzt geht es mir gleich viel besser», sage ich ironisch.

Energisch wendet Kröger sich den Kartoffeln zu. «Wart's ab. Ich meine, du hast die Sache doch nicht zugegeben, oder? Könnte immerhin sein, dass er ein Mikrophon am Körper trug und dich mit der Aufnahme erpresst.»

«Du guckst zu oft Inspektor Barnaby», sage ich, bin aber insgeheim heilfroh, Ronaldo gegenüber tatsächlich keine belastenden Äußerungen getätigt zu haben. «Nein, zum Glück habe ich das nicht. Im Gegenteil. Ich hoffe noch immer, dass er blufft.»

«Und wie geht es nun weiter?»

«Keine Ahnung. Abwarten. Die Sache liegt leider nicht in meinen Händen.»

Kröger schaut mich ernst an. «Wenn das herauskäme, würdest du deine Lizenz verlieren, oder?»

«Jetzt mal den Teufel bitte nicht an die Wand. An so etwas mag ich gar nicht denken.» Auch wenn meine berufliche Zukunft in den letzten Wochen ein wenig in Schräglage geraten ist und ich das eine oder andere Mal sogar ins Grübeln kam, ob mir der Job überhaupt noch Spaß bereitet, so weiß ich dank Ronaldo plötzlich sehr genau, dass ich an meiner Arbeit hänge. Und wie sehr ich es bereue, in der vergangenen Zeit so abgestürzt zu sein.

«Es gibt aber auch gute Nachrichten», setze ich ein wenig zögerlich an, weil ich mir nicht sicher bin, ob es fair ist, Kröger in seiner momentanen Verfassung von Alice und meinen Glücksgefühlen zu berichten. Es geht ihm schlecht, das merke ich. Auch wenn seine Sorge um mein Wohlergehen größtenteils dem für ihn typischen Wunsch entspringt, alles in seiner Umgebung möge korrekt und reibungslos ablaufen, ist es gleichzeitig eine herbeigezwungene Ablenkung von Sanni. Leider bin ich bereits von dem Virus der Verliebtheit befallen, der sich hauptsächlich darin äußert, ständig und überall über die neue Flamme reden zu wollen.

«Ich habe mich verliebt.»

Kröger fällt der Bratenwender aus der Hand. Seine Augen hinter der Brille werden kugelrund. «Echt jetzt? Oder willst du mich auf den Arm nehmen?»

«Nee, ganz echt.»

«In eine Frau?»

«Was dachtest du denn?»

Er hebt den Pfannenwender auf, spült ihn kurz ab und sagt: «So habe ich es nicht gemeint. Ich wollte sagen: in eine neue Frau, also nicht in Birte?»

«Also ... so richtig neu ist sie nicht in meinem Leben, aber Birte ist es nicht.» Ich lehne mich im Stuhl zurück, und während Kröger versucht, sich aufs Kochen und Zuhören gleichzeitig zu konzentrieren, erzähle ich ihm haarklein von Alice. Von unserem ersten Treffen über den Spaziergang an der Alster bis hin zum Ausklang des Abends auf dem Sofa und Birtes überraschendem Auftauchen.

Kröger fällt es bei der Informationsflut sichtlich schwer, nicht alles stehen und liegen zu lassen und sich zu mir an den Tisch zu setzen. Irgendwann, etwa zur selben Zeit, als die Frikadellen fertig sind und die Kartoffeln vom Braten eine ansprechende goldbraune Färbung haben, endet meine Geschichte.

«Donnerwetter», staunt mein Kumpel, «das ist 'ne echt krasse Story.» Kopfschüttelnd vergewissert er sich, alle Herdplatten ausgeschaltet zu haben, pfriemelt ein paar Teller aus dem Schrank und will uns gerade etwas auffüllen, als es an der Haustür klingelt.

«Vielleicht ist das deine neue Flamme?», versucht er sich in einem Witz. «Oder es ist die Polizei. Die kommt, um dich zu verhaften!»

23. Kapitel

Ehe ich mich erheben kann, ist Kröger in den Flur geeilt. Kurz darauf höre ich ihn mit jemandem reden, dann donnert die schwere Haustür ins Schloss.

Als mein Kumpel wieder in der Küche erscheint, ist er in Begleitung eines jungen Mädchens. Ich schätze sie auf etwa fünfzehn, ein Teenager. Ihre Haare sind lang und rosa gefärbt, sie trägt Jeans, abgewetzte Sneakers und einen Parka. Über der Schulter hängt ein Stoffrucksack, der mit Sprüchen und Bildern bemalt ist.

«Das ist Vivian», erklärt Kröger, als sei es das Normalste von der Welt, einen wildfremden Teenager zum Essen zu bitten. Er bietet ihr an, neben mir Platz zu nehmen. «Vivian ist die Nichte deiner Nachbarin», fährt er fort, «von Frau ...» Hilfesuchend sieht er sie an.

«Blumenthal», hilft Vivian ihm weiter. Kerzengerade und leicht verschüchtert sitzt sie auf dem Stuhl neben mir und mustert mich bemüht unauffällig.

«Tja, also ...» Ich verstehe irgendwie den Zusammenhang nicht. «Nur mal so zur Info für mich ... wenn deine Tante hier im Haus wohnt, warum sitzt du dann bei uns in der Küche?»

Kröger, der meinen Tonfall wahrscheinlich bereits als Kindesmisshandlung einstuft, erklärt: «Frau Blumenthal ist zurzeit nicht zu Hause. Und im Treppenhaus ist es kalt. Vivian wollte sich bei uns ein wenig aufwärmen und warten, bis ihre Tante zurückkehrt.» Er wirft mir einen Blick der Marke «Ein Wort dagegen, und ich bewerfe dich mit heißen Frikadellen» zu.

«Verstehe», sage ich und gehe im Geiste die Namen der Türklingeln durch. Ich muss einsehen, mich in der letzten Zeit hauptsächlich mit mir beschäftigt zu haben, denn der Name Blumenthal sagt mir nichts.

«Ich bin Toby», bereite ich meiner Grübelei ein Ende und stelle mich vor. Soll mir schließlich niemand nachsagen, ich sei nicht gastfreundlich. «Meinen Kumpel Kröger hast du ja schon kennengelernt.»

Vivian runzelt die Stirn. «Kröger? Komischer Name.»

«Das ist sein Nachname», erkläre ich, unsicher, wie man mit Teenagern spricht. «Eigentlich heißt er Olli. Aber alle nennen ihn nur Kröger.»

Vivian nickt, als sei das logisch. «Mama nennt mich Vivi, aber ich steh nicht so auf Spitznamen.»

Natürlich nicht, denke ich. Du bist ein Teenager, die haben bekanntlich an allem etwas auszusetzen. Gastfreundschaft hin oder her – ich muss mir leider eingestehen, dass mir der Sinn gerade so gar nicht nach Besuch steht, schon gar nicht nach dem von Kindern. Dennoch bemühe ich mich, freundlich zu sein.

Vivian scheint von meiner Zerrissenheit nichts zu bemerken. Sie schält sich aus ihrem Parka, lehnt sich im Stuhl zurück und schaut weiter neugierig herum.

Mein Kumpel stellt ein Glas auf den Tisch und schenkt dem Mädchen Wasser ein. «Hier. Falls du Durst hast.»

Sie greift sofort nach dem Glas.

«Blumenthal ... Das sagt mir doch etwas», erinnere ich mich dunkel. Das Thema lässt mir keine Ruhe. «Allerdings dachte ich aus irgendeinem Grund, der Typ sei alleinstehend. Aber vielleicht verwechsele ich ihn auch mit einem anderen Nachbarn.»

Einen Moment herrscht Stille. Vivian macht ein Gesicht, als sei ihr die Existenz von Herrn Blumenthal persönlich unangenehm. Sie wird rot und blickt betreten zu Boden. «Meine Tante ist krank», erklärt sie schließlich. «Sie geht nicht oft aus dem Haus. Deshalb erledigt mein ... äh, Onkel das meiste.» Sie beißt sich auf die Lippen. «Einkäufe und so.»

«Ach so.» Langsam fange ich an zu begreifen. «Dann ist deine Tante bettlägerig und konnte die Tür nicht öffnen?»

Das Mädchen sieht aus, als sei ihr das Wort bettlägerig kein Begriff. Sie schüttelt den Kopf. «Nein. Ich habe vergessen, dass die beiden heute zum Arzt wollten.»

«Um diese Zeit?» Kröger, der offenbar ein Faible für Teenager hat, meldet sich von der Bratpfanne zu Wort. «Na ja, vermutlich privat versichert.» Er schüttelt den Kopf. Als Kassenpatient fühlt er sich sofort degradiert. Trotzdem bleibt er fürsorglich. «Ich kann nachher gern noch einmal mit dir hochgehen und gucken, ob sie inzwischen zurückgekehrt sind», schlägt er vor. «Aber jetzt wird erst mal gegessen. Magst du Frikadellen?»

Unser Gast schüttelt den Kopf. «Nee, nicht so gern. Und du musst mich auch nicht begleiten. Das schaffe ich schon allein.» Nach einer Pause fügt sie wohlerzogen hinzu: «Aber danke.»

Kröger nickt, holt ein Schüsselchen Grießpudding heraus und platziert es ungefragt vor Vivian. Wie es scheint, hat er damit ihren Geschmack getroffen, denn sie bekommt große Augen.

«Gehst du eigentlich gar nicht mehr arbeiten?», erkundige ich mich bei meinem Kumpel angesichts des Mehrgängemenüs. «Oder hast du das alles letzte Nacht vorbereitet?»

«Ich habe noch immer frei», antwortet er knapp und schaufelt mir eine Ladung Bratkartoffeln auf den Teller. «Außerdem entspannt Kochen mich. Dabei kann ich wunderbar abschalten und über alles Mögliche nachdenken.»

Verstehe. Sollte ich vielleicht auch mal probieren.

Nachdem ich mir meinen Kummer über Ronaldo und Alice von der Seele geredet habe, verspüre ich plötzlich doch ein wenig Appetit. Vermutlich möchte mein ausgemergelter Körper wieder aufgepäppelt werden.

Als ich mir eine Frikadelle nehme, blicke ich doch noch einmal fragend zu Vivian, die zu meinem Erstaunen schüchtern nickt. Also doch. Ihren Grießpudding schiebt sie dafür kurz zur Seite. Ob es eine gute Idee ist, zwischen zwei Etappen Süßspeise eine Frikadelle zu essen, weiß ich nicht. Aber ich muss das auch nicht wissen. Ich bin schließlich nicht ihr Vormund. Außerdem landet ja ohnehin alles im selben Magen, egal in welcher Reihenfolge man isst.

«Lass es dir schmecken», sage ich und bin damit auch schon am Ende meiner Ideen, ein kindgerechtes Gesprächsthema zu finden.

Während Kröger sich setzt und noch einmal bis ins Detail darüber sinniert, warum Mirko die bessere Mikrowelle hat, verputzt Vivian ihre Frikadelle. Dann fischt sie aus ihrem Rucksack ein Notizheft.

«Magst du Tiere?», fragt sie mich unvermittelt und blickt dabei dermaßen ernst drein, dass ich lachen muss.

«Ja, ich denke schon.»

«Im Nachbarzimmer steht eine Schlange», wirft Kröger ein. «Sie heißt Krishna. Toby ist ganz versessen darauf, sie regelmäßig zu füttern. Willst du sie mal sehen?»

Während ich Kröger einen bösen Blick zuwerfe, schaut Vivian kurz neugierig von ihrem Heft hoch. «Echt? Eine Schlange? Cool.»

Sehen möchte sie Krishna auf jeden Fall, vorerst scheint ihr jedoch etwas anderes wichtiger zu sein: reden.

«Ich hätte zu gern ein Haustier, aber Mama sagt, wir haben nicht genug Platz. Außerdem kosten Tiere Zeit und Geld.» Sie schaut mich an, als bedeute der Umstand, eine Schlange im Nachbarzimmer zu beherbergen, dass ich von beidem ausreichend habe.

«Da hat deine Mutter nicht ganz unrecht», versuche ich, pädagogisch wertvoll zu antworten, «außerdem sollte man kein Lebewesen in einem Käfig halten, nur um ein Haustier zu besitzen.»

Vivian bekommt Kulleraugen. «Lebt Krishna denn nicht in einem Käfig?»

«Doch, aber der Typ, dem Krishna gehört, hat sie sich nicht extra angeschafft, sondern gerettet.»

Das scheint Vivian genug Erklärung zu sein, denn sie wechselt abrupt das Thema. «Wie findest du Piercings?»

Wie beim Blind Date, denke ich und kontere mit einer Gegenfrage: «Ist das ein Verhör?»

Sie rollt mit den Augen. «Nee. Nur Neugier.»

Na dann. «Sagen wir mal so: Ich habe keins, und ich will auch keins.»

«Schon klar», sagt sie, als gäbe es bei einem Greis wie mir nur noch medizinische Gründe, sich ein Loch in den Körper schneiden zu lassen. «Und wie findest du es bei anderen?»

Sie will sich doch kein Piercing stechen lassen und sich bei mir absichern? Vermutlich hält ihre Mutter, die schon kein Haustier möchte, auch nichts von extravagantem Körperschmuck.

«Ich weiß nicht», antworte ich wahrheitsgemäß. «Ich glaube, man würde es vielleicht irgendwann bereuen, sich eins gestochen zu haben.»

Aus dem Augenwinkel sehe ich, wie Kröger sich schüttelt. «Also ich find's furchtbar», erklärt er, doch Vivian interessiert sich ganz offensichtlich nicht für Krögers Schönheitsideale. Mich hingegen fixiert sie geradezu hypnotisch.

«Aber du findest es nicht grundsätzlich doof?»

Ich winde mich. Das ist ein Thema, das sie mit ihren Eltern besprechen sollte. Oder mit den Blumenthals. Auf jeden Fall nicht mit mir. «Nein, nicht grundsätzlich. Aber in deinem Alter brauchst du dafür die Erlaubnis eines Elternteils», belehre ich sie mit schnödem Halbwissen. Tatsächlich habe ich keine Ahnung, will sie aber davon abhalten, eine Dummheit zu begehen. Und schon gar nicht möchte ich die Schuld daran tragen, dass sie gleich hinausstürmt und sich den Bauchnabel perforieren lässt.

«Mama will auch, dass ich damit warte», seufzt sie und malt

anschließend erneut etwas in ihr Heftchen. Ehe ich einen Blick darauf erhaschen kann, klappt sie es zu.

«Noch etwas Grießpudding?», bringt Kröger sich wieder in Erinnerung, doch er erntet ein Kopfschütteln. Stattdessen prasselt die nächste Frage auf mich ein. Offenbar die logische Schlussfolgerung eines Teenagers, der mit zwei Männern und einem Pudding am Tisch sitzt: «Seid ihr schwul?»

Mir klappt die Kinnlade herunter. Doch Vivian scheint es ernst mit ihrer Frage zu sein.

«Ich mein ja nur», hakt sie nach, und ihr Kopf fliegt zwischen mir und Kröger hin und her, «weil ihr hier gemeinsam Abendbrot esst. Wie eine Familie.»

Ich winke ab. «Das ist nicht die Regel. Wir wohnen hier gar nicht zusammen. Genau genommen wohnt hier eigentlich keiner von uns, aber das ist eine längere Geschichte. Homosexuell sind wir jedenfalls nicht. Kröger ist sogar verheiratet.» Nach kurzem Nachdenken füge ich korrekterweise hinzu: «Mit einer Frau.»

Vivian nickt beifällig. «Und du?»

Die ist aber verdammt neugierig.

«Er lebt getrennt», antwortet Kröger statt meiner. «Ist also noch zu haben.» Mit gespielter Anzüglichkeit zwinkert er ihr zu.

Sie schneidet eine Grimasse. «Zu alt», entscheidet sie schlagfertig. «Außerdem stehe ich auf langhaarige Jungs. So wie Harry Styles von *One Direction*. Ist aber auch zu alt.»

Während ich mich schlagartig steinalt fühle, weil ich von diesem Harry noch nie etwas gehört habe, steht Kröger auf, um uns noch einmal nachzufüllen. Ich schenke uns Wein nach. Vivian halte ich fragend die Wasserflasche entgegen, doch sie lehnt ab.

«Wie findest du meine Haare?», will sie jetzt wissen und bringt mich angesichts ihrer unermüdlichen Fragerei zum Lachen.

«Toll», lobe ich und meine es sogar ernst. Rosa steht ihr. Warum nicht auch als Haarfarbe?

Ein kurzes, siegessicheres Lächeln huscht über ihr Gesicht. Vermutlich sind ihre Eltern da anderer Ansicht.

«Und Drogen?» Mit gerunzelter Stirn begutachtet sie die Flasche Wein. «Wie stehst du zu Drogen?»

Ich tausche einen irritierten Blick mit Kröger. «Hat deine Tante sich etwa beschwert?», frage ich blöd, denn ich wüsste gar nicht, worüber. Schließlich lagere ich mein Altglas nicht im Treppenhaus.

Aber sie lässt nicht locker. «Also, nimmst du Drogen?»

Langsam wird die Sache etwas skurril. Wieder tauschen Kröger und ich Blicke aus.

Erzähl jetzt keinen Scheiß, signalisiert er mir und übernimmt sicherheitshalber das Gespräch. «Drogen lehnen wir ab», erklärt er geradeheraus und schiebt das Glas Wein demonstrativ ein Stück von sich. «Ab und zu mal ein Glas Wein, mehr nicht.»

Und ab und zu eins mehr, füge ich im Geiste hinzu, halte aber meinen Mund.

Unser Gast scheint mit dieser Aussage zufrieden. Kurz schaut sie auf ihr Handy, um die Uhrzeit zu checken, als es klingelt. Sie dreht sich leicht zur Seite, damit wir die vermutlich oberwichtige Teenagerkommunikation nicht mitverfolgen können.

«Ja, okay», spricht sie leise mit dem Anrufer, «bin schon unterwegs.» Dann erfahren wir: «Tante Ella ist zurück. Ich kann jetzt hochkommen.»

Augenblicklich springt Kröger auf. «Okay, ich begleite dich nach oben.»

Vivian starrt ihn entgeistert an. «Du weißt schon, dass das nur drei Stockwerke sind? Das schaffe ich echt allein.»

«Okay, ich wollte bloß nett sein.»

«Danke.» Sie grinst. « Auch für das Essen. War lecker.»

Nachdem sie die Wohnung verlassen hat, essen Kröger und ich in Ruhe zu Ende, leeren dabei die Flasche Wein und lassen die merkwürdige Begegnung noch einmal Revue passieren. Irgendwann hebt mein Kumpel plötzlich mit einem Ruck den Kopf und sagt: «Ich glaube, du hast recht, Toby. Es gibt hier im Haus nur einen Herrn Blumenthal.»

Am nächsten Tag werde ich im Büro von Matthis Kallmeyer erwartet. Er hat eine dicke Backe und kann schlecht reden. Offenbar ein entzündeter Weisheitszahn, der ihm vor ein paar Tagen entfernt wurde.

«Warum sind Sie nicht zu Hause geblieben?», frage ich teilnahmsvoll. «Mit Schmerzen muss niemand zur Arbeit kommen.»

Er nickt. «Ich weiß, danke. Aber ich muss etwas Dringendes für den Chef fertig kriegen. Außerdem wollte ich noch eine Sache loswerden. Zum KrollCar-Fall.» Er macht eine Pause und grinst, so gut es ihm möglich ist. «Krasse Story übrigens, mit dem Richter.»

Ich nicke. «Na ja. Geht so. Höhere Gewalt.»

Kallmeyers Mitleid hält sich in Grenzen. «Klingenberg ist ein Freak. Ich kenne ihn aus dem Studium. Hat uns alle schikaniert. Würde mich nicht wundern, wenn dem jemand etwas ins Essen getan hat.»

Erschreckt verschlucke ich mich an meiner eigenen Spucke.

«Sorry, kleiner Scherz», entschuldigt er sich und kommt anschließend zur Sache: «Was ich eigentlich mit Ihnen besprechen wollte ...» Er deutet auf meinen Schreibtisch. «Als ich gestern noch mal kurz bei Ihnen war, um die Akte zu den Eheverträgen zurückzubringen, hatte Ihre Sekretärin bereits Feierabend. Deshalb bin ich persönlich an Ihren Schreibtisch gegangen.» Er schaut mich kurz an, scheint wissen zu wollen, ob sein Verhalten in Ordnung war. Ich nicke.

«Die KrollCar-Akte lag jedenfalls obenauf, und ich habe sie durchgelesen. Irgendetwas fiel mir dabei auf, nur wurde mir nicht sofort klar, was es ist.»

Ich nicke. «Ging mir genauso.»

«Letzte Nacht kam dann die Erleuchtung.» Er strahlt.

«Was ist Ihnen denn aufgefallen?» Langsam werde ich neugierig.

Kallmeyer deutet auf die Akte. «Darf ich?», fragt er und beginnt sogleich, darin herumzublättern. «Das Foto ... von Simone Ottos Wagen.»

«Ja?»

«Darunter steht das Datum, wann es aufgenommen wurde.»

«4. September», lese ich, «am Abgabetag.»

Kallmeyer nickt. «Exakt. Am 5. September wollten meine Frau und ich eine Woche an die Ostsee fahren. Sie war die ganze Woche schlecht gelaunt, weil der gesamte Norden der Republik unter Tiefdruckeinfluss stand. Es hatte bereits zwei Wochen ohne nennenswerte Unterbrechung geregnet. Wir sind trotzdem gefahren. Erst am Montag, also am 7. September, hatten wir den ersten trockenen Tag. Und Sonne ...», er verzieht den Mund, «gab es erst am Mittwoch.»

Ich ahne, worauf er hinauswill.

«Jedenfalls habe ich mich auf den einschlägigen Wetterportalen umgeschaut», fährt er fort, «um zu erfahren, wie es sich in dieser Zeit in Hamburg entwickelt hat, und sogar ein meteorologisches Gutachten angefordert. Es müsste hoffentlich bald kommen.»

Vollkommen perplex starre ich auf das Foto. Im Kotflügel spiegelt sich der Hof. Alles ist gut erkennbar, es ist hell, vermutlich sogar sonnig. Und trocken. Ich fahre mit dem Finger darüber.

«Es gibt keinerlei Wassertropfen auf dem Wagen. Außerdem ...» Ich deute auf den Vordergrund. «... keine Pfützen auf dem Boden.»

Kallmeyer nickt. «Ganz genau.»

Wir gucken uns an. «Das macht ein klein wenig den Eindruck, als wolle uns jemand hinters Licht führen», sage ich in Gedanken versunken.

«Allerdings», pflichtet mein Kollege mir bei. «Den Eindruck habe ich auch.»

Den Nachmittag verbringe ich damit, den Fall noch einmal genau unter die Lupe zu nehmen. Wie sich herausstellt, gibt es noch eine weitere Ungereimtheit, wegen der ich ein kurzes Telefonat mit Simone Otto führe. Sie scheint ein wenig verwundert zu sein, dass ich mich nach der Verhandlung mehr für die Sache einsetze, als es zuvor der Fall war.

«Gibt es denn schon einen neuen Termin?», will sie wissen.

Ich verneine. «Noch nicht. Möglicherweise kann ich uns den aber sogar ersparen.»

Nachdem ich von ihr erfahren habe, was ich wissen wollte, bin ich mir dessen sogar ziemlich sicher. Leider würde ich dafür ein weiteres Mal zu unlauteren Methoden greifen müssen.

In meine Pläne hinein ruft Kröger an. Er will wissen, was ich zum Abendbrot essen möchte.

«Ich bin heute mit Birte verabredet», frische ich seine Erinnerung auf. «Hatte ich dir gestern erzählt. Nach unserem unglücklichen Zusammentreffen am Dienstag gibt es tatsächlich Klärungsbedarf.»

«Verstehe.»

Ich nutze den Moment für ein kurzes Gespräch unter Männern. «Ich dachte, deine Flucht von zu Hause sollte dazu dienen, dass du dich ein wenig um dich selbst kümmerst», komme ich auf sein überfürsorgliches Verhalten zu sprechen. «Ich bin nicht Sanni. Ich muss weder bekocht werden, noch brauchst du dich bei mir an- oder abzumelden. Du bist ein freier Mann, Olli. Mach was draus. Fröne deinen Hobbys.»

Mein Kumpel schweigt. Dann gibt er kleinlaut zu: «Aber ich habe kein Hobby.»

«Umso schlimmer! Such dir eins. Und sag jetzt bitte nicht: kochen.»

«Aber ich koche gern!»

«Dann steiger dich da rein und gründe eine Kochgruppe. Mach deinen Meister in *Food Carving* oder sonst irgendetwas Schwachsinniges, das dir Freude bereitet. Dabei kannst du dich mit anderen Leuten austauschen und hast Spaß. Auch darum geht es im Leben.»

«Mh, ich denk mal drüber nach», sagt er. Und dann: «Wann kommst du nach Hause?»

«Mann, Kröger!»

«Okay. Sorry.»

«Schon gut. Also, tschüs.»

«Ja, tschüs. Und grüß Birte von mir.»

«Mach ich.»

Ich will gerade auflegen, da fügt er hinzu: «Soll ich dir noch einen Pudding rausstellen?»

«Ich leg jetzt auf!»

Birte erwartet mich bereits im Restaurant. Während ich mich geradezu an den Tisch zwingen und gegen widerstrebende Gefühle ankämpfen muss, wirkt sie bestens gelaunt.

Alice scheint für sie kein Thema zu sein. Ohne auch nur mit einem Wort auf unser eigenartiges Zusammentreffen einzugehen, überrascht sie mich mit der These, sie habe noch einmal über alles nachgedacht und sei zu Verhandlungen bereit.

«Worüber verhandeln?», erkundige ich mich, nachdem wir unsere Bestellung aufgegeben haben. Ich habe kaum Appetit und wähle nur eine Suppe. Vor uns auf dem Tisch stehen bereits zwei volle Rotweingläser und ein Körbchen mit Krabbenchips, aus dem Birte sich heißhungrig bedient.

«Über uns. Unser weiteres Zusammenleben», erklärt sie kauend. Als sei es vollkommen normal, mit Sack und Pack auszuziehen, um vier Wochen später die Beziehung unter neuen Bedingungen aufleben zu lassen. Was ist das überhaupt für eine Aussage? Als ließe sich über Liebe verhandeln.

Ich bin doch keine Prostituierte.

«Ich nehme mal an, du hast bereits konkrete Vorstellungen», sage ich und ahne, dass es ihr heute Abend darum geht, mir diese schmackhaft zu machen. Obwohl ich im Grunde meines Herzens nicht das geringste Interesse an jedwedem Vorschlag habe, der sich um eine Versöhnung dreht, muss ich gestehen, ein wenig neugierig zu sein.

Birte sammelt sich. Sie lächelt vielsagend. «Ich habe eine Idee, die dir gefallen wird.»

«Aha.»

«Weißt du», beginnt sie ihre Erklärung, «warum es mit uns nicht funktioniert hat, lag möglicherweise an der Gewohnheit, die sich im Laufe der Jahre eingeschlichen hat.»

Na ja. Nicht unbedingt neu, die These.

«Das geschieht vermutlich allen Paaren nach einer gewissen Zeit», fährt sie fort, «und ich finde, wir haben es sogar ganz gut hinauszögern können.»

Da bin ich mir im Nachhinein zwar gar nicht mehr so sicher, aber mal sehen, wie es weitergeht. «Mag sein.»

«Was wir also im Falle unserer Versöhnung benötigen, ist mehr Distanz», erklärt Birte. «Die Lösung liegt darin, sich ein wenig mehr aus dem Weg zu gehen, ohne sich zu verlieren.»

«Falls du damit meinst, nebenbei mit einem anderen Kerl zu schlafen, entspricht diese Lösung nicht meinem Lebensmodell.»

Sie macht eine wegwerfende Geste. «Jetzt warte doch mal ab. Also: Ich stelle es mir so vor, dass ich mir eine Wohnung in der Nähe von dir suche, und schon wären wir wieder autark. Wie früher.»

«Und das, glaubst du, ist die Lösung? Und welche Rolle spielt Noah dann in diesem Szenario? Zieht der mit dir in die neue Wohnung?»

Ich hatte das eigentlich nicht fragen wollen. Weil mein Veto feststeht und nichts mit ihm zu tun hat. Dennoch interessiert es mich, wie Birte sich ihre Zukunft ausmalt.

Sie scheint mit dieser Frage gerechnet zu haben. «Natürlich nicht», verkündet sie. «Allerdings plädiere ich schon dafür, dass jeder von uns ein paar Freiheiten hätte. So etwas kann eine ins Stocken geratene Beziehung wiederbeleben. Wir hätten jeder unser Refugium, in dem wir über alles alleine bestimmen können, blieben aber weiter ein Paar. Das hätte auch für dich Vorteile, denn auf diese Weise könntest du das kleine Trostmäuschen weiter treffen, mit dem ich dich neulich auf dem Sofa erwischt habe.»

Ich höre wohl nicht richtig. «Alice ist kein *Trostmäuschen*!»

Birte lacht, und es klingt ein wenig verächtlich. Aber auch, als würde sie langsam begreifen, dass ihre Argumentation bei mir nicht fruchtet.

Trotzdem fährt sie fort: «Wenn wir mal keine Lust haben, uns zu sehen, bleibt jeder bei sich oder unternimmt etwas mit Freunden, ohne dass der andere gestört wird. Und nach ein paar Tagen haben wir uns wieder richtig viel zu erzählen und freuen uns aufeinander.»

«Ich hatte mich auch so immer abends auf dich gefreut», erkläre ich lapidar und fasse noch einmal zusammen, was ich glaube verstanden zu haben: «Du schlägst also allen Ernstes vor, wir sollten ein Paar bleiben, getrennt wohnen, aber weiter miteinander schlafen und – sofern uns danach ist – auch mit anderen?»

«Wenn du es so ausdrücken möchtest – ja.»

Es entsteht ein Moment des Schweigens, in dem Birte annehmen muss, ich würde mir über ihren Vorschlag Gedanken machen. Tatsächlich bin ich schlichtweg sprachlos. «Nach elf Jahren, die wir gemeinsam verbracht haben, schätzt du mich so ein, dass ich der Typ für ein solches Szenario bin?», frage ich irgendwann, als ich meine Worte wiedergefunden habe. Kopfschüttelnd ergänze ich: «Du kennst mich offenbar überhaupt nicht.»

«Vielleicht kenne ich dich auch einfach nur besser als du dich selbst?», kontert Birte. «Schau dich doch an, es hat nicht lange gedauert, bis es eine neue Frau in dein Bett geschafft hat. Offenbar hast du das vermisst.»

Wäre die Situation nicht derart grotesk, würde ich lachen.

«Ich habe nicht *irgendeine* Frau in meinem Bett vermisst, ich habe lange Zeit *dich* vermisst. Aber jetzt –»

Ich stocke. Plötzlich ist er da, der Moment der Konfrontation. Um den heißen Brei herumreden, geht nun nicht mehr. Ich muss offen Stellung beziehen, meine Vorstellungen klar formulieren. Krampfhaft suche ich nach den geeigneten Worten, um Birte nicht zu verletzen, falle dann aber doch mit der Tür ins Haus: «Aber jetzt vermisse ich dich nicht mehr. Weil ich dich nicht mehr liebe.»

Es ist tragisch, aber mein jahrelanges Schweigen hat zur Folge, dass Birte gar nicht mit Gegenwehr rechnet. Sie scheint mich nicht einmal zu hören.

«Überleg doch mal, Toby», insistiert sie und macht selbst dann keine Pause, als der Kellner unser Essen bringt. «Wir passen super zusammen, sind in vielerlei Hinsicht ein gutes Team und haben dieselben Vorstellungen vom Leben. Warum sollen wir alles aufgeben, was wir uns über die Jahre so mühevoll aufgebaut haben? Denk doch mal in Ruhe über meinen Vorschlag nach. Du musst dich ja nicht sofort entscheiden. Und deine Gefühle ...» Sie schaut mich an, um zu demonstrieren, dass sie meine Worte sehr wohl vernommen hat. «... sind nur ein wenig verwirrt.»

Ich bin noch immer derart perplex, dass ich sie nur stumm anstarre.

Also plant sie weiter: «Weißt du, ich muss mir sowieso eine Wohnung suchen. Momentan wohne ich noch bei Noah, das ginge in der neuen Konstellation natürlich nicht mehr.»

«Ähm ...»

«Falls du dir allerdings überlegst, unsere Beziehung so weiterzuführen wie früher, also gemeinsam in unserem Haus, wäre ich auch nicht abgeneigt. Ich müsste dann nur ...»

«*Mein* Haus», falle ich ihr ins Wort, ehe sie vorschlägt, dass auch Noah dort mit einziehen soll. «Es ist mein Haus, und ehrlich gesagt möchte ich nach wie vor auf keinen deiner Vorschläge eingehen.»

Jetzt scheint sie mich zumindest gehört zu haben. «Wie meinst du das?», fragt sie irritiert.

«So, wie ich es gesagt habe.»

Kein Wunder, dass Männer so oft mit ihrer Meinung hinterm Berg halten, wenn man diese dreimal kundtun muss, um überhaupt gehört zu werden.

«Ich möchte unsere Beziehung nicht fortsetzen», sage ich laut und deutlich und fühle mich, als sei dies Teil einer imaginären Therapie. «Weder auf die eine noch die andere Art. Ich bin nämlich glücklich. Ohne dich.»

Es fällt mir kolossal schwer, die Worte auszusprechen. Und obwohl es keinen Grund dafür gibt, fühle ich mich wie ein Schuft.

Aber gleichzeitig auch unendlich erleichtert.

24. Kapitel

Am Freitag beginne ich den Tag damit, KrollCar einen Besuch abzustatten.

Nachdem ich gestern Abend noch eine Weile über Birtes verrückten Vorschlag und anschließend über den heutigen Abend mit Alice nachgedacht hatte, begann ich damit, mir eine Strategie für ein Gespräch mit Boran Cern und dem Geschäftsführer von KrollCar, Udo Haas, zu überlegen. Gegen acht Uhr heute Morgen habe ich als erste Amtshandlung Matthis Kallmeyer eine SMS mit ungewöhnlicher Bitte geschickt. Wie es zu erwarten war, rief er sofort zurück.

«Sie wollen ein Foto meines Sohnes? Wofür?» Die Sorge des verantwortungsbewussten Vaters schwang in seinen Worten. Ich erklärte ihm den Grund, und er entspannte sich. «Verstehe. Ich schicke Ihnen was Aktuelles. Viel Glück.»

Gerade beginne ich allerdings zu zweifeln, ob meine Idee stark genug ist, in dem Fall eine Wende herbeizuführen. Doch einen Versuch scheint es mir wert zu sein.

Herr Haas sei zurzeit nicht auf dem Gelände, erfahre ich von einer Mitarbeiterin, die, wie es aussieht, für Büroarbeiten, Empfang, Wagenannahme und -ausgabe gleichermaßen verantwortlich ist und entsprechend gestresst wirkt. Mit dieser Antwort hatte ich gerechnet. Ich wollte ohnehin zuerst mit Herrn Cern sprechen. Bei der Anhörung wirkte er sensibel und leicht verstört. Aber keineswegs unsympathisch. Zudem habe ich seinen Namen gegoogelt. Es ist anzunehmen, dass der Mann vom Balkan stammt, was nur insofern von Bedeutung ist, als dass ich damit möglicherweise einen Ansatzpunkt gefunden habe.

Als ich ihn anspreche, erkennt er mich und reagiert freundlich auf meinen unangemeldeten Besuch. Da ich vorgebe, seinen Chef sprechen zu wollen, überbrücken wir die Wartezeit mit Smalltalk.

«Haben Sie Kinder?», frage ich im Laufe des Gesprächs ungezwungen.

Cern nickt. Ein wenig stolz erklärt er: «Zwei: Mädchen und Junge. Mein Sohn ist gerade eingeschult worden.»

Volltreffer. «Meiner auch!», lüge ich und strahle Herrn Cern an, als seien wir damit gemeinsam in die A-Liga pflichtbewusster Elternteile aufgerückt. Ich zücke mein Handy und präsentiere ihm mit gespieltem Stolz Kallmeyers Sprössling. Ein aufgewecktes Kerlchen, das mit frechem Grinsen seine überdimensionale Schultüte präsentiert. Dazu trägt er Schlabberjeans und eine Justin-Bieber-Föhnfrisur.

Kurz durchzuckt mich die Erinnerung an meinen ersten Schultag: Ich wurde in einer kurzen Krachledernen mit Kniestrümpfen und Karohemd eingeschult. Ein Outfit, mit dem ich Herrn Cern vermutlich Angst eingejagt hätte.

Augenblicklich holt mein Gesprächspartner ebenfalls sein Handy hervor. In rasanter Abfolge werden mir von jedem Kind schätzungsweise fünfzehn Bilder präsentiert. Als Cern gerade beginnen will, auch den Rest seiner Großfamilie vorzustellen, muss ich leider unterbrechen.

«Herr Cern, wissen Sie eigentlich, was ein Meineid ist?», falle ich mit der Tür ins Haus.

Seine Augen weiten sich vor Schreck. Er schluckt geräuschvoll, nickt. «Ich denke, ja. Also … wenn man vor Gericht falsch aussagt.»

«So ist es. Eine Falschaussage ist in Deutschland kein Kavaliersdelikt, Herr Cern. Sie wird streng geahndet. Ohne Ihnen alle möglichen Konsequenzen aufzeigen zu wollen, kann ich jedoch sagen, dass man nach einem Meineid vorbestraft wäre. Sogar eine Haftstrafe ist denkbar. Nicht so schön, oder?»

Wieder nickt er. Auf seinen Wangen haben sich hektische rote Flecken gebildet.

Ich will ihn nicht quälen, daher fahre ich zügig fort: «Ich würde Sie bitten, sich die folgenden Fotos noch einmal gründlich anzusehen. Danach erkläre ich Ihnen das Problem, das ich damit habe, und wir schauen gemeinsam, wie wir diese Unstimmigkeiten beseitigen können. Ist das okay?»

«Ja», sagt er heiser und schaut gebannt auf die Mappe, die ich nun aus meiner Tasche ziehe. Nacheinander präsentiere ich ihm die Aufnahmen von Ottos Auto, weise auf die Diskrepanzen hin und unterbreite ihm, welches Glück er hatte, bislang nicht vereidigt worden zu sein. Dann erwähne ich meine Absicht, dies vor Gericht nachholen zu wollen.

Es dauert nicht lange, da knickt er ein. Bei seinem Versuch, die Sachlage zu schildern, ohne seinen Chef in die Pfanne zu hauen, empfinde ich direkt Mitleid. Diese Falschaussage ist definitiv nicht seine Idee gewesen. Ich glaube nicht mal, dass er von dem Geld, das Haas dabei abstauben wollte, etwas gesehen hätte. Was mich betrifft, braucht er nichts zu befürchten. Sofern er weiter mitspielt.

«Ich würde Sie bitten, Ihren Chef anzurufen, damit ich auch mit ihm sprechen kann. Falls er sich einsichtig zeigt und meinem Mandanten sein Geld zurücküberweist und zudem für die bislang entstandenen Kosten aufkommt, werde ich die Sache nicht weiterverfolgen. Ihnen würde ich allerdings empfehlen, sich einen anderen Job zu suchen. Mit einem korrekteren Chef.» Ich klopfe ihm vertrauensvoll auf die Schulter. «Wäre für die Kinder doch schade, wenn Sie noch einmal in eine solche Lage kämen.»

Zehn Minuten später hat er Udo Haas auf dem Handy erreicht. Und nicht nur das. Plötzlich hat dieser sogar Zeit, mich zu treffen.

Haas versucht sich zunächst in großkotzigem Drumherumreden. Dann hat er plötzlich einen Geistesblitz und schiebt das falsche Datum auf einen Kameradefekt.

«Gut möglich», sage ich mit mildem Lächeln und greife zu meinem nächsten Trumpf. «Meine Klientin hat diese Fotos ja nie zu sehen bekommen», erkläre ich in ruhigem Tonfall. «Sie hat aber sehr genau beschrieben, wo sie den Wagen abgestellt hat. Und zwar gleich neben der Einfahrt.» Ich deute in die entsprechende Richtung. «Wenn Sie sich nun aber die Spiegelung in der Wagentür ansehen, erkennen Sie sicher auch, dass sich das Haus in unserem Rücken ...» Ich deute mit dem Daumen hinter uns. «... spiegelt. Wenn Sie mich fragen, muss der Wagen bewegt worden sein, sonst wäre dies nicht möglich.»

Mit hochgezogenen Augenbrauen schaue ich Udo Haas an. Als er gerade Luft holen will, um etwas zu entgegnen, komme ich ihm zuvor und deute auf das Foto vom Kilometerstand des Tachos.

«Vermutlich wurde der Wagen sogar zwischenzeitlich verliehen. Und um das zu vertuschen, haben Sie ein wenig an der Uhr gedreht, stimmt's? Sehen Sie die Zahl? Sie entspricht der Strecke Hamburg–Chiemsee–Hamburg zuzüglich eines gewissen Toleranzwertes. Was Sie nicht wissen können, ist, dass meine Mandantin unterwegs einen Freund in Frankfurt abgeholt und auf dem Rückweg wieder dort abgesetzt hat. Dafür hat sie Zeugen. Somit fehlen auf dem Tacho etwa 220 Kilometer ...»

Er nickt. Die Message ist angekommen.

Als ich pünktlich um halb acht bei meinem Lieblingsitaliener *Da Mario* sitze und auf Alice warte, lasse ich mir das Gespräch mit dem korrupten Geschäftsführer noch einmal durch den Kopf gehen. Auch um mich abzulenken, denn ich bin schrecklich nervös.

Udo Haas hatte schnell seine Felle davonschwimmen sehen und meinen Vorschlag, die Sache auf sich beruhen zu lassen, akzeptiert. Der Versuch seiner Gaunerei würde ihn allerdings einiges kosten, ist aber, im Vergleich zu allen weiteren möglichen Konsequenzen, eine läppische Strafe. Simone Otto habe ich noch nicht über den neuen

Stand der Dinge in Kenntnis setzen können, denn der Rest meines Kanzleitages verlief arbeitsreich und turbulent. Mitten im größten Chaos rief auch noch Lars an.

«Toby, ich brauche dein Auto!»

«Ich auch.»

«Komm schon, es ist wichtig. Ich habe einen Fotojob in einem Geschäft in der Innenstadt. Und wegen der Ausrüstung brauche ich ein Auto, die kann ich unmöglich in der U-Bahn mitschleppen.»

In Anbetracht der Tatsache, dass Lars schon länger nichts mehr von einem Auftrag erwähnt hatte, wollte ich ihm keinen Strich durch die aufflackernde Karriereaussichten machen. Zähneknirschend gab ich nach. «Also gut. Aber nur, wenn du es mir nachher im Restaurant vorbeibringst. Ich esse mit Alice bei *Da Mario* und würde sie im Anschluss gern nach Hause fahren.»

Lars pfiff durch die Zähne. «Verstehe. Kröger hat mir die Geschichte schon erzählt. Krasse Story. Und nun willste auf dem Rückweg im Wagen rumknutschen. Die gute alte Teenagernummer. Aber klar. Ich brauche die Karre schätzungsweise drei Stunden. Dann bringe ich sie dir zurück. Wann soll ich spätestens da sein?»

Ich überlegte laut: «Wir treffen uns um halb acht. Wenn du den Wagen bis um halb elf vorbeibringst, sollte es passen. Eher wäre natürlich auch gut. Also besser zehn.»

«Okay. Dann hole ich jetzt schnell den Schlüssel ab», sagte er und stand fünf Minuten später in meinem Büro.

Offenbar hatte er meine Zusage fest eingeplant und lungerte bereits vor der Kanzlei auf der Straße herum.

Alice betritt das Restaurant. Von meinem Platz winke ich ihr zu und warte, dass sie sich aus mehreren Schichten wärmender Jacken gepellt hat. Irgendwann steht sie in einem grauen Wollkleid vor mir und reibt sich fröstelnd die Hände.

«Ich bin zu Fuß gekommen», erklärt sie lächelnd.

«Wow!» Obwohl der Weg, direkt an der Alster entlang, sehr schön ist, sind es doch geschätzte vier Kilometer. Und es ist dunkel. Und kalt. Ich persönlich habe mich, nachdem ich gehetzt geduscht und nach mehreren Anläufen ein passendes Outfit gewählt hatte, für eine Fahrt mit dem Taxi entschieden.

«Ich hoffe, der Fußmarsch hat dir keine Grippe eingebracht», sage ich besorgt und stehe auf, um sie zur Begrüßung zu küssen. Auf den Mund. Keineswegs beabsichtige ich, Rückschritte zu machen.

Alice lässt es geschehen, setzt sich dann verlegen auf ihren Platz. Das Haar fällt ihr offen über die Schultern, ihre Augen sind dezent geschminkt und glänzen im Schein der Kerzen. Ich bin überwältigt, wie hübsch sie aussieht. Und davon, wie sehr ihr Erscheinen mein Blut in Wallung bringt. Wenn ich nicht bald einen Aperitif zur Auflockerung trinke, werde ich kaum ein Wort meiner einstudierten Rede herausbringen.

«Ach was», zerstreut sie meine Bedenken. «Ich gehe einfach gern zu Fuß. Und jetzt habe ich einen Bärenhunger.»

Wir setzen uns. Obwohl ich im Vorwege reserviert habe, war mein Lieblingstisch – ein abseits stehender ovaler Bistrotisch – leider schon vergeben. Doch unser Zweiertisch, seitlich an einer mit mediterranen Motiven bemalten Wand, scheint Alice zu gefallen.

Anerkennend schaut sie sich um. «Gemütlich ist es hier», findet sie, «rustikal, aber auch schick.»

«Freut mich, dass es dir gefällt.»

Ich winke dem Kellner und bestelle Prosecco für uns. Dann vertiefen wir uns einen Moment schweigend in die Speisekarte. Nachdem der Drink gebracht wurde, stoßen wir an.

Mir klopft das Herz bis zum Hals. Ich habe einiges zu erklären, aber keine Ahnung, wie ich den Einstieg finden soll. Bis der Kellner unsere Bestellungen entgegengenommen hat, mühen wir uns weiter mit ein wenig Smalltalk ab.

Erst als die Vorspeise, ein gemischter Antipasti-Teller für zwei, vor uns steht, wage ich den Vorstoß. Ehe Alice sich ihre Gabel schnappen kann, greife ich über dem Tisch nach ihrer Hand und drücke sie leicht. Tausendmal habe ich diesen Dialog in der vergangenen Nacht durchgespielt. Mir tausend Ansätze und Formulierungen überlegt. Doch plötzlich ist mein Hirn leer, alle Ideen wie weggeweht. Als hätte jemand einen Schalter umgelegt, spüre ich in diesem Moment nur noch meinen Herzschlag, so kräftig und schnell, dass es mir schlicht die Sprache verschlägt.

Ich schaue ihr fest in die Augen. «Alice, ich ...», setze ich an. «Es ist ... also, ich wollte dir sagen, dass ...»

Mein größtes Problem ist, dass ich es so unglaublich schön finde, mit ihr hier zu sitzen, dass ich Angst habe, die falschen Worte zu wählen und dadurch alles kaputt zu machen. Aber wenn ich nicht bald zum Thema komme, wird genau das geschehen.

«Also, der Abend neulich ...», setze ich an, «bei mir zu Hause. Das war sehr ... schön.»

Schön? Bin ich noch bei Trost? Mal abgesehen davon, dass das Adjektiv *schön* meine Gefühle nicht einmal annähernd beschreibt, ist zudem meine Exfreundin aufgetaucht. Während wir nackt auf dem Sofa lagen.

Wie kann man das schön finden?

«Was ich sagen will, ist ...», beginne ich von neuem. Die Worte «... dass ich mich in dich verliebt habe» liegen mir bereits auf der Zunge, doch ehe ich sie herausbringe, sehe ich plötzlich etwas hinter Alices Rücken, das meine Aufmerksamkeit erregt. Ein bekanntes Gesicht. Ein sehr bekanntes. Und zugleich verhasstes.

Einen Moment glaube ich, mich getäuscht zu haben, doch nach zweimaligem Blinzeln steht es fest: Ronaldo hat soeben den Laden betreten. Gerade steuert er meinen Lieblingsplatz an, und mir wird klar, warum ich diesen nicht mehr reservieren konnte. Vor Überraschung steht mir der Mund offen.

Alice missversteht meinen Ausdruck. «Du musst das nicht erklären», sagt sie. «Ich verstehe sehr gut, dass man sich nach so vielen gemeinsamen Jahren nicht ad hoc trennen kann. Es erscheint mir sogar sehr verständlich, es noch einmal miteinander versuchen zu wollen.»

Entsetzt starre ich sie an. Sie muss auch mein Gestammel falsch interpretiert haben.

Also versuche ich es noch mal neu. «Nein, es ist keineswegs so, dass –» Weiter komme ich nicht, denn in meiner Hose brummt es. Eine SMS.

Normalerweise hasse ich Menschen, die während des Essens telefonieren, Nachrichten schreiben oder auch nur an ihrem Telefon herumspielen. Warum ich trotzdem, ausgerechnet heute, ausgerechnet jetzt, mein Handy hervorkrame, weiß ich nicht. Vielleicht aus Verlegenheit. Oder aus der dumpfen Ahnung, es könne etwas mit meinem Auto passiert sein. Doch die Nachricht kommt nicht von Lars. Sie ist von Birte. Als würde sie spüren, dass ich gerade im Begriff bin, mich endgültig von ihr zu lösen.

Hast du dir meinen Vorschlag noch einmal durch den Kopf gehen lassen? Ich hoffe, in dieser Angelegenheit ist das letzte Wort noch nicht gesprochen. B.

Dann folgt ein Zeichen, das ich ohne Lesebrille nicht erkennen kann. Vermutlich ein Kussmund.

Verärgert stecke ich das Gerät zurück in die Tasche. Birte nimmt mich tatsächlich nicht ernst. Es kostet mich einiges an Beherrschung, meinen Unmut nicht laut kundzutun, sondern mich, im Gegenteil, auf jene sanften Worte zu konzentrieren, die ich Alice sagen möchte.

«Verzeihung. Also: Keineswegs beabsichtigen Birte und ich einen Neuanfang», erkläre ich. «Birte vielleicht. Ich jedenfalls nicht. Allerdings stimmt es, dass sie so was vorgeschlagen hat und mich deshalb sprechen wollte. Deshalb habe ich mich gestern noch einmal mit ihr getroffen, um unsere Beziehung endgültig zu beenden.» Alices Blick lässt nicht erkennen, was sie denkt. «Dir hatte ich dieses verabredete Treffen zunächst verschwiegen, weil ...»

Weil ich dich nicht beunruhigen wollte, will ich sagen. Doch in diesem Moment sehe ich, wie Ronaldo in Alices Rücken in die Höhe springt und überschwänglich eine Dame begrüßt, die soeben das Restaurant betreten hat. Sie ist groß, schlank und ähnlich braun gebrannt wie das Gummipuppengesicht. Ihr blondes Haar wippt bei jedem Schritt, als würde am Tisch meines Kollegen gerade ein Werbespot für Haarspray gedreht. Auch seine Tolle sitzt wie frisch geföhnt. Nichts für Birte, schießt es mir unpassenderweise durch den Kopf, während mir etwa zeitgleich bewusst wird, dass mein Satz noch unvollendet im Raum hängt.

«Sorry», sage ich, «ich habe irgendwie den Faden verloren.»

Alice lächelt verständnisvoll. Aber auch ein wenig gequält. Neugierig dreht sie sich um, um zu sehen, was es hinter ihr so Spannendes gibt.

Ich nutze die Gelegenheit und schaue ebenfalls, was sich an Ronaldos Tisch tut. Formvollendet überreicht er seiner Begleitung gerade eine Blume, dann verlässt er den Pfad der Tugend auch schon wieder und starrt ihr ungeniert in die einladend ausgeschnittene Bluse. Elender Spanner!

Auch Alice dreht sich jetzt weg. «Ist das nicht Frau Papst?», erkundigt sie sich. «Wow! Die hat sich ja ziemlich zurechtgemacht. Und der Typ daneben kommt mir auch irgendwie bekannt vor.»

Papst? Der Name sagt mir was. «Du meinst, das ist die Frau von dem Fernsehkoch?»

Alice nickt. «Ja. Marina Papst. Sie wohnte in meinem Viertel, ehe sie geheiratet hat. Hatte dort einen Kosmetiksalon, der aus unserem Laden Sträuße für den Empfangsbereich bestellte. Ich kenne sie aber nicht persönlich, nur vom Sehen. Lebt die nicht eigentlich auf Mallorca?»

Das würde zumindest *ihre* Bräune erklären.

Interessant, Ronaldo hat also ein Date mit Marina Papst, der Frau seines Mandanten. Ein sehr privates Date, wie es aussieht. Offenbar hat er die Kochgattin gegen die Badekappenfrau von Steinfels' Geburtstagsfeier eingetauscht. Ausgerechnet!

Die Eheleute Papst wollen sich scheiden lassen und streiten, soweit ich weiß, um alles, was sich zu Geld machen lässt. Aber warum trifft Ronaldo sie hier? Mit Sicherheit möchte er Frau Papst nicht zwischen Vorspeise und Ossobuco den Anspruch auf eines der exklusiven Feriendomizile ihres Noch-Mannes ausreden. Eher im Gegenteil. Es sieht so aus, als beabsichtige er, sie dort bald mal zu besuchen.

Natürlich ist das Spekulation. Dennoch kann ich mir kaum vorstellen, dass der TV-Koch Christian Papst es einfach so hinnehmen würde, wenn ihm von diesem Treffen zu Ohren käme. Der Kerl ist ein bekannter Mann, wer weiß, wie weit er gehen würde. Schließlich müsste er seinen Anwalt und damit letztlich die gesamte Kanzlei für befangen halten und an der Verschwiegenheit ihrer Anwälte zweifeln. Das könnte verdammt ins Auge gehen. Für Ronaldo.

Gerade hat es den Anschein, als bitte Ronaldo beim Kellner um eine Vase für seine mitgebrachte Blume. Tatsächlich wird ein Gefäß gebracht, und nun ziert irgendein exotischer Stängel die Mitte des Tisches. Marina Papst scheint das zu freuen. Sie gebärdet sich wie eine Frau, die bald über ein ansehnliches Vermögen verfügen wird und schon mal ihre Fühler nach einem neuen Mann ausstreckt. Lasziv wirft sie ihre Haare zurück, präsentiert lächelnd ihre blitzblanken Zähne und berührt mit den elegant übereinandergeschlagenen Beinen immer wieder Ronalds Stampfer. Aus Versehen, natürlich.

Tja, ich würde sagen: Ronaldos Idee, den dunklen Ecktisch, also *meinen* dunklen Ecktisch, zu reservieren, war für die Katz. Mit dieser Frau nicht gesehen zu werden, ist schwierig, das war ihm offenbar nicht bewusst. Andererseits kennt man Marina Papst in Hamburg kaum. So wie man die Frau von Tim Mälzer nicht kannte, während er aus keiner Vorabendshow wegzudenken war.

Wie in Trance greife ich nach meinem Handy und schieße ein Foto. Wer weiß, wofür man das noch einmal gebrauchen kann.

«Was machst du da?», fragt Alice entsetzt. Die Scham steht ihr ins Gesicht geschrieben.

Doch ich kann nicht aufhören. Unbeirrt knipse ich drei weitere Bilder. Dann erkläre ich: «Entschuldigung. Bitte glaub mir, das ist normalerweise nicht meine Art. Aber der Kerl am Tisch von Frau Papst ist mein Kollege. Du müsstest ihn von Steinfels' Gartenparty kennen.»

«Und deshalb fotografierst du ihn?» Alice klingt ungläubig. «Warum?»

«Das ist eine längere Geschichte, die ich dir ein andermal erzähle, okay?» Ich schaue sie flehend an. Sie nickt, und ich versuche, mich wieder auf unser Gespräch zu konzentrieren.

Leider ist Alice noch immer von den Geschehnissen am Nachbartisch abgelenkt. «Interessante Blume hat er für Frau Papst ausgewählt», sinniert sie. «Normalerweise wählen Männer Rosen, Lilien oder auch mal eine Calla für ein Date. Eine Protea wird für so ein Treffen eher nicht gekauft. Oder stammt einer von beiden vielleicht aus Afrika?»

«Afrika», wiederhole ich und lasse es wie eine Feststellung klingen. Wie kommt sie denn jetzt auf Afrika?

«Ich meine ja nur. Weil die Protea die südafrikanische Nationalblume ist. Hätte ja sein können, dass er ihr damit eine Freude machen wollte.»

Würde sie Ronaldo besser kennen, wüsste Alice, dass er niemandem eine Freude machen will. Er will sie bumsen, das ist alles.

Alice wartet auf meine Antwort, doch ich bin bereits mit meinen Gedanken abgeschweift. *Protea* ... Sprach nicht Frau Behrend von diesem Gewächs? Und hat sie mir nicht sogar ein Foto auf ihrem Handy davon gezeigt? Erinnern kann ich mich an das Bild zwar nicht. Und selbst wenn, könnte ich die Blume auf Ronaldos Tisch auf diese Entfernung nicht exakt erkennen. Trotzdem scheint es mir, als hätte ich, so ganz nebenbei, den Blumendieb gefasst. Kaum zu glauben.

Was ich allerdings mit dieser Information anfangen soll, ist mir noch unklar. Ronaldo auf den Diebstahl anzusprechen, erscheint mir irgendwie lächerlich. Abwarten. Möglicherweise ergibt sich irgendwann eine Gelegenheit zur Informationsverwertung.

Ich schiebe den Gedanken fort und besinne mich wieder auf mein Anliegen.

«Alice ... Der Tag und auch der Abend mit dir war wunderschön.» Hatte ich genau das nicht schon gesagt? Es klingt zudem nicht besonders elegant, aber ich muss jetzt endlich mal das Wichtigste loswerden, ehe sie mich für vollkommen plemplem hält. «Also, auch den Tag mit dir bei der Geburtstagsfeier meines Chefs habe ich sehr genossen. Schon lange hatte ich nicht mehr so viel Spaß. Ich würde mir deshalb wünschen, dass wir –»

In diesem Moment fällt ein Schatten auf unseren Tisch. Jemand ist unbemerkt hinzugetreten. Und als ich hochschaue, trifft mich fast der Schlag.

25. Kapitel

«Endlich», sagt eine etwas schrille Frauenstimme. «Endlich treffe ich dich hier! Ich bin bald pleite, weil ich ständig hier abhänge, um dich wiederzusehen.»

«Hallo ... äh ...?» Ich kenne sie, aber mir ist ihr Name entfallen.

Sofort wird mir auf die Sprünge geholfen: «Tamara!» Sie wendet sich kurz an Alice. «Entschuldigung, wenn ich störe. Toby und ich haben uns vor kurzem bei einem Blind Date kennengelernt. Wie ihr vermutlich auch.» Sie grinst und wendet sich mit spitzbübischem Blick an mich. «Im Nachhinein musste ich noch sehr lange über deine extremen Vorlieben nachdenken ...» Ihre Augen blinzeln zweideutig.

Obwohl ich nie im Leben vorhatte, sie wiederzusehen, rät mir etwas in meinem Inneren, doch lieber schnell mal darüber nachdenken, auf was für Vorlieben sie anspielt. Und zwar ehe Tamara irgendwelche erfundenen Geschichten ausposaunt.

Dummerweise erinnere ich mich kaum mehr an den Nachmittag. Sonst hätte ich sie eben bei ihrem Auftauchen mit Sicherheit sofort geknebelt oder wenigstens k. o. geschlagen. Ich weiß noch, dass sie mich regelrecht ausgefragt hat. Und vermutlich hatte ich ihr leichtsinnigerweise mein Lieblingsrestaurant verraten.

Während sie beginnt, in zwergenhafter Schreibschrift etwas auf die Visitenkarte des Restaurants zu kritzeln, überlege ich fieberhaft, wie ich sie am schnellsten loswerden kann. Denn eins ist klar: Ihr Auftauchen könnte Alice ein vollkommen falsches Bild vermitteln. Ehe ich jedoch zu einem Entschluss komme, wird mir die Karte in die Hand gedrückt.

«Hier, meine Telefonnummer. Da du ja an Sex auf den zweiten Blick glaubst – könnten wir es ja mal miteinander probieren.» Sie schenkt mir ein überlegenes Lächeln. «Allerdings solltest du vorher deine Einstellung zu Silikonbrüsten überdenken ...» Dann deutet sie mit dem Zeigefinger auf Alice: «Lass dich bloß nicht von ihm dazu nötigen, dir die Möpse zu vergrößern», rät Tamara. «Ich meine, nur weil Männer wie Toby auf Plastikbrüste stehen, dürfen wir uns keinesfalls dazu hinreißen lassen, unseren Körper zu verschandeln.» Nach Zustimmung lechzend, schaut sie Alice an, deren Blick jedoch nur irritiert zwischen mir und Tamara hin- und herwandert. «Entschuldige bitte, wenn ich so direkt bin», fährt Tamara fort, sich unbeliebt zu machen, «aber wir Frauen müssen zusammenhalten. Und wer weiß: Wenn Toby es sich anders überlegt, ergibt sich vielleicht ja irgendwann ein Vierer?»

Alice schluckt, sagt dann – was ich ihr hoch anrechne – überraschend cool: «Ja, wer weiß.»

Tamara ist damit offenbar alles losgeworden, was sie mir zu sagen hatte. «Überleg es dir, Toby. Mein Angebot steht.» Sie winkt. «Schönen Abend noch euch beiden!»

Einen Moment starren wir ihr stumm hinterher.

Alice findet als Erste ihre Worte wieder: «Ich glaube, ich werde alt. Solche Auftritte sind mir irgendwie einen Tick zu ...» Sie sucht nach dem passenden Wort. «... modern.» Der missglückte Versuch eines Grinsens huscht über ihr Gesicht. «Die war ja ziemlich verrückt.»

Ich habe keinen Schimmer, was ich sagen könnte. Auch wenn Alice die Szene von Tamara mit Fassung trägt und ich die Karte mit ihrem Gekritzel demonstrativ durchreiße und auf den leer gegessenen Vorspeisenteller werfe, bleibt doch der schale Nachgeschmack ihrer Worte. Den Hauptgang nehmen wir deshalb weitgehend schweigend ein.

Ich versuche, auch nicht mehr zu Ronaldo herüberzuschauen. Stattdessen denke ich fieberhaft über einen erneuten Einstieg nach. Dummerweise wird das, was mir auf dem Herzen liegt, nicht weniger, sondern summiert sich nur. Noch eine Stunde länger in diesem Restaurant, und ich müsste mich vom Papst begnadigen lassen. Um Ordnung in meinen Gedankenwirrwarr zu bringen, beschließe ich, mich zunächst auf das Wichtigste zu konzentrieren.

«Ich wünschte, wir würden uns in Zukunft regelmäßig sehen», erkläre ich und hoffe, dass aus der Betonung meiner Worte hervorgeht, was ich mir alles darunter vorstelle. Vorsichtshalber werde ich konkreter: «Ich würde gern deinen Sohn kennenlernen. Und deine gesamte Familie.» Ich schaue Alice fest in die Augen. «Aber vor allem dich. Ich möchte mit dir –»

Mit dir leben, will ich sagen, doch wie sollte es auch anders sein, schon wieder werde ich unterbrochen. Dieses Mal durch das Klingeln meines Handys. Es ist Lars.

«Was gibt es?», zische ich genervt. «Ich sitze beim Essen und würde gern mal fünf Minuten meine Ruhe haben.»

Am anderen Ende der Leitung wird beleidigt geschnauft. «Aber ich rufe doch gerade zum ersten Mal an.»

«Weiß ich», belle ich. «Und? Wo ist mein Auto?»

«Hier. Vor der Tür. Aber könntest du vielleicht mal kurz rauskommen? Ich muss dir etwas zeigen.»

«Nein. Wie schon gesagt: Ich möchte nichts gezeigt bekommen, ich möchte meine Ruhe. Bring mir einfach nur schnell den Autoschlüssel rein. Bekommst du das hin?» Ich weiß, ich bin unfair, doch gerade habe ich das Gefühl, der Stress schlägt über mir zusammen wie eine tsunamiartige Woge und reißt mich in die Tiefe.

«Klar», sagt Lars pikiert und legt auf.

Ich blicke hoch und erkläre Alice: «Der Kumpel, dem ich mein Auto geliehen habe, bringt kurz den Schlüssel rein.» Ich will ihr gerade noch die Hintergründe erklären, da donnert Lars auch schon mit Schwung das Etui auf den Tisch.

«Hier», sagt er. «Der Wagen steht hinten links, kurz vor der Ausfahrt.»

Ich mustere ihn. Er trägt eine schwarze Lederjacke mit Fransen, dazu einen Cowboyhut. Seine Stimme klingt lallend, und man riecht eine Schnapsfahne.

«Bist du betrunken?», frage ich entgeistert. «Ich dachte, du wolltest Fotos machen. Wie geht das, wenn man getrunken hat?»

Kein Wunder, dass er es noch nicht zu einem internationalen Durchbruch gebracht hat.

Lars schaut mich aus glasigen Augen an. «Ging gut!»

«Hat aber nicht lange gedauert, der Job …», bemerke ich trocken und vergesse fast meinen Vorsatz, ihn, so schnell es geht, loszuwerden. Kurz werfe ich Alice einen Blick zu. Dann stelle ich sie meinem Kumpel vor.

Er schüttelt ihre Hand, wendet sich aber gleich darauf wieder mir zu. «Hör mal, Toby», sagt er kleinlaut. «Für den Kratzer kann ich nichts. Das war so ein Typ, ein Passant. Weil der Wagen auf dem Gehweg stand, dachte der, er müsse Polizei spielen, und hat mit seinem Schlüsselbund daran rumgekratzt.»

Ich versuche, ruhig zu bleiben, nicht loszubrüllen und nicht mit der Faust auf den Tisch zu schlagen. Ich schnappe mir auch nicht Lars' Cowboyhut, verbrenne ihn über der Kerze und stopfe meinem Kumpel anschließend die Asche in den Mund. Und ich nehme auch nicht das Steakmesser und ritze ihm das Wort «Idiot» auf die Stirn. Nein, ich bleibe ganz ruhig sitzen und frage mich kurz, ob ich es vielleicht verpasst habe, dass den Bewohnern der Nordhalbkugel aufgrund einer problematischen Sternenkonstellation heute davon abgeraten wurde, das Haus zu verlassen.

Dann wende ich mich mit bemüht gelassener Stimme an Lars: «Warum genau hat denn der Wagen auf dem Gehweg gestanden?»

Lars überlegt und schwankt dabei gefährlich hin und her, sodass ich ihn auf einen freien Stuhl zerre, damit er nicht am Ende umfällt und ich auch noch eine Porzellanrechnung in astronomischer Höhe begleichen muss.

«Der Wagen parkte dort, weil Devil genau so fotografiert werden wollte», erklärt mein Kumpel. «Lässig an den Wagen gelehnt.»

Ich kann ihm nicht folgen. «Devil? Wieso Devil? Ich denke, du hattest den Auftrag, ein Geschäft zu fotografieren?»

«Ja, Devils Sexshop. Von außen und von innen.» Lars schenkt mir ein frivoles Grinsen. «Warste da mal drinnen?» Ohne meine Antwort abzuwarten, kichert er: «Ach ja. Du brauchtest ja diese Tropfen. Damit der Naturkaviar besser flutscht.» Er gackert. Dann fällt ihm ein, dass am Tisch eine Dame sitzt, und er schlägt sich augenrollend die Hand vor den Mund. Zwischen seinen Fingern presst er hervor: «Das wolltest du wohl lieber für dich behalten, nehme ich an.»

Allerdings, Lars, allerdings.

Mein Kumpel insistiert: «Komm schon, Toby, jetzt sei nicht sauer. Ich bin versichert.»

Als wäre das mein einziges Problem. «Aber du bist betrunken Auto gefahren. Spinnst du?»

Lars jammert: «Du hast gesagt, du willst die Karre unbedingt bis zehn zurückhaben. Und jetzt ist es zehn!»

Es hat keinen Sinn, mit ihm zu diskutieren, das wird mir leider zu spät bewusst. Ich hätte ihn gar nicht erst hereinbitten sollen. «Okay, wir reden morgen weiter», bestimme ich. «Ich sage dem Kellner, er soll dir ein Taxi rufen.»

Lars, der offenbar kurz überlegt hatte, sich etwas zu essen zu bestellen, schaut mich mit großen Augen an. Dann scheint er zu begreifen. «Ach so ... Klar. Natürlich. Ich ... bin schon weg!» Mit wackeligen Beinen erhebt er sich. Dann fällt ihm noch etwas ein. «War übrigens cool von dir, Trixie an Devil zu vermitteln. Sie war vorhin auch da. Er hat sie vom Fleck weg eingestellt.»

«Toll.» Ich kann mich gerade nicht so recht freuen. Kann er nicht endlich gehen?

«Sag mal», erkundigt Lars sich jetzt. Offenbar hat er jegliches Zeitgefühl verloren. «Würde es dir was ausmachen, wenn ich mal mit ihr ausgehe? Ich meine ...» Er beugt sich vor und will mir etwas ins Ohr flüstern. Leider hat er die Sache nicht im Griff. Wie man von Betrunkenen weiß, haben sie kein Gefühl für die Lautstärke, mit der sie etwas sagen. «Du hast ja als Erstes mit ihr geschlafen und somit die älteren Rechte.»

«Ich habe nicht mit ihr geschlafen», stelle ich klar und schiebe ihn Richtung Ausgang, damit er wieder weiß, wo er hinwollte. «Über den Rest reden wir morgen.»

Nach Lars' Verschwinden ist die Stimmung am Tisch endgültig im Keller. Ich erinnere weder, was ich Alice gerade sagen wollte, noch glaube ich, dass es heute Abend überhaupt noch Sinn machen würde.

Alice ist grüblerisch und schweigsam geworden. Offenbar überlegt sie, wer als Nächstes bei uns am Tisch auftaucht.

Ich kann es ihr nicht verübeln.

Als der Kellner mit der Frage nach einer Nachspeise erscheint, lehnt Alice dankend ab. «Es ist schon spät», erklärt sie, «und ich muss morgen früh raus.»

Zum Glück bleibt uns die Autofahrt, denke ich. Ein letzter zweisamer Moment, aus dem sich vielleicht noch etwas ergibt. Und der mehr erklärt als mein unterirdisches Gestammel der vergangenen Stunden.

Alice ist bereits bei der Garderobe, als ich sehe, dass Ronaldo ebenfalls die Rechnung kommen lässt. Es würde mich brennend interessieren, wie sein Abend weitergeht. Eigentlich ist die Sache klar, doch wer weiß?

Als ich mich gerade von seinem Anblick losreiße, verkündet Alice: «Vor dem Haus stehen Taxen. Ich werde eine davon nehmen.» Sie hebt abwehrend die Hand, um mich an einer Widerrede zu hindern. «Ist schon gut, Toby. Ich möchte es gern so.»

Warum?, will ich fragen, doch die Antwort liegt auf der Hand. Sie will ihre Ruhe. Vor mir.

Bevor sie ins Taxi steigt, halte ich sie einen Moment am Arm fest. Ich will sie küssen, ihr zumindest mit auf den Weg geben, was ich für sie empfinde. Sie um ein neues Date bitten oder irgendetwas Nettes sagen. Doch Alices Blick schreckt mich ab. Zutiefst nachdenklich, fast abweisend schaut sie mich an. Als habe der Abend für sie etwas entschieden, dessen sie sich vorher unsicher war.

«In meinem Leben geht es nicht ständig so turbulent zu», starte ich vor der Tür den hilflosen Versuch einer Rechtfertigung. Alice lächelt. Es ist nicht das wunderbar unbeschwerte Alice-Lächeln, das ich kenne und das ich so an ihr mag. Es ist ein anderes Lächeln. Ein sehr erwachsenes.

Sie hat bereits ein Bein im Wagen. «Das glaube ich dir, Toby. Vielen Dank für die Einladung. Alles ist gut. Ich bin nur müde.» Sie steigt ein und schließt die Tür. Durch die Scheibe wirft sie mir einen entschuldigenden Blick zu. Es liegt auf der Hand, dass ich ihre Lüge durchschaut habe.

Einen Moment bleibe ich regungslos stehen und schaue dem Taxi nach. Wut steigt in mir auf. Auf mich. Dass ich sie verdammt noch mal hätte nach Hause fahren sollen. Warum nur habe ich die Zügel aus der Hand gegeben? Ich bin kurz davor, in meinen Wagen zu springen, um Alice vor ihrer Haustür abzufangen. Doch ehe ich den Gedanken bis in die letzte Konsequenz zu Ende denken kann, tritt Ronaldo in Begleitung von Marina Papst aus dem Restaurant. Instinktiv weiche ich einen Schritt zurück, in den Schatten der Hauswand.

Er hat seinen Arm galant um ihre Taille geschlungen und führt sie zum Wagen. Eine intime Geste, wie ich finde. Und während er ihr formvollendet die Wagentür öffnet und anschließend auf der Fahrerseite Platz nimmt, keimt urplötzlich eine Idee in mir auf. Ohne genau zu wissen, warum, sprinte ich zu meinem Wagen, starte den

Motor und klebe Sekunden später hinter Ronaldos beigefarbenem Alfa Romeo, der einen ordentlichen Stiefel fährt. Die Straßen sind leer, und ich habe ein wenig die Befürchtung, hinter den beiden aufzufallen. Doch bei jeder Ampel werfen sie sich schmachtende Blicke zu oder küssen sich. Wir fahren nach Harvestehude, Hamburgs Villengegend. Wunderschöne Stadthäuser, von denen keines unter einer Million den Besitzer wechselt, reihen sich aneinander. Aber auch großzügige Wohnungen, mit Decken so hoch wie in Kirchenschiffen, findet man hier. Ronaldo wohnt nicht in diesem Stadtteil, das weiß ich, weil er vor Jahren kaum eine Gelegenheit ausließ, damit zu prahlen, in derselben Straße wie die van der Vaarts in Eppendorf zu Hause zu sein.

Als der Alfa in eine Parklücke taucht, überhole ich und parke in der nächsten Querstraße halb schräg vor einem Baum. Zu Fuß husche ich zur Straßenecke und sehe, dass die beiden mir entgegenkommen. Zwischen zwei parkenden Autos gehe ich in Deckung. Eng umschlungen schlendern sie zu einer Haustür, küssen sich wieder und wieder. Ihr Mantel ist bereits aufgeknöpft, Ronaldo vergräbt seine Hände darunter, grabscht leidenschaftlich an ihrem Körper herum. Wie in Trance zücke ich mein Handy, stelle es auf lautlos und fotografiere die Szene. Als er kurz abläßt, kramt Marina Papst einen Schlüssel hervor, und Sekunden später sind die beiden in einem der hochherrschaftlichen Hauseingänge verschwunden.

Es ist jetzt 23:30 Uhr. Was auch immer da drin gleich geschieht, mit Vertragsverhandlungen hat es nichts zu tun.

Ich hechte auf den gegenüberliegenden Gehweg, um einen Blick auf die Fensterfront der Papst-Wohnung zu erhaschen, doch es bleibt dunkel. Natürlich wohnt die Dame nicht zur Straßenseite, war irgendwie klar. Beim näheren Umsehen in der Umgebung entdecke ich plötzlich das Café *Westwind*. Mein Herz schlägt bis zum Hals. Aufgrund seiner verdunkelten Frontscheiben war mir der Laden bislang nicht aufgefallen, doch nun stehe ich direkt davor und bekomme schlagartig eine Ahnung, dass Ronaldo nicht geblufft hat. Bei meinem Attentat auf den Cappuccino des Richters kam er tatsächlich hier vorbei. Auf seinem Weg aus Marina Papsts Apartment. Was für ein Zufall!

Fast muss ich angesichts so viel Pech lachen. In meinem Kopf überschlagen sich die Gedanken. Ronaldo hat mich also wirklich bei meiner illegalen Aktion beobachtet. Zweifellos würde er nicht zögern, dies gegen mich zu verwenden, auch wenn er aller Wahrscheinlichkeit nach über keine Beweise verfügt. Nicht anzunehmen, dass er in exakt diesem Bruchteil einer Sekunde sein Handy zum Fotografieren parat hatte. Fragt sich, was er stattdessen im Schilde führt. Aufruhr stiften, den ich nicht gebrauchen kann, vermutlich.

26. Kapitel

Den nächsten Tag verbringe ich mit Warten auf eine Nachricht von Alice.

Nachdem ich mich am Abend dazu entschieden hatte, nicht mehr bei ihr vorbeizufahren, da spontanes Klingeln um 2 Uhr nachts in der Regel nicht gern gesehen wird, beließ ich es bei einer SMS:

Es sollte ein schöner Abend werden, und ich habe ihn vermasselt. Bitte vergiss ihn und lass uns noch einmal von vorn anfangen. Am liebsten sofort. Melde dich, dann komme ich vorbei. Oder komm du zu mir auf die Reeperbahn, ich würde mich riesig freuen. Kuss, Toby.

Danach legte ich mir das Telefon auf den Bauch, in der vagen Hoffnung, sie könnte noch wach sein, meine Zeilen lesen und sofort antworten. Doch der Apparat blieb stumm.

Inzwischen ist es Mittag, und noch immer habe ich nichts von ihr gehört. Abwechselnd rede ich mir ein, sie sei entweder zu beschäftigt, um Privatangelegenheiten zu regeln, oder ihr sei noch nicht klar, was sie mir sagen möchte. Gegen Nachmittag checke ich sicherheitshalber noch einmal die Öffnungszeiten ihres Blumenladens. Er hat bereits geschlossen. Also beginne ich zu überlegen, was sie wohl nach Feierabend erledigen muss und wie lange das dauern mag. Währenddessen stromere ich unruhig durch die Wohnung. Kröger ist nicht da, deshalb gibt es nur Reste zu essen. Obwohl es gestern bei meiner Rückkehr verführerisch nach Gebratenem duftete, finde ich lediglich ein Stück trockenes Brot und ein wenig selbstgemachten Krautsalat. Beides schlinge ich sofort gierig in mich hinein. An das eingefrorene Hack traue ich mich nicht heran, sonst hätte ich mir im Anschluss gern noch einen Burger gebraten. Um auch mal einen Beitrag zum Haushalt beizusteuern, nehme ich mir vor, am späteren Nachmittag die Vorräte aufzufüllen. Vorerst hänge ich aber in der Wohnung ab, schaue abwechselnd fern oder überlege mir, was ich in Sachen Ronaldo unternehmen könnte. Die Rechtslage verbietet es nicht, mit der Frau eines Mandanten ein intimes Verhältnis zu unterhalten. So weit die Theorie. In der Praxis muss Ronaldos Mandant jedoch annehmen, sein Anwalt könne in einen Interessenkonflikt geraten, befangen sein und nicht mehr mit der nötigen Schärfe und Loyalität vorgehen. Abgesehen von Christian Papst wäre vermutlich auch Waldo Steinfels nicht begeistert von der Liaison.

Während ich weitergrübele, klingelt es an der Haustür. Zu meiner Überraschung ist es Vivian.

«Wieder keiner zu Hause?», erkundige ich mich matt.

Die Kommunikation zwischen ihr und ihrer Tante läuft zurzeit offenbar etwas unrund. Leider verspüre ich gerade nur wenig Lust, den Nachmittag mit einem Teenager zu verbringen. Wer weiß schon, wie lange es dauert, bis oben jemand nach Hause kommt? Andererseits rührt sich in mir ein Funken Verantwortungsbewusstsein, auch wenn ich ja genau genommen nichts mit Vivian zu schaffen habe. Doch dies ist die Reeperbahn. Wenn ich mich nicht kümmere, bummelt sie am Ende draußen herum. Und das ist derzeit, da es hier von betrunkenen Weihnachtsmarktbesuchern nur so wimmelt, keine gute Idee.

Bevor ich etwas sagen kann, fällt mir auf, dass sie ständig mit einem Taschentuch ihre Nase betupft. «Hast du Nasenbluten?», erkundige ich mich besorgt.

Sie schüttelt den Kopf, kaut auf der Unterlippe. Dann reckt sie trotzig, aber auch ein wenig stolz den Kopf und hält ihn leicht schräg. «Nein. Schau mal.» Mit dem Zeigefinger tippt sie gegen ihren rechten Nasenflügel.

Ich entdecke einen Glitzerstein.

«Hab ich mir eben stechen lassen. Cool, oder?»

Ein Nasenpiercing! Mir wird ein wenig schwummerig. In dumpfer Erinnerung höre ich mich sagen, Piercings nicht grundsätzlich doof zu finden. Verdammt, ich bin schuld, dass das Kind sich verstümmelt hat!

Ich zwinge mich, die gerötete Nase noch einmal genauer anzuschauen. Wenn man sich die kleinen Blutflecken und den Schnodder, der aus Vivians Nase tropft, wegdenkt, könnte es irgendwann ganz schön aussehen. Allerdings hüte ich mich davor, ihr das zu sagen. Andererseits will ich ihr auch nicht den Spaß verderben, denn im Grunde genommen geht mich die Sache ja nichts an.

«Es steht dir», sage ich deshalb und denke insgeheim, dass ihre Eltern von Glück sagen können, eine Tochter zu haben. Jungs in Vivians Alter hätten ihre Kohle mit Sicherheit eher in einer Peepshow auf den Kopf gehauen.

Sie strahlt. «Echt?»

«Echt!»

In Verbindung mit den schwarzen Klamotten und den rosa Haaren sieht sie zwar ein wenig punkig, aber irgendwie doch gut aus. Spricht ja auch nichts dagegen, wenn man als junger Mensch einiges ausprobiert. Und zum Glück bin ich nicht ihr Erziehungsberechtigter und muss mir Sorgen machen, ob sie dabei ist, in eine schlimme Szene abzurutschen. Rosa Haare, zerstochene Nase – die logische Fortführung der Kausalkette wäre aus Elternsicht vermutlich Rauchen, Drogen und das klassische Ende: eine Überdosis Heroin. Was natürlich vollkommen lächerlich ist. Trotzdem behagt es mir nach dieser Erkenntnis noch weniger, sie wegzuschicken. Also beschließe ich, aus der Not eine Tugend zu machen: «Ich habe Hunger und wollte eigentlich irgendwo etwas essen gehen. Kommst du mit?»

Sie sieht mich erstaunt an. «Essen? Jetzt?»

Ich schaue auf die Uhr. Es ist halb vier, und ich hab noch nicht mal anständig gefrühstückt. Nur drei Bissen Krautsalat. Aus irgendeinem Grund mag ich das aber vor Vivian, die offenbar geregelte Mahlzeiten gewohnt ist, nicht zugeben.

«Nur 'ne Kleinigkeit», sage ich. «Vielleicht ein Stück Kuchen oder so.»

Stirnrunzeln. Kuchen scheint ebenfalls nicht zu ihrem Alltag zu gehören. «Nee. Aber einen Kaffee würde ich trinken.» Selbstbewusst, mit der Attitüde eines Kindes, das vorgibt, kein Kind mehr zu sein, lehnt sie am Türrahmen.

«Okay, dann einen Kaffee. Sollen wir deiner Tante einen Zettel an die Tür kleben?» Ich meine, trotz Koffeinkonsums befindet sie sich nun mal in einem Alter, in dem sie nicht allein entscheiden kann, was sie tut und lässt.

Vivian sieht das anders. «Nicht nötig», erklärt sie lapidar, errötet aber leicht. «Ähm, ich schicke ihr eine SMS.»

«Wenn sie ein Handy hat, wieso meldet sich deine Tante dann nicht bei dir, sofern sie sich verspätet?», frage ich irritiert.

Einen Moment starrt Vivian mich an, als hätte ich etwas vollkommen Abwegiges gesagt. Dann sagt sie: «Na ja ... also ... sie hat ja Bescheid gesagt. Aber ich war schon unterwegs, und es wäre doof gewesen, wieder umzukehren.» Sie nestelt nervös an der Nase herum.

Ich weiß sehr wohl, wann man mich belügt. Jedenfalls wenn man es so schlecht anstellt wie Vivian gerade. Doch was soll ich machen? Statt sie zur Rede zu stellen, schiebe ich den Gedanken von mir, schnappe meine Jacke und bedeute dem Mädchen, mir zu folgen. Wenig später stehen wir auf dem Spielbudenplatz. «Ich hätte Lust auf eine Pizza», erkläre ich und ernte ein Stirnrunzeln.

«Ich dachte, du willst Kuchen.»

«Auch. Erst Pizza, dann Kuchen.»

Merken Kinder sich eigentlich alles?

Wir setzen uns bei dem erstbesten Italiener an einen Fenstertisch, schälen uns aus unseren Jacken und studieren die Karte. Plötzlich möchte Vivian auch Pizza. Allerdings ohne Kaffee, dafür mit Fanta.

Gut so, denn sie erscheint mir auch ohne Koffein schon sehr gesprächig. Während wir auf das Essen warten, erfahre ich Wichtiges und Unwichtiges aus ihrem Leben. Dass sie in die zehnte Klasse geht, Schule aber Zeitverschwendung findet, da sie später Manga-Zeichnerin in Tokio werden will. Jungs sind in ihren Augen lästig, aber nicht grundsätzlich doof. Insbesondere ein Typ aus ihrer Stufe, Luis, gefällt ihr, doch der interessiert sich nicht für sie, was Vivian nervt. Deshalb hat sie beschlossen, bevor die steile Karriere in Asien losgeht, nach Sizilien zu reisen, um ihren Vater zu besuchen. Er lebt dort und gehört der Mafia an.

«Ach, tatsächlich?», hake ich nach und werfe dem Kellner, der gerade unsere Pizza bringt und den Gesprächsfetzen unweigerlich mitgehört haben muss, einen verschmitzten Blick zu. «Dann sind deine Eltern also geschieden?»

«So etwas Ähnliches.»

«Aber dass dein Vater in Sizilien lebt, weißt du sicher?»

Vivian schnappt sich ein Stück Pizza, die praktischerweise schon vorgeschnitten ist. Kauend erläutert sie: «Klar. Weil Mama nicht möchte, dass ich ihn kennenlerne.»

Ich verkneife mir ein Lachen. «Verstehe. Das ist natürlich ein eindeutiges Indiz dafür, dass er ein Mafioso ist.»

Vivian bemerkt die Ironie nicht. Stattdessen erkundigt sie sich: «Warst du schon mal auf Sizilien?»

Ich schüttele den Kopf. «Bislang noch nicht.»

«Heißt das, du willst vielleicht mal hin?»

«Kann schon sein. Allerdings habe ich vorher noch andere Reiseziele vor Augen.»

«Zum Beispiel?»

«Weiß nicht. Mich interessiert vieles.» Tatsächlich bin ich in den letzten Jahren so selten verreist, dass sich einiges an Wünschen angesammelt hat. Und damit meine ich nicht wandern in der Lausitz.

«Transsilvanien?», bohrt Vivian nach.

«Tja ... Warum nicht?»

«Cool.»

Einen Moment schweigt sie andächtig. Dann fragt sie weiter: «Und vielleicht Disneyland? Das Original-Disneyland in Amerika?»

Eine eigenartige Mischung. Ich wusste gar nicht, dass Disneyland bei jungen Menschen noch hoch im Kurs steht.

«Sagen wir mal Kalifornien», biete ich an. «Disneyland hätte jetzt nicht unbedingt oberste Priorität bei mir.»

«Ich würde gern mal mit Delfinen schwimmen», schwärmt Vivian. «Das kann man dort. Aber es ist teuer. Mama sagt, das können wir uns nicht leisten.»

«Dann musst du ein bisschen warten, bis du eigenes Geld verdienst, und darauf sparen.» Also wenn das keine pädagogisch wertvolle Antwort ist, weiß ich es auch nicht. Arbeiten, um sich Wünsche zu erfüllen. Das dürfte wohl mehr Ansporn bedeuten als das, was ich früher immer zu hören bekommen habe: *Beende erst einmal die Schule. Mit einem guten Abitur stehen dir alle Wege offen.*

Vivian scheint über meine Worte nachzudenken.

«Wie lange muss man für fünftausend Euro arbeiten?»

«Das kommt darauf an, welchen Job du ausübst.»

«Mit welchem käme ich am schnellsten zu fünftausend Euro?»

Ich fahre mir durch die Haare. «Du kannst Fragen stellen.»

«Los, sag schon!»

«Na ja, das hängt von einer Vielzahl von Faktoren ab», weiche ich aus, da ich es schlichtweg nicht weiß. «Wie viel Geld du nebenbei zum Leben brauchst beispielsweise und wie viele Stunden du arbeitest. Außerdem habe ich nicht alle Stundenlöhne dieser Welt im Kopf.» Ich versuche, noch einmal schulmeisterlich zu antworten:

«Aber je länger du zur Schule gehst und je besser du dich bildest, umso größer sind später deine Möglichkeiten. Die Chancen auf ein anständiges Gehalt steigen mit deiner Ausbildung.» Jetzt klinge ich doch wie meine Eltern.

Sie grinst schief. «Das musst du ja jetzt sagen.»

«Es ist die Wahrheit. Natürlich nicht die einzige, ausschließliche. Man kann auch durch einen Zufall reich werden oder in einen Job hineinrutschen, den man zwar nicht gelernt hat, der einen aber reich macht. Oder der einem Spaß macht. Das ist ohnehin das Wichtigste: dass dir deine Arbeit Freude bereitet. Trotzdem wäre eine gute Schulbildung ein vernünftiger Anfang.»

Warum sage ich das? Ich persönlich habe die Schule gehasst, ebenso wie jeden, der mit diesen Floskeln daherkam. Zwar kann es mir egal sein, ob Vivian mich doof findet, aber es könnte mir auch ebenso egal sein, ob ihre Mutter oder Tante, die ich beide nicht kenne, mich für meine Worte hassen. Also füge ich hinzu: «Wichtig ist vor allem, dass du hinter dem stehst, was du tust. Egal ob du Politikerin oder Poledancerin werden willst.»

«Pol-was?» Sie ist interessiert.

Verdammt. Ich beiße mir auf die Lippe. Die Erwähnung dieses Berufszweiges war vermutlich ein Fehler. Doch jetzt ist es zu spät. Vivian wird nun keine Ruhe mehr geben, ehe sie die Information aus mir herausgequetscht hat. So gut glaube ich sie inzwischen zu kennen.

«Also, Poletänzer ...», sage ich gedehnt und suche nach den geeigneten Worten. «Das sind Leute, meist Frauen, die sehr gelenkig sind und gut tanzen können. Sie bewegen sich zur Musik an einer Stange, klettern an ihr hoch und machen wilde Verrenkungen.»

Vivian starrt mich fasziniert an, und ich merke, dass ich mich gerade auf sehr dünnem Eis bewege. Keinesfalls möchte ich verantwortlich sein, wenn sich ein junges Mädchen für eine Karriere im

Rotlichtviertel entscheidet. Schwimmen mit Delfinen rückt dann nämlich in sehr weite Ferne.

«Ich bin sehr gelenkig», erklärt Vivian und klingt für meinen Geschmack eine Spur zu interessiert. «Wo kann man Poltanzen denn lernen? Brauche ich dafür Abitur?»

«*Pole*», korrigiere ich. «Das ist Englisch.» Aber da sie mich nur genervt ansieht, fahre ich fort: «Man braucht ... nicht zwangsläufig Abitur, aber falls du wirklich Poledancerin werden willst und eines Tages keine Lust mehr dazu hast, dann könnte dir ein Abitur helfen umzusatteln.»

Herrje, wieder höre ich im Geiste meine Mutter. Und die war nicht besonders überzeugend. Also versuche ich, das Thema anders aufzuzäumen: «Warst du vor Luis schon mal in einen Jungen verliebt? Vielleicht im Urlaub?»

Vivians Miene verdüstert sich. «Vorletztes Jahr, als Mama und ich an der Nordsee waren. Da gab es einen Jungen, den ich toll fand. Als wir wegfuhren hat er mir versprochen, mich zu besuchen. Er kam aber nie. In diesem Sommer haben wir ihn dann wiedergesehen. Da hatte er eine andere Freundin. Aber zum Glück fand ich ihn sowieso nicht mehr toll. Der war jetzt voll der Spacko.»

Ich nicke. Darauf hatte ich hinausgewollt. «Siehst du. Manchmal ändert man seine Meinung, auch wenn man zuerst denkt, dass das unmöglich ist. Und deshalb muss man so wichtige Dinge wie eine Berufswahl gründlich überdenken. Und je länger du zur Schule gehst, umso länger hast du Zeit, deine Entscheidung zu fällen. Manche Leute entschließen sich noch während ihres Studiums oder ihrer Ausbildung anders. Manche auch erst danach.»

Sie schaut mich interessiert an. Ich könnte jetzt natürlich noch anführen, dass man sich ein Studium erst mal leisten können muss, doch das würde vermutlich zu weit führen. Wichtig ist, dass sie nicht morgen die Schule abbricht, um erotische Verrenkungen zu machen. Das kann sie notfalls später immer noch.

Als mein Handy klingelt, lege ich sofort das Stück Pizza weg, das ich mir gerade genommen hatte, und gehe in der Hoffnung, es könnte Alice sein, trotz Fettfinger dran.

Es ist Kröger.

Während wir sprechen, verschwindet Vivian kurz auf der Toilette.

«Du rätst nicht, was passiert ist», japst er.

«Jemand hat deinen Krautsalat aufgegessen?»

«Haha.» Offenbar hat er keine Lust auf weiteres Rätselraten, denn er lässt gleich die Katze aus dem Sack: «Die Polizei hat angerufen. Mein Auto wurde gefunden! Es parkte mitten in der Innenstadt im Halteverbot. Beim Registrieren des Kennzeichens fiel dann auf, dass der Wagen gestohlen gemeldet war. Krass, oder?»

Ich pfeife durch die Zähne. «Allerdings. Und – wie sieht der Schlitten aus? Irgendwelche Mängel oder Kratzer?»

«Keine Ahnung. Ich fahre jetzt gleich los, ihn zu holen. Natürlich wurde er trotzdem abgeschleppt, und ich muss nun in den Freihafen.» Der Vorwurf in seiner Stimme ist nicht zu überhören.

«Soll ich dich fahren?», biete ich an.

«Nicht nötig, danke. Ich war ohnehin kurz in der Firma und bin somit schon auf halbem Weg. Wollte die Neuigkeit nur mal schnell loswerden.»

«Glückwunsch. Ich drücke dir die Daumen, dass alles in Ordnung ist mit dem Auto. Weiß man schon Näheres?»

«Also, ich jedenfalls noch nicht. Wir sehen uns später zu Hause, ja? Dann werde ich berichten.»

Im selben Moment, in dem wir auflegen, erscheint auch Vivian wieder.

Ich schaue auf die Uhr. «Ist ziemlich spät geworden», wundere ich mich, «willst du jetzt nicht mal zu deiner Tante? Und wie kommst du später überhaupt nach Hause, fährt dich jemand?»

Vivian schüttelt den Kopf. «Nee, Tante Ella fühlt sich nicht gut und möchte heute keinen Besuch mehr haben.» Sie hält mir kurz eine

SMS unter die Nase, in der ich auf die Schnelle nur die Worte *nächste Woche* und *komm gut nach Hause* lesen kann.

«Also steige ich jetzt in die Bahn. Wie immer.» Sie lächelt mich beruhigend an. «Keine Angst. Ich kann auf mich aufpassen.»

Während ich zahle, zieht sie ihre Jacke an. Der Gedanke, sie im Dunkeln allein nach Hause fahren zu lassen, behagt mir gar nicht. «Wo wohnst du denn?», erkundige ich mich. Ich weiß, es klingt verrückt, aber ich überlege tatsächlich, diesem wildfremden Kind ein Taxi zu spendieren.

«Ist nicht weit.» Sie windet sich.

Ich ziehe mir ebenfalls meine Jacke über, und wir verlassen das Restaurant. Mein Entschluss steht fest. «Du hast die Wahl», informiere ich sie mit autoritärer Stimme, «entweder, ich bringe dich zu deiner Tante oder setze dich in ein Taxi. Entscheide du. Auf keinen Fall fährst du um diese Zeit allein mit der Bahn. Schon gar nicht von hier.» Ich mache eine diffuse Geste die Reeperbahn rauf und runter.

Meinen strengen Blick quittiert Vivian mit einem entwaffnenden Lächeln. Dann bekomme ich plötzlich einen Kuss auf die Wange gedrückt, bevor sie wegrennt. Und ehe ich begreifen kann, was das zu bedeuten hat, ist sie im Getümmel der herumstromernden Touristen verschwunden.

In der Wohnung stelle ich überrascht fest, dass Mirko offenbar zurückgekommen ist. Im Flur stehen drei neue Kartons, zwei davon sind verschlossen, aus einem quillt diverser technischer Firlefanz. Auf die Schnelle erkenne ich eine Xbox, ein paar Mobiltelefone und Tablets. Entweder hat Mirko zuletzt einem Elektronikfachhandel beim Umzug geholfen oder einen ausgeraubt.

Während ich noch überlege, ob ich Mirko so etwas zutrauen würde, und nebenbei die Wohnung nach ihm absuche, finde ich auf einem der Kartons einen handgeschriebenen Zettel.

Hi, Toby, hab versucht, dich zu erreichen, vergeblich. War kurz hier, ein paar Sachen abladen und was Frisches zum Anziehen rausholen. Sorry für die Unordnung, aber mein Schrank ist voll. Wohnt Kröger jetzt auch hier, oder wem gehören die hässlichen Schnürschuhe im Flur? Bin am Freitag zurück, dann gehen wir einen trinken! Salve, M.

Verwundert schaue ich auf mein Handy. Nicht nur habe ich noch immer keine Nachricht von Alice, auch ist kein Anruf von Mirko eingegangen. Wie auch immer er versucht hat, mich zu erreichen, auf diesem Telefon jedenfalls nicht. Seine Rückkehr am Freitag passt allerdings gut in meinen Zeitplan. Seit längerem überlege ich, wieder zurück nach Poppenbüttel zu ziehen, und habe auch schon ein paar Vorkehrungen getroffen, unter anderem eine Glaserei beauftragt, die Terrassentür zu reparieren. Frau Lücking, meine Putzperle, wird sich mit ihnen abstimmen und die Handwerker ins Haus lassen.

Der Abschied vom Kiez wird mir allerdings schwerfallen. Allein daran zu denken stimmt mich ein wenig wehmütig. Der viele Trubel, die kurzen Wege und die Nachbarschaft zu Millie, Mona und zum *20 Flight Rock* sind inzwischen eine feste Größe in meinem Leben geworden. Sogar Devil, den ich zwar nicht regelmäßig treffe, dessen Laden mir mit seiner blinkenden Leuchtreklame aber jedes Mal ins Auge sticht, wenn ich vor die Haustür trete, wird mir fehlen.

Auf der anderen Seite vermisse ich mein Zuhause. Den Garten, die frische Luft und verrückterweise auch die Ruhe. Denn auch wenn mir der Gedanke, allein dort zu leben, ein wenig befremdlich vorkommt, zieht es mich dennoch zurück. Den Fehler, mich dort draußen einzuigeln und nur noch zum Arbeiten einen Fuß vor die Tür zu setzen, will ich jedenfalls kein weiteres Mal begehen. Vom Kiez wegzuziehen, muss ja nicht zwangsläufig bedeuten, diese neue Welt aus den Augen zu verlieren.

27. Kapitel

Das Erste, was ich beim Aufwachen sehe, ist, dass Millie neben mir liegt.

Sie trägt eines meiner T-Shirts, hat ihr Haar zu einem Knoten auf dem Kopf gezwirbelt und schläft.

Seit langer Zeit habe ich morgens mal keinen Kater. Ich fühle mich ausgeruht und entspannt. Zwar habe ich gestern Abend noch einen kurzen Abstecher ins *20 Flight Rock* unternommen, bei Mona zwei Bier getrunken und ein wenig mit Kröger geplaudert, doch ich war nicht betrunken. Als Millie auftauchte und fragte, ob wir noch Lust hätten, etwas essen zu gehen, schlug Kröger vor, nach oben in Mirkos Wohnung zu gehen. Er könne etwas kochen. Da ich es nach dem überraschenden Besuch von Vivian schlussendlich doch versäumt hatte, einzukaufen, war Kröger wieder einmal aktiv geworden. Also zogen wir drei gemeinsam hoch, setzten uns in die Küche, aßen und stießen auf Krögers Auto an. Es war tatsächlich ohne einen einzigen Kratzer aufgetaucht. Allerdings musste er knapp vierhundert Euro Abschleppgebühren zahlen, ehe er es auslösen konnte. Danach hatte er mit Sanni telefoniert und von dem glücklichen Fund erzählt.

«Weißt du, Toby», erklärte er augenzwinkernd, «so schön es hier mit dir auch ist, vermisse ich dennoch meine Frau.» Er seufzte. «Ihr scheint es genauso zu gehen, es hörte sich nämlich so an, als sei sie bereit, bei einem gemeinsamen Neustart ein paar Kompromisse einzugehen.»

«Bleibt zu hoffen, dass es nicht bei diesem Vorsatz bleibt. Denn –»

Abwehrend hob er die Hand. «Ich weiß, was du sagen willst: dass es dabei auch auf mich ankommt. Dass ich mich durchsetzen muss und für meine Wünsche kämpfen soll.» Er grinste mich an. «Das wird ab sofort gemacht.»

Wir klatschten uns ab. Danach erzählte ich ein wenig von Ronaldo, Marina Papst und ganz viel von Alice. Millie und Kröger sprachen mir Mut zu. Insbesondere Millie glaubte fest, dass sich alles zum Guten wenden würde und Alice nur ein wenig Zeit brauchte, sich über alles in Ruhe Gedanken zu machen. Auch Kröger war nicht allzu pessimistisch. Bei seinem Vortrag darüber, dass Frauen nun mal anders fühlten und dachten, fielen ihm allerdings selbst irgendwann vor Müdigkeit die Augen zu.

Nachdem er im Bett verschwunden war, machten Millie und ich noch ein wenig Popcorn, legten uns dann auf mein Bett, schauten fern und rauchten ein paar Zigaretten. Irgendwann wurden auch wir müde. Es gab keinen Grund, Millie durch die kalte Nacht nach Hause zu schicken, also krabbelten wir der Einfachheit halber gemeinsam unter die Bettdecke. Mein Herz war so voll mit Alice, dass es mich sogar kaltgelassen hätte, wenn Millie nackt am Bettpfosten getanzt hätte.

«Ich hoffe, du bist nicht sauer, dass nichts läuft zwischen uns?», fragte ich sie dennoch, als wir kurz vor dem Einschlafen im Dunkeln an die Decke starrten.

«Warum sollte ich?», kam die Gegenfrage. «Du warst doch nie wirklich bei mir. Erst war es der Frust, verlassen worden zu sein, und nun bist du verliebt. Ich habe die Zeit mit dir genossen, mir aber nie Illusionen gemacht.» Sie kicherte ein wenig. «Wir wären sowieso ein sehr ungleiches Paar.»

«Ich weiß. War aber ein verlockender Gedanke ...»

Sie kicherte noch einmal, wurde aber schnell wieder ernst. «Das stimmt. Aber auf lange Sicht wären wir zusammen nicht glücklich geworden.»

Während ich an diesem Adventssonntag so langsam zu mir komme, merke ich, dass ich beginne loszulassen. Um Millie hatte ich mir insgeheim immer ein wenig Sorgen gemacht, unnötigerweise, wie sich gestern Abend herausstellte. Sie hat eine klare Sicht auf die Dinge, weiß, was sie will, und tut nichts, was sie unglücklich machen würde.

Ich stopfe mir das Kopfkissen in den Rücken und verliere mich in Gedanken. Plötzlich sehne ich mich nach meinem Bett in Poppenbüttel. Ich erinnere mich daran, wie schön es im Sommer dort ist, wenn die Vögel zwitschern. Ich stelle mir vor, wie es wäre, Brötchen zu holen und dann gemütlich zu frühstücken. Mit Alice. Und ihrem Sohn. Wir würden reden und Spaß haben und garantiert nicht lesend hinter einer Zeitung verschwinden.

Übersprungsartig checke ich mein Handy. Noch immer keine Nachricht von Alice. Ich will sie nicht bedrängen, halte es aber kaum mehr aus ohne Lebenszeichen von ihr. Nachdenklich starre ich an die Wand.

Aus dem Flur dringen Geräusche an mein Ohr. Kröger scheint über die neuen Kisten gestolpert zu sein, man hört ihn leise fluchen. Dann wird es kurz still, als er offenbar im Bad verschwunden ist. Wir sollten Mirkos Kram ein wenig aufräumen, überlege ich. Das würde Kröger und mir unsere letzten Tage in der Wohnung erleichtern und Mirko bei seiner Heimkehr erfreuen. Die Klospülung rauscht. Im selben Moment klingelt es an der Haustür.

Im Film wäre das jetzt Alice, und das Chaos wäre perfekt.

Doch es geht niemand zur Tür. Stattdessen höre ich ein erneutes Krachen, als Kröger auf dem Rückweg von der Toilette noch einmal gegen die Kisten stößt.

Wieder klingelt es.

Millie wacht auf und berührt mich an der Schulter. «Willst du nicht nachsehen, was da los ist?», fragt sie verschlafen und dreht sich genussvoll auf die Seite.

Seufzend greife ich nach meiner Jeans. Im selben Moment wird ruckartig die Zimmertür aufgerissen, und Krögers hochroter Schädel taucht im Türrahmen auf. Die Brille leicht verrutscht und mit Schweißperlen auf der Stirn. Tonlos bewegt sich sein Mund ein paarmal auf und zu.

Als ich schon befürchte, sein Auto sei ein weiteres Mal gestohlen worden, bringt er endlich einen Satz hervor. Einen, der mir das Blut in den Adern gefrieren lässt: «Die Schlange ist weg!»

Ich starre ihn an, als habe jemand eine Bombe im Zimmer deponiert, die jede Sekunde explodieren wird. Ganz langsam löse ich meinen Blick von Krögers irren Augen, schaue mich suchend im Zimmer um. Es war mir in der Nacht gar nicht aufgefallen, dass das Terrarium nicht mehr im Zimmer steht. «Scheiße. Wie konnte das passieren?»

«Woher soll ich das wissen?» Krögers Stimme überschlägt sich fast. «Vielleicht hat Mirko vergessen, den Deckel zu verschließen. Das Glas-Ding steht in der Badewanne. Sieht aus, als habe er es sauber gemacht.»

Millie erhebt sich aus den Kissen. «Vielleicht hat derjenige, der eben geklingelt hat, sie gefunden und will sie zurückbringen?», sagt sie trocken.

Kröger und ich schauen uns an. Ohne ein Wort zu sagen, pest er zur Tür. Tatsächlich scheint er noch jemanden im Hausflur zu erwischen. Ich höre ihn leise reden.

Kurzerhand ziehe ich meine Hose an und dränge ebenfalls in den Flur. Sollte ihm jemand eine Würgeschlange in den Arm legen, wäre es gut, Kröger zur Seite zu stehen. Doch im Flur steht kein Besucher, der Krishna zurückbringen will. Im Flur steht Alice.

Durch meinen Körper brandet eine Woge Adrenalin, und mein Herz hüpft vor Freude. In meiner grenzenlosen Naivität gehe ich davon aus, dass ihr spontanes Auftauchen hier etwas Gutes zu bedeuten hat.

«Hallo, Alice!» Ich gehe ein paar Schritte auf sie zu und drücke ihr zur Begrüßung einen Kuss auf die Wange. Mehr traue ich mich nicht, denn wenn ich es mir genau überlege, sieht sie nicht besonders glücklich aus. Etwas quält sie.

«Ich ... ich wollte dich eigentlich nicht so spontan überfallen», erklärt sie und wirft Kröger einen verlegenen Seitenblick zu, «aber irgendwie ... also, deine SMS ...» Sie steht noch immer stocksteif da. Aber plötzlich verstummt sie, und ihre Augen flattern zwischen mir und etwas in meinem Rücken hin und her. In der Annahme, sie habe Krishna entdeckt, folge ich ihrem verstörten Blick. Doch es ist Millie, die aus meinem Zimmer kommt, kurz winkt und anschließend auf der Toilette verschwindet.

Fuck!

Kröger räuspert sich. «Also, bei mir ist nicht aufgeräumt, aber vielleicht wollt ihr euch in die Küche setzen? Dort seid ihr ungestört und könnt euch unterhalten.»

Gute Idee. Denn seit dem Erscheinen von Millie liegt in Alices Augen eine Mischung aus Unglauben und Entsetzen. Ich nehme mal stark an, ihr Bedarf, auf Frauen zu treffen, die auf die eine oder andere Art mal mit mir im Bett waren, ist hiermit endgültig gedeckt.

Gut nachvollziehbar. Ich muss schleunigst eingreifen.

«Kröger hat recht. Lass uns reden.»

Das scheint Alice anders zu sehen. War sie bis zu diesem Zeitpunkt noch verständnisvoll und geduldig, schüttelt sie nun resigniert den Kopf. Sauer oder wütend wirkt sie nicht, nur müde und verloren. «Eigentlich wollte ich dir etwas sagen, aber wie es scheint ...» Ihre Stimme wird nun doch einen Tick trotzig. «... ist das nicht mehr nötig.»

In meiner Hilflosigkeit schaue ich zu Kröger. Er versteht sofort, mischt sich ein: «Oh doch. Reden ist immer gut. Los, los», kommandiert er, «rein da.»

Er schiebt Alice in Richtung Küche. Im selben Moment hört man die Klospülung, und kurz darauf steht Millie im Flur. Sorgfältig schließt sie zunächst die Badezimmertür, dann dreht sie sich zu uns.

«Hallo», begrüßt sie Alice noch einmal, ehe sie sich mir zuwendet. «Falls du die Schlange suchst, die hängt oben auf der Duschstange. Ist das eigentlich 'ne Würgeschlange?» Sie zuckt mit den Schultern. «Egal. Ich glaub, ich mach jetzt mal 'nen Abgang.»

Während Millie zurück in mein Zimmer huscht, höre ich Kröger geräuschvoll schlucken. «Tja, dann ...», sagt er und schleicht auf leisen Sohlen in Richtung seines Zimmers. «Dann wünsche ich euch ... ein gutes Gespräch.» Sekunden später hat er sich im Nebenraum verbarrikadiert.

Ich schiebe Alice noch ein Stück weiter, bis wir in der Küche stehen. «Keine Sorge, wenn du nicht gerade aufs Klo musst, bist du nicht in Gefahr.»

Zwanzig Minuten später ist die Sache leider vollkommen vertrackt. Alice ist nicht sauer wegen Millie, jedenfalls lässt sie es sich nicht anmerken. Den Kaffee, den ich ihr zubereitet habe, hat sie allerdings noch nicht angerührt. Sie sitzt nur stumm da, hat sich ihre Strickjacke schützend um den Körper geschlungen und kaut auf der Unterlippe. Ich ahne, dass sie nichts Gutes zu sagen hat, daher beschließe ich, mit meinen Worten den Anfang zu machen. Und zwar mit klaren Worten. Ich habe einiges nachzuholen.

«Ich weiß, es wirkt so, als hätte ich Mist gebaut, aber dem ist nicht so. Bevor ich dir alles erkläre, möchte ich aber, dass du eines weißt. Ich –»

Alice hebt die Hand. «Es ist vielleicht besser, ich erkläre dir erst mal den Grund meines Kommens. Bevor du dich wieder in deinen Erklärungen verhedderst.»

Ihre Worte klingen hart, was aber offensichtlich nicht beabsichtigt ist, denn Alices Blick bleibt weich. Gleichzeitig aber auch bestimmt.

«Weißt du, Toby, ich bin sicher, es gibt eine gute Erklärung für das alles.» Sie macht eine diffuse Geste durch den Raum. «Aber ich möchte sie eigentlich nicht hören. Die letzte Zeit mit dir war sehr schön, ich habe sie genossen. Gleichzeitig habe ich mich aber gefragt, ob du überhaupt in mein Leben passt. Ob ich bereit für eine Beziehung bin. Mit dir.» Sie schüttelt langsam den Kopf. «Aber das bin ich nicht.»

Als ich etwas entgegnen will, hebt sie noch einmal die Hand.

«Ich habe einen Beruf und ein Kind, ich trage Verantwortung, nicht nur für mich. Ich schaffe es nicht, mich nebenbei auf eine weitere Person einzulassen, schon gar nicht, wenn diese ihr eigenes Leben nicht im Griff hat. Ich will jemanden, der mit beiden Beinen im Leben steht. Der sich ausgetobt hat, mit sich im Reinen ist und gut für mich ist. Kein zweites Kind.»

«Aber ich *bin* gut für dich.» So schnell werde ich nicht aufgeben. «Ich bin mit mir im Reinen und habe mein Leben im Griff, auch wenn es vielleicht gerade nicht so wirken mag. Ich bin geerdet und besitze ein Haus am Stadtrand, in dem man wunderbar leben kann. Vor allem mit Kind.»

«In einem Haus mit eingeschlagener Scheibe und Blutflecken auf dem Boden ...» Ihr Blick ist skeptisch.

«Das habe ich dir erklärt.»

«Vielleicht. Aber kaum hat man die Scherben im sprichwörtlichen Sinn zusammengekehrt, taucht deine Frau auf. Sie wirkte kein bisschen so, als sei die Sache zwischen euch geklärt.»

«So was dauert nun mal. Wichtig ist doch, dass *ich* weiß, was ich will.»

«Schon klar. Aber sie machte nicht den Eindruck, als habe sie vor, dich aufzugeben.»

«Sie hat mich bereits vor längerer Zeit aufgegeben.»

«Was dich sichtbar gekränkt hat und weswegen du nun ein Leben auf der Überholspur führst. Ich meine ...» Sie sieht sich um. «Blumen gießen und das Haustier versorgen, wie du es mir zu Anfang erklärt hast, ist das hier doch schon lange nicht mehr.»

Nun, das lässt sich zwar nicht von der Hand weisen, aber wenn Alice wüsste, wie es tatsächlich in mir aussieht, würde sie es eher ein Leben auf dem Standstreifen nennen. Mein Glück ist nämlich gerade im Begriff, an mir vorbeizubrausen. Ich stehe still daneben, unfähig einzugreifen.

Trotzdem will ich mich verteidigen: «Das stimmt so nicht. Im Gegenteil. Mein Leben ist im Grunde genommen beschaulich und ruhig.»

Verwundert hebt Alice eine Augenbraue. «Das hörte sich aber neulich Abend ganz anders an.»

Weiter geht sie auf das Thema nicht ein, aber ich weiß natürlich, was sie meint: Blind Dates, Freunde, die betrunken Auto fahren, Kontakte zu einem Sexshop-Betreiber, die Wohnung voller Gerümpel, Millie in meinem Bett und nicht zuletzt eine ausgebrochene Schlange im Bad ... Ich an Alices Stelle würde auch nicht mit mir leben wollen. Theoretisch jedenfalls. Praktisch weiß ich sehr gut, dass ich so nicht bin. Ich bin genau der, den sie sucht. Haargenau.

«Ich gebe zu, mein Leben muss auf Außenstehende ein wenig ... chaotisch wirken», starte ich den Versuch meiner Rehabilitierung. «Aber das täuscht. Zählt es denn in deinen Augen nicht, dass ich die letzten zehn Jahre ruhig und beschaulich gelebt habe, mit ein und derselben Frau?»

«Doch. Theoretisch zählt das. Aber langsam frage ich mich, ob du wirklich ein so treusorgender Partner warst. Momentan wirkt es jedenfalls nicht so. Eher, als sei eure Beziehung an deinen Frauengeschichten zerbrochen. Was mich irgendwie an früher erinnert. Auch damals bist du fremdgegangen. Mit mir.»

«Herrgott noch mal, Alice! Wir waren fünfundzwanzig! Das ist unfair. Du hast selbst gesagt, unsere Nacht habe nichts bedeutet.»

«Susanna wird es schon etwas bedeutet haben.»

«Jetzt vergiss doch mal Susanna! Es geht um uns. Und zwar heute. Nicht damals. Du kannst mir gerne glauben, dass ich mich in den letzten fünfzehn Jahren geändert habe.»

«Das habe ich auch anfangs geglaubt. Jetzt bin ich mir leider nicht mehr sicher.» Alice schaut mich bockig an.

Die Wut, die mir jetzt entgegenschlägt, lässt mich eigenartigerweise Hoffnung schöpfen. Sie ist stocksauer, was nur bedeuten kann, dass ihr etwas an mir liegt. So hassen nur Liebende.

Dummerweise kriege ich das Ruder aber nicht herumgerissen. Alice bleibt stur. «Vermutlich hätte es mich mehr beeindruckt, wenn du um deine Beziehung gekämpft hättest, anstatt dich mit mir und offenbar auch mit anderen zu trösten.»

«Ich liebe Birte aber nicht mehr», sage ich inbrünstig und stelle fest, wie gut es tut, das einmal laut ausgesprochen zu haben. «Das ist vermutlich schon länger so, es gab aber nie einen Grund, dieses Gefühl an mich heranzulassen. Dafür bin ich zugegebenermaßen doch ein typischer Mann. Tief in meinem Inneren habe ich wahrscheinlich gehofft, dass Birte den ersten Schritt macht. Wir hatten darüber ja neulich bei unserem Spaziergang gesprochen, erinnerst du dich?»

Sie hält meinem flehenden Blick stand, kämpft aber offensichtlich gegen aufkommende Tränen an. Trotzdem halte ich es für das Beste, wirklich alles auf den Tisch zu bringen.

«Ja, du hast recht. Ich habe mich mit Millie getröstet. Aber das war, bevor ich dich getroffen habe. Seitdem ist zwischen Millie und mir nichts mehr gewesen, auch gestern Nacht nicht. Sie ist eine tolle Frau, die mir gutgetan hat und zu der ich hoffentlich eine Freundschaft behalten werde. Aber wir sind nicht ineinander verliebt.» Ich schaue Alice eindringlich an. «Ich bin in dich verliebt.»

Sie wendet ihren Blick ab. «Ich kann nicht», sagt sie leise. «Nicht noch einmal.»

Ich greife über dem Tisch nach ihrer Hand, doch Alice zieht sie zurück. Zögernd erhebt sie sich. «Das ist alles ein bisschen viel heute», erklärt sie, und ich kann es ihr nicht verdenken. «Ich brauche ein wenig Abstand. Von dir.»

Sie schaut mich noch einmal kurz an, dann schnappt sie sich ihren Mantel und will aus der Küche gehen. Einen Moment hat es den Anschein, als wolle sie noch etwas sagen, doch nichts geschieht.

«Ich fahre jetzt nach Hause», erklärt sie schließlich. «Bitte ruf mich nicht an, ich ...» Sie stockt. «Ich hab nicht genug Energie für das hier.» Mit diesen Worten lässt sie mich stehen. Ohne sich noch einmal umzuschauen, verlässt sie die Küche. Kurz darauf höre ich die Haustür zuschlagen.

Wütend donnere ich mit der Faust auf den Tisch. Ich hab's verbockt. Scheiße Scheiße Scheiße! Meine Kehle ist wie zugeschnürt, ich bekomme kaum mehr Luft, will einfach nur raus. Ohne mich um die Schlange zu kümmern oder Kröger Bescheid zu geben, schnappe ich mir einen herumliegenden Pulli, ziehe meine Jacke drüber und verlasse ebenfalls die Wohnung. Ich muss nachdenken.

Von Alice ist nichts mehr zu sehen.

Ziellos wandere ich über die Reeperbahn. Irgendwann biege ich in eine Seitenstraße ab. Ohne Ziel. Einfach nur gehen. Die frische Luft einatmen, runterkommen. Ich bin vollkommen durcheinander. Schon wieder habe ich es vermasselt. Während ich weiter durch die Gegend laufe, merke ich, wie ich mich gedanklich im Kreis drehe. Immer wieder komme ich zu dem Schluss, dass ich mir ein Leben ohne Alice nicht vorstellen möchte. Denn obwohl wir noch nicht viel Zeit zusammen verbracht haben, fühle ich eine tiefe Verbundenheit, eine Übereinstimmung in unseren Lebensvorstellungen und Werten. Auch wenn Alice das zurzeit anders sieht. Auf keinen Fall werde ich einfach so aufgeben, das steht fest. Nur leider fehlt mir jegliche Idee, wie ich sie von mir überzeugen kann.

Aber dass ich ihr nicht egal bin, das spüre ich.

Entsprechend meiner Stimmung hängt ein Grauschleier über der Stadt, der die schmutzigen Gehwege und düsteren Hauseingänge noch unansehnlicher wirken lässt. Auf einmal hat diese Gegend jegliche Faszination für mich verloren. Es ist nur eine traurige Ansammlung von Lokalitäten, die allesamt Spaß versprechen und mit Bildern hübscher, gut gelaunter und vermeintlich williger Frauen locken. Alles Lüge. Spaß haben hier allenfalls die Betrunkenen, wenn sie bierselig von Kneipe zu Kneipe ziehen. Und sogar denen geht es aller Wahrscheinlichkeit nach am nächsten Morgen schlecht.

Dann stehe ich plötzlich vor dem *Erotic Devil*. Zu meiner Überraschung lehnt Trixie im Eingang und strahlt mich an. «Toby, hallo!»

Sie fällt mir um den Hals. Ich hatte total vergessen, dass sie hier neuerdings arbeitet.

«Gefällt dir der Laden?», erkundige ich mich und stelle erstaunt fest, dass ihr Rattenschwänzchen fehlt. Die Laserschwerter hat sie offenbar überfärbt. Dafür trägt sie nun ein Gesteck mit lilafarbenen Hörnern auf dem Kopf. Nicht meine Schuld, hoffe ich.

Trixie nickt. «Ja. Ich find's super. Ich kann mir die Schichten sogar aussuchen, wir haben ja 24 Stunden geöffnet.»

So, so, *wir* haben 24 Stunden geöffnet. Sie scheint sich ja schon richtig zu identifizieren mit dem Schuppen.

In meiner momentanen Stimmung fällt es mir allerdings schwer, mich für sie zu freuen. Auch kann ich mir Schöneres vorstellen als einen Job in einem Sexshop. Doch Trixie ist bekanntlich hart im Nehmen.

«Und stell dir vor», sagt sie und senkt die Stimme, «ich bin sogar ein bisschen verliebt.»

Jetzt beginne ich doch langsam, mir Vorwürfe zu machen. Sie wird doch hoffentlich nicht an einen rücksichtslosen Freier mit Hang zu Naturkaviar und Sadomaso-Spielchen geraten sein? Oder gar an Devil?

«Echt?», sage ich vorsichtig. «Kenne ich ihn?»

Trixie missversteht meinen entsetzten Blick. «Komm schon, Toby. Aus uns wäre doch sowieso nie ein Paar geworden. Außerdem hat er dich ja sogar gefragt.»

Ich komme nicht ganz mit. «Wer, Devil?»

Sie rollt mit den Augen. «Natürlich nicht Devil.» Ihr Lächeln wird breiter. «Lars!»

28. Kapitel

Am nächsten Tag begnüge ich mich angesichts der frei herumirrenden Schlange mit einer Katzenwäsche in der Küche. Krishna scheint ihre neue Umgebung gut zu gefallen. Noch immer baumelt sie an der Duschstange, als sei sie eine besonders gut nachempfundene Partydekoration. Doch wer weiß schon, was ihr so im Kopf herumschwirrt? Zur Sicherheit halten Kröger und ich die Badezimmertür nun immer abgeschlossen und haben von draußen einen Zettel dagegengeklebt. Hauptsächlich, um uns selbst daran zu erinnern: «Vorsicht, Würgeschlange, bitte Tür zu.»

Geschlafen habe ich verdammt schlecht, doch das hatte weniger mit der Schlange zu tun als mit meinen Gedanken, die unaufhörlich um Alice kreisten. Wenn ich sie nur davon überzeugen könnte, ein grundsolider Kerl mit einem beschaulichen, beinahe langweiligen Leben zu sein! Jedenfalls war dies doch einmal so. Und solide bin ich immer noch.

Um es mir quasi selbst zu beweisen, beglücke ich an diesem Montagmorgen zunächst meine Sekretärin mit der Neuigkeit, den mutmaßlichen Blumendieb ausgemacht zu haben.

«Wunderbar», freut sie sich, will aber natürlich Details wissen. Doch bislang fehlt mir die zündende Idee, wie ich die Konfrontation mit Ronaldo angehen soll. Wenn er in der Kanzlei wirklich Blumen stiehlt, wäre mir das ehrlich gesagt piepegal. In Verbindung mit seiner Liaison wird aber vielleicht ein Plan draus. Deshalb will ich ihn nicht aufschrecken, ehe meine nächsten Schritte feststehen. Doch daran hapert es nach wie vor.

Im Sinne der Kanzlei sollte ich entweder Christian Papst oder meinen Chef warnen, doch diese Welle mag ich irgendwie nicht lostreten, ehe ich mir nicht über die Auswirkungen im Klaren bin. Mir wäre es weiß Gott lieber, Ronaldo würde angreifen. Dann würde ich erfahren, welche Trümpfe er im Ärmel hat, und könnte entsprechend reagieren.

«Ich nenne Ihnen den Namen», verspreche ich meiner Sekretärin, «aber noch nicht heute.»

Enttäuscht kräuselt sie die Nase. «Haben Sie wenigstens einen kleinen Tipp für mich?», tastet sie sich weiter vor. «Ist es jemand von den direkten Kollegen?»

Ich schmunzele vielsagend. «Geduld, Frau Behrend, Geduld. Aber eins kann ich Ihnen schon mal versichern: Sie befinden sich nicht in Gefahr.»

Meine Sekretärin fährt sich mit der Hand durch den Bob. «Sie machen sich über mich lustig, Herr Voss», murrt sie. «Das ist nicht nett.»

Ich tätschele ihr leicht die Schulter. «Nicht doch. Das würde ich mir niemals erlauben.»

«Dann zu Ihren Terminen», wird sie wieder geschäftlich. «Am Freitag findet gleich morgens ein großes Meeting statt. Ehe anschließend alle in den Weihnachtsurlaub abdüsen. Herr Steinfels hat persönlich alle Sekretärinnen angeschrieben und darum gebeten, die Termine der Anwälte so zu koordinieren, dass jeder teilnehmen kann.» Sie zwinkert mir zu. «Das kann nur eins bedeuten, würde ich sagen ...»

«Die Nachfolge von Schlader, meinen Sie?»

Meine Sekretärin nickt. «Ich drücke Ihnen und mir ganz fest die Daumen», sagt sie, wohl wissend, dass ich im Fall von Ronaldos Ernennung zum Partner sofort die Kanzlei wechseln würde. «Dr. Steinfels wird schon wissen, was er an Ihnen hat.»

Tja, irgendwie bin ich mir dessen in der letzten Zeit nicht mehr so sicher.

Während ich in den nächsten Stunden geschäftig meiner Arbeit nachgehe, vermeide ich es, Ronaldo zu begegnen. Als wir dennoch einmal zufällig aufeinandertreffen, mustern wir uns nur stumm. Wie zwei hungrige Wölfe, bereit zuzuschnappen, sobald einer einen Fehler macht. Mit jeder Minute, die er nicht angreift, wächst bei mir allerdings die Gewissheit, dass er es schlichtweg nicht kann. Weil ihm die Beweise fehlen. Das würde allerdings bedeuten, ich muss angreifen. Denn obwohl es mir einerlei ist, was er privat treibt, und ich zudem wenig Erfahrung in Sachen Erpressung habe, sollte ich seiner Affäre ein Ende bereiten. Zum Wohle der Kanzlei. Und zwar bevor jemand Wind davon bekommt.

Ich überstehe den Tag mehr schlecht als recht. Alice meldet sich nicht. Wie es aussieht, bekomme ich keine weitere Chance. Es sei denn, ich kämpfe.
Doch wie?
Ihren Wunsch nach Sicherheit und Ruhe für sich und ihren Sohn stellt sie offenbar über alles. Auch über ihre Gefühle. Was ich dagegen ausrichten könnte, will mir partout nicht einfallen. Hilflos schreibe ich ihr eine SMS:
Ich möchte nicht mehr ohne dich sein. Freitag kommt Mirko, dann ziehe ich zurück in mein Haus. Bitte komm mit. T.
Zu Hause in Mirkos Wohnung fallen mir als Erstes Krögers gepackte Taschen auf. Erst im zweiten Moment registriere ich sein neues Outfit. Er trägt eine neue Jeans, dazu ein tailliertes, modisches Hemd und ein nicht zerbeultes Sakko.
Ich pfeife anerkennend durch die Zähne. «Wow! Du drehst ja auf. Steht dir aber.» Ich kann nicht glauben, dass er sich die Sachen selbst ausgesucht hat. «Wer hat dich denn beraten?»
Ein wenig beleidigt, dass ich ihm so viel Geschmack nicht zutraue, aber dennoch stolz über das Lob, erklärt er: «Millie war mit. Die Frau kann einem ganz schön das Geld aus der Tasche

luchsen. Aber ich bin ihr dankbar.» Er strahlt über das ganze Gesicht.

«Also ist es so weit», rate ich. «Zurück zu Sanni?»

Kröger nickt. «Ja. Ich bin zuversichtlich, dass wir es schaffen.»

«Ich drücke die Daumen. Wird schon klappen», sage ich und knuffe ihn gegen die Brust. «Sonst kannst du bei mir im Haus einziehen. Ab Freitag bin ich wieder dort. Wird ziemlich einsam werden ...»

Kröger schaut mich mitleidig an. «Noch immer nichts von Alice gehört?»

«Nein, aber ich gebe die Hoffnung nicht auf.»

«Richtig so.» Jetzt ist es Kröger, der mich boxt. «Gib ihr Zeit, das hast du mir damals auch geraten.»

Am Dienstag vergrabe ich mich erneut in die Akten. Mittwoch habe ich zunächst einen Gerichtstermin, später kommen die Eheleute von Heuser wegen ihres Vertrags vorbei. Der Tag zieht sich wie Kaugummi, und ich merke, dass ich fast immer danach lechze, allein in meinem Haus bei Musik und einer überschaubaren Menge Rotwein über mein Leben nachzudenken. Und über Alice.

Nachmittags sind in meinem Kalender keine Termine vermerkt, so kurz vor Weihnachten wird es ruhig. Die meisten Fälle sind in der Pipeline, oder ihre Bearbeitung hat noch Zeit bis ins neue Jahr, sodass ich die Kanzlei gegen 16 Uhr verlasse.

Wie bereits gestern und vorgestern fahre ich auf der Rückfahrt einen Umweg über Alices Blumenladen. Ohne auszusteigen, bleibe ich etwa eine halbe Stunde im Auto sitzen und starre den weihnachtlich beleuchteten Eingang an. Gesehen habe ich sie nicht, fühle mich ihr aber nah, und das tut gut. Am liebsten würde ich sogar im Auto schlafen.

Ich schicke eine weitere SMS:

Bin einsam und frage mich, ob ein ungarischer Jagdhund dagegen helfen könnte.

Die Antwort darauf bleibt aus.

Als ich gegen 17 Uhr nach Hause komme, sitzt Vivian im Treppenhaus. Vollkommen durchgefroren trotz einer dicken Daunenjacke, die sie sich bis zum Kinn zugezogen hat. Es wirkt, als habe sie geweint. Ihre Wimperntusche ist verlaufen, das Gesicht und die Augen sind gerötet.

«Hallo», sage ich überrascht, «erzähl mir jetzt nicht, dass du deine Tante schon wieder verpasst hast.»

Langsam habe ich es satt, von ihr belogen zu werden. Außerdem wüsste ich wirklich gern mal, wie es sein kann, dass so ein junges Ding sich bereits schminkt. Da kann man eigentlich nur heilfroh sein, keine Tochter zu haben. Auf eine Diskussion über dieses Thema wäre ich definitiv nicht scharf.

Sie schaut schuldbewusst zu mir hoch, und statt zu antworten, schnäuzt sie sich hingebungsvoll die Nase. Das scheint mit dem Piercing auch schon gut zu funktionieren. Anschließend fragt sie wimmernd: «Kann ich reinkommen?» Dabei blinzelt sie mich derart mitleiderregend an, dass ich nicht anders kann, als es zu erlauben. Obwohl mir weder nach reden noch nach Teenager-Sorgen ist.

Als sie eintritt, fällt mir etwas Wichtiges ein. «Aufs Klo gehen kannst du aber nicht.»

Krishna und ich haben uns zwar einigermaßen arrangiert, auch wenn ich gemeinsames Duschen mit einer Würgeschlange noch immer als Herausforderung empfinde. Aber auf eine Begegnung zwischen Schlange und diesem Mädchen bin ich nicht besonders scharf. Wer weiß, wie sie reagiert. Also, die Schlange.

Vivian zuckt nur mit den Schultern. Scheint, als ginge es ihr wirklich nicht gut.

Ich schiebe sie in die Küche und versuche, ihren seltsamen Besuchen endgültig auf den Grund zu gehen. Etwas stimmt doch mit dem Mädchen nicht.

«Ich werde gleich mal zu deiner Tante hochgehen und sie fragen, was bei euch so schiefläuft, dass du ständig an meiner Tür klingelst», sage ich streng. Noch immer habe ich Herrn oder meinetwegen auch Frau Blumenthal nicht zu Gesicht bekommen, nicht einmal von weitem. Zudem erscheint es mir inzwischen vollkommen abwegig, dass ein Teenager regelmäßig seine Nachmittage mit einer alten Tante verbringt, die wiederum nie zu Hause ist.

Vivian schaut mich alarmiert an. «Bitte nicht», sagt sie, und ihr Blick hat etwas Flehentliches.

Fast bekomme ich Mitleid. Fast.

«Entweder, du erzählst mir jetzt die Wahrheit, oder ich bin schneller oben, als du dir ein weiteres Mal die Nase schnäuzen kannst», donnere ich. «Und dich nehme ich mit!»

Die Drohung zeigt zumindest dahingehend Wirkung, als dass Vivian erneut in Tränen ausbricht. «Bitte nicht. Ich ... kann dir alles erklären.»

Ich verschränke die Arme vor der Brust. «Okay. Bin ganz Ohr.»

Sie schaut mich stumm an. Kein Wort kommt über ihre Lippen. Sie steht einfach nur da und mustert mich.

«Also?», fordere ich sie auf, weil mich das Angestarrtwerden langsam nervt. «Ich warte noch immer auf deine Erklärung.»

Statt einer Antwort geht sie einmal um mich herum, baut sich anschließend vor mir auf und legt fragend den Kopf schräg. «Ist das hinter deinem Ohr ein Leberfleck?»

Bitte? So dreist und gleichzeitig durchschaubar hat sich ja wohl noch niemand um eine Erklärung gedrückt. Instinktiv fasse ich mir ans Ohr.

«Ja, so ist es. Aber das tut jetzt nichts zur Sache. Erklär mir bitte, was nicht stimmt mit dir und den Blumenthals.»

«Wie kommst du darauf, dass etwas nicht stimmt?»

Ich stemme die Arme in die Hüften. «Glaub nicht, dass ich deinen Versuch, Zeit zu schinden, nicht bemerke.»

Sie schlägt schuldbewusst die Augen nieder. «Können wir vielleicht beim Essen darüber sprechen? Ich habe schrecklichen Hunger.»

Ich rühre mich nicht von der Stelle.

«Bitte. Das ist kein Trick. Echt nicht. Ich schwöre!»

Mit den Fingern malt sie irgendetwas in die Luft. Gleichzeitig klimpert sie mit den verschmierten Wimpern und lächelt. Ihr kindlicher Charme rührt mich. Keine Ahnung, wie Väter so was machen, aber ich werde weich wie Butter.

Bemüht, mir diese Schwäche keinesfalls anmerken zu lassen, sage ich: «Ich habe aber nichts zu essen im Haus. Kröger ist ausgezogen, und ich war nicht einkaufen.»

Von meinem Geständnis motiviert, schält Vivian sich aus der Jacke und beginnt augenblicklich, die Schränke zu durchforsten. Binnen kürzester Zeit ist sie fündig geworden.

«Ich kann uns Pfannkuchen machen», erklärt sie. «Die Zutaten hast du alle da. Sogar einen Apfel.» Sie deutet auf den traurigen Inhalt einer Obstschale.

Resigniert zucke ich mit den Schultern. «Meinetwegen. Machen wir Pfannkuchen. Aber danach bringe ich dich höchstpersönlich hoch. Oder von mir aus auch zu deiner Mutter nach Hause. Ist das klar?»

Vivian nickt, ist aber bereits bei der Arbeit. Mit Feuereifer bindet sie ihre langen Haare zum Zopf und beginnt sogleich, Eier in eine Schüssel zu schlagen. Sie kippt Mehl und Milch dazu und rührt wie eine Wahnsinnige in der Schüssel. Ihr Kopf ist von der Anstrengung bald knallrot, und sie gerät dermaßen in Wallung, dass sie irgendwann ihr Sweatshirt auszieht und nur noch in Jeans und einem Feinripp-Unterhemd arbeitet.

Langsam fühle ich mich ein wenig komisch. Der Gedanke, allein mit einer Minderjährigen zu sein, die mit mir weder verwandt noch verschwägert ist und die noch dazu leicht bekleidet ist, keinen BH, aber eine sehr knapp sitzende Jeans trägt, macht mir Angst.

Übersprungsartig öffne ich eine Flasche Wein, schenke mir ein Glas voll und kippe den Inhalt sofort hinunter. Nach dem zweiten Glas bin ich leider noch immer unentspannt. Prüfend werfe ich Vivian einen Blick zu.

Vollkommen in ihre Arbeit versunken, rührt sie in der Schüssel. Ihre dünnen Arme mühen sich ab, die Schüssel gegen ihre Brust zu pressen und gleichzeitig umzurühren.

«Jetzt guck nicht so, hilf lieber mal!» Sie stellt die Schüssel auf der Arbeitsfläche ab, wischt sich eine Haarsträhne aus dem Gesicht und funkelt mich mit gespielter Strenge an. «Du bist der Stärkere. Außerdem der Mann. Du müsstest die Knochenarbeit erledigen.»

Ich ziehe die Augenbrauen hoch. Von irgendjemandem scheint sie zumindest eine Lektion über das klassische Rollenverhältnis erhalten zu haben.

Ich salutiere wie ein Soldat. «Jawohl, Madam. Ich übernehme.» Im Stechschritt stakse ich auf die Schüssel zu.

Vivian findet es komisch. Sie lacht und erteilt mir Befehle. «Schneller, los, schneller! Das habe ich schon mal besser gesehen.» Ich gebärde mich wie ein Wahnsinniger an der Rührschüssel. Sie lacht noch mehr.

Irgendwann klingelt es plötzlich an der Haustür. Vivian schaut mich überrascht an. «Erwartest du jemanden?», fragt sie und entscheidet: «Ich geh nachschauen.» Gleich darauf hüpft sie in Richtung Tür. Keine zehn Sekunden später ist sie zurück. Mit ihr zwei Polizeibeamte.

«Herr Mirko Dragić?», richtet einer von ihnen das Wort an mich.

Ich schüttele den Kopf. «Nein, ich bin Tobias Voss. Mirko Dragić gehört diese Wohnung, aber er ist nicht da.»

Man macht sich ja keinen Begriff, was einem in solchen Augenblicken durch den Kopf schießt. Die Situation, in der ich mich befinde, muss für einen Außenstehenden eindeutig zweideutig wirken. Zwar sieht Vivian in diesem Moment erstaunlich entspannt, beinahe glücklich aus, doch was weiß ich schon von ihr?

Nichts.

Was, wenn sich ihre Laune gleich ins Gegenteil wandelt, sie herumschreit und mich beschuldigt, ihr etwas angetan zu haben?

Womöglich etwas Perverses?

Dann würde alle Welt – die Polizisten, ihre Eltern, meine Arbeitskollegen und möglicherweise sogar meine Freunde – ihrer Darstellung glauben schenken. Kein Mann übersteht einen derartigen Skandal, mein Ruf wäre für immer ruiniert und meine Karriere als Anwalt ebenfalls.

«Ist das Ihre Tochter?», werde ich auch prompt gefragt. Ich verneine ordnungsgemäß. Der Beamte nickt, als ließe dies nur einen weiteren Rückschluss zu.

Vivian macht ein paar Schritte auf mich zu, lehnt sich mit vertrauter Geste an mich. Entgeistert weiche ich zurück und starre sie an. Was, bitte schön, soll das? Wir kennen uns doch kaum. Derartige Intimitäten zwischen uns vermitteln Außenstehenden ein vollkommen falsches Bild. Vor allem von mir.

Ebenso wie die Tatsache, dass sie nun zu mir sagt: «Ich dachte, der Typ mit der dunklen Sonnenbrille heißt Kröger und nicht Mirko.»

Klappe!

«Können Sie sich ausweisen?», bohrt verständlicherweise nun der andere nach. Er sieht derb aus, wie ein echter Knochenbrecher.

Erst jetzt fällt mir auf, dass die beiden zwar eine Weste mit dem Aufdruck «Polizei» tragen, offenbar aber nicht zur Streife zählen, sondern eher einer Spezialeinheit angehören. MEK? Soko Kinderschänder? Sie sind komplett in Dunkelblau gekleidet, tragen Waffen, Springerstiefel und sehen auch ansonsten nicht aus, als seien sie zum Plaudern vorbeigekommen.

Während ich in meiner Jacke nach der Geldbörse suche, in der sich mein Personalausweis befindet, versuche ich, Herr über meine zitternden Finger zu werden. Wie immer, wenn ein Polizeibeamter auch nur in Sichtweise auftaucht, keimt in mir das schlechte Gewissen. Und jetzt, da ich mein Portemonnaie nicht finden kann, werde ich geradezu panisch.

«Einen Moment», sage ich und will ins Schlafzimmer gehen, um dort weiterzusuchen, als einer der Beamten sich mir in den Weg stellt.

«Nicht so schnell», fordert er.

«Ich wollte doch nur ins –»

Schon drängt er sich an mir vorbei. «Ich gehe vor. Sie sagen mir, wo's langgeht.»

Vorsichtig wird die erstbeste Tür geöffnet. Keine Ahnung, ob er dahinter den gevierteilten Wohnungseigentümer oder eine illegale Pokerrunde erwartet hat, auf jeden Fall scheint er ein wenig enttäuscht zu sein, als er nur auf mein zerwühltes Bett blickt.

Ich drängele an ihm vorbei, öffne den Kleiderschrank und durchstöbere meine Sakkos. Die Geldbörse ist nicht zu finden.

«Ich bin Anwalt», versuche ich, den möglicherweise etwas unseriösen Eindruck wettzumachen, den ich angesichts der ungemachten Schlafstätte und der Minderjährigen in meiner Küche erweckt haben mag. «Tobias Voss ist mein Name. Ich arbeite bei Steinfels & Partner.»

Der Beamte ignoriert meine Worte, hält sie womöglich für einstudiert. Mit raumgreifender Geste, die Fernseher und zerwühlte Laken gleichermaßen einschließt, erklärt er: «Sie haben offenbar ein ausgeprägtes Unterhaltungsbedürfnis.» Dabei vergisst er nicht, Vivian, die für meinen Geschmack etwas zu lasziv im Türrahmen lehnt, in seinen Blick einzubeziehen,

Langsam wird mir mulmig. Der zieht doch jetzt nicht wirklich derartige Rückschlüsse? «Also, ich ...»

Ich stocke, halte dem Beamten eine Mappe mit Firmenunterlagen unter die Nase. Er wirft einen sekundenschnellen Blick drauf, interessiert sich dann aber mehr für den Inhalt von Mirkos Schrank. Mit geübter Bewegung reißt er einen Karton hervor und öffnet ihn. Zum Vorschein kommen diverse Xboxes, zwei Smartphones und ein Navigationsgerät. Den Kram hatte ich schon wieder ganz vergessen. Dafür fallen mir nun schlagartig die Kisten im Flur ein, die der andere Kollege offenbar längst untersucht hat.

«Ein *sehr* ausgeprägtes Unterhaltungsbedürfnis ...», sagt er und tritt ebenfalls ein.

«Irgendwelche Videos gefunden?», fragt ihn sein Kollege.

Sehe ich aus wie ein Mann, der mit Pornos dealt?

«Bislang noch nicht», antwortet er nur und googelt sogleich etwas in seinem Handy.

Wie es scheint, hat der Kerl gerade das Badezimmer inspiziert und ist dabei auf Krishna gestoßen, denn er sieht ein wenig blass um die Nase aus.

Idiot. Glaubt der, ich hänge zum Spaß so ein Schild an die Tür?

In meinem Kopf überschlagen sich die Gedanken. Ganz offensichtlich hortet Mirko hier mehr Technik-Kram, als ein einzelner Mann für den privaten Gebrauch benötigt. Verpackte Ware im Originalkarton, in mehrfacher Ausführung. Dazu die dreifach gesicherte Haustür. Sein Kumpel, der Albaner ... Und ich mit einer Minderjährigen mittendrin.

«Kannst du dich denn wenigstens ausweisen?», richtet der Beamte sich an Vivian und unterbricht damit meine Gedanken.

«Nö.»

Nö? Ich fasse es nicht! Vivian hat offenbar zu viel Tatort geguckt. Denn obwohl man ihr ansieht, dass ihr das Herz vor Angst bis zum Hals schlägt, gibt sie sich lässig. Und bockig.

«Und wie alt bist du?»

«Achtzehn.»

«Interessant. In wie vielen Jahren? In sechs?»

Sie geht ihm auf den Leim. «Ey, ich bin doch keine zwölf. Ich bin fünfzehn!»
Na bravo.
«Sie ist die Nichte von Blumenthals», erkläre ich. «Den Nachbarn von oben.» Erwartungsvoll schaue ich Vivian an. Jetzt wäre es an der Zeit, dass sie meine Aussage bekräftigt. Doch sie schaut zu Boden.
«Blumenthals hier im Haus, meinen Sie?» Der Beamte klingt, als hätte ich gesagt, Vivian sei die Nichte von Florian Silbereisen. Dann fügt er hinzu: «Timo Blumenthal ist neunzehn und sitzt seit zwei Tagen in der Ausnüchterungszelle auf der Davidwache. Wenn er der Onkel der Kleinen ist, fress ich einen Besen.»
Na, dann Mahlzeit. Wusste ich ja gleich, dass die Geschichte zum Himmel stinkt. Warum nur habe ich mich darauf überhaupt eingelassen?
Einer der Beamten spricht jetzt etwas in sein Funkgerät. Sofort erscheinen zwei weitere Kerle in demselben furchteinflößenden Aufzug. Sie durchsuchen die Wohnung.
«Hallo?!», rufe ich erbost. «Ich bin Anwalt, ich kenne die Gesetze. Für so was brauchen Sie einen Durchsuchungsbeschluss.»
Der Knochenbrecher stößt geräuschvoll Luft aus. «Wenn Sie Anwalt sind, wissen Sie sicher auch, dass wir diesen Beschluss nicht benötigen, wenn Gefahr im Verzug ist.»
Bitte? Gefahr im Verzug?
«Wie Sie in der Küche sehen konnten, backe ich gerade Pfannkuchen. Was soll daran bitte schön gefährlich sein?»
Statt einer Antwort lacht der Kerl mich aus. «Schon klar. Pfannkuchen …» Er tauscht mit seinem Kollegen einen spöttischen Blick aus. «Ich denke, Sie wissen genau, was hier los ist.»
Der Haudegen ergänzt: «Das hier», er tritt mit dem Fuß gegen den Karton im Flur, «ist Hehlerware. Im Schrank befindet sich noch mehr. Sie können sich nicht ausweisen, sind stark alkoholisiert und befinden sich in Gegenwart einer leicht bekleideten Minderjährigen,

die Ihren Angaben zufolge nicht Ihre Tochter ist, sich aber ebenfalls nicht ausweisen kann. Dazu halten Sie eine Würgeschlange in Ihrem Badezimmer, die unter das Artenschutzgesetz fällt und höchstwahrscheinlich illegal ins Land geschmuggelt wurde. Also, wenn das kein dringender Tatbestand ist, dann weiß ich es auch nicht. Was sagen Sie dazu, Herr *Anwalt*?»

Er lässt das Wort lächerlich klingen. Als sei es vollkommen abwegig, dass ich das Gesetz überhaupt kennen, geschweige denn es befolgen würde.

Für Vivian ist das plötzlich alles zu viel. «Uaaaa!» Sie schluchzt laut auf und wirft sich theatralisch in meine Arme. Was die Sache nicht besser macht. Inzwischen komme ich mir selbst schon vor wie der Kopf eines Mädchenhändlerrings, der nebenbei mit geklauter Ware und exotischen Reptilien dealt. Dabei habe ich mir rein gar nichts vorzuwerfen.

Okay, fast nichts. Nur das Attentat auf Dr. Klingenberg. Und die geplante Erpressung von Ronaldo.

Der Beamte räuspert sich. «Ich würde vorschlagen, Sie beide begleiten uns jetzt mal zur Wache.»

Es passiert, was passieren muss: Ich bekomme meine Rechte vorgelesen. Eine eigenartige Erfahrung. Auch für Vivian, deren Augen immer größer werden.

«Aber er heißt wirklich Toby. Tobias Voss!», macht sie sich für mich vor den Beamten stark, was ich beinahe rührend finde. «Das müssen Sie mir glauben!»

Ich frage mich, woher sie so sicher ist, dass ich der bin, für den ich mich ausgebe. Aber als Teenager hinterfragt man so was vermutlich nicht.

Als die Beamten mich jetzt höflich bitten, sie zum Auto zu begleiten, um auf der Wache meine Personalien festzustellen, krallt Vivian sich panisch an mich.

«Sie dürfen ihn nicht abführen», ruft sie, als stünde es in ihrer

Macht, dies noch zu verhindern. Sie umschlingt mich wie einen rettenden Baumstamm auf tobender See. «Und wenn, dann gehe ich mit ihm!»

Sie scheint tatsächlich zu glauben, fünf MEK-Beamten trotzen zu können. Es tut mir unendlich leid, dass sie das hier mit ansehen muss. Vor allem habe ich keine Ahnung, was jetzt aus ihr wird, ich kann sie wohl kaum allein in der Wohnung zurücklassen, noch dazu mit einer entlaufenen Schlange in der Dusche. Wobei Krishna in diesem Szenario mit Sicherheit am wenigsten auf dem Kerbholz hat.

«Wir fahren jetzt los», erklärt der Bärtige und verzichtet immerhin darauf, mir Handschellen anzulegen.

Bezüglich Vivian tauschen die Männer einen ratlosen Blick aus. «Vermutlich ist es in der Tat am besten, wir nehmen dich mit zur Wache. Dort kann deine Mutter dich abholen.»

Der zweite Beamte erlaubt sich einen Scherz: «Ja, oder Herr Blumenthal, falls er mal wach ist.»

Ihr Wortwechsel bewirkt bei Vivian Wunder. Sie bekommt große Augen und richtet sich auf. Klar, welches Kind wird schon gern von einem Elternteil von einer Polizeiwache abgeholt?

«Das mit meiner Mutter ist nicht nötig», erklärt sie. «Weil ... Toby ist nämlich mein Vater.»

29. Kapitel

Jetzt ist es amtlich: Dieses Mädchen ist mit allen Wassern gewaschen, und ich kann von Glück sagen, wenn sie mich nicht gleich doch noch der sexuellen Nötigung bezichtigt.

Zum Glück glaubt ihr niemand ein Wort. Entweder, weil mir keiner der Beamten zutraut, ein Kind gezeugt zu haben, was ich in gewisser Weise als kränkend empfinde, woraus ich aber zu diesem Zeitpunkt auch kein Drama machen will. Oder aber die Kerle haben im Laufe ihrer Polizeikarriere schon bessere schauspielerische Darbietungen erlebt als Vivians dick aufgetragene Notlüge.

Nichtsdestotrotz dürfen wir uns gnädigerweise noch unsere Jacken anziehen, ehe man uns aus der Wohnung führt. Im Auto werden wir von zwei Beamten mit Argusaugen beobachtet, was mir sehr unangenehm ist, denn Vivian weint und will sich immer wieder trostsuchend an meine Schulter schmiegen.

Während der gesamten Fahrt zermartere ich mir das Hirn, wen ich anrufen könnte, damit er meine Identität bezeugt. Jemanden aus der Kanzlei? Wohl kaum, sonst spräche sich die Sache in null Komma nichts herum. Nur Matthis Kallmeyer scheint mir als Einziger in Frage zu kommen. Schlau und zudem diskret. Oder aber ich bitte Kröger auf die Wache. Dem glaubt man so ziemlich alles.

«Dürfte ich mal telefonieren?», erkundige ich mich höflich bei den Beamten und ernte ein unwirsches Brummen. Also nein. Dafür habe ich kurze Zeit später zum zweiten Mal innerhalb von vier Wochen Gelegenheit, die Davidwache von innen zu sehen. Zukünftig sollte ich definitiv wählerischer beim Formulieren meiner Wünsche sein.

Auf dem Revier werden Vivian und ich getrennt. Sie hat sich in der

Zwischenzeit ein wenig beruhigt, und während ich in ein Verhörzimmer geführt werde, höre ich sie im Flur lautstark fluchen.

«Was wird mit dem Mädchen?», erkundige ich mich pflichtschuldig. «Ich glaube, sie ist nicht ganz so selbstbewusst, wie sie Ihnen glauben machen möchte.»

Ich erfahre, dass es eine Beamtin gibt, deren Aufgabe es ist, sich um Kinder und Minderjährige zu kümmern. Sie ist bereits auf dem Weg.

Währenddessen werde ich erkennungsdienstlich behandelt. Man nimmt Fingerabdrücke und gleicht sie mit denen im System der Polizei ab. Auf die Einwohnerdatei hat man hier keinen Zugriff, weshalb sich meine Identität auch weiterhin nicht klären lässt. Stattdessen muss ich meine Geschichte wieder und wieder herunterbeten.

Irgendwann taucht ein Beamter in Zivil auf, der sich mir als Olaf Hedtmann vorstellt und offenbar der *good cop* ist. Er glaubt meine Geschichte, schaut sich kurz die Website der Kanzlei an und gestattet mir im Anschluss einen Anruf bei Matthis Kallmeyer. Alle weiteren Fragen, die man mir stellt, drehen sich um Mirko, der offenbar mächtig Dreck am Stecken hat. Die Frage bezüglich seines Aufenthaltsortes kann ich nicht beantworten, ebenso wenig wie die nach der Herkunft seiner Kartons. Manchmal würde sich ein wenig Neugierde oder Misstrauen doch bezahlt machen.

So kann ich leider nur sagen: Ich war unfassbar naiv.

Bei Haushaltsauflösungen bleiben in der Regel keine nagelneuen Spielkonsolen übrig, die man einfach so mitnehmen kann. Das ist mir natürlich klar, ich habe mir nur irgendwie überhaupt keine Gedanken darüber gemacht. Warum auch? Mirko ist mein Freund, ich mische mich grundsätzlich nicht in das Leben anderer ein, sofern ich nicht ausdrücklich darum gebeten werde.

Als entsprechend schwierig erweist es sich nun zu beweisen, dass mir weder etwas von dem Krempel gehört, noch, dass ich ihn beschafft habe.

Eine halbe Stunde später werde ich von dem kleinen Büro in ein größeres Verhörzimmer geführt, um Matthis Kallmeyer zu treffen. Ein Beamter überwacht dabei jeden meiner Schritte. Noch immer ist man mir gegenüber misstrauisch, was ziemlich nervt, obwohl ich es in gewisser Weise verstehen kann.

Als ich den Flur überquere, stürzt eine Frau in die Wache. Sie ist vollkommen aufgelöst, spricht mit schnellen Worten, und die Panik in ihrem Tonfall ist kaum zu überhören. Ich bleibe wie angewurzelt stehen. Ihre Stimme ist mir bekannt, und als sie sich umdreht, trifft mich fast der Schlag: Es ist Alice.

Ihr Anblick überrascht und freut mich gleichermaßen, da ich für den Bruchteil einer Sekunde annehme, sie wäre meinetwegen gekommen. Doch außer Kallmeyer weiß niemand, dass ich mich hier aufhalte. Alice ist somit aus einem anderen Grund hier.

Noch immer in Panik steht sie wenige Meter vor mir, hat offenbar geweint. Aus geröteten Augen starrt sie mich ebenso entgeistert an wie ich sie.

«Was machst du denn hier?», fragen wir gleichzeitig. In derselben Sekunde geht neben uns eine Tür auf, und Vivian stürzt heraus.

«Mama!», ruft sie und wirft sich Alice in die Arme.

Mama?

Kurz schluchzt sie auf, dann hört man nichts mehr, weil Alice das Mädchen so fest an sich drückt, dass ich fürchte, sie würde Vivian ersticken.

Man fordert mich auf weiterzugehen, doch ich kann nicht. Mama? Fassungslos betrachte ich die beiden Frauen. Was geht hier vor? Woher kennen die beiden sich? Und hat Vivian eben tatsächlich *Mama* gerufen? Ich bin mir nicht mehr sicher, was ich höre oder sehe. Stehe unter Schock.

Irgendwann befreit Vivian sich aus Alices Umarmung. «Mama, du erdrückst mich!», sagt sie und wird gleich darauf wieder von Alice an die Brust gerissen. Inzwischen kullern Alice Tränen der Erleichterung über die Wangen. Abwechselnd schaut sie Vivian und mich an.

Ich verstehe noch immer nichts. Bei Alice hingegen scheint das Begreifen etwas schneller zu gehen. Zumal Vivian jetzt herausplatzt: «Stell dir vor, Toby und ich wollten Pfannkuchen backen, und da kam plötzlich die Polizei! Weil in Tobys Wohnung haufenweise geklaute Ware steht und außerdem eine gefährliche Schlange ausgebrochen ist. Aber die Sachen gehören nicht Toby, sondern der Mafia! Cool, oder? Wie im Tatort!»

Alice ist bei Vivians Erklärung jegliche Farbe aus dem Gesicht gewichen. Ihr steht der Mund offen, und ganz allmählich verhärtet sich der Blick, mit dem sie mich ansieht. Sie scheint zu verstehen, was hier vor sich geht.

Ich dagegen bin ratlos.

Hat Alice einen Sohn und eine Tochter? Warum hat sie mir das verschwiegen? Ich meine, auf ein Kind mehr oder weniger kommt es doch irgendwie auch nicht an, oder?

Alices Gesicht nimmt langsam wieder Farbe an. Mit wutverzerrter Stimme fragt sie: «Du lagerst geklaute Ware? Für die Mafia?» Sie ist stinksauer. «Und von der Schlange will ich gar nicht erst reden!» Sie funkelt mich böse an.

Ich bin noch immer viel zu verwirrt, um sie zu besänftigen. Um überhaupt etwas zu sagen.

Das erledigt nun Vivian für mich. «Mama, Toby wusste doch gar nichts von dem Zeug!»

Ich werfe ihr einen dankbaren Blick zu und nicke eifrig.

«Sonst hätte er die Bullen wohl kaum reingelassen!»

Das war nicht die Erklärung, die Alice hören wollte. «Das heißt Polizisten, und das weißt du», berichtigt sie ihre Tochter. Ihr Tonfall ist dabei kein bisschen streng. Die Erleichterung, Vivian wohlbehalten wiederzuhaben, überwiegt alles.

Ihr gesamter Zorn gilt mir.

«Also, ehrlich gesagt –», versuche ich mich zu rechtfertigen, werde aber sofort von Alice unterbrochen.

«Halt die Klappe, Toby! Du bist doch tatsächlich noch genauso verantwortungslos wie früher. Ich möchte deine Erklärungen nicht mehr hören. Und sehen will ich dich auch nie wieder!» Mit diesen Worten packt Alice ihre Tochter am Arm und zerrt sie hinter sich her. Vivian muckt kurz auf und blickt sich hilfesuchend zu mir um.

Ich winke ihr aufmunternd zu und rufe: «Keine Sorge, ich komme schon klar. Dein Bruder erwartet sicher schon deine spannende Geschichte ...»

Vivian guckt mich verständnislos an, wird von ihrer Mutter aber weitergezogen. Das Letzte, was ich von den beiden sehe, ist, dass Vivian lebhaft auf Alice einredet, ehe sie gemeinsam in einem der Büros verschwinden.

Zutiefst verstört, merke ich nicht mal, dass Matthis Kallmeyer auf einmal neben mir steht.

«Herr Voss!», sagt er mitfühlend, schüttelt mir die Hand, und wir klopfen uns kurz gegenseitig auf die Schulter.

«Danke, dass Sie gekommen sind.»

«Ich habe schon mit den Beamten gesprochen und denke, es ist nur noch eine Formalität. Die dürfen Sie hier nicht länger festhalten. Haben Sie irgendwelche Angaben zum Tatbestand gemacht?»

Ich schüttele den Kopf. «Wie denn? Ich weiß ja nichts. Ich habe wirklich nicht die leiseste Ahnung, was hier vor sich geht.» Und damit meine ich nicht nur Mirkos Kisten, sondern vor allem die Sache mit Vivian und Alice. «Als Erstes würde ich allerdings gern mal mit meinem Kumpel sprechen!»

Der Beamte im Raum schüttelt den Kopf. «Nach Herrn Dragić wird gefahndet. Den sollten Sie besser nicht anrufen. Jedenfalls nicht, ohne dass Herr Hedtmann zugegen ist.»

«Aber ich will Mirko nicht warnen», brause ich auf, «ich will ihm die Meinung geigen!»

Nachdem Olaf Hedtmann sich davon überzeugt hat, dass ich lediglich ein wenig naiv, jedoch keineswegs kriminell veranlagt bin, vertraut man mir im Hinblick auf Mirko. Offenbar war er bereits vor Wochen in den Fokus einer Observation geraten, bei der es darum ging, einen Schmugglerring auffliegen zu lassen. Gehandelt wurde hauptsächlich mit gestohlenen Technikartikeln, die aus Containern im Freihafen entwendet worden waren. Wie Mirko da mit drinhängt, klärt sich im Telefonat, das ich – auf laut gestellt – von der Wache aus schließlich doch noch mit ihm führen darf.

«Hast du komplett den Verstand verloren?», schnauze ich ihn an, sobald die Verbindung steht. «Was baust du denn für eine blöde Scheiße?»

«Also ... ich bin da so reingeraten ...», rechtfertigt er sich kleinlaut. Offensichtlich ist ihm sofort klar, um was es geht. «Ich kann da gar nichts für, Mann.»

«Ach, wirklich?», brülle ich. «Wie kann man denn nichts dafürkönnen, dass in der eigenen Wohnung Hehlerware lagert?»

Kallmeyer und Hedtmann bedeuten mir gleichermaßen, ich möge mich beruhigen. Abgesprochen ist, dass ich Mirko dazu bewege, sich zu stellen. Das würde er mit Sicherheit nicht tun, wenn ich ihn weiter beschimpfe. Nur leider kann ich gerade nicht anders.

«Du lässt mich, deinen besten Kumpel, einfach so ins Messer laufen? Lädst mich ein, bei dir zu wohnen, obwohl dieses *Zeugs* bei dir lagert, tickst du noch ganz richtig? Ich bin Anwalt, das hätte mich meine Karriere kosten können.»

«Aber ...»

Ich lasse ihn nicht zu Wort kommen. «Und was genau hast du mit der albanischen Mafia zu tun? Erklär mir das.»

«Was ..? Woher ...?» Mirko windet sich. «Im Grunde genommen: nichts.»

«Ach. Nichts? Und wieso klingelt dann das MEK bei dir?»

«Scheiße.» Mirko seufzt ergeben. «Ich hab irgendwann mal in

meinem Schuppen für die Albaner ein paar Kartons gelagert.» Aus seinem Mund klingt es so lapidar, als hätte man in seiner Wohnung lediglich zwei Haschkekse sichergestellt.

«Weiter.»

«Nichts weiter. Mehr nicht. Ehrlich, ich kenne die nicht.»

«Nicht?»

«Na gut, kaum.»

Mir wird das langsam zu blöd. «Ich weiß nicht, ob du dir dessen nicht bewusst bist, Mirko, aber du steckst knietief in der Scheiße. Und ich mit dir. Ich würde gern zumindest *meine* Weste reinwaschen, möglicherweise auch deine. Sofern das überhaupt noch geht und mir danach ist. Also erzähl gefälligst die ganze Geschichte.» Ich hole tief Luft. «Was lagerte in dem Schuppen? Der Kram, der jetzt in deiner Wohnung steht?»

Das würde mich allerdings wundern. Ich meine, wer dealt denn mit Einzelteilen?

«Nein!», antwortet Mirko voller Inbrunst.

«Okay. Wie war es dann?» Langsam reißt mir der Geduldsfaden. Mirko scheint das zu bemerken, denn jetzt rückt er mit ein paar Details heraus. «Also, die Sachen in meiner Wohnung ... die haben sie mir geschenkt.»

«Nee, ist klar. Geschenkt.»

Ich lasse es so stehen. Er soll selbst merken, was er für einen Bullshit redet.

Doch Mirko beharrt auf seiner Aussage. «Ja. Als Dank für die Lagerung.»

«Also quasi als Entlohnung.»

«Na ja – eher so eine Art Vorab-Bonus. Blöd war dann allerdings ...» Es fällt ihm offenbar schwer, seine Gedanken zu ordnen. Kein Wunder, bei dem gequirlten Mist kann man schon mal den Überblick verlieren. Tatsächlich kommt dann auch der tschechische Akzent in seiner Stimme durch, als er fortfährt. «Es wurde vor ein paar

Wochen in meinem Schuppen eingebrochen. Sämtliche Kartons mit der Albaner-Ware wurden geklaut.»

Er klingt nun langsam ein wenig kleinlaut.

«Und was befand sich darin?»

Bitte nenne jetzt etwas Harmloses!, schießt es mir durch den Kopf. Quittenmarmelade oder Klopapier oder so was.

«Handys.»

Scheiße. «Geklaute Handys?»

«Vermutlich.»

Mit Sicherheit.

Mirko räuspert sich. «Also, mir wurden die geklauten Handys geklaut. Keine Ahnung, wer das war, aber plötzlich hatte ich zwanzigtausend Euro Schulden bei den Albanern.»

Langsam bekomme ich eine Ahnung, warum er so lange wie vom Erdboden verschwunden war. Und es leuchtet mir auch ein, dass er vermutlich vorerst nicht vorhatte, aus seiner Deckung aufzutauchen.

«Das heißt, die sind jetzt hinter dir her?» Es klingt mehr wie eine Feststellung als eine Frage.

«Na ja …»

«Na ja – was?»

«Ich konnte sie ein bisschen hinhalten.»

Mir fehlt ehrlich gesagt die Vorstellungskraft, was das nun wieder zu bedeuten hat. Fragend schaue ich zu Kallmeyer und dem Beamten. Womit, bitte schön, hält man die albanische Mafia davon ab, einem den Kopf abzuschlagen? Die beiden zucken ebenso ratlos mit den Schultern.

«Erklär das bitte genauer», fordere ich Mirko auf.

Er gibt ein kurzes Jaulen von sich. Offenbar kommt es noch dicker. «Ich hab mir von einem Russen zwanzigtausend Euro geliehen und damit die Albaner bezahlt.»

Ich stoße geräuschvoll Luft aus, lasse mich entkräftet gegen die

Stuhllehne fallen und werfe einen weiteren verständnislosen Blick in die Runde.

Kallmeyer hat zwar konzentriert die Stirn in Falten gelegt, sieht aber gleichzeitig ein wenig belustigt aus. Vermutlich empfindet er Mirkos Fall als eine willkommene Abwechslung zu dem ansonsten eher unspektakulären Arbeitsalltag bei Steinfels & Partner.

Hedtmann hingegen ist des Umgangs mit Kriminellen wie Mirko sichtbar überdrüssig. Mit routinierter Geste fordert er mich zum Weiterreden auf. Also konzentriere ich mich wieder auf das Gespräch.

«Das muss aber ein netter Russe sein, wenn er dir einfach so zwanzigtausend Euro leiht.»

«Ist er auch. Allerdings habe ich ihm natürlich zusätzlich eine Sicherheit geliefert.»

Ich stöhne innerlich. «Und was? Weitere Hehlerware?»

Mirko wirkt fast ein wenig empört. «Natürlich nicht.»

«Was dann?» Er würde wohl kaum über Goldschmuck, Waffen, Diamanten oder sonst irgendetwas verfügen, das Russen interessiert.

Interessanterweise herrscht nun am anderen Ende der Leitung Schweigen.

«Hallo? Mirko? Red weiter. Was war es?»

Nach einem weiteren gequälten Seufzer bleibt es still.

«Los! Raus damit!»

Es dauert noch etwa eine halbe Minute, dann sagt er leise: «Krögers Auto.»

«Das Auto unseres Kumpels?»

Ich fühle, wie mir vor Wut das Blut in den Kopf schießt. Kallmeyer, der zwar Kröger nicht kennt, aber offenbar spürt, dass ich kurz vorm Durchdrehen stehe, legt beruhigend seine Hand auf meinen Arm und nickt mir aufmunternd zu. Hedtmann notiert sich etwas und vollführt dann immer wieder dieselbe Geste. Ich soll weitermachen.

«Okay, ich fasse mal zusammen», setze ich so freundlich an, wie es mir angesichts dieser Farce möglich ist. «Dir wurde Albanerware geklaut. Um die Albaner auszuzahlen, hast du dir Geld bei einem Russen geliehen, der dafür zur Sicherheit Krögers Auto bekommen hat. Im Grunde genommen eine runde Geschichte, wäre da nicht die Tatsache, dass Krögers Auto vor kurzem wieder in der Garage stand.» Langsam geht mir die Luft aus. «Wie kann das sein?»

«Na ja ... Also, ich habe den Albanern nicht gesagt, dass ihre Handys geklaut wurden, sondern dass ich sie verkaufen konnte. Zu einem guten Kurs. Das haben sie mir geglaubt. Und einen weiteren Karton Ware bei mir gelagert, den ich im Gegenzug dem Russen vertickt habe. Designertaschen, da war der ganz wild drauf.»

Ich stehe kurz vor dem Kollaps. «Also schuldest du jetzt doch wieder den Albanern Geld?!»

«Nee. Taschen.»

Hä?

«Die Taschen waren einem Stammkunden versprochen», fügt er hinzu. «Ende der Woche soll die Übergabe sein.»

Bei so viel internationaler Warenschieberei bleibt mir jedes weitere Wort im Halse stecken. Mirko scheint mein Schweigen Angst zu machen.

«Was soll ich denn jetzt machen, Toby? Ich kann mich nie wieder irgendwo blicken lassen. Dann bin ich tot.»

Das glaube ich ehrlich gesagt auch. Eine Idee, wie die Sache zu einem glimpflichen Ende gebracht werden kann, habe ich nicht.

Hedtmann offenbar schon. Er hat etwas auf einen Zettel gekritzelt, den er mir nun zuschiebt. Es ist eine kurze Anweisung, die ich durchlese. Anschließend wende ich mich wieder an Mirko.

«Pass auf», befehle ich meinem Kumpel, «du tust jetzt genau, was ich sage.» Ich hole tief Luft. «Ab sofort nimmt die Polizei die Sache in die Hand. Und du wirst kooperieren, ist das klar?»

«Aber ...»

«Ich übergebe jetzt das Telefon einem Polizisten, der dir sagt, was zu tun ist.»

«Einem Polizisten?», fragt er irritiert. Und dann scheint ihm klarzuwerden, wie der Hase läuft. «Verstehe. Okay.» Seine Stimme klingt inzwischen reichlich kleinlaut. «Glaub mir, Toby, ich wollte das nicht. Ich bin da so reingeschlittert. Vor allem wollte ich nicht, dass du Probleme bekommst.»

Er hört sich an wie ein Zehnjähriger, der beim Stehlen eines Lollis erwischt wurde. Aber Mirko ist erwachsen. Er hätte wissen müssen, was auf dem Spiel steht.

«Ehrlich, Mirko, ich bin stinksauer. Nichtsdestotrotz werde ich mich um einen Anwalt für dich bemühen. Sobald der gefunden ist, melde ich mich. Und bis dahin ...» Ich gebe meiner Stimme einen drohenden Unterton. «... tust du, was die Polizei von dir verlangt.»

Gegen 21 Uhr verlasse ich in Begleitung von Matthis Kallmeyer vollkommen erledigt die Davidwache. Die Ereignisse des Tages stecken mir in den Knochen. Vivian ist Alices Tochter. Und dann noch Mirkos wahnsinnige Geschichte!

«Kann ich Sie irgendwohin mitnehmen?», bietet mein Kollege an. «Ich bin mit dem Auto hier.»

Ich überlege. Vorhin, als ich noch ahnungslos in Bezug auf Mirkos Lebensumstände war, fühlte ich mich in seiner Wohnung sicher. Jetzt würde ich vermutlich nicht zur Ruhe finden und bei jedem Knacken einen rachsüchtigen Dealer vermuten. Zu mir ins Haus mag ich allerdings auch nicht, lieber möchte ich in Gesellschaft sein, mit jemandem reden.

«Würde es Ihnen etwas ausmachen, mich zu einem Kumpel nach Poppenbüttel zu fahren?», erkundige ich mich, wohl wissend, dass das überhaupt nicht auf Kallmeyers Heimweg liegt. «Es ist sein Auto, von dem vorhin die Rede war. Ich denke, er sollte wissen, was damit geschehen ist.»

Mein Kollege startet den Motor. «Gar kein Problem.» Und dann fügt er noch hinzu: «In der Kanzlei wird übrigens niemand was erfahren. Jedenfalls nicht von mir. Da müssen Sie sich keine Sorgen machen.»

Ich nicke dankbar.

Um Krögers Haussegen nicht allzu sehr auf die Probe zu stellen, rufe ich ihn an, um meinen Besuch anzukündigen. «Olli, ich stecke in der Scheiße. Kann ich vorbeikommen?»

Mein Kumpel reagiert entspannt. «Klar», sagt er, als wäre es neuerdings bei ihm an der Regel, nach zehn Uhr abends Freunde zu empfangen.

«Ist der Richter tot?», mutmaßt er.

«Nein, schlimmer. Der Kerl, der dein Auto geklaut hat, wurde gefasst.» Ich schlucke. «Es ist Mirko.»

30. Kapitel

Kröger ist verständlicherweise etwas irritiert, von seinem Kumpel bestohlen worden zu sein. Aber obwohl ich seine Gefühle durchaus nachvollziehen kann, übernehme ich den Part von Mirkos Verteidigung.

«Ich glaube ihm, dass er sich in diese krumme Sache hat hineinziehen lassen», sage ich, als wir bei einem Bier in Krögers Hobbykeller sitzen.

Von Sanni ist weit und breit nichts zu sehen. «Sie ist schon im Bett und surft vermutlich im Internet», erklärte Kröger, als er mich ins Haus ließ. «Wir wollen zum Neubeginn unserer Beziehung in den Urlaub fahren. Jetzt checkt sie die Möglichkeiten und ist auch ansonsten recht locker. Es war ein guter Rat, mal mit der Faust auf den Tisch zu hauen und darum zu kämpfen, dass jeder innerhalb dieser Ehe auch ein eigenes Leben führen darf.»

Ich nicke abwesend, bin mit meinen Gedanken schon wieder bei unserem gemeinsamen Freund. «Mirko steckt ziemlich tief im Schlamassel», wechsele ich das Thema. «Nicht nur, was die Rache der Albaner anbelangt. Auch die Rechtslage sieht nicht besonders rosig aus. Zwar kenne ich mich mit Strafrecht nur am Rande aus, schätze aber, dass er zumindest mit einer Bewährungsstrafe rechnen muss.»

«Geschieht ihm recht», brummt Kröger und meint damit nicht nur Mirkos kriminelle Machenschaften, inklusive der Nummer mit dem Auto, sondern auch die Gefahr, in die er uns beide durch sein Handeln gebracht hat. «Stell dir bitte mal vor, eines Abends hätte die Mafia geklingelt», überlegt Kröger. «Die wären mit Sicherheit sofort dazu übergegangen, ein Exempel zu statuieren. Vielleicht hätten sie einem von uns die Fingerkuppen abgeschnitten oder ein Auge ausge–»

«Hör sofort damit auf, Olli!» Ich möchte mir das nicht ausmalen. Auch nicht, in welcher Gefahr sich unsere Gäste dadurch befunden haben. Vor allem Vivian. Möglicherweise malen Kröger und ich die Sache aber auch ein wenig schwarz. Wer weiß schon, wie betrogene Kriminelle tatsächlich reagiert hätten.

«Da ist noch etwas, das ich dir dringend erzählen muss», sage ich zu Kröger, nachdem wir die Geschichte von Mirko zu einem Abschluss gebracht haben. Morgen Mittag fahre ich zum LKA, um dort die weitere Vorgehensweise durchzusprechen. So ist es mit Olaf Hedtmann vereinbart. Vorher werde ich mich noch um einen Anwalt für Mirko kümmern und diesen am besten gleich mitnehmen.

«Schieß los», sagt Kröger und schaut mich auffordernd an. Scheint, als könne ihn so schnell nichts mehr erschüttern.

Um das Thema anzuschneiden, das mir so auf der Seele brennt, nehme ich zunächst einen tiefen Schluck Bier. Während der aufregenden Ereignisse auf der Wache habe ich nicht aufgehört, im Hinterkopf über das unverhoffte Zusammentreffen mit Alice nachzugrübeln. Es gibt im Grunde genommen nur eine Möglichkeit, die Sache zu deuten, dennoch bin ich gespannt auf Krögers Interpretation.

Nachdem ich ihm die Geschichte haarklein berichtet habe, lehne ich mich in meinem Sessel zurück und schaue ihn erwartungsvoll an.

«Wow!», sagt er ehrfürchtig und blickt mir prüfend ins Gesicht. «Das ist ... also, das ...» Er stottert und stockt und scheint nicht zu wissen, wie er seine Gedanken in Worte fassen soll. «Vivian ist deine ... Tochter? Das ist ja ... unglaublich!»

«Noch weiß ich es nicht sicher, aber es spricht einiges dafür. Vivian ist ihren eigenen Angaben zufolge fünfzehn Jahre alt. Ich glaube ihr das, weil sie es spontan und zudem in einer Stresssituation von sich gegeben hat. Fünfzehn!» Ich senke meine Stimme. «Das heißt, sie wurde etwa zu der Zeit gezeugt, als Alice und ich unsere kurze Affäre hatten.»

Kröger nickt eifrig. «Das kann kein Zufall sein. Aber von wem ist dann der Sohn?»

«Keine Ahnung. Inzwischen glaube ich fast, es gibt gar keinen Sohn. Alice hat mich aus irgendeinem Grund angeschwindelt.»

Kröger lässt die Information einen Moment sacken. «Und jetzt?», erkundigt er sich vorsichtig. «Freust du dich? Ich meine, Vivian ist ein tolles Mädchen. Sie zur Tochter zu haben, muss dich doch stolz machen.»

«Tja», sage ich abwägend, «irgendwie kann ich das alles noch gar nicht richtig glauben.»

Ich soll plötzlich ein Kind haben? Die Überlegung, was das alles in letzter Konsequenz zu bedeuten hat, löst in meinem Inneren heilloses Chaos aus. Fassungslosigkeit, Unverständnis, Wut, aber auch verhaltene Freude vermischen sich. Vivian scheint, im Gegensatz zu mir, von der Sache gewusst zu haben. Ihr Spruch, kurz bevor wir abgeführt wurden, lässt darauf schließen und würde auch ihre merkwürdige Fragerei erklären.

«Aber warum hat Alice mich angelogen?», frage ich Kröger, als wüsste er die Antwort.

«Vielleicht wollte sie erst einmal bei einem Anwalt abklären, welche Rechte sie gegenüber dem leiblichen Vater hat?», mutmaßt er.

«Und dann kommt sie ausgerechnet zu mir? Wo es in Hamburg unzählige Familienrechtler gibt?»

«Ja, das ist komisch.» Kröger überlegt. «Zufall kann das kaum gewesen sein. Möglich also, dass sie nach all den Jahren erst einmal sehen wollte, was aus dir geworden ist. Ob du ein vorzeigbarer Vater für Vivian bist. Und deshalb hat sie dir zunächst eine Lügengeschichte aufgetischt.»

Ich denke über diese Theorie nach. Das wäre eine ziemlich dämliche Idee von Alice gewesen, liegt aber im Bereich des Denkbaren.

Kröger macht weiter: «Leider warst du in der letzten Zeit etwas neben der Spur ...»

Ich kneife die Augen zusammen. «Sodass sie es sich anders überlegt hat und mir mein Kind für den Rest meines Lebens vorenthalten wollte?»

«Sieht so aus.» Er rudert zurück: «Na ja, aber zunächst mal wissen wir ja noch nicht mit absoluter Sicherheit, ob Vivian tatsächlich deine Tochter ist. Und dann kannst du vermutlich davon ausgehen, dass Alice dir nicht explizit schaden wollte, sondern vor allem nach der besten Lösung für ihr Kind gesucht hat.» Nach einer kurzen Pause fügt er hinzu: «Und das war in ihren Augen offenbar ein Leben ohne dich.»

Immerhin hatte sie es ja schon fünfzehn Jahre allein geschafft, denke ich und leere mein Bier. Kröger könnte recht haben.

«Ich frage mich allerdings», überlegt er weiter, «warum sie dir damals nicht gleich von der Schwangerschaft erzählt hat. Als junge, schwangere Frau ist man doch bestimmt unsicher und holt sich Rat. Man redet darüber, vor allem mit dem Erzeuger.» Fragend schaut er mich an.

Ich blicke zu Boden.

Dies ist jener Teil der Geschichte, den ich lieber für mich behalten hätte. Doch irgendwie ist jetzt auch alles egal. «Na ja, also, wir hatten ja nur einen One-Night-Stand», erinnere ich. «Außerdem hatte ich damals eine feste Freundin. Zu der ich am nächsten Morgen zurückgegangen bin ... Nicht gerade anständig von mir. Zumal ich ein paar Tage später nach London gezogen bin. Wegen einer Referendariatsstelle.»

Kröger schüttelt den Kopf, schweigt aber.

Ich versuche, mich an Alices Erzählungen zu erinnern. «Offenbar ahnte sie, dass ein Kind zu dem Zeitpunkt alle meine Pläne durchkreuzt hätte – und hat deshalb nichts gesagt.» Während ich es ausspreche, wird mir vieles klar. «Auch ihre Träume sind dadurch zerplatzt, dennoch hat sie sich entschieden, Vivian zu bekommen. Verständlich, dass ihr Bedürfnis, mich wiederzusehen, über lange Zeit nicht besonders groß war.»

«Und jetzt hat Vivian nach ihrem Vater gefragt», mutmaßt Kröger.

«Vielleicht. Eventuell wollte Alice dem auch nur vorbeugen und schon mal vorab die Lage checken.» Ich kann die Geschichte noch immer kaum fassen. Ein perfider Plan, den ich der zarten Alice nicht zugetraut hätte.

Kröger macht sich andere Gedanken. «Und all die Jahre hat sie dich finanziell nicht belangt», stellt er fest. «Dabei wäre es ihr gutes Recht gewesen. Schließlich hattest du ja bestimmt auch schon mal was von Verhütung gehört.»

«Ja. Ich weiß. Damals war mir das alles relativ egal. Insgesamt war man zu der Zeit doch noch viel unbeschwerter und unbedarfter.»

«Wie dem auch sei», Kröger steht auf, um zwei neue Biere zu holen, «du musst mit Alice reden. Ihr müsst euch aussprechen. Vivian ist nun mal da, und ihr müsst eine Lösung finden, wie ihr in Zukunft miteinander umgehen wollt. Ihretwegen.»

Ich stoße einen tiefen Seufzer aus. «Ich weiß ehrlich gesagt gar nicht mehr, was ich eigentlich will.»

Ich darf in Krögers Gästezimmer übernachten und habe trotz des ereignisreichen Tages und der bandscheibenfreundlichen Matratze eine unruhige Nacht. Tausend Gedanken schwirren mir durch den Kopf, meine Gefühle fahren Achterbahn, und selbst altbewährte Entspannungstechniken lassen mich nicht einschlafen.

Entsprechend gerädert stehe ich am nächsten Morgen früh auf, dusche und bin aus dem Haus, ehe Sanni oder mein Kumpel aufwachen.

Obwohl ich mich am liebsten dick eingemummelt ans Elbufer setzen würde, um stumm aufs Wasser zu starren und dabei Klarheit in meine Gedanken zu bringen, muss ich mich zunächst um Mirkos Angelegenheiten kümmern. Noch aus dem Auto rufe ich bei Frau Behrend an und muss sie leider schon wieder bitten, meine Termine neu zu koordinieren. Zumindest für den Vormittag. Meine Verhaftung und Kallmeyers Besuch auf der Davidwache lasse ich unerwähnt, dennoch scheint ihr mein angestrengter Tonfall Fingerzeig genug zu sein.

Heute sei ohnehin nicht viel los, beruhigt sie mich, ich solle mich entspannen.

Nachdem wir aufgelegt haben, kümmere ich mich um einen Strafanwalt für Mirko. Kallmeyer kennt einen, den er gestern Abend noch kontaktieren wollte. Offenbar ist der Kerl ein guter Kumpel von ihm, denn ich erfahre, dass er alles stehen und liegen lässt, um mich gleich auf dem Präsidium zu treffen.

Spricht man in Hamburg von *dem Präsidium*, meint man einen sternförmig angeordneten Rundbau in Winterhude, in dem seit ein paar Jahren beinahe alle Abteilungen des Landeskriminalamts untergebracht sind. Hier bin ich mit Olaf Hedtmann verabredet. Mirkos Strafverteidiger ist ebenfalls bereits anwesend. Ein eigenbrötlerischer Typ wie viele Strafrechtler, aber nicht unsympathisch.

Ich erfahre von Hedtmann, dass sie Mirkos neuen Freunden, den kriminellen Zwischenhändlern, offenbar schon seit längerem auf der Spur sind. Aus diesem Grund geriet auch er ins Visier der Polizei. Im Grunde genommen beabsichtigt zwar niemand, mich in irgendeiner Form ins Geschehen einzubeziehen, doch braucht man mich, um Kontakt zu Mirko zu halten.

Als ich gegen Mittag in der Kanzlei auftauche, habe ich mein gesamtes Wissen über organisierte Kriminalität, mobile Einsatzkommandos, den Strafbestand der Hehlerei sowie polizeiliche Ermittlungsmethoden, also alles, was ich aus dem Studium noch dumpf erinnere, aufgefrischt. Jetzt brummt mir der Schädel.

Wenn unser Plan aufgeht, wird Mirko mit den Dealern eine Übergabe vor seinem Schuppen verabreden, und die Polizei kann diese auf frischer Tat ertappen. Für die Beamten sind es nur kleine Fische, und es ist laut Hedtmann kaum anzunehmen, mehr als zwei Unterhändler bei dieser Aktion anzutreffen, aber Mirko wäre fürs Erste aus der Schusslinie. Die Kartons, in denen die Dealer die geklauten Taschen vermuten, die in Wahrheit aber inzwischen bereits in Moskau irgendwo den Markt fluten, würden vor den Augen der Kriminellen beschlagnahmt und Mirko fürs Erste entlastet. Ob die Albaner ihn danach in Ruhe lassen, würde sich zeigen. Da es aber im wahren Leben nun mal nicht wie im Fernsehkrimi zugeht und nicht jeder Dealer auch gleich ein skrupelloser Meuchelmörder ist, geht Hedtmann davon aus, dass die Sache danach abgeschlossen ist. Sofern Mirko sich in Zukunft nicht mehr auf derartige Geschäfte einlässt.

Ich schleppe mich durch den Nachmittag, erledige im Schneckentempo liegengebliebene Korrespondenz und bin im Grunde genommen kaum zu etwas fähig. Nachdem Mirkos Schicksal nun nicht mehr in meinen Händen liegt, bin ich in Gedanken voll und ganz mit Alice beschäftigt.

Sie hat sich bis jetzt nicht gemeldet, und auch ich beabsichtige nicht, sie anzurufen. Ich weiß nicht, was ich will, bin zutiefst gekränkt, wütend und gleichzeitig voller Sehnsucht nach ihr. Und dann der Gedanke an Vivian. Noch immer kann ich mir nur sehr schwer vorstellen, eine Tochter zu haben. Wenn ich den Gedanken aber doch einmal zulasse, werde ich bei der Vorstellung, dass wir alle gemeinsam zusammenleben könnten, von Glücksgefühlen durchflutet. Meist folgt darauf die Talfahrt. Denn angesichts der Tatsache, so lange Zeit belogen worden zu sein, fühle ich kalte Wut in mir aufsteigen. In diesen Momenten würde ich am liebsten sofort bei Alice vorbeifahren und mir meinen Ärger aus dem Bauch schreien.

«Ein junges Mädchen hat übrigens für Sie angerufen», informiert mich Frau Behrend jetzt durch die Sprechanlage. «Vorhin, als Sie noch unterwegs waren. Fast hätte ich es vergessen, weil nämlich mein Notizzettel –»

«Was meinen Sie mit *ein junges Mädchen*?», unterbreche ich sie aufgeregt. «Hat jemand angerufen und gesagt: Hallo, ich bin ein junges Mädchen, könnte ich vielleicht mit Tobias Voss sprechen?»

Meine Sekretärin scheint von meinem Tonfall eingeschüchtert zu sein, jedenfalls schweigt sie kurz. Vermutlich schreibt sie mein Verhalten dann aber meinem verkorksten Liebesleben zu und antwortet schließlich mit stoischer Ruhe: «Nein, sie hat gar nichts gesagt. Nur: Ich möchte bitte mit Toby sprechen. Aber ihre Stimme klang sehr jung. Wie bei einem Teenager.»

Vivian hat angerufen! Was wollte sie nur? Gab es Ärger mit Alice?

«Sonst nichts?», hake ich nach und klinge offenbar so verzweifelt, dass Frau Behrend Mitleid bekommt. «Leider nein», sagt sie bedauernd. «Sie rief ohne Nummernkennung an, wollte auch nichts hinterlassen. Was soll ich sagen, falls sie sich noch einmal meldet und Sie nicht im Haus sind?»

Ich überlege. «Der Anruf dieser jungen Frau ist für mich von großer Bedeutung», erkläre ich mit Nachdruck. «Bitte umgarnen Sie sie mit Ihrer charmanten Art und versuchen Sie, ihr eine Telefonnummer zu entlocken. Falls das nicht klappt, schwatzen Sie ihr meine Handynummer auf. Sagen Sie ihr, dass ich sie dringend sprechen möchte.»

Frau Behrend schluckt hörbar. So eindringlich habe ich sie offenbar schon lange um nichts mehr gebeten. Sie wittert ein Geheimnis, ist aber natürlich zu diskret, um nachzufragen.

«Und sollte ich mich in einem Meeting befinden», fahre ich fort, «schicken Sie mir eine SMS und versuchen Sie, das Gespräch so lange zu halten, bis ich komme, okay?»

«Okay», bringt sie mit kratziger Stimme schließlich hervor. Inzwischen tut sie mir fast ein wenig leid, weil sie ja noch auf ein Statement zum Blumendieb wartet.

«Wenn sich alles aufgeklärt hat», verspreche ich, «werde ich Ihnen zu allem Rede und Antwort stehen. Auch in Sachen Blumenklau.»

«Natürlich, Herr Voss. Sie müssen mir nichts erklären.» Dann fügt sie hinzu: «Aber freuen täte es mich schon.»

Meinen ersten Abend seit langem allein zu Hause verbringe ich mit Nachdenken. Ich trinke bewusst keinen Tropfen Alkohol, um nicht noch melancholischer zu werden, als ich es ohnehin schon bin.

Daran, dass ich Vivians Vater bin, hege ich kaum mehr Zweifel. Ich rede mir ein, es zu spüren, doch wenn ich ehrlich bin, sind es vor allem die erdrückenden Fakten, die wenig Raum für andere Möglichkeiten lassen. Wenn ich es mal schaffe, meine widersprüchlichen Gefühle in Bezug auf Alice beiseitezuschieben, und auch die Ereignisse der letzten Tage ausblende, grübele ich darüber nach, was es eigentlich bedeutet, Vater zu sein. Die üblichen Floskeln über eine lebenslange Verantwortung, großartige Gefühle und das ganz große Glück schießen mir durch den Kopf. Äußerungen, die ich bislang nur aus dem Mund von Kollegen kannte und die mich nicht betrafen. Mehr noch, sie waren mir geradezu suspekt. Insbesondere der Trend bei Männern, plötzlich ein hyperaktiver Elternteil zu sein, der Erziehungsurlaub nimmt, sich als Kita-Sprecher engagiert oder später dem Elternrat der Schule beitritt, erschien mir überzogen.

Bis heute. Plötzlich hat sich das Blatt gewendet. Sicher bin ich noch weit davon entfernt, Vivian betreffend von großen Gefühlen sprechen zu können, und meinen Verantwortungsbereich würde ich wohl noch mit Alice aushandeln müssen. Dennoch bekomme ich einen Anflug von Vatergefühlen. Sogar Sorgen mache ich mir bereits. Als Erstes würde ich mit Vivian übers Schminken sprechen müssen. Und über Piercings. Und möglicherweise ist es sogar schon Zeit, das Thema Verhütung anzureißen.

O Gott.

Ob man wohl diesbezüglich Rat im Internet findet? Oder ist so was Frauensache? Wohl kaum.

Ein neuer Gedanke schießt mir durch den Kopf: Was, wenn Alice und ich es nicht schaffen, uns zu versöhnen? Würde dann genau der Fall eintreten, den sie bei mir in der Kanzlei angesprochen hat? Wäre ich der Vater, der um seine Tochter kämpft, der ein Besuchsrecht einfordert und sich ab sofort überall einmischt? Alice müsste ein solches Verhalten wie einen Schlag unter die Gürtellinie empfinden. Ich meine, aus Vivian ist auch ohne mein Zutun ein wunderbarer Mensch geworden. Ich darf jetzt nicht überreagieren!

Andererseits dürfte es auch für Alice nachvollziehbar sein, dass ich mich in Zukunft einmische. Was wäre ich sonst für ein Vater?

Überhaupt habe ich jedes Recht der Welt dazu, schließlich wurde ich jahrelang nicht gefragt. Und nicht nur das: Mir wurde meine Tochter regelrecht vorenthalten.

Während dieser Gedanke schon wieder Wut in mir aufkeimen lässt, regt sich mein Unterbewusstsein. Es meldet leise moralische Einwände.

Ich darf mir nichts vormachen: Ein Kind hätte mein Leben verändert. Wie sehr, ist im Nachhinein schwer zu sagen. Ebenso schwer zu sagen ist, wie ich vor fünfzehn Jahren auf die Tatsache reagiert hätte, plötzlich Vater zu werden. Zu einem Zeitpunkt, als ich am Anfang meiner Karriere stand. Als ich glaubte, die Welt läge mir zu Füßen. Wäre ich wirklich erfreut gewesen? Hätte alle meine Pläne aufgegeben? London sausengelassen und diese Entscheidung bis heute nicht bereut?

So sehr ich mich auch dagegen sträube, muss ich darauf dennoch mit Nein antworten. Nein, vermutlich wäre ich nicht glücklich geworden. Es hätte mich zerrissen. Keiner von uns, weder Alice noch ich, und vermutlich in letzter Konsequenz auch Vivian, wäre mit diesem Schritt glücklich geworden.

Trotzdem fühle ich mich hintergangen. Alice hat mich fünfzehn Jahre lang im Ungewissen gelassen, das kann ich nicht einfach so hinnehmen. Zumindest schaffe ich es angesichts dieser Tatsache nicht, um unsere Liebe zu kämpfen. Die Initiative müsste von Alice ausgehen, mir fehlt schlichtweg die Kraft.

Gedankenverloren blicke ich mich im Haus um. Frau Lücking, die Putzperle, war hier. Keine Ahnung, wie sie es geschafft hat, aber die Blutflecken auf dem Boden sind so gut wie nicht mehr sichtbar. Alles dreckige Geschirr ist abgeräumt, es wurde gesaugt und gewischt. Auch der Termin mit dem Glaser scheint reibungslos über die Bühne gegangen zu sein. Die Scheibe wurde ausgewechselt, sodass es wieder ansprechend warm im Haus ist.

Um mich abzulenken, steige ich hinab in den Keller und suche nach einem alten Zylinderkopf für die Haustür, den ich von vergangenen Umzügen aufgehoben hatte. Obwohl es inzwischen schon spät ist, beginne ich damit, das Türschloss auszutauschen. So kann Birte nicht noch einmal unangemeldet im Flur auftauchen. Falls sie etwas von ihren Sachen vergessen hat oder auf einmal Ski fahren will, muss sie sich mit mir abstimmen. Es ist ein Zeichen, das ich setze und das längst überfällig war.

Nach getaner Arbeit vor der Haustür schaue ich mich um. Beim Blick in die anderen Vorgärten stelle ich fest, dass die meisten Anwohner ihre Bäume mit Lichterketten geschmückt oder sogar kleine blinkende Skulpturen im Garten aufgestellt haben. Die Weihnachtszeit ist bis heute mehr oder weniger spurlos an mir vorübergezogen. Außer den zwei Besuchen auf dem Weihnachtsmarkt habe ich von dem bevorstehenden Fest nur wenig mitbekommen. Zum Glück. Denn selbst wenn man mit romantischen Festivitäten nichts am Hut hat, wiegt das Glück der anderen als frischgebackener Single schwer. Weihnachten ist nun mal ein Fest der Familie. Nicht immer sind alle glücklich, doch die meisten geben sich Mühe.

Das Telefon reißt mich aus meinen Gedanken. Ein wenig verwundert, da mich eigentlich niemand hier vermuten sollte, stapfe ich ins Haus und gehe an den Apparat.

«Toby?», höre ich am anderen Ende eine versoffene, heisere Stimme. «Endlich erreiche ich dich.»

Ich fasse es nicht. Unter allen Anrufern, die ich erwartet oder erhofft hatte, wäre diese Person auf dem letzten Platz gelandet: Bloody B. Blotenberg. Birtes Onkel.

«Na, alles klar?», macht er einen auf Kumpel. Bei den meisten Menschen ein sicheres Zeichen, dass sie etwas im Schilde führen.

Bloody und ich standen uns niemals besonders nahe, zudem wird er mit Sicherheit über Birtes Auszug informiert sein. Blut ist schließlich dicker als Wasser. Mein Wohlbefinden geht ihm definitiv am Arsch vorbei, etwas anderes muss ihn zu diesem Anruf bewogen haben.

«Hi, Bloody, wie kann ich dir helfen?»

«Sag mal, Toby ... äh, habt ihr noch dieses Bild, das ich mal gemalt habe?»

«Du meinst die rote Hornisse mit dem Geweih? Natürlich haben wir die noch.»

Aber nur weil ich in der letzten Woche nicht zu Hause war und es noch nicht zum Recyclinghof geschafft habe.

«Super!» Bloody klingt erleichtert. Dann entsteht eine Pause, während der er offenbar nach den richtigen Worten für sein Anliegen sucht. «Jetzt mal ganz ehrlich.» Seine Stimme bekommt einen vertrauten Tonfall. «Hand aufs Herz: Dir hat doch die Hornisse nie wirklich gefallen, oder?»

Keine Ahnung, ob es mein Beruf als Anwalt mit sich bringt, aber immer, wenn Menschen einen Satz mit *Jetzt mal ganz ehrlich* beginnen, stimmt etwas nicht. Auch in Bloodys Fall. Jahrelang hat sich der Kerl nicht darum geschert, dass unser Wohnzimmer mit seiner Kunst verschandelt wurde, und auf einmal macht er einen auf verständnisvoll? Das kaufe ich ihm nicht ab.

«Wie kommst du darauf?», überbrücke ich die Lage zunächst mit einer Gegenfrage.

Bloody kontert mit einer Lüge. «Birte hat es mir gesteckt.»

Vollkommener Quatsch. Birte wusste ja nicht mit Bestimmtheit, dass ich das Bild mehr hasse als die beiden Ronaldos zusammen.

«Das kann nicht sein, Bloody», gebe ich zurück. «Weil ...» Ich wappne mich jetzt ebenfalls für eine kleine Flunkerei. «Ich fand dieses Bild immer sehr ... passend für unsere Einrichtung, du weißt schon.»

Bloody weiß gar nichts, sondern ist hörbar aus der Fassung gebracht und gerät ins Schwimmen. «Aber ... also ... ich frage mich», er stottert sich seinem Anliegen entgegen, «wärst du vielleicht trotzdem ... unter bestimmten Voraussetzungen dazu bereit, dich ... äh ... von dem Bild zu trennen?»

Er atmet geräuschvoll aus und wieder ein. Ich würde sogar so weit gehen zu behaupten, dass er kurz davor steht zu hyperventilieren.

Der einzige Gedanke, der mir spontan dazu kommt, ist so abwegig, dass ich ihn kaum zu Ende denken mag. Vorsichtig erkundige ich mich: «Warum fragst du, Bloody? Hast du etwa einen Käufer?»

Mein Beinahe-Schwiegeronkel stößt hektisch die Luft wieder aus. Einen Moment scheint er zu überlegen, welche Taktik er einschlagen soll. Natürlich will er mir das Bild nicht abkaufen. Er will den Schrott einfach so zurück. Erst belästigt er uns damit, und nun hat er einen Interessenten und will den Käse zu Geld machen. Ist das zu fassen? Außerdem hält er mich offensichtlich für zu blöd, seine plumpen Schwindeleien zu durchschauen.

Gerade sprudelt die nächste Lüge aus ihm heraus: «Nee, na ja, ich ... mache eine Ausstellung.»

Ich beschließe, ihn ein wenig zu foppen. «Ach so! Dann willst du es dir ausleihen?», frage ich und gebe meiner Stimme einen erfreuten Tonfall. Als wäre dies eine wirklich glückliche Fügung. «Das sollte kein Problem sein.»

425

Bloody windet sich. Man merkt, dass er am Ende seiner taktischen Möglichkeiten angelangt ist. Verzwickte Konversation war noch nie sein Steckenpferd. Ebenso wie Malen.

«Okay, ehrlich gesagt hast du recht», knickt er ein. «Ich habe einen Interessenten. Er hat mir bereits drei Bilder abgekauft, mehr habe ich dummerweise nicht.» Ich höre ihn laut schlucken. «Meine Schwester hat ihre Bilder nämlich ... verschenkt.» Sein Tonfall lässt darauf schließen, dass er eigentlich *verschrottet* hatte sagen wollen.

Augenblicklich steigt Birtes Mutter in meiner Gunst.

«Bleibt also nur noch die Hornisse», seufzt er.

«Du willst unser Bild verkaufen? An einen Fremden?» Ich fürchte, mit meinem entsetzten Tonfall ein wenig zu dick aufgetragen zu haben, doch Bloody bemerkt es nicht. Er wittert ein Geschäft.

«Ja, aber keine Sorge, ich male euch eine neue», bietet er großzügig an.

Mir bleibt die Spucke weg angesichts so viel Überheblichkeit. Noch ein Bild von ihm, und ich ertränke ihn in einem Eimer Bloody Mary. Aber so einfach lasse ich ihn nicht davonkommen.

«Tja ...», sage ich gedehnt. «Wie viel zahlst du denn?»

«Äh ... was meinst du?»

Ich gebe einen vielsagenden Zischlaut von mir. «Wie viel Geld du mir für das Bild bietest. Ich meine, mal ganz ehrlich, Bloody», leite ich die größte Lüge meines Lebens ein, «ich hänge sehr an der Hornisse. Es war ein Geschenk von Birte und wird mich ewig an sie erinnern.»

Deshalb muss der Mist weg. Der letzte Teil des Satzes war also nicht mal gelogen.

«Ich kann das Werk nicht einfach so weggeben», füge ich noch hinzu.

In Bloody kommt jetzt der Geschäftsmann zum Vorschein. «Pass auf, Toby: Mein Interessent hat mir fünftausend Euro angeboten. Die würde ich ... mit dir teilen.»

Ich stoße ein hysterisches Gackern aus. «Fünftausend Euro? Für diese Hornisse? Bloody, der Kerl bescheißt dich. Dafür, also für zweieinhalb, trenne ich mich nie und nimmer von dem Exponat.» Wer auch immer ihm dafür Geld gibt, ist in meinen Augen schon ein Idiot. Und wer fünftausend Euro für ein Insekt mit Geweih bietet, kann nur ein Oberpfosten sein. Auf Anhieb fällt mir da nur einer ein.

Ich beschließe, einen Vorstoß zu wagen, muss sehen, ob mein Verdacht sich bestätigt. «Wie heißt denn dein Interessent, kennt man ihn aus der Kunstszene?»

«Weiß nicht.» Natürlich kennt Bloody ihn nicht, weil er von nichts 'ne Ahnung hat. Und weil, sofern meine Vermutung zutrifft, sein Interessent keineswegs ein Kunstmäzen ist.

«Heißt er zufällig Klingenbach?», locke ich ihn auf die falsche Fährte.

Bloody ist beeindruckt. Und tappt in die Falle. «Klingenberg», korrigiert er mich. «Kennst du den?»

Statt einer Antwort pfeife ich durch die Zähne. «Hab schon mal von ihm gehört. Ist neu auf dem Gebiet und sammelt für den Hausgebrauch. Wie es scheint, hat er ordentlich Geld.» Als der Künstler andächtig schweigt, rede ich ihm eindringlich ins Gewissen: «Daher schätze ich, er hat dir mehr geboten.»

«Was? Wie kommst du darauf?»

«Nur so ein Gefühl. Ich sag dir jetzt mal was, Bloody.» Ich hole zum Finalschlag aus. «Ich trenne mich wirklich nur sehr ungern von dem Bild. Deshalb will ich mindestens zehn dafür. Kannst ja mal darauf herumdenken und mit deinem Käufer verhandeln.»

Das muss mein Beinahe-Schwager nicht. Offenbar hatte der Richter bereits einiges mehr geboten.

«Einverstanden», gibt Bloody gequält von sich. «Wann kann ich das Bild abholen?»

31. Kapitel

Etwa zeitgleich treffe ich mit Ronaldo vor dem Meetingraum im sechsten Stock ein. Es ist Freitag, und die große Konferenz steht an.

Ronaldo schenkt mir ein schneeweißes Grinsen. «Auf in den Kampf», sagt er und offenbart damit wieder einmal seinen miesen Charakter.

«Ja, Showdown», erwidere ich Ronaldos Kriegserklärung.

Ich fühle mich relativ entspannt. Hätte er etwas in der Hand, wäre er damit zeitiger bei Steinfels vorstellig geworden. Jetzt geht es nur noch darum, ihn daran zu hindern, Vermutungen oder Verleumdungen hinauszuposaunen. Und dagegen bin ich gewappnet.

Ob es ausreicht, wird sich gleich zeigen.

Heute sind alle Plätze an der langen Tafel besetzt. Bent Schlader sitzt rechts vom Chefsessel, ihm gegenüber Steinfels' Tochter Alexandra, die ich zum ersten Mal auf der Gartenparty gesehen habe. Offenbar möchte sie an diesem wichtigen Tag zugegen sein, was irgendwie komisch ist, da ja nicht ihr Vater ausscheidet, sondern sein Kollege.

Ich schaffe es, einen Platz neben Ronaldo zu ergattern, denn das ist heute ausnahmsweise mal von mir angestrebt. Es würde meine Strategie erleichtern.

Steinfels erscheint. Er nimmt am Kopf der Tafel Platz und eröffnet die Runde mit ein wenig allgemeinem Geplänkel. Dann ergeht er sich über einen Fall, der im letzten halben Jahr in der Kanzlei für einigen Wirbel gesorgt hat und der nun vor Gericht zugunsten unseres Mandanten entschieden wurde. Weitere ermüdende Details folgen, und der Chef vergisst dabei nicht, sein gewieftes und verbissenes Vorgehen zu loben.

Da diese Zusammenkunft nur ein einziges Ziel verfolgt, nämlich Schladers Nachfolge preiszugeben, was die meisten der Anwesenden nicht besonders tangiert, ist die Stimmung entsprechend locker. Immer wieder, wenn Steinfels' Rede zu langweilig wird, versucht jemand, sie mit ein paar vorsichtig platzierten Scherzen aufzulockern.

In diesem Zusammenhang wirkt es geradezu natürlich, als Ronaldo irgendwann die scherzhafte Überleitung zum KrollCar-Fall findet. «Herr Voss hat sicherlich auch eine lustige Geschichte zu erzählen, ich sage nur: Gerichtsverhandlung mit unpässlichem Richter.» Überheblich strahlend blickt er in die Runde und wendet sich anschließend auffordernd zu mir. «Ich habe mich ja ehrlich gesagt gefragt, wie es sein kann, dass ...» Er legt eine dramaturgische Pause ein und versucht dadurch, alle Aufmerksamkeit auf das Gespräch zu lenken. Der Mann ist so durchschaubar wie eine Glastür.

«Wie es sein kann, dass der Fall vom Tisch ist?», falle ich ihm ins Wort. «Das wollten Sie wissen?»

Unauffällig schiebe ich mein Handy in sein Sichtfeld und wende mich dann mit einer Erklärung an Waldo Steinfels.

«Nun, die Sache ist einfach erklärt.» Ich werfe Matthis Kallmeyer einen dankbaren Blick zu. «Mit Hilfe des Kollegen Kallmeyer ist der Fall gelöst.»

Aus dem Augenwinkel registriere ich, wie auf meinem Handy eine kleine Bildpräsentation startet. Damit sie nicht von eingehenden Anrufen unterbrochen wird, habe ich sicherheitshalber auf lautlos gestellt. Ronaldo kann somit ganz in Ruhe die Dokumentation betrachten: er beim Essen mit Marina Papst, die beiden engumschlungen auf dem Weg zum Auto und zu guter Letzt küssend vor ihrer Haustür. Dann noch als Bonus die Nahaufnahme des

Kanzleiblumenstraußes, auf der ich einen Pfeil in Richtung Protea gemalt habe.

«Ich will hier niemanden mit Details langweilen», fahre ich fort. Denn ich finde es geradezu vermessen von Ronaldo, die Anwesenden mit diesem Fall zu behelligen. «Deshalb nur kurz: Die Angelegenheit ist vom Tisch. Simone Otto, beziehungsweise ihr Vater, wird keinen Cent zahlen müssen. Das offizielle Schreiben hierzu müsste dem Gericht in diesen Tagen zugehen.»

Steinfels, der offenbar in der letzten Zeit komplett mit anderen Dingen beschäftigt war, jedenfalls ist er mir seit langem nicht mit bohrenden Nachfragen auf die Nerven gegangen, sieht mich kurz überrascht an. Ich bin nicht unbedingt wild darauf, mein Gespräch mit Boran Cern bis ins Detail offenzulegen – lieber würde ich meinem Kollegen und mir Steinfels' fragloses Lob gönnen.

Der Chef entspricht meinem Wunsch. «Nichts anderes habe ich erwartet», trompetet er über den Tisch und wirft seiner Tochter einen selbstherrlichen Blick zu.

Ich wende mich ab, schaue zu Ronaldo, der noch immer wie paralysiert auf mein Handydisplay starrt. Er ist inzwischen beim letzten Bild angelangt, auf das ich besonders stolz bin. Eine Typolösung. Pinkfarbener Hintergrund mit schwarzer Schrift. Dort steht zu lesen:

1. Ich denke, wir sind quitt.
2. Geben Sie den Fall oder Marina Papst auf.
3. Begleichen Sie den Schaden i. H. v. 154 Euro, der Steinfels & Partner aufgrund entwendeter Blumen entstanden ist, durch Zahlung in die Kaffeekasse. Außerdem erhält meine Sekretärin ohne Nennung von Gründen, aber als Gegenwert für ihr Schweigen einen pompösen Blumenstrauß.

Ronaldo sackt unmerklich in sich zusammen.

Steinfels räuspert sich. Offenbar kommen wir nun zum eigentlichen Grund dieses Meetings. «Ich habe Sie heute hierhergebeten, weil, wie wir alle wissen, mein lieber Freund und Partner, Bent Schlader, zum 1. März aus dieser Kanzlei ausscheidet.» Er macht eine Pause, nickt seinem Kompagnon zu.

Schlader erwidert etwas, reißt einen Witz oder so, doch ich bin abgelenkt. Denn in dieser Sekunde blinkt eine eingehende SMS von Frau Behrend auf meinem Handy. *Ich habe Vivian am Telefon.*

Mir schießt das Adrenalin durch den Körper. Wie von der Tarantel gestochen, springe ich in die Höhe, schiebe meinen Stuhl zurück und habe schlagartig die Aufmerksamkeit aller Kollegen, einschließlich der des Chefs. Einen sehr kurzen Moment hadere ich mit meinem Entschluss, in mein Büro ans Telefon zu eilen. Dies ist der denkbar ungünstigste Moment. Denn es ist vermutlich der wichtigste für meinen Chef und möglicherweise auch der wichtigste in meiner Karriere.

«Ich ...», stottere ich und lasse meinen Blick verlegen durch die Runde streifen. Ganz kurz spiele ich die Konsequenzen meines Handelns durch, dann schiebe ich den Gedanken von mir. Ich habe meine Entscheidung getroffen. Meine Tochter geht vor. Schnellen Schrittes eile ich zur Tür. «Gerade bekomme ich einen sehr wichtigen Anruf», erkläre ich und bin schon halb auf dem Flur. «Aber ich bin so schnell es geht zurück!»

Ohne die Reaktion meines Chefs abzuwarten, stürze ich die Treppen zu Fuß hinunter und stehe dreißig Sekunden später vor Frau Behrend, die mit hochrotem Kopf und sichtbarer Anspannung in den Hörer spricht.

Als sie mich sieht, weiten sich erleichtert ihre Augen. «Herr Voss ist jetzt hier», lässt sie Vivian wissen, «einen Moment noch, ich stelle Sie durch.» Sie drückt das Gespräch weg, atmet einmal geräuschvoll aus. «Das war knapp», stöhnt sie und wedelt mit einer Geste in Richtung meines Zimmers, «beeilen Sie sich, das Mädchen klingt ziemlich aufgelöst.»

Ich hechte in mein Zimmer, bin Sekunden später am Apparat. «Vivian?»

Am anderen Ende höre ich Schluchzen. «Bist du ... raus aus dem Gefängnis?», nuschelt sie. «Ich hab mir solche Sorgen gemacht, weil du gestern nicht im Büro warst. Und ... Mama will nicht über dich reden.» Geräuschvoll zieht sie die Nase hoch.

Ich muss schwer schlucken, bin vollkommen gerührt angesichts ihrer Anteilnahme. Ein Gefühl von Fürsorge und Verantwortung und der ohnmächtige Wunsch, jeden Kummer von ihr fernzuhalten, übermannen mich. Zudem fühle ich mich schuldig an Vivians Elend.

Mit brüchiger Stimme erkläre ich: «Ich musste gar nicht ins Gefängnis. Nur noch ein wenig auf der Wache bleiben. Dort waren aber alle sehr nett zu mir. Inzwischen hat sich alles geklärt, und man glaubt mir, dass ich nichts verbrochen habe.»

«Okay», sammelt sie sich und putzt sich noch einmal die Nase.

«Sag mal, Vivian», nutze ich den Augenblick, um endgültig Licht in die ganze Geschichte zu bringen, «du kennst doch nicht wirklich jemanden, der in meinem Haus wohnt, oder? Ich meine ... also, ich frage das vor allem deshalb, weil ich inzwischen selbst nicht mehr dort wohne und nicht möchte, dass du in der nächsten Zeit vergebens aufkreuzt.» Es entsteht eine kurze Pause, in der sie zu überlegen scheint, ob sie mir die Wahrheit anvertrauen möchte.

«Nein», gibt sie schließlich kleinlaut zu, «das war gelogen.»

«Okay», sage ich sanft, obwohl ich unendlich neugierig bin, wie denn nun die ganze Wahrheit aussieht. «Magst du mir sagen, warum du mich beschwindelt hast?»

«Na ja, also, ich pass doch immer auf Mama auf, damit sie sich nicht ständig in die falschen Männer verliebt», erklärt sie und klingt auf einmal sehr gefasst. «Da waren schon sehr komische Kerle dabei, deshalb hab ich mir überlegt, ihre Typen jetzt immer abzuchecken.»

Ich verstehe nun weniger als zuvor. «Aha», sage ich deshalb nur, um sie am Reden zu halten. Doch das muss ich gar nicht. Vivian scheint in ihrer Fürsorge um Alice aufzugehen.

«Na ja», sagt sie in kindlichem Eifer, «ich bin ja nicht blöd. Als die Visitenkarte mit deinem Namen zu Hause auf dem Schränkchen lag und Mama auf einmal wie ausgewechselt wirkte, war mir sofort klar, dass sie sich verknallt hat.»

Mein Herz macht einen erfreuten Extraschlag, doch ich wage nicht, Vivian zu unterbrechen.

«Also habe ich mir die Adresse aufgeschrieben, die du hinten auf die Karte geschrieben hattest. Ich wollte einfach sehen, wie du so drauf bist. Hab mir extra eine Checkliste gemacht.»

«Eine *was*?»

«Na, 'ne Liste, um abzuchecken, was du gut findest. Und um zu sehen, ob du zu uns passt.»

Langsam erinnere ich mich. «Du meinst, ob ich Nasenringe gut finde und rosa Haare?»

«Zum Beispiel.» Sie wird auf einmal ernst. «Du hast doch nicht gelogen, oder?»

Ich glaube, in Bezug auf Kinder habe ich noch einiges zu lernen. Zum Beispiel, sich nicht zu wundern, mit welch atemberaubender Selbstverständlichkeit sie die Wahrheit einfordern und dabei selbst die größten Könige der Schwindelei sind.

«Nein, das war nicht gelogen.»

Sie atmet hörbar auf. «Ich freu mich total, dass du mein Vater bist.»

Mir klopft das Herz bis zum Hals. Es stimmt also. Und so, wie Vivian es ausspricht, so unverblümt und aus tiefstem Herzen, bin ich vollkommen überwältigt.

«Freust du dich auch?», fragt sie vorsichtig.

«Ja. Ich freu mich auch. Sehr sogar.»

Kurz schweigen wir andächtig, dann fällt mir etwas ein: «Es würde mich allerdings sehr interessieren, seit wann du davon weißt.»

Irgendwie möchte ich auf keinen Fall hören, dass alle außer mir die ganze Zeit über Bescheid wussten. Außerdem würde es der These, dass Alice ihre Tochter so lange im Unklaren gelassen hat, weil sie sie beschützen wollte, widersprechen. Und dieses Bestreben war in meinen Augen bislang der einzige nachvollziehbare Grund, dass sie mich belogen hat.

«Dienstagabend hatten Mama und ich einen Streit. Weil sie dich nicht mehr wiedersehen wollte. Ich fand das doof und hab ihr von meiner Liste erzählt und ihr gesagt, dass du super zu ihr passt. Sie wollte davon aber nichts hören. Doch dann hat sie sich so komisch verplappert. Als ich nachfragte, hat sie nur geschwiegen. Also hab ich den Uropa gefragt. Der kann nämlich nur ganz schlecht lügen.»

Ich kann sie förmlich grinsen sehen. Das Mädchen ist wirklich mit allen Wassern gewaschen. Von mir hat sie das nicht.

«Und der hat dir dann die Wahrheit erzählt?»

«Nee, der hat auch nur so Andeutungen gemacht. Aber zusammen mit Mamas Gestammel war die Sache irgendwie klar. Na ja, so gut wie. Den Rest wollte ich von dir hören, aber dazu kam es ja nicht mehr. Nachdem Mama mich von der Polizei abgeholt hat, habe ich aber die ganze Wahrheit erfahren.» Nach einer kleinen Pause fragt sie angstvoll: «Wo wohnst du denn jetzt? Weit weg?»

«Nein, keine Sorge. Etwa ähnlich weit weg von euch wie vorher, nur in die andere Richtung.»

«Was heißt das?»

«In Poppenbüttel. Ich habe ein Haus im Ricksweg.» Wieder Stille. Keine Ahnung, ob sie sich das merken kann, in meinem eigenen Interesse füge ich dennoch hinzu: «Nummer 8.»

«Hab ich aufgeschrieben. Und dann bräuchte ich noch deine Handynummer. Die habe ich mir damals nicht von der Visitenkarte abgeschrieben, und nun ist die Karte futsch. Zum Glück kann man dich googlen.»

Ich diktiere ihr meine Nummer und erhalte im Gegenzug ihre.

«Kommst du an Weihnachten und feierst mit uns?», will sie anschließend wissen und leitet damit den problematischen Teil dieses Gesprächs ein. Denn auch wenn ich ihren Wunsch nach einem gemeinsamen Fest nachvollziehen kann, ihn sogar teile, bin ich momentan nicht bereit, über meinen Schatten zu springen. Alice und ich haben einiges zu klären. Bevor das nicht geschehen ist, setze ich keinen Fuß in ihre Wohnung. So leid es mir für Vivian tut.

Nach kurzem Zögern sage ich deshalb: «Deine Mutter und ich ... wir haben zurzeit ein paar Schwierigkeiten. Leider. Daher kann ich euch Weihnachten vermutlich nicht besuchen.»

Am anderen Ende der Leitung bricht Vivian in erneutes Schluchzen aus.

Mir zerreißt es das Herz, sie tut mir unendlich leid. Aber die Misere, in der sie steckt, hat in meinen Augen einzig Alice zu verantworten. Doch das behalte ich für mich. Es tut nicht not, einen Keil zwischen Mutter und Tochter zu treiben.

«Gib uns ein wenig Zeit, wir –», setze ich ein wenig hilflos an, werde aber sofort unterbrochen.

«Weihnachten ist doch erst in einer Woche! Ist das nicht Zeit genug?»

«Nein, ich fürchte nicht.» Schlagartig werde ich an meine Kindheit erinnert. Wie ungeduldig man damals war und dass einem der Zeitraum von sieben Tagen geradezu endlos erschien. Dennoch sollte Vivian sich keine falschen Hoffnungen machen. «Ich weiß ehrlich gesagt nicht einmal, ob sich die Dinge jemals so entwickeln, wie du es dir wünschst.»

Das ist zu viel für sie. Wie sich nun herausstellt, mangelt es mir im Umgang mit Kindern noch gehörig an Erfahrung. Und das soll ich jetzt auch zu spüren bekommen.

«Ihr seid alle so scheiß egoistisch!», fährt sie mich wütend an. «Du genauso wie Mama. Warum habe ausgerechnet ich so beknackte Eltern?»

Statt eine Antwort abzuwarten, legt sie einfach auf.

Vollkommen perplex angesichts dieser extremen Emotionen, starre ich auf das Telefon. Woher kommt plötzlich dieser Hass? Ich muss feststellen, dass ich damit noch weniger umgehen kann als mit allem, was dem voranging.

Immer wieder sage ich mir, dass Vivians Verhalten ihren verletzten und verworrenen Gefühle geschuldet ist und sie mich nicht persönlich meint. Trotzdem treffen mich ihre Worte bis ins Mark. Bin ich scheiß egoistisch, weil ich mich mit gekränktem Stolz in mein Schneckenhaus zurückziehe und darauf warte, dass jemand meine Wunden heilt? Vermutlich schon. Dennoch hat mir gerade die jüngste Vergangenheit aufgezeigt, dass man nichts gegen seinen Willen tun sollte. Es rächt sich irgendwann. Über kurz oder lang werden Alice und ich zu einem Umgang miteinander finden müssen. Doch momentan sehe ich mich nicht in der Lage, den ersten Schritt zu tun und auf sie zuzugehen. Meine verletzten Gefühle bekomme ich nur schwer in den Griff, so leid mir Vivian auch tut.

Plötzlich fällt mir das Meeting in der oberen Etage wieder ein. Ich sollte mir schleunigst anhören, was Steinfels zu verkünden hat. Dabei interessiert es mich im Grunde genommen gar nicht mehr. Ob ich Partner werde oder Ronaldo – mir vollkommen egal. Nur eins ist klar: Sollte er mir tatsächlich als Chef vor die Nase gesetzt werden, würde ich kündigen und mich selbständig machen. Der Gedanke war mir schon vor längerer Zeit gekommen, jetzt ist es mein Plan B.

Als ich aus dem Büro komme, ist Frau Behrend nicht an ihrem Platz. Also gehe ich zum Fahrstuhl, aber als er kommt, realisiere ich, dass die Sitzung bereits vorbei ist. Zahlreiche Kollegen treten aus dem Aufzug. Mit ihnen Waldo Steinfels.

«Voss!», dröhnt mein Chef. «Da sind Sie ja!» Er klingt beschwingt. Als sei alles nach seiner Zufriedenheit gelaufen. Also ist Ronaldo der Auserwählte. Doch ihn kann ich nirgends entdecken.

«Es gibt Grund zum Feiern», freut sich Steinfels und schiebt seine

Tochter vor sich her aus der Kabine. «Darf ich Ihnen die neue Partnerin dieser Kanzlei vorstellen?»

Alexandra Steinfels lächelt mich verlegen an. «Ich hoffe, Sie sind nicht enttäuscht», sagt sie als Erstes und fügt hinzu: «Auf jeden Fall freue ich mich, in Zukunft mit Ihnen zusammenarbeiten zu können.»

Mir bleibt einen Moment die Luft weg. Steinfels hat seine Tochter in die Kanzlei geholt? Je länger ich den Gedanken auf mich wirken lasse, desto besser gefällt er mir. Warum nicht? Sie ist jung, bringt frischen Wind in die Firma und scheint zudem sympathisch zu sein.

«Meinen Glückwunsch», erkläre ich und reiche ihr die Hand, «ich freue mich. Aufrichtig.»

Das kommende Wochenende und auch die gesamte Weihnachtswoche, in der ich viel Zeit habe, da die Kanzlei weitestgehend geschlossen hat, denke ich über die Veränderungen in meinem Leben nach. Nebenbei räume ich das Haus auf, schippe Schnee, repariere das Ablaufrohr der Regenrinne und hefte liegengebliebene Post ab.

Irgendwann kommt Bloody vorbei, um sein Bild abzuholen. Die Hälfte des Geldes überreicht er mir in einem Umschlag, die zweite Rate bekomme ich, wenn der Richter gezahlt hat. Einen kurzen Moment überlege ich, ob ich Klingenberg das Bild schenken sollte als Entschädigung für das kleine Attentat, das ich auf ihn verübt habe. Aber da ich ihm den Grund meines Präsents gar nicht nennen könnte und er vermutlich sofort die Freude an dem Meisterwerk verlieren würde, bekäme er es geschenkt, halte ich meinen Mund. Das Geld habe ich ohnehin bereits verplant. Ich will für Vivian ein Sparbuch anlegen. Damit sie sich später ein paar Dinge leisten kann. Den Führerschein beispielsweise oder einen Gebrauchtwagen. Oder Schwimmen mit Delfinen.

Einmal meldet sich Birte und schaut anschließend kurz vorbei, um ihr Fahrrad und die Ski abzuholen. Bloody und das Bild erwähnt sie mit keiner Silbe. Ergo schweige ich ebenfalls, hauptsächlich um ihr keinen weiteren Grund für Diskussionen zu liefern.

Schlimm genug, dass sie sich in epischer Breite über Noah auslässt. Wie es scheint, läuft es mit den beiden nicht so besonders, was Birtes müdes und abgekämpftes Aussehen erklärt. Ich erfahre, dass Noah gern ein wenig mehr Freiraum hätte und Birte außerdem Platz benötigt, um alles, was sich im Laufe der letzten zehn Jahre angesammelt hat, unterzubringen, weshalb sie sich jetzt tatsächlich eine Wohnung gemietet hat. Prompt lädt sie mich ein, ihr dort einen Besuch abzustatten. Gefolgt von einem weiteren Vorstoß, es noch einmal gemeinsam zu versuchen. Doch ich will nicht. Unser Kapitel ist für mich abgeschlossen.

Unwiderruflich.

Am Vorabend des Heiligen Abends übermannt mich noch einmal die Weihnachtsmelancholie. Birte und ich haben die Feiertage nie besonders zelebriert, was mehr oder weniger von uns beiden ausging. Familie haben wir kaum. Meine Eltern leben nicht mehr, und Birtes Eltern sahen zwischen den Jahren genau einen Besuchstag bei uns vor. Zu entfernteren Verwandten, auch zu Bloody, pflegten wir nur den nötigsten Kontakt. Sicher saß er an Weihnachten in Worpswede und malte seine hässlichen Schinken.

Es gab somit nur wenige stimmungsvolle Momente und auch keinen Grund, sich dem weihnachtlichen Geschenke- und Dekowahn hinzugeben, zudem fehlte Birte dafür schlichtweg die Zeit. Ich habe die überfüllten Geschäfte schon immer gehasst und war im Grunde genommen froh, zu Hause nicht auch noch auf blinkende Lichterketten, dickliche Engel und kitschig behangenes Tannengrün zu blicken. Was man unterwegs auf den Straßen in Fenstern und Vorgärten der Nachbarn zu sehen bekommt, reichte mir.

Dieses Jahr mache ich eine seltsame Wandlung durch. Der Gedanke, die Weihnachtstage im Kreise der eigenen Familie zu verbringen, ruft schmerzhafte Erinnerungen an meine Kindheit hervor. Meine Eltern, vornehmlich meine Mutter, hatten es zeit ihres Lebens verstanden, unser kleines Zuhause heimelig und gemütlich herzurichten. Weihnachten erwies sich dabei als die Königsdisziplin. Nie wieder habe ich etwas als so gemütlich empfunden wie mein Elternhaus zu den Feiertagen.

Heute wünschte ich, diese Erinnerungen zum Leben erwecken zu können. Mit Alice, Vivian und Opa Lustig. Dreimal greife ich deshalb in schwachen Momenten zum Telefon, dreimal lege ich es unbenutzt zurück.

Nach dem letzten Versuch, als im Haus alles aufgeräumt ist und es nichts mehr zu tun gibt, womit ich mich ablenken könnte, unternehme ich einen ausgedehnten Spaziergang durch die Nachbarschaft. Vom Himmel rieselt feiner Schnee, der im Handumdrehen eine dünne, saubere Decke über den Asphalt, die schmalen Gehwege und die geschmückten Vorgärten legt. Auch wenn ich mich bemühe, nicht durch die erleuchteten Fenster zu blicken, um das familiäre Treiben der Nachbarn zu beobachten, werde ich leider immer wehmütiger.

Zurück an meinem Haus, sehe ich eine Gestalt auf der Eingangstreppe sitzen. Einen Moment hoffe ich, es sei Vivian, doch ich täusche mich.

«Du liebe Güte, was machen Sie denn hier?», rufe ich überrascht. «Warten Sie schon lange in der Kälte?»

Opa Lustig erhebt sich schwerfällig. «Nicht der Rede wert, es gab Zeiten in meinem Leben, in denen habe ich schlimmerer Kälte trotzen müssen.» Er zieht einen Handschuh aus, reicht mir die Hand.

Fünf Minuten später haben wir uns an den Küchentisch gesetzt. Die gemütlichere Couchecke hatte er ausgeschlagen. «Dort unten kann ich schlecht sitzen, außerdem benötige ich einen Tisch, der viel Platz bietet», erklärt er kryptisch, hängt seinen Mantel über die Stuhllehne und wühlt einen Moment in der Seitentasche. Nachdem er ein kleines Schächtelchen zutage befördert hat, lehnt er sich ächzend zurück.

«Kaffee?», frage ich und stehe auch schon an der Maschine. Hauptsächlich, um mir Gedanken über sein überraschendes Auftauchen zu machen. Hat Vivian ihn geschickt? Oder sogar Alice? Was will er von mir? Will er mir eine Standpauke halten? Den Eindruck hat er allerdings nicht erweckt.

Als zwei schwarze Kaffee durchgelaufen sind, schnappe ich mir Milch und Zucker und kehre an den Tisch zurück.

«Sicher ahnen Sie, warum ich vorbeigekommen bin», beginnt er sogleich das Gespräch. «Zunächst einmal finde ich, dass wir uns duzen sollten. Schließlich sind wir jetzt Familie.» Aus seinen rehbraunen Augen sieht er mich auffordernd an.

«Gern», gebe ich zurück. «Wie ich heiße, wissen Sie ... äh, weißt du ja. Aber wie soll ich dich anreden?»

Er macht eine wegwerfende Geste. «Wie du möchtest, mir ist es egal.» Er lächelt kurz.

Ich überbrücke den etwas eigenartigen Moment, indem ich auf seine Frage zurückkomme. «Sagen wir mal, ich ahne, warum du vorbeigekommen bist.»

Zumindest ist mir klar, warum er sich nicht vorher angekündigt hat. Sein Besuch ist ein unauffälliger Check meines aktuellen Lebensstils. Vermutlich hat doch Alice ihn geschickt, um zu erfahren, ob ich das Weihnachtsfest mit Stripperinnen verbringe.

Vor meinen ungläubigen Augen holt Opa Lustig jetzt aus dem Schächtelchen ein Kartenspiel hervor und beginnt, die Spielkarten nach einem mir unbekannten System auf dem Tisch auszubreiten. Zwei Reihen in Zopfmuster werden von weiteren Karten großzügig umrahmt.

«Ich lege eine Patience», erklärt er mir. «Weißt du, was das ist?»

Ich kippe Milch in meinen Kaffee und schüttele den Kopf. «Nein, aber es sieht kompliziert aus.»

«Ist es nicht. Weißt du, in Polen ist man sehr gläubig. Auch abergläubisch.» Er schaut mich kurz an. «Wenn wir nicht mehr weiterwissen, befragen wir die Karten. Je nachdem, was uns auf der Seele liegt, breiten wir die Karten nach einem bestimmten System aus und legen sie anschließend ihrem Wert nach auf vier Stapeln zusammen. Gelingt uns dies, geht die Patience auf. Ein Vorzeichen dafür, dass sich unsere Sorgen in Luft auflösen und sich alles zur Zufriedenheit klärt.» Er schaut mich noch einmal kurz an, dann nimmt er einen Schluck Kaffee und fährt fort: «Bevor ich beginne, habe ich deshalb eine Frage: Liebst du meine Enkelin?»

Obwohl ich ein wenig irritiert bin, kommt meine Antwort wie aus der Pistole geschossen: «Ja.»

Opa Lustig nickt. Mit keiner anderen Erwiderung scheint er gerechnet zu haben, dennoch will er sich die Bestätigung von den Karten holen.

Zwei Stapel liegen vor ihm, vom ersten greift er sich nun eine Karte und sortiert sie an anderer Stelle ein. So geht es eine Weile. Nebenbei erzählt er von Alice.

«Als Alice damals schwanger wurde, verschlossen sich für sie auf einen Schlag viele Möglichkeiten. Sie war gerade im Begriff, auf der Abendschule ihr Abitur nachzuholen, modelte ein wenig und träumte von einem Studium.» Er schaut flink zwischen den Kartenstapeln hin und her. «Wie die meisten Polen sind auch wir sehr kinderlieb. Alice wollte immer eine eigene Familie, insbesondere nachdem ihr Vater sie und ihre Mutter verlassen hatte. Nach langem Überlegen entschied sie sich, das Kind zu bekommen, mit allen Konsequenzen. Ich weiß noch, dass meine Frau und ich damals staunten, wie viele Gedanken Alice sich machte. Kaum ein Detail hat sie unberücksichtigt gelassen. Beispielsweise hat sie versucht abzuwägen, wie wichtig dir deine Karriere ist. Ob du bereit wärst, deinen Entschluss, nach London zu gehen, einem Kind zu opfern. Und welche Konsequenzen das für dein Leben, dein Glück und somit auch für das Glück von Alice und dem Kind gehabt hätte. Ist ein unzufriedener Vater besser als gar keiner? Eine zerrissene Familie mit zwei Elternteilen besser als eine harmonische, die nur aus Mutter und Großeltern besteht? Wie käme ein Kind damit klar, von zwei Familien erzogen zu werden? Viele hypothetische Fragen, die sich letztendlich doch nur aus einem Bauchgefühl heraus entscheiden ließen. Das hat ihr sehr zu schaffen gemacht.»

«Es bestand ja auch die Möglichkeit, dass aus uns eine ganz normale Familie geworden wäre», werfe ich ein, obwohl ich diese Option für mich damals bestimmt ausgeschlossen hätte. Alice und ich kannten uns kaum. Die Wahrscheinlichkeit, dass ein Kind uns zusammengeschweißt und uns zudem hätte glücklich werden lassen, ist kaum messbar.

Auch Opa Lustig scheint dieser Auffassung zu sein. «Du warst ja nicht einmal in Alice verliebt», gibt er zu bedenken. «Sonst hättest du dich sicher mal bei ihr gemeldet.»

Darauf fällt mir zunächst nichts ein. Ich war verliebt. Sogar sehr. Doch ich habe dieses Gefühl verdrängt, wollte Karriere machen. Außerdem hatte ich zu dem Zeitpunkt noch eine Freundin, was mich in Opa Lustigs Augen aber sicher nicht rehabilitiert. Von Susanna habe ich mich zwar recht bald getrennt, aber in der Ferne, mit den vielen neuen Eindrücken, verblasste irgendwann auch die Verliebtheit in Bezug auf Alice. Obwohl oder vielleicht auch gerade weil wir nur diese eine gemeinsame Nacht hatten, wollte meine Erinnerung die Bilder von ihr nicht loslassen. Etwa ein halbes Jahr lang musste ich es regelrecht forcieren. Ich ging Beziehungen zu anderen Frauen ein, stürzte mich in die Arbeit und erstickte jeden noch so kleinen Impuls, ihre Telefonnummer herauszufinden und mich bei ihr zu melden. Als Anwalt, auch als angehender, versucht man, pragmatisch zu denken. Und eine Beziehung mit Alice wäre nun mal nicht realisierbar gewesen.

«Tja», sage ich, wohl wissend, dass meine Gefühlsoffenbarung ein paar Jahre zu spät kommt, «zusammenfassend kann man wohl sagen, dass ich damals unreif und egoistisch war. Und Alice scheint das gewusst zu haben.»

Opa Lustig nickt anerkennend. «Wenigstens bist du ehrlich», sagt er und macht eine wegwerfende Handbewegung. «Meine Frau und ich, aber auch der Rest der Familie, haben Alice in der Vergangenheit nach Kräften unterstützt, auch finanziell. Denn eines stand für sie von vorneherein fest: Sofern sie die Entscheidung, das Kind zu bekommen, ohne den Vater trifft, müsste sie auch in der Lage sein, die Konsequenzen daraus ohne ihn zu bewältigen.»

«Ich nehme mal an, es war eine harte Zeit.»

Opa Lustig nickt. «Das stimmt. Dennoch haben weder Alice noch wir die Entscheidung je bereut. Im Gegenteil. Immer wenn sie kurz davor stand, den Mut zu verlieren, haben wir sie bestärkt, das Richtige getan zu haben. Es war für sie schwer genug, sie sollte sich nicht auch noch mit Zweifeln herumschlagen. Heute bin ich stolz, behaupten zu können, dass wir eine glückliche, wenn auch kleine Familie sind.»

Mit derselben Inbrunst, mit der er seine Worte vorträgt, legt er die Karten aufeinander. Keine Ahnung, ob sich bereits eine Tendenz zum Guten oder Schlechten herauskristallisiert, ich glaube ohnehin nicht an Vorhersehungen. Woran ich allerdings inzwischen glaube, ist, dass Alice immer nur das Beste für ihr Kind gewollt hat. Und das war – in ihren Augen – nun mal ein Leben ohne mich. Ich kann es ihr nicht verdenken.

Dennoch verstehe ich noch immer nicht alles. «Warum hat Alice sich mir gegenüber nicht gleich zu erkennen gegeben?», frage ich ihren Opa. «Sie hat mich doch bewusst aufgesucht, oder? Eine Lüge wäre nicht notwendig gewesen. Auch kein erfundener Sohn.»

«Ich glaube, dass dies ein Schritt war, den Alice nicht bis zum Ende durchdacht hatte», gibt er zu. «Vivian hatte bereits ein paarmal nach ihrem Vater gefragt, was Alice jedes Mal mit Belanglosigkeiten abgetan hatte. Doch die Uhr tickte, sie wusste, dass sie eines Tages mit einer Erklärung, am besten einer, die der Wahrheit entsprach, rausrücken musste. Deshalb kam sie zu dir, um zu sehen, was aus dir geworden ist.»

«Du meinst, sie wollte sehen, ob sie es Vivian zumuten kann, mich als Vater zu haben?»

«Wenn du es so ausdrücken willst: ja.»

Ich muss schwer schlucken. «Und was wäre gewesen, wenn es anders gekommen wäre? Wenn Alice mich abstoßend und furchtbar gefunden hätte?»

«Sie behauptet, dann hätte sie Vivian erzählt, ihr Vater sei tot.»

Opa Lustig hat in der Bewegung innegehalten. Unsicher blickt er mich von der Seite an.

Ich bin geschockt, habe keine Ahnung, was ich darauf entgegnen soll.

Er relativiert seine Aussage: «Ehrlich gesagt, halte ich das für eine fixe Idee. Alice hätte das nicht mit ihrem Gewissen ausmachen können. Deshalb war sie auch geradezu euphorisch, dass du dich als ein netter Kerl erwiesen hast. Ein Vorbild für Vivian. Und für sie selbst jemand, in den sie sich zum zweiten Mal verliebt hat, auch wenn sie das nicht zugibt. Aber ich kenne sie zu gut.»

Mein Herz klopft schneller.

«Und die Geschichte mit dem siebenjährigen Jungen hat sie erfunden, um unauffällig ihre Rechte abzuklopfen?» Mutter und Tochter sind mit allen Wassern gewaschen.

Opa Lustig schüttelt den Kopf. «Nein. Das wäre ihr zu unsicher gewesen. Sie war bereits im Voraus vom Jugendamt gut informiert worden. Von dir erhoffte sie sich eine Reaktion, die etwas über deinen Charakter aussagt. Offenbar hast du richtig reagiert. Das Alter des Kindes hat sie so gewählt, damit du, falls du sie auf Anhieb erkannt hättest, gar nicht erst ins Grübeln gekommen wärst. Keinesfalls solltest du auch nur erwägen, der Vater ihres Kindes zu sein. Warum sie aus Vivian einen Jungen gemacht hat, weiß ich auch nicht. Nenn es weibliche Intuition.»

Weibliche Intuition? Ich weiß ja nicht.

«Das ist ein gemeines Spiel mit mir gewesen», erkläre ich und bin ziemlich irritiert, wie man nur so abgebrüht sein kann. Alice kam also mit dem festen Vorsatz, mich zu belügen. Da fällt es mir langsam doch etwas schwer, den guten Willen zu erkennen, der hinter all dem stecken soll.

Opa Lustig beobachtet mich. Er scheint zu begreifen, wie sehr mich Alices Verhalten trifft. «Glaub mir, es war zu keiner Zeit als Spiel gedacht. Aber ich verstehe, dass du wütend bist. Ganz sicher hätte ich Alice von dieser Idee abgeraten, wäre ich informiert gewesen.» Er seufzt. «Aber wenngleich wir wirklich ein sehr inniges Verhältnis haben, erfahre ich dann leider doch nicht alles.» Er stützt seinen Kopf in die rechte Hand. «Ich bin hier, weil ich glaube, dass jemand die Sache in die Hand nehmen muss, sonst läuft es aus dem Ruder. Alice ist furchtbar geknickt, sie macht sich Vorwürfe, dass sie dir die Tochter vorenthalten hat. Und gleichzeitig meint sie, sich in dir getäuscht zu haben. Vivian hingegen ist vollkommen verrückt nach dir und sauer, weil ihre Mutter sie nicht lässt. Die Lage ist verzwickt.»

Das kann man wohl sagen. Langsam beginne ich zu begreifen, dass meine einseitige Betrachtung der Dinge mich niemals weiterbringen würde. Alice und ich, wir haben beide gute Gründe, uns dickköpfig und stolz zu verhalten. Doch wenn wir so weitermachen, bedeutet dies unweigerlich das Ende eines Traums, den ich gerade erst begonnen habe zu träumen.

Während ich weiter stumm vor mich hin grübele, wendet Opa Lustig sich wieder den Karten zu. Langsam leert sich der Tisch, bis alles auf kleinen Häufchen liegt, fein säuberlich gestapelt. Er scheint zufrieden zu sein.

«Kannst du singen?», fragt er unvermittelt.

«Eher nicht.»

«Isst du Fleisch?»

«Ja. Muss aber nicht.»

«Hast du Heiligabend schon etwas vor?»

«Bislang nicht.»

«Gut.» Er nickt. «Normalerweise mische ich mich nicht in die Angelegenheiten meiner Enkelin. Aber die Weihnachtstage sind für uns hohe Festtage, die wir im Kreis der Familie begehen. Und da du fortan zur Familie gehörst, solltest du auch gemeinsam mit uns feiern. Außerdem fürchte ich, das Fest könnte sonst in einem Meer aus Tränen untergehen. Mit zwei traurigen Frauen an meiner Seite wird es kein Spaß. Also, wie sieht es aus: Hast du Lust, morgen zum Essen vorbeizukommen?»

Ach, Opa Lustig, wenn du wüsstest, wie sehr. Aber ich schaffe es nicht, sofort zuzusagen. Noch immer bin ich mit meinen Überlegungen nicht zu einem befriedigenden Ende gekommen.

Der alte Mann scheint mein Zögern zu bemerken, doch er ist klug genug, mich nicht zu bedrängen.

«Wir essen traditionell dann, wenn der erste Stern am Himmel zu sehen ist», gibt er mir dennoch zu verstehen und erhebt sich schwerfällig. Er packt die Karten ein und stopft sie zurück in die Manteltasche. Dann reicht er mir die Hand. «Ich rechne fest mit dir. Die Patience ist aufgegangen.»

32. Kapitel

Es ist Heiligabend. Mittag. Ich sitze in der menschenleeren Kanzlei und drucke ein Dokument aus.

Keine Ahnung, ob ich gerade einen riesigen Fehler begehe, einen, den ich bis an mein Lebensende bereuen werde, oder ob es richtig war, diese Sätze zu Papier zu bringen, die gerade aus dem Drucker sprudeln. Doch wie ich es auch drehe und wende, ich sehe keine andere Möglichkeit mit mir ins Reine zu kommen, mit Alice und in gewisser Weise auch mit Vivian.

In der letzten Nacht habe ich wenig geschlafen. Nachdem Opa Lustig gegangen war, habe ich mich mit einer Flasche Wein auf die Couch gesetzt und mir das Hirn zermartert. Über die Vergangenheit, was anders gelaufen wäre, hätte ich von Vivian gewusst. Irgendwann stand für mich fest, dass Alice damals, ohne mich besonders gut zu kennen, instinktiv den richtigen Entschluss gefasst hatte. Für sich, für mich und für das Kind. Natürlich kann man im Nachhinein nie mit Bestimmtheit sagen, was gewesen wäre, dennoch fühlte ich mich Stunde um Stunde besser. Irgendwann, mitten in der Nacht, als ich überrascht feststellte, dass die Flasche Wein noch ungeöffnet vor mir auf dem Tisch stand, war ich mit meinen Überlegungen zu einem Schluss gekommen. Ja, ich hatte allen Grund, wütend und traurig zu sein. Darüber, dass ich das Aufwachsen meines vermutlich einzigen Kindes versäumt hatte. Doch so ist es nun mal im Leben. Manchmal hat ein kurzer Augenblick weitreichende Folgen. Manchmal sind diese Folgen unmittelbar und unabwendbar, es kann aber auch sein, dass wir uns dieses Moments gar nicht oder erst Jahre später bewusst werden. Und dann ist es nun mal zu spät. Aber es bringt nichts, darüber zu verbittern. Ich kann nur die Zukunft ein wenig beeinflussen. Und so, wie ich heute bin, mit meinem Charakter, meinem Beruf und dem Umfeld, in dem ich lebe, glaube ich, ein guter Vater sein zu können. Sofern man mich lässt.

Noch einmal lese ich den Schriftsatz, den ich verfasst habe, durch. Möglicherweise wird Alice mein Anliegen falsch verstehen, die Seiten in der Luft zerfetzen und mich hochkant rausschmeißen. Doch über kurz oder lang hoffe ich auf ihre Einsicht. Ich hoffe, dass sie meinem Vorschlag zustimmt, wenn auch zähneknirschend. So weit glaube ich sie inzwischen zu kennen. Dieser Vertrag ist in meinen Augen die einzige Möglichkeit, ihr zu zeigen, dass es mir ernst ist. Ich will in Zukunft nicht nur meinen Teil der Verantwortung tragen, sondern dies auch schwarz auf weiß festhalten.

Den ersten Stern warte ich nicht ab. Vollkommen übermüdet, aber frisch geduscht klingele ich um halb vier an Alices Wohnungstür in Winterhude. Geschenke bringe ich nicht mit, dafür fehlte mir schlichtweg die Zeit.

Hinter der Tür sind Schritte zu hören, dann wird sie aufgerissen. Alice steht vor mir.

Sichtlich überrascht, mit aufgerissenen Augen, der Mund leicht geöffnet, schafft sie es gerade mal, «Hallo» zu stammeln. Die Haare zum Dutt geknotet, in Küchenschürze und Hausschuhen sieht sie aus, als stecke sie mitten in irgendwelchen Vorbereitungen. «Was ... machst du denn hier?»

Auch ich bin überwältigt, sie wiederzusehen. Das letzte Mal, auf der Polizeiwache, als sie mich – außer sich vor Wut und in größter Sorge um Vivian – angeschrien hat, steckt mir noch in den Knochen. Entsprechend hochtourig schlägt mein Herz jetzt, und ich bin hin- und hergerissen zwischen dem Wunsch, sie in die Arme zu reißen und feige zu fliehen.

Doch Alice wirkt nicht mehr sauer. Nur mehr erstaunt. Offenbar hat ihr Opa seine Einladung mit keiner Silbe erwähnt.

«Was ... was tust du hier?», fragt sie erneut.

Ich bin unfähig, etwas zu sagen. Ich wünschte, dies wäre ein Hollywoodfilm, dann lägen wir uns im nächsten Moment, ohne viele Worte zu verlieren, glücklich in den Armen. Doch dies ist die Realität, und in der halte ich ihr jetzt nur den mitgebrachten Umschlag hin.

Alice, die mir zwar noch immer überrascht, aber mit wachsender Freude gegenübersteht, beäugt misstrauisch das Kuvert. Gut sichtbar, von mir allerdings vollkommen unbeabsichtigt, prangt das Logo der Kanzlei Steinfels & Partner direkt vor ihrer Nase. Als sie es entdeckt, werden ihre Augen erst riesig und formen sich gleich darauf zu schmalen Schlitzen.

«Du kommst mit einem Anwaltsschreiben?», fragt sie ungläubig. «Heute? An Heiligabend?»

Mir hat es nun endgültig die Sprache verschlagen. Selbst noch ein wenig unsicher, ob ich Alice mit meinem Vertrag überrumpele, fühle ich mich plötzlich in die Enge getrieben. Dabei geht es hier doch nur um ihr Bestes. Und ein wenig auch um meines.

«Ja», sage ich wahrheitsgemäß, «ich weiß, was du jetzt denkst, aber –» Ich stocke, weil ihr Blick jetzt geradezu vernichtend wirkt. Meine Nervosität hat zur Folge, dass ich unpassenderweise geschäftlich werde. «Lies es dir in Ruhe durch und unterschreibe bitte auf Seite drei.»

Ihre zusammengekniffenen Augen sprühen Feuer. Doch statt nun einen Blick in den Umschlag zu werfen, klemmt Alice ihn sich unter den Arm und sieht mich hasserfüllt an. «Ist sonst noch etwas?», fragt sie. Das Zittern ihrer Stimme und die vor Aufregung geröteten Wangen verraten ihre Enttäuschung.

«Lies doch bitte die Papiere», fordere ich sie auf und versuche, aufmunternd zu lächeln. «Du wirst sehen, es steht nichts Schlimmes drin. Im Gegenteil.»

Mein Lächeln erstirbt angesichts ihrer noch immer versteinerten

Miene. Langsam werde ich wütend. Da mache ich mir die halbe Nacht Gedanken darüber, wie wir in Zukunft gemeinsam leben können, komme zu ihr gefahren – und sie bügelt mich derart ab? Ohne mich überhaupt richtig anzuhören?

«Überleg dir, was du willst», sage ich ernst und vergrabe meine Hände in den Manteltaschen. «Ich kann warten. Und ich werde warten.»

Mit diesen Worten mache ich auf dem Absatz kehrt und fahre nach Hause.

Epilog

«Respekt!», sagt Devil bewundernd, als er mit Mona durch die Haustür tritt. «Eine nette Hütte hast du.»

«Danke schön. Kommt rein.» Ich winke ihn durch und nehme Mona zur Begrüßung in den Arm. Ich hoffe, ihrem gemeinsamen Auftauchen lässt sich entnehmen, dass der dicke Brummbär endlich einen Vorstoß gewagt hat. Die Blicke, die beide sich immer wieder verschämt zuwerfen, deuten schon mal darauf hin.

Auch Mona ist voller Bewunderung «Ehrlich, Toby, dass du dieses Heim eingetauscht hast, um auf der Reeperbahn zu wohnen – unfassbar.»

Heute, am zweiten Weihnachtsfeiertag, sechs Wochen nach meiner Flucht auf den Kiez, kann ich es selbst kaum noch glauben. Inzwischen könnten mich keine zehn Pferde mehr von hier wegbringen, auch wenn die Abende allein vor dem Fernseher manchmal einsam sind.

«Die Reeperbahn vermisse ich kein bisschen. Aber euch!» Ich schließe die beiden noch einmal in meine Arme. «So nette Anwohner findet man nicht überall.»

«Liegst du etwa immer noch im Clinch mit deinem muffeligen Nachbarn?» Kröger eilt mit Küchenschürze und grünen OP-Handschuhen aus der Küche herbei, um Mona und Devil zu begrüßen. «Soll ich mal rübergehen und ihn einladen?», stichelt er weiter. «Man kann sich doch nicht ewig unsympathisch finden, wenn man nebeneinander wohnt.»

«Und ob man das kann», erwidere ich, «untersteh dich, ihn herzubitten. Der Kerl hat hier nichts zu suchen.»

Kröger hebt beschwichtigend die grünen Hände. «Okay, okay. Ich dachte ja nur. Falls du im Sommer doch mal beabsichtigst, die Terrasse zu kärchern.»

«Garantiert nicht.»

Er zuckt mit den Schultern. «Deine Entscheidung. Falls ihr mich sucht: Ich bin wieder in der Küche. Muss noch die Scampi marinieren.»

Ich nehme meinen Gästen die dicken Jacken ab und deute auf das Wohnzimmer. «Dort entlang.»

Mit lautem Gejohle werden sie empfangen. Lars, Mirko, Trixie, Sanni und Millie sitzen bereits in trauter Runde um den Couchtisch und trinken Sekt. So wie die Sache momentan aussieht, wird Mirko mit einer Geldstrafe davonkommen. Sein reumütiges Verhalten und nicht zuletzt die Tatsache, dass er geholfen hat, die Dealerbande bei einer fingierten Übergabe zu verhaften, haben sich positiv auf sein Strafmaß ausgewirkt. Einmal muss er noch als Zeuge aussagen, dann kann er sich wieder seinem Tagesgeschäft widmen. Seine Wohnung wurde von sämtlichem Diebesgut bereinigt, und auch Krishna schlummert wieder friedlich in ihrem Terrarium. Wie sich herausgestellt hat, fällt sie nicht unter das Artenschutzgesetz, aber Mirko will ihr trotzdem ein wenig mehr Lebensraum gönnen und sie in die Obhut eines Tropenhauses geben. Zwar scheint Krishna ihren Ausflug ins Badezimmer genossen zu haben, doch selbst Mirko mag auf Dauer nicht gemeinsam mit ihr duschen.

Lars und Trixie sind seit Weihnachten ein Paar. Während Trixie noch immer bei Devil arbeitet, liebäugelt sie auf Dauer jedoch mit einer Anstellung als Stylistin. Da ich mich in meiner Eigenschaft als Vater neuerdings bemühe, vorurteilsfrei durchs Leben zu gehen, anderen Menschen Mut zu machen und keinesfalls spießigen, längst überholten Werten hinterherzuhängen, bestärke ich sie in diesem Wunsch. Helfen kann ich ihr allerdings nicht. Das ist jetzt Lars' Aufgabe. Und wer weiß, vielleicht baut er seine fotografischen

Fähigkeiten aus, die beiden gründen eine gemeinsame Firma und werden für ihren sehr eigenwilligen Stil – Trixie trägt heute einen Strickoverall, Lars einen Cowboyhut – weltweit berühmt?

Millie tanzt noch immer im *Blauen Saturn*. Heute Abend hat sie jedoch frei. Eine Tanzschule hat neulich bei ihr angefragt, ob sie Kurse im Poledancing geben will, und sie scheint nicht abgeneigt zu sein. Lieber würde sie allerdings auf einem Kreuzfahrtschiff anheuern, das ist ihr übernächstes Ziel.

Kröger und Sanni sind versöhnt. Allerdings gestaltet sich der neue Alltag noch etwas schwierig, da beide dazu neigen, in alte Verhaltensmuster zurückzufallen. Ab und zu knallt es jetzt so richtig zwischen den beiden. Aber wer weiß, vielleicht beflügelt es ja ihre Ehe. Der Jack-Russell-Terrier wurde inzwischen erzogen. Und als Sannis Eltern ihn daraufhin zurückhaben wollten, hat Kröger sein Veto eingelegt und das Tier behalten. Hunde sollen ja bekanntlich positive Schwingungen verbreiten. Momentan liegt er dösend unter dem Couchtisch und hebt nur ab und zu eine Augenbraue, wenn mal wieder laut gelacht wird.

Matthis Kallmeyer samt Familie habe ich ebenfalls zu diesem Essen eingeladen. Als ich ihn gestern anrief, befürchtete ich kurz, meine Einladung sei zu kurzfristig, doch er lachte nur. «Mit Kindern, auch schon mit einem, muss man spontan sein können. So spontan wie meine Schwägerin und ihre Familie zum Beispiel. Sie fielen gestern bei uns ein, und seitdem lechze ich nach einem Grund, mal für zwei Stunden das Haus verlassen zu können.» Ich warnte ihn, dass es hier möglicherweise auch etwas turbulent zugehen könnte, doch das machte ihm keine Angst. Kurz bevor wir auflegten, rückte er dann noch mit einem Knaller heraus: «Haben Sie gehört, dass Ronaldo uns verlässt?»

Mir klappte die Kinnlade herunter. «Bitte?»

«Ein Vögelchen hat mir gezwitschert, er habe ein Angebot aus einer Frankfurter Nobelkanzlei erhalten. Den Namen der Kanzlei habe ich nicht erfahren. Allerdings glaube ich sowieso, dass die Geschichte ein wenig frisiert ist. Ich habe da so meine Quellen.»

«Ich nehme ohnehin an, dass Ronaldo es nicht ertragen hätte, sich von Steinfels' Tochter Anweisungen geben zu lassen», mutmaßte ich.

Kallmeyer stimmte lachend zu. «Das schätze ich auch.»

Im Stillen musste ich kurz daran denken, dass Ronaldo meiner Sekretärin noch einen Blumenstrauß schuldet, wenn sie aus dem Skiurlaub wieder da ist. Dann liefere ich ihr auch die Erklärung, wer der Blumendieb ist. Ich war vor ihrem Urlaub nicht mehr dazu gekommen, aber wie ich Frau Behrend kenne, würde sie das Thema nicht einfach auf sich beruhen lassen.

Kallmeyer und ich verabschiedeten uns, und er versprach, gegen 19 Uhr hier zu sein. Wer jetzt außer ihm noch fehlt, ist nicht schwer zu erraten. Natürlich habe ich Alice, Vivian und Opa Lustig eingeladen. Per SMS an Vivian, denn noch immer haben Alice und ich keinen Kontakt. Es ist somit kaum anzunehmen, dass sie hier auftauchen wird.

Seit der Übergabe meines Schreibens an Heiligabend haben wir nicht miteinander gesprochen, und was mich betrifft, werde ich es auch nicht noch einmal versuchen. Jetzt muss sie einen Schritt in meine Richtung gehen. Glücklicherweise ist Vivian schon sehr selbständig. Sie hat versprochen, auf jeden Fall vorbeizuschauen. Mein Angebot, ihr ein Taxi zu bezahlen, wollte sie sich durch den Kopf gehen lassen.

Erstaunlich, dass sonst alle meiner Einladung gefolgt sind. Und ich frage mich, warum ich nicht schon öfter Gäste eingeladen habe. Die Antwort liegt allerdings auf der Hand: weil ich nicht kochen kann. Heute übernimmt diese Aufgabe zur Feier des Tages Kröger. Und wie es aussieht, ist er in seinem Element. Glücklicherweise waren von dem Fondue, das er und Sanni für den ersten Weihnachtstag geplant hatten, noch genügend Sachen übrig. Nun lagern seine gesamten Einkäufe entweder in meiner Küche oder stehen bereits zubereitet in Schüsseln auf dem Esstisch. In der Küche stapeln sich außerdem Tuppergefäße, Flaschen und unzählige Soßen. Denn jeder hat was mitgebracht. Ich habe Brot besorgt und natürlich Getränke.

Devil und Mona sind mit den anderen bereits ins Gespräch vertieft, also geselle ich mich zu Kröger in die Küche. Gerade hat es den Anschein, als habe er selbst den Überblick verloren.

«Suchst du was?», frage ich und halte ihm testweise ein Bier vor die Nase.

Er schüttelt den Kopf. «Danke, aber ich muss einen klaren Kopf behalten. Zumindest bis das Essen auf dem Tisch steht», erklärt er und findet hocherfreut eine Packung Streichhölzer in einer Schublade. «Für das Feuer», erklärt er und steckt sie in seine Hosentasche. «Hast du inzwischen etwas von Alice gehört? Ich meine, hat sie die Unterlagen wenigstens gelesen?»

Ich zucke mit den Schultern. «Keine Ahnung. Sie hat sich bislang nicht gemeldet.»

Kröger kratzt sich am Kinn. «Bereust du es?»

«Dass ich Alice das halbe Haus überschrieben habe?» Ich schüttele den Kopf. «Kein Stück.»

«Aber daraufhin müsste sie sich ja wohl mal melden, oder?»

«Möchte man meinen. Ich an ihrer Stelle hätte es getan.» In der Tat kann ich mir die Sache nur so erklären, dass sie noch gar nicht in den Umschlag geschaut hat. Vielleicht denkt sie, es handele sich bei den Papieren, die ich ihr Heiligabend überreicht habe, um meinen Antrag auf Umgangsrecht mit Vivian. Aber würde sie das wirklich von mir vermuten?

«Ich finde dein Angebot jedenfalls sehr großzügig», sagt Kröger und schmunzelt. «Du willst sie nicht zufällig damit ködern?»

«Auf keinen Fall!» Ich bin ehrlich entsetzt. «Ich finde nur, sie hat ein Anrecht auf finanziellen Ausgleich. Da sie aber mit Sicherheit kein Geld nehmen würde und ich so viel auch nicht auf der hohen Kante habe, dachte ich, es wäre nett, ihr eine Haushälfte zu überschreiben. Mir ist ja klar, dass sich ihre geopferten Träume und Entbehrungen ohnehin nicht mit Geld aufwiegen lassen.»

Kröger hält den Kopf schief. «Ich nehme mal an, du hast es dir so vorgestellt, dass ihr dann gemeinsam hier wohnt, oder? In eurem *gemeinsamen* Haus.»

«Ganz genau.»

«Und wenn sie das nicht will, kann sie sich auszahlen lassen?»

«Steht alles im Vertrag. Allerdings müsste ich dann eine Hypothek auf das Haus aufnehmen oder ihr die Summe in Raten abzahlen. Aber ich wünsche mir natürlich, dass die beiden hier einziehen.»

Mein Kumpel pfeift durch die Zähne. «Wow», entfährt es ihm, «dir ist es wirklich ernst.»

Ich nicke. «Natürlich hoffe ich, dass sie nicht glaubt, ich wolle sie kaufen. Ich habe versucht, ihr meine Beweggründe in ein paar persönlichen Zeilen darzulegen.»

«Dann hoffe ich für dich, dass sie es bald liest. So auf Kohlen zu sitzen ist nicht schön.»

Aus dem Wohnzimmer ertönt plötzlich Herbert Grönemeyers Stimme. «*Bochum, ich komm aus dir ... Bochum, ich häng an dir ...*» Fragend schaue ich zu Kröger, der sich hektisch die behandschuhten Hände abtrocknet.

«Das ist mein Handy!»

«O-kay ...» Prüfend schaue ich ihn an. «Was ist aus *Maria Magdalena* geworden?»

Er sieht mich vorwurfsvoll an. «Du hast gesagt, ich soll mich mehr um mich kümmern. Ich stamme aus Bochum, deshalb der neue Klingelton.»

«Verstehe», sage ich und mache drei Kreuze, dass Kröger nicht aus Berlin stammt und ich mir das Gedudel der Gebrüder Blattschuss über die Kreuzberger Nächte anhören muss.

«Kann mal einer den Herbert erlösen?», nörgelt Devil. «Ich werf den gleich in den Schnee.»

Kröger wird panisch. «Keiner rührt mein Handy an!», ruft er noch im Gehen. «Ich habe in den letzten vier Wochen genügend Verluste erlitten!»

Johlend wird er im Wohnzimmer empfangen.

Ich bleibe noch einen Moment in der Küche stehen, schaue aus dem Fenster. Es liegt noch immer ein wenig Schnee, doch die Temperaturen sind um die null Grad. Ich schätze, morgen wird alles weggetaut sein.

Plötzlich nehme ich hinter der Hecke eine Bewegung wahr. Sekunden später hopst Vivian ins Bild. Dick eingepackt und mit vor Kälte geröteten Wangen, winkt sie jemandem zu, sich zu beeilen.

Ich klopfe gegen die Scheibe und bin kurz darauf an der Tür. Meine Tochter fliegt mir in die Arme.

«Ist das echt dein Haus?», will sie statt einer Begrüßung wissen.

Ich nicke.

«Cool.» Einen Moment schaut sie sich ehrfürchtig um, dann fragt sie flüsternd: «Ist die Poletänzerin schon da?»

Ich muss mir ein Grinsen verkneifen. Um Vivian den Abend unter Erwachsenen schmackhaft zu machen, also aus rein egoistischem Antrieb, habe ich in meiner SMS erwähnt, dass sich eine Poletänzerin unter meinen Gästen befindet. Ob das den Ausschlag gegeben hat oder ob Vivian vor allem mich sehen wollte, werde ich wohl nie erfahren. Hauptsache, sie ist da.

Hinter ihr taucht jetzt Opa Lustig auf. Er schüttelt mir die Hand.

«Schön, dass ihr da seid», erkläre ich. Und dann erkundige ich mich so beiläufig wie möglich bei Vivian: «Wo ist denn deine Mutter?»

Vivian schaut mich überrascht an. Sie zuckt mit den Schultern. «Keine Ahnung.»

Alice ist nicht mitgekommen. Mein Herz will gerade aussetzen, da schüttelt Opa Lustig den Kopf.

«Sie ist mit uns hergekommen, sagte aber, wir sollten schon mal vorgehen.»

Ich kann kaum in Worte fassen, was in diesem Moment in mir vorgeht. Alice ist meiner Einladung gefolgt! Eine wunderbare Nachricht. Doch warum kommt sie nicht hinein? Sie wird doch nicht am Ende wieder umkehren?

«Zieht eure Jacken aus und macht es euch gemütlich», weise ich meine neue Familie an. «Essen gibt es in einer halben Stunde. Ich schau mal kurz nach Alice.»

Mit diesen Worten schiebe ich die beiden in Richtung Wohnzimmer, schnappe mir meine Jacke und laufe den kurzen Weg vom Haus zur Straße. Alice ist nicht zu sehen. Überhaupt ist niemand zu sehen. Nur Walter Hoff, mein Nachbar, der gerade eine Mülltüte in seinem Container entsorgt.

«Da sitzt jemand in Ihrem Strandkorb», informiert er mich. Dann fügt er noch hinzu: «Ist ziemlich vermoost, das Teil. Also, der Strandkorb. Sollten Sie mal kärchern. Ich hab den Multi Power Jet K7. Kann ich Ihnen gern ausleihen.»

Ich starre ihn an. Nie zuvor hat er derart viele Worte zu mir gesagt. Leider interessiere ich mich immer noch nicht fürs Kärchern. Und ich habe jetzt Wichtigeres zu tun.

«Danke, ich –»

Hoff unterbricht mich. «Tut mir übrigens leid, das mit Ihrer Frau.» Entschuldigend zuckt er mit den Schultern. «Hat sich hier in der Straße rumgesprochen. Also, ich kann gut nachvollziehen, was in Ihnen vorgeht. Meine ist schon seit Jahren weg. Man gewöhnt sich dran. Also, an die Einsamkeit, meine ich.»

«Äh, ich ... also ...», stottere ich, weil ich noch immer dabei bin, die Information *Da sitzt jemand in Ihrem Strandkorb* zu verarbeiten.

«Allerdings scheinen Sie ja viele Freunde zu haben», fährt er fort, mir mein Leben zu erklären. «Schön für Sie.» Er klingt ein wenig wehmütig.

«Ja, äh ... Ich schau dann mal kurz nach dem Strandkorb.» Es ist das Erstbeste, was mir einfällt. Doch bevor ich losspurte und im Garten verschwinde, drehe ich mich noch einmal zu ihm um. Keine Ahnung, was mich dazu bewegt, vielleicht mein neues Leben, jedenfalls sage ich: «Falls Sie nichts Besseres vorhaben, stoßen Sie doch dazu. Gleich gibt es Essen. Aber ich muss Sie warnen: Meine Freunde sind allesamt nicht ganz ... normal.»

Ohne seine Antwort abzuwarten, umrunde ich das Haus und laufe durch den Garten. Walter Hoff hatte recht. Hier sitzt tatsächlich jemand im Strandkorb. Es ist Alice, die Arme verschränkt, einen dicken Schal um den Hals vor blau-weiß gestreifter Kulisse. Als würde gleich ein Werbefoto für Winterreisen nach Sylt geknipst. Ihr goldenes Haar schimmert, und in der Hand hält sie einen Zweig irgendeiner vertrockneten Blume. Als sie mich bemerkt, sagt sie, ohne hochzuschauen: «Du hast ja bereits Hortensien im Garten. Allerdings sollte man diese Sorte zum Winter nicht zurückschneiden. Erst im Frühjahr und dann auch nicht so radikal.»

Ich setze mich ohne ein Wort neben sie. Schweigend starren wir einen Moment in das verdörrte Blumenbeet.

Nach einer Weile kramt sie, so gut es ihre Handschuhe zulassen, in der Manteltasche und überreicht mir anschließend eine Handvoll Papierschnipsel. Ein Teil davon fällt herunter, wird weggeweht. Die übriggebliebenen Teile sind bedruckt. Die eng mit Maschine geschriebenen Sätze lassen mich schnell erkennen, dass es sich um mein Schreiben zur Übereignung der Haushälfte handelt.

Alice dreht sich leicht zu mir um, schaut mich an. «Das war eine große Geste von dir, Toby, und ich schäme mich sehr, dich an Weihnachten so abgefertigt zu haben.» Sie macht eine Pause, und ich spüre, dass sie noch etwas erklären möchte. «Ich kann das aber nicht annehmen. Dafür gibt es viele Gründe.»

«Du musst sie mir nicht nennen», beruhige ich sie, «es ist deine Entscheidung, und ich akzeptiere sie. Allerdings ändert es nichts daran, dass ich mir wünsche, hier gemeinsam mit dir zu wohnen. Mit dir und natürlich mit Vivian. Dann kann sie auch einen Vizsla bekommen.» Ich bin richtiggehend stolz, mir den Namen dieser Hunderasse gemerkt zu haben. «Und Opa Lustig ist auch willkommen, sofern er gern kärchert.»

Alice sieht mich fragend an.

«Das erkläre ich dir ein andermal», übergehe ich das Thema und schaue ihr tief in die Augen. «Ich liebe dich, Alice.»

Sie errötet leicht. «Obwohl ich so viel falsch gemacht habe?»

Ich schüttele den Kopf. «Du hast nichts falsch gemacht. In meinen Augen hast du sogar alles richtig gemacht. Mehr als das, du hast es perfekt gemacht. Du bist eine starke, wunderschöne Frau, und ich möchte nie wieder auch nur einen einzigen Tag ohne dich verbringen.»

Sie hält meinem Blick stand, schweigt. Inzwischen zittert ihr ganzer Körper. Sogar die Zähne schlagen klappernd aufeinander.

Ich beschließe, mich kurz zu fassen. «Könntest du dir vorstellen, dich von nun an um die ...» Ich muss kurz nachdenken, um mir das Wort ins Bewusstsein zu rufen. «... dich um die Hortensien zu kümmern? Wenn schon nicht als Hausbesitzerin, dann doch zumindest als die Frau an meiner Seite? Vielleicht sogar als *meine Frau*?»

Alice schlägt kurz die Augen nieder, schaut mich aber gleich darauf wieder an. In ihrem Blick liegen Überraschung, ein wenig Skepsis, aber auch Freude. Und ganz viel hinreißender Charme.

«Vielleicht», sagt sie und lächelt ihr wunderschönes Alice-Lächeln, «vielleicht.»

Mia Morgowski bei rororo

Alles eine Frage der Technik
Auf die Größe kommt es an
Dicke Hose
Die Nächste, bitte
Kein Sex ist auch keine Lösung
So was hat ein Mann im Gefühl

Das für dieses Buch verwendete FSC®-zertifizierte Papier
Lux Cream liefert Stora Enso, Finnland.